I0541811

ARTURO MEJÍA NIETO

CUENTOS EN EL FONDO DE UNOS ZAPATOS VIEJOS

ERANDIQUE
COLECCIÓN

CUENTOS EN EL FONDO
DE UNOS ZAPATOS VIEJOS
ARTURO MEJÍA NIETO

©Colección Erandique
Supervisión Editorial: Óscar Flores López
Diseño de portada: Andrea Rodríguez—Lilyana Gálvez
Ilustración de portada: Elisa Esgasa
Administración: Tesla Rodas
Director Ejecutivo: José Azcona Bocock

Primera Edición
Tegucigalpa, Honduras—Septiembre de 2024

ÍNDICE

ARTURO MEJÍA NIETO, HONDUREÑO EXCEPCIONAL

Por Livio Ramírez/Poeta hondureño

Arturo Mejía Nieto tiene un lugar de primera importancia en el pensamiento y la literatura hondureña del siglo XX. Paradójicamente su obra narrativa y ensayística es casi desconocida por las actuales generaciones. Residió en los Estados Unidos de América, donde se formó académicamente, Paraguay y Argentina, país este último donde publicó la mayor parte de su trabajo caracterizado por un constante y ejemplar proceso de superación. Su actividad destacada en el periodismo argentino de alto nivel es indiscutible: fue columnista del gran diario "La Nación" de Buenos Aires.

En 1938 su libro "El perfil americano", un conjunto sistemático de ensayos sociológicos en sentido amplio fue considerado "el libro del mes" por el PEN Club de la capital argentina, cuando la producción bibliográfica, torrentosa en calidad y cantidad, era quizá la más importante a nivel continental.

Como es evidente, Arturo Mejía Nieto supo vincularse al quehacer intelectual y artístico argentino sin perder su fuerte identidad de creador hondureño.

De su extenso trabajo publicado son destacables "Relatos nativos", "Zapatos viejos"[1], "El solterón", "El prófugo de sí mismo", "El Chele Amaya y otros cuentos", "El perfil americano", "Liberación", "El pecador", "Tres ensayos", y "Morazán". Los títulos citados comprenden el cuento, la novela, el ensayo teórico y la biografía analítica.

Exceptuando el lúcido ejercicio biográfico titulado "Morazán", la mayoría de sus libros están agotados. Es más que urgente reeditarlos para que su autor pueda salir de la indiferencia kafkiana y el olvido calculado, dos componentes archimiserables del aldeanismo cultural que nos agobia.

---

[1] Aunque Arturo Mejía Nieto publicó en 1930 el libro Zapatos viejos, no hay ningún cuento suyo que lleve ese nombre.

Cabe destacar el extraordinario esfuerzo de Óscar Acosta, el antólogo del siglo XX, quien publicó los cuentos completos de Arturo Mejía Nieto en el año de 1998. Súmese a esto una modesta labor de difusión del Ministerio de Cultura durante dos gestiones, en las que tengo participación.

Mejía Nieto poseía una cultura extraordinaria, para comprobarlo los escépticos y las figuras pedestres del patio, que se han inventado el cuento del reciente prestigio internacional de la literatura hondureña, sólo tienen que leer algunas opiniones de rango continental y sus propios ensayos: "Estructura del cuento corto y sus leyes", "Hemingway, influencia y fascinación de su estilo", "Miseria y grandeza del cuento corto" y "Razón de ser del teatro", en ensayo incontestablemente filosófico.

Para medir nuestra barbarie cultural es necesario recordar los juicios laudatorios que en torno a su obra escribieron pensadores y maestros continentales como Alfonso Reyes y José Vasconcelos, quien afirmó que "El prófugo de sí mismo" era una de las mejores novelas contemporáneas de América.

Gabriela Mistral, Premio Nóbel de Literatura, expresó a Mejía Nieto estos trascendentales conceptos: "Me ha llegado su trabajo. Es de las cosas que más agradezco, esta lectura que me aclara, me establece y me define muchas ideas respecto a nuestra América. Y las generaciones que viviremos en este puente trágico de la transición estamos perdidas. Lo peor será servir de puente vivo, de puente de carne por donde pasarán las que llegarán. ¡Ah, y qué lucidamente ve usted esto, Mejía Nieto! Respetos y afectos de Gabriela Mistral"..

A un hombre de esta condición lo tenemos condenado al desprecio objetivo. Sobran los comentarios.

No es inoportuno recordar que en Buenos Aires se creó un concurso anual de cuento que lleva el nombre de nuestro compatriota, en un merecido homenaje a su memoria. Y aquí en su país, fuera de los citados, ¿qué se ha hecho? Lógicamente muy poco, lógicamente casi nada. Preguntémonos, entonces, cuándo se saldará esa vergonzosa deuda pendiente.

RELATOS NATIVOS (1929)

TIEMPOS VIEJOS

I

Las tías Paz vivían en una casa de la esquina. Una de ellas, Micaela, pasaba muy enferma, y cuando Carlos Nufio llegaba le contaba mentiras. Ella le decía que había salido a su padre, don Pedro, que había muerto asesinado cuando los liberales se tomaron el pueblo. Carlos llegaba porque ahí, al través de la cerca de la casa vecina, podía ver a María Fuentes. Carlos estaba enamorado de María y el papá de ella no lo quería por el modo despilfarrado de él. En aquellos tiempos llamaban despilfarrado a la gente alegre. Es verdad, Carlos no tenía dinero, pero tenía tan noble fondo y sobre todo era tan bien parecido que todas las mujeres se enamoraban de él. De Carlos no se podría hablar sin recordar que murió un poco joven. Pobre, era bueno. Es cierto, yo lo quise mucho y podría suponerse que esto contribuya a que yo me exprese bien de él, pero cualquiera vería que es cierto lo que estoy diciendo. Simón Reyes, un gran enemigo de Carlos, habló, pronunció un elogioso discurso en la muerte de él. Se me vienen tantos recuerdos cuando pienso en Carlos; ahora, aquí, lejos de aquellos tiempos y del pueblecito tan atrasado, pero tan querido de mi corazón. La vida de aquel tiempo realmente que era llena de risas y de lágrimas. Era vida, efectivamente porque así debe ser la vida. Aquí voy a poner, sinceramente y claramente, por qué dije que Carlos tenía buen corazón y voy a decir también los motivos ridículos con que Carlos hacía reír a todos.

Una muchacha muy bonita que murió joven fue la novia que duró más con él. Se llamaba Carlota, era de una familia Pineda. El amor de ellos tenía que ser así, se conocieron en la escuela mixta y se quisieron muchísimo cuando Carlos era un muchachón. Esta escuela mixta sólo pudo funcionar aquel año, pues la pobre maestra pronto se dio cuenta de que no podía tener muchachos y muchachas en la misma escuela. Pero lo interesante es que la maestra, que era una muchacha Fiallos, muy joven, parecía, por ciertos actos suyos, que sentía atracción por Carlos, que era el muchacho más grande de la escuela. Él no se fijaba nunca en eso, pero Carlota, la novia, con esa intuición precoz de las mujeres en asuntos de amor, lo adivinó luego y empezó a sentir odio por la maestra. Los dos, Carlos y Carlota, se sentaban juntos, estudiaban las lecciones juntos, y cuando Carlos no llevaba los ejercicios de aritmética, la señorita Fiallos le decía: "Ud., tan tamaño muchacho, con tan buena presencia, pero tan haragán, Carlos". Él sonreía con su risa simpática, poniéndose de cierto modo ruborizado. Pero Carlota lo tomaba en serio y contestaba por Carlos: "Muchos otros tampoco trajeron la lección, señorita Fiallos..."

—Cállese, Carlota—decía la maestra—, el asunto no tiene importancia. Pero Carlota, con la frase de la maestra: "tan buena presencia", quedaba llena de celos; pero la parte seria de esto tomó lugar hasta que un día, la maestra, que sólo tenía 21 años, le dijo a Carlos que llegara a la casa de ella para explicarle un problema de aritmética que Carlos no podía entender. Carlos sólo era un muchacho tremendamente desarrollado que no ponía mucha atención a las mujeres. Ella había visto que Carlos era un muchacho bien parecido, pero esta vez debió haber notado que antes que todo, era un niño que le gustaba la broma y nada más que eso. El pueblo era pequeñito, además, y casi no había hombres. La maestra era joven y bonita. Como se ve claramente, el alumno fue a ver a la maestra y eso, desde luego, en otra parte no hubiese llamado la atención. Pero es el caso que en ese año había entrado a la escuela un muchacho tan grande como Carlos, pero bastante vulgar y muy enamorado de las mujeres. Desde que éste llegó a la escuela, la vida de él con la de Carlos corrió a la par como dos líneas paralelas. Eran iguales en tamaño y opuestos en lo demás.

Este muchacho, cuyo nombre era Agustín, tenía tendencias a enamorarse de todas las mujeres que encontraba cerca. El, por vengarse, supo que Carlos había ido a ver a la maestra y se lo contó a Carlota, pues él, Agustín, también estaba enamorado de Carlota y tenía celos de Carlos. Carlota, en la condición neurótica y enfermiza en que ya se encontraba por ese tiempo, se indignó muchísimo con Carlos, a quien efectivamente amaba. Llegó al grado de abandonar muy pronto la escuela y seguramente fue la última vez que lo vio, pues en ese tiempo se la trajeron a la capital para que la asistiera un médico y aquí murió. Pero Carlos no supo nunca el cuento que Agustín le había levantado con motivo de la visita a la casa de la maestra.

Cuando Carlota se hubo ido, Agustín muy luego adivinó las preferencias de la maestra por Carlos, y entonces se le ocurrió —advirtiendo que la maestra era más bonita que todas las alumnas— que él debería enamorarse de ella. Nuevamente sintió celos y odio por Carlos.

Ahí tuvieron principio las vidas opuestas de los dos muchachos más grandes de la escuela, a quienes los otros alumnos deseaban, con gran deseo, verlos pelearse. Carlos no daba ninguna importancia a su compañero, pero el otro lo buscaba en clase o en recreo y así el choque llegó a ser inevitable. La maestra inmediatamente adivinó las intenciones de Agustín para ella y principió a odiar al alumno. Primero se le ocurrió que él abandonara la escuela. Hizo algunos esfuerzos para que Agustín dejara la escuela, pero no lo consiguió. La única esperanza de la señorita Fiallos era Carlos, el muchacho más grande de la escuela. Ya ella le había dicho a Carlos que se pusiera en guardia cuando Agustín le faltara al respeto a ella.

Carlos le había ofrecido estrellarlo sobre el piso tarde o temprano. Como se ve, pues, ambos rivales hacía mucho tiempo que esperaban un pretexto.

Ella, la maestra, había andado con mucho pulso por muchísimo tiempo para no dar motivo a que los dos muchachos se pelearan. Pero, a pesar de sus buenas intenciones, ella fue la que dio el motivo. Carlos, como de costumbre, dijo alguna broma que hizo reír a toda la clase. Naturalmente todos rieron y en cuenta el mismo Agustín, a pesar de su odio para Carlos, celebró con escándalo. La maestra inmediatamente le ordenó que saliera del aula. Agustín preguntó que por qué no sacaban del aula a Carlos, el promotor del escándalo, pero no tuvo respuesta. Y entonces se dijo él, Agustín, "me haré justicia yo solo, este es el momento que yo esperaba". Era de verdad este motivo lo que él buscaba para poder vengarse; por otra parte, él tuvo más celos de su rival, pues efectivamente no se había dado cuenta hasta esta fecha de que la maestra era efectivamente bonita. Esa mañana, al no más salir Carlos de la escuela y perderse entre los arbustos vecinos en compañía de muchos compañeros, súbitamente y sin oír palabra alguna, sintió un fuerte golpe en la cabeza que lo debilitó y lo llevó al suelo. Pero no fue sólo aquello, pues tan pronto como cayó siguió sintiendo otros y otros fuertes golpes en la cabeza. Carlos pensó en levantarse para poder defenderse, pero su enemigo, que era Agustín, no le dio ninguna oportunidad y la sangre tuvo que brotar de todas partes del cuerpo. Esa era la cólera vengativa que Agustín había contenido por mucho tiempo. Ahora por fin era como la fiera libre. Pero cosa rara, no fue Carlos sino el mismo Agustín quien recibió la peor parte. Mientras Carlos sufría en medio de las risas de sus compañeros sin que nadie interviniera, logró por fin agarrar el pie izquierdo de su enemigo y tirar de él. Agustín, naturalmente, cayó, con tan mala suerte que un ojo suyo dio sobre una piedra. Esto lo llevó a la cama durante un mes. De allí lo llevaron los compañeros a la cama de enfermo sin conocimiento.

La maestra tenía el cuidado de mandar a Carlos a ver a su enemigo en su lecho de enfermo y pedirle perdón. Para estar segura que él hacía esto, ella iba con Carlos. Todas las noches permanecían por algún tiempo los dos al lado de la cama de Agustín. Este los recibía con descortesía y no ocultaba el mal efecto que la presencia de ellos le producía. Cuando se despedían, Carlos se iba a dejar a la maestra a su casa, seguramente fue ahí donde Carlos principió a fijarse en ella. Esto pudo haber sucedido porque ella le decía que entrara a la salita y, aunque no lo hacía ella siempre, Carlos entraba y cuando no tocaban en el fonógrafo, ella le leía poemas de Rubén Darío, que, con la dulzura de la voz de ella y la intensidad del poema, debieron de producir fuerte efecto en la sensibilidad de Carlos. Siendo tan joven Carlos, tan inexperto, con aquellas horas de un placer que él gozaba, pero no entendía, sintió en su corazón gratitud. En la gente joven, la gratitud se vuelve amor absoluto. Pero a pesar de todo, siguió siendo el alumno respetuoso y ella la maestra que se hace respetar.

II

Ya era Carlos muy grande para permanecer en la pequeña escuela y en ese año se retiró para siempre. Y entonces se dedicó como todo un hombre a servir como agente viajero en ciertos negocios de su padre. Durante ese largo período sucedió una cosa muy extraña. Carlos se tomó la libertad de escribirle muy repetidas veces a su maestra, pero nunca recibió contestación. Seguramente ella comprendió entonces que había llegado una oportunidad para no alimentar ninguna esperanza en él.

En sus andanzas de agente viajero, llegó Carlos a arreglar cierto negocio en el que gastaría meses en el pueblo natal de su rival Agustín Peña. Esto sucedía tres años después de su vida de estudiante. Tuvo la suerte de hospedarse en casa de una buena señora de quien se captó Carlos, muchísimo afecto en el tiempo que él permaneció allí. Aquí precisamente principia una nueva e interesante faz en la vida de Carlos Nufio. Esto culmina en los sucesos que moldean definitivamente la vida de un hombre, porque Carlos ya era un hombre por ese tiempo, y obraba y pensaba como un hombrón completo y no como el muchacho inocente de escuela que había sido. Como dijimos en un principio, Carlos se caracterizó por el buen fondo en todos los actos de su vida. En este pueblecito humilde se captó con una facilidad admirable las simpatías de todos los habitantes. El origen de esa simpatía de la gente para él, principió de una manera interesante. Había en ese pueblo un cacique, como los hay siempre en los pueblos. Pero éste no era un cacique que se imponía con su fuerza, sino cacique que se hacía odiar con su dinero, pero que también se imponía, el dinero siempre se impone...Rico, el único rico o el más rico del pueblo. Era un viejo de apellido Rubio, con acciones de judío. La misma señora en donde Carlos permanecía, recibía las injusticias del señor Rubio. Carlos se dio cuenta de esto hasta en cierta época en que tomaba su desayuno en el comedor. Era una mañana lluviosa de invierno y Carlos notó que el agua se metía por las goteras en el interior de la casa. Precisamente en el lugar en que él comía, caía el agua sobre la mesa. Carlos se indignó mucho y llamó a la señora. Ella, avergonzada, le dijo que la casa no le pertenecía y como era tan pobre solamente podía pagar la renta mensual, así como muchas gentes hacían. Carlos preguntó que de quién era.

— "Ah, de don Lupe Rubio, si es él, don Lupito, el que tiene más casas en el pueblo".

—"¿Y por qué no manda a componer la casa?"—le preguntó Carlos.

—"No quiere, no quiere, pero eso sí, cobra el mismo día que se acaba el mes"—contestó la señora.

Desde ese momento Carlos se hizo enemigo acérrimo del señor Guadalupe Rubio y por ese simple motivo se captó todo el cariño del pueblo. Ese mismo día fue a visitar al señor don Lupe Rubio, pero para mayores males tuvo una inesperada sorpresa: el Secretario o ayuda de cámara era nada menos que su antiguo rival Agustín Peña Ríos. Tuvo Carlos que abandonar la casa antes que don Lupe, que andaba en la calle, llegase. Pero el cariño de todos para Carlos llegó también a tomar raíz en un corazón femenino. La hija de la señora en donde vivía, una muchacha que se llamaba Rosa, principió a sentir una fuerte pasión por Carlos. Esto sucedía desde el día que Carlos había llegado a la casa. Carlos Nufio, como siempre, no era un don Juan que coqueteaba, sino que las muchachas lo buscaban por su buena figura. Tampoco en esta ocasión se dio cuenta hasta que cierta vez, mientras que arreglaba su valija, vio que la muchacha entraba a su cuarto con los ojos humedecidos, preguntándole que si ya se iba. Él, sorprendido, sonrió al principio y después no le habló. Le preguntó al fin que por qué le preguntaba eso, y entonces ella, muy confundida ante la sonrisa de él, bajó los ojos y no pudo hablar más.Rosa era una muchacha de esas muchas que no es fácil encontrar en estos tiempos. Se había criado en el campo y era ingenua. De Carlos Nufio estaba enamorada completamente hacía días. Carlos le preguntó:

—¿Por qué me pregunta que si me voy?

Ella le contestó:

—"Pues todos lo sentirían mucho, mi mamá Pancha y todos".

Carlos le repuso:

—"No me voy, no me voy. Estaba arreglando mi valija únicamente".

Y sin saber lo que hacía, con la emoción nerviosa tan propia de Carlos, la atrajo contra el pecho. Ahí tuvo principio todo. Rosa se sintió tan impresionada que se fue a su cuarto a lograr de emoción. Carlos también se impresionó y se fijó después que la muchacha tenía unos ojos hermosísimos y empezó a gustarle.

Cuando llegó el plazo de regreso, Carlos se sentía tan a gusto en el pueblo infeliz, rústico, en medio de aquellas gentes humildes; tan querido por todos, andando en las calles sin cuello, sin corbata y sin saco. Era un Adán en un paraíso. Y había llegado a convencerse de que sólo en esos pueblos, donde no hay exigencias sociales ni nada, es donde uno puede encontrar la felicidad. Él era feliz viviendo ahí, ordeñando las vacas a veces. Y cuando llegaba cansado después del ejercicio, se encontraba con los ojos cariñosos de Rosa. Ella le arreglaba la ropa, le ponía botones a los sacos viejos, le zurcía los escarpines. Carlos, que era un gran muchacho, simple, sin artificios, bueno como la leche, sincero, muy sincero, llegó a tener la idea rotunda de que él debería casarse con ella, de ser feliz para el1 resto de su vida. Aquí precisamente principia una primordial faz en la vida de Carlos. Se enamoró de la muchacha humilde porque ella estaba enamorada de él, por las bondades de su corazón, por la vida rústica y encantadora del pueblo. ¿Era él culpable? Nadie es culpable por buscar su felicidad. Su padre, don Pedro, que aún vivía, le preguntó que por qué había decidido casarse y Carlos le contestó que él no era culpable, que se iba a casar con Rosa y que estaba dispuesto a hacerlo sin ningún remordimiento. Y poco tiempo después se casó con ella. De nada valieron consejos y represiones de la madre y de las hermanas. Él dijo que se casaba y que saldría con su propia voluntad. Las hermanas —como el padre y la madre— como los tíos, tomaron una parte activísima para evitar el matrimonio. Amanda, la menor de las hermanas y la que le seguía a Carlos, vino al pueblo en compañía de don Pedro, el papá. Pero todos ellos, toda buena observación de ellos de nada sirvió.

Carlos estaba dispuesto a verificar su matrimonio y nadie hubiese podido evitarlo. Es verdad, Carlos no pertenecía a la más alta clase social, ni a la última clase, pero como hombre, él, Carlos valía mucho. Seguramente ninguna muchacha que lo conociese a fondo lo hubiese rechazado. Sus cualidades físicas —que fue lo más conocido en él— no eran más que un reflejo de sus méritos de hombre trabajador, sincero, noble, sin vicios, servicial, etc. Pero Agustín Peña, el rival de Carlos, no sólo había sido, en otro tiempo, admirador, sino que novio de Rosa. Y aquí, como se verá, la coincidencia volvió a ser inoportuna. Carlos y Agustín se encontraban otra vez, al parecer, de una manera mucho más comprometida. Además, Peña defendía los intereses del señor Rubio, que era enemigo de Carlos, y de este modo, una nueva guerra tomó lugar en el pueblo entre los dos antiguos rivales.

La noche en que el matrimonio de Carlos y su novia se verificaba, súbitamente cayeron en la casa en que habitaba Carlos, como cosa de veinticinco hombres, entre sirvientes y amigos de don Lupe Rubio. Unos con armas de fuego, otros con armas blancas. Don Lupe no andaba allí, pero Agustín Peña encabezaba. Carlos salió solo y desarmado. Entonces Peña se acercó y le dijo que no abusaría de la fuerza, pero que creía que era preferible para Carlos que se rindiera y los acompañara, pues de lo contrario él no sería responsable de lo que sus compañeros hicieran. Carlos, marcadamente enojado, quiso hablar, pero Agustín se acercó con impertinencia y le dijo:

"Mirá, Nufio, ningún hombre me ha hecho sufrir tanto en la vida como vos. Ninguno me ha escupido en la cara como vos, Carlos, y sin embargo, yo he buscado tu amistad en más de una vez. En este momento me quitás, me robás la última esperanza de mi pobre vida. Rosa no me quiere a mí, eso es cierto, pero yo la adoro y además, cuando ella y yo éramos niños, la casa de ella estaba al frente de la mía y entonces los dos nos queríamos muchísimo. Ella se olvidó de mí cuando vos veniste, pero yo no" ...

Pero el hombre que tiene amigos y simpatías en la gente de pueblo, jamás está solo. Mientras Agustín hablaba así, todos los que presenciaban el matrimonio se habían ido a armar y hasta muchos de los padrinos e invitados. Y ya se sabe que el pueblo todo fraternizaba con Carlos, tanto como odiaba a don Lupe Rubio. Súbitamente un disparo se oyó, y Agustín y los suyos buscaron a Carlos, pero aquél había huido. Y desde ese momento todos no hicieron más que buscar trincheras, que ellos de algún modo improvisaban y así, bajo la oscuridad de la noche esperaban el momento no menos oscuro de vencer o morir ahí. Carlos mismo peleó en ese fuego encarnizado, entre hombres, arrojando todo el odio, la pasión y profundo resentimiento contenido por muchos años, peleaban contra los otros hombres del pueblo no menos resentidos y llenos de venganza y odio. Mientras tanto, eso pasaba bajo la lluvia y la oscura noche. Los hombres peleaban contra las sombras. Aquel pueblecito jamás había visto un drama igual en su historia de resentimientos contenidos. Cuerpos llenos de sangre se veían caer. Los nombres de Carlos y don Lupe Rubio saltaban de los labios como si hubiesen sido dos generales, jefes de opuestas fuerzas. Bajo la lluvia, contra las sombras, mientras las mujeres imploraban a sus maridos la prudencia que no existía, el fuego terrible, con sangre, con lodo, con espanto, con dolor, con olor a pólvora, con chispas de las balas como relámpagos, con ese horror de la guerra, seguía...

Y las mujeres rezando en los hogares, pidiendo a Dios para que aquel fuego terminara, suplicándole a los esposos la prudencia, el buen camino. Mas nadie hubiese podido dar por terminada aquella guerra de pasiones. Había llegado lo que habían esperado por muchos años. Había llegado la oportunidad de la venganza. Era el momento de la protesta; ya no serían esclavos de don Lupe Rubio; ya no serían humillados, vejados por el dinero del cacique. "¡Que muera don Lupe Rubio!", y de pronto allá casi al amanecer, cuando el fuego estaba para concluir, dos hombres, con el horrible deseo de la venganza, aparecieron de pronto con don Lupe Rubio, amarrado de pies y manos. Y luego otros con Agustín Peña también amarrado de pies y manos.

"¡Ahórquenlos! ¡Métanlos en una hoguera! ¡Fusílenlos! ¡Ladrones! ¡Ahorquen a don Lupe Rubio en medio de la plaza! "Toda la gente, todo el pueblo iba a presenciar aquel acto inhumano cuando Carlos Nufio se presentó con un revólver en una mano y les dijo:

"La venganza es propia de los mediocres y vosotros, hijos del pueblo que, con vuestras propias manos habéis conquistado vuestros derechos, no debéis hacer eso. Basta de humillaciones para don Lupe. Él ha de jurar ante todos nosotros que de hoy en adelante ha de ser una unidad en el pueblo, que trabajará por el bien común".

Don Lupe Rubio aceptó lo que Carlos decía y después de jurar ante todos que sería bueno y que de hoy en adelante no robaría ni maltrataría a los vecinos, cobrándoles por rentas de casas y de tierras, dijo con lágrimas en los ojos de agradecimiento: "Propongo a todos que el joven don Carlos Nufio sea nuestro próximo alcalde".

Después todos, unánimemente, aceptaron la propuesta y Carlos, que en un principio trató de negarse, acabó por fin de aceptar. Y así dio fin la guerra y la boda se realizó. Poco tiempo después fue Carlos efectivamente electo alcalde de la ciudad y desde el día que tomó posesión, y ya como vecino del pueblo, una nueva era tomó lugar, una era de progreso en el pueblo. Ninguna Municipalidad hizo lo que aquélla durante el tiempo en que Carlos fue alcalde. Carlos se ufanaba de lo que hacía y los vecinos lo consideraban como enviado de Dios.

Principiaba Carlos su ocupación de alcalde cuando volvió a encontrarse con su antigua maestra, la señorita Fiallos. Esto pasó así:

Meses después de la guerra del pueblo contra don Lupe, cuando resolver el problema de educación se hacía más necesario y en el tiempo en que Carlos volvía a la ciudad, una de las mayores preocupaciones de Carlos era conseguir una maestra para la escuela primaria. Deseaba Carlos con viva ansiedad poder dar una buena educación a las nuevas generaciones a los hijos de los que lo habían acogido y habían sido sus protectores en el pueblo. Y entonces pasó un suceso interesante:

A Carlitos Nufio, un sobrinito que tenía allá, lo invitó para que le presentara su maestra. Carlitos lo llevó a la escuela. Es posible que Carlos no haya tenido conocimiento de la maestra de Carlitos que, por cierto, no era otra más que la antigua maestra de Carlos, la señorita Fiallos.

Cuando llegaron a la escuela y se encontraron con la señorita Fiallos, Carlos —entre sorprendido y preocupado—, agarrando el sombrero con nerviosidad, estiró la mano y dijo:

—Pero usted aquí?

—Sí, Carlos, esperando que usted vuelva a ser mi alumno.

—¿Yo?... Yo ya estoy muy viejo para ser su alumno. Pero hoy vengo a buscarla para que enseñe a otros lo que yo no aprendí.

—¿Y sabe una cosa? —le dijo ella riendo—. Carlitos es más estudioso que usted.

—¿No es extraño, ¿verdad? —le dijo él y bajó los ojos sin sonreír. Después ella—todavía muy joven—lo invitó a entrar y lo presentó a su esposo. Se había casado hacía dos años, muy bien, con un abogado de apellido Carbajal, y tenían un niñito de seis meses.

CARLOS MORRIS

A Morris lo conocí como agente de una casa vendedora de libros. Tendría Morris por aquel tiempo unos treinta años, usaba pera y bigote y ya se le notaban las canas y las arrugas prematuras que más tarde acabaron por darle la apariencia de un anciano. Era alto y un poco encorvado. Sonreía con frecuencia y era la suya una de esas sonrisas que pueden llamarse dones de Dios porque a través de aquella sonrisa se miraba su alma noble y candorosa. El origen extranjero de su apellido se apareaba con sus ojos azules. Era humilde y modesto en el vestir, pero resignado y sufrido en todas ocasiones. Parecía que no se preocupaba bastante por sus malas condiciones económicas, pues no empleaba sino lo muy necesario. Poca cosa, como podría decirse de una persona que no acostumbra lujos. Muy servicial y honrado, Morris era por todas estas razones un excelente amigo y tal vez hubiese sido buen padre y buen esposo.

Gustaba hospedarse muy a menudo en la casa de su buena amiga Dolores (Dolores por aquel tiempo era una muchachita de falda corta, que aún jugaba a las muñecas). Morris se la sentaba en las piernas, le refería historias divertidísimas y la hacía pasar ratos muy alegres. De lejos, cuando se ausentaba en sus andanzas de vendedor de libros, gustaba enviarle chucherías y cosas propias de los niños. La familia, que le tenía algún cariño, hacía siempre recuerdos suyos y de su inmenso afecto para Dolores. Pasaba algún tiempo y luego, cuando menos lo esperaban, Morris aparecía en la puerta un poco jadeante, pero siempre con su sonrisa noble y cariñosa. Era que venía a hospedarse por un par de días. Le decían entonces la mamá y las tías de Dolores que por qué no les había avisado de su regreso (ellas decían de su visita), que por qué deseaba darles semejantes sorpresas. Después le arreglaban el cuarto pequeñito con sus dos ventanas al jardín. Le servían el almuerzo y lo mandaban a que fuera a descansar de las fatigas del camino. Morris aceptaba las bondades de todas aquellas buenas señoras, pero antes sacaba algo, un paquete de dulces, una muñeca, cualquier cosa para la amiguita que ya se había subido a sus rodillas, pues sabía que algo bueno le traía entre aquellos libros arrugados que él no había podido vender. Luego se retiraba, se cambiaba el traje de camino, se afeitaba la barba, se dedicaba por una media hora a repasar las cuentas de su negocio, su Debe y su Haber, y por las noches se dirigía a la sala en donde permanecía largas veladas en compañía de la mamá y de las tías de Dolores. Todos sentados cerca de la estufa en las noches de frío. Tocaba piano, aunque no con habilidad, y de este modo alegraba un poco aquella casona tan desierta. Luego sacaba unos puros inmensos que solía traer de La Habana y se ponía a referirles las impresiones de sus viajes, con Dolores sobre las piernas. Así pasaban aquellas horas deliciosas con una velocidad asombrosa. Gustaba subrayar algunas de sus historias más divertidas con aquella su risa simpática, mostrando a la vez sus bellos dientes blancos; después quedaba serio acariciándose la barba rubia como recordando un nuevo chiste con que hacer reír a la familia. Las tías de Dolores le escuchaban con atención, desde luego; y más de alguna le lanzaba una burla o una broma oportuna; él se defendía como podía, pedía "alguna cosa" en qué espolvorear la ceniza del puro y, sin moverse, con las piernas estiradas sobre el piso, continuaba con una nueva historia que aseguraba él mismo había presenciado. A Dolores, que acababa por quedarse dormida en las piernas de Morris, la tomaba la mamá o alguna de las tías, y la conducía al dormitorio. Si ella se despertaba al tiempo de llevársela, daba las buenas noches, pero con preferencia a Morris, acompañadas de un beso. Él agradecía aquella infantil preferencia y le ofrecía historias más divertidas para la noche siguiente.

Cuando le preguntaban a Morris que por qué no se casaba, que aún estaba joven y que sólo así podría ser feliz, con hogar y con familia, él sonreía tratando de evadir la respuesta y por último decía que las mujeres no lo querían o si no alguna otra cosa parecida.

Ellas, a solas decían que no, que aquello no era cierto, que Morris no se casaba porque no se lo permitía aquella vida de andariego que llevaba y acaso ni sus condiciones económicas, pero que él, Morris, tendría que ser un buen marido; tan honrado y trabajador como era; tan modesto y hombre de bien. Tan modesto en el traje, sobre todo; además, continuaban, Morris no es feo ni tonto.

Le preguntaban a veces que cuál de las muchachas de aquel tiempo le gustaba más. Que cuál prefería para formar su hogar. Que si preferiría esta o aquélla y le citaban nombres; Morris mordía el puro con nerviosidad y después contestaba que a él le gustaban todas las mujeres, pero que prefería la vida de soltero. "¿Qué va a ser de usted cuando envejezca?", le decían; Morris contestaba: "Pues no sé, ahora soy feliz así, pero lo demás lo ignoro".

Un día Morris se ausentó para no dejar huella tras de sí.

Al principio, como de costumbre, continuó enviando tarjetas postales para Dolores. Decía en ellas que luego volvería. Repitió los envíos. Estuvo repitiéndolos por algún tiempo, pero al fin se aburrió. Ya volverá, decían en la casa; cuando menos le esperemos, Morris va a aparecer en la puerta como de costumbre. Pero no, no volvía. A veces parecía que se oían los pasos de Morris, la voz de Morris, la risa, aquella su risa, pero no, no era él. Se hacían recuerdos suyos muy a menudo. ¿Se habría casado Morris, se habría hecho padre de familia?... ¿Se habría llenado de hijos?... y volvían a ver el retrato del salón, el retrato de Morris, con aquella su eterna sonrisa, su bigote rubio, etc. Se hacían recuerdos y más recuerdos, pero Morris no se volvió a asomar. Nadie, nadie daba cuenta de él. Ni una letra, nada. Los años pasaban y pasaban. ¡Cómo había cambiado todo! ¡Qué diferente!

Mientras tanto, Dolores era una señorita. Una señorita; diez y ocho años. Y ella no lo creía, ni la mamá, ni las tías. ¡No! Ella no podía ser la misma que Morris se sentaba en las piernas. ¿Cómo, en tan corto tiempo?, y sacaba el retratito, el otro, el de falda corta, aquel en que estaba sentada y con unas flores en la mano... ¡Qué diferencia! Hoy era alta y con ojos negros y grandes, sonrosada como la primavera, ¡tenía unas piernas que llamaban la atención de todos y sus mejillas eran más frescas que la epidermis del durazno!; ¡Cómo había cambiado todo! Y tenía novios, muchos, pero Dolores no era ni loca ni coqueta... Los novios de ahora, decía, sólo saben hacerse el nudo de la corbata. ¡Ninguno, ninguno! Y en eso no se parecía a las muchachas de su generación. Las otras sí, ella no. ¿Por qué era Dolores así? Decía que prefería un hombre, aunque pobre, pero trabajador y honrado. Ni siquiera gustaba de ir a bailes.

Así exactamente era Dolores, por el tiempo en que la familia se trasladó a vivir a la capital. Sin exageración ninguna: así era en sus gustos de mujer, en sus ideas, en su modo de vestir y hasta en su esquivez de muchacha. A Dolores la tenían todos como modelo; le decían a las otras muchachas jóvenes que aprendieran de Dolores; que

Dolores era un tesoro y que no había otra más juiciosa que ella. Las otras contestaban que no; que Dolores era una muchacha con gustos de vieja y que ellas estaban jóvenes y que deseaban gozar. Dolores, que sabía esto, se reía y, como tenía un corazón de oro, no se disgustaba jamás.

En la capital tenía la mayor de las tías un amigo, un buen amigo que no las había olvidado. Aquí se vinieron pues, y el buen señor las recibió bien, las ayudó a buscar una casa humilde, pero cómoda, y así lograron arreglarse en el corto espacio de un mes. A Dolores, que le gustaba el trabajo, le buscó un puesto y ella no tuvo dificultad en principiar a ganar dinero. De este modo la familia luego quedó establecida y con los muebles, que poco a poco fueron adquiriendo, sin mayor dificultad lograron vivir confortablemente. Mientras tanto, Dolores se hizo de muchas amigas en el lugar donde trabajaba. Como ella era laboriosa, todos la querían y poco faltó para que al poco tiempo empezasen a recibir visitas en su propia casa. Sin embargo, ella era la misma de siempre: amable, cariñosa, buena, pero sin que hubiese hombre que le importase un comino. Por otro lado, las buenas tías de Dolores también tenían infinidad de amistades en la vecindad y era de este modo que constantemente recibían visitas. Esto generalmente pasaba todos los días, por las tardes y por las noches. Se debía también a que las buenas señoras con su conversación y nobles maneras se atraían a todo el que pasaba cerca.

En cierta época —como de costumbre— un hombre se acercó a la puerta de la casa. Era como hacían los amigos íntimos de la familia. Se acercó y después se mandó a anunciar con el sirviente. No dio su nombre. Ellas —ya populares como eran— ordenaron que lo condujesen al mismo dormitorio donde hacían oficios domésticos. Ya podráse imaginar la sorpresa cuando una de las tías, al levantar la vista, oyendo que la puerta se entreabría y que luego surgía un "buenas tardes", se encuentra nada menos que con el propio Morris en cuerpo y alma... "¡Morris! ¡Carlos Morris! ¡El gran amigo de Dolores!" El mismo Morris de antes, con su sonrisa simpática, pero la verdad no; no era el mismo. Había envejecido mucho, mucho. Parecía más encorvado; sonreía como siempre, pero hablaba poco, por la frente le caían grandes mechones de cabello cano. El traje parecía descuidado. Llevaba una cicatriz en la mano y sus grandes pupilas azules, como buscando por donde huir, miraban a través de la ventanita con tristeza contenida. Luego habló despacio y con dolor. Se había casado, pero no era feliz. Había trabajado mucho, mucho, pero no había hecho fortuna. Había recordado a Lolita, como él llamaba a Dolores siempre; le parecía mentira que cuando viera a Dolores (Dolores se encontraba en la calle) no pudiera reconocerla. ¿Le iba a parecer mentira que aquella muchachita que él se sentaba en las piernas fuera ahora una completa señorita?"; ¿Cómo la va a encontrar Morris?", le decía una de las tías. "Sospecharía volver a ver así a su amiguita?" Morris sonreía con tristeza volviendo la vista hacia la puerta como esperando volver a verla.

Nunca, sin duda, fue un hombre objeto de tal predilección de parte de una criatura. Morris lo recordaba todo y se quedaba en silencio. Lejos, en la eternidad todo aquello... De nuevo recordaba las largas veladas en aquella sala conocidísima. Los días inolvidables en que se hospedaba en casa de las tías de Dolores, todo, todo lo recordaba Morris con tristeza. Volvía la vista con frecuencia y luego callaba viendo a las tías de Dolores. Parecía que se arrepentía de la vida que había vivido. Se miraba con dolor y con tristeza las manos largas y huesudas. Su rostro manifestaba melancolía e impaciencia.

Por fin suplicó que le mostrasen un retrato de Dolores, pues tenía que tomar el camino a la costa norte esa tarde, y por esta razón, — ya no podría ver más a su antigua amiguita...

Aquella misma tarde se despidió Morris sin poder decir hasta cuándo volvería; probablemente no sería pronto —dijo al despedirse—, suplicando que le saludaran a Dolores.

Dolores recibió todas aquellas noticias con frialdad desconcertante. Más parecía que con cólera. Sin embargo, ese mismo día no quiso comer y por fin, tres días más tarde, poco más o menos, dispuso escribirle a Morris...

Fue una carta que la había pensado toda su vida. Cuando concluyó, se sintió feliz. Decía simplemente:

"Morris, muy mal hago en escribirle, mas no puedo resistirme. ¡Oh, amigo!, si supiera cuántas horas horribles he pensado en escribirle estas letras. Hoy, precisamente, en esta fecha, hace diez años que yo me dormía en sus brazos, amigo de toda mi vida, y si supiera cómo he pasado esos años... No, usted no podrá saberlo, ¿verdad, Morris, que usted no podrá saberlo?...".

Entre todos los buenos amigos míos, nunca, nunca he hallado lo que usted tiene. Morris, perdone mi franqueza. Yo tenía que decirle algún día... Sea feliz con su esposa que la imagino muy amante de sus hijos y muy digna de usted. Ojalá sea muy feliz y nunca, nunca olvide que en mí tiene una hija, una hermana, una amiga. Nunca se olvide que soy la misma Lolita a quien usted quería y le regalaba muñecas y juguetes hace muchos años...

Adiós, amigo de toda mi vida; me conformo con arreglar yo misma el retrato suyo que tenemos en el salón. Allí está como era: con sus ojos azules, su cabello rubio y su sonrisa de siempre que no he visto en los demás hombres...

Adiós, amigo inolvidable; piense por un momento siquiera que vuelvo a ser una niña de ocho años y que le vuelvo a besar la frente maltratada y que otra vez lo vuelvo a alegrar en sus momentos tristes.

¡Adiós, Morris; adiós, amigo mío, amigo de toda la vida, amigo de mi corazón, ¡adiós!"

TERESA

Por aquel tiempo, Teresa Cansinos vivía con su madre que se había vuelto a casar. (El marido de esta mujer era un tinterillo que le gustaba beber. La historia de él es triste, pero carece de importancia para relatarla aquí).

A los veintidós años, Teresa Cansinos era alta y sumamente delgada. Su cabeza alargada concordaba con su cuerpo. Sus hombros eran estrechos. Los cabellos y los ojos eran negros. Era muy quieta en su vida doméstica y tenía una expresión triste.

Cuando Teresa sólo era una muchacha de diez y seis años tuvo un asunto con un hombre. Este hombre se llamaba Fernández, barbero de oficio; iba a ver a Teresa todas las noches. Los dos caminaban por las tardes y atravesaban las calles del pueblo y hablaban de lo que ellos podrían hacer con sus vidas. Teresa era muchacha bonita y Fernández la tomó una vez en los brazos y la besó; luego se puso excitado y le dijo cosas que no pensaba decirle. Teresa, deseosa de sensaciones nuevas, aburrida de la vida monótona que llevaba, se sintió alegre y habló de todo. De su natural quietud y timidez se volvió conversadora al sentir las emociones del amor. Después, a fines de agosto, cuando Fernández le dijo que se iba a la capital a ver si hacía dinero, ella deseó irse con él. Con una voz temblorosa le dijo lo que pensaba decirle: "Tú vas a trabajar y yo también voy a hacer lo mismo; yo no quiero que gastes dinero en mí, tampoco tienes que casarte conmigo. Pasaremos bien sin eso y podremos vivir juntos, y aunque vivamos en la misma casa nadie va a saber nada".

Fernández estaba alegre con la determinación y abandono de su compañera. Al principio pensó hacer de ella su querida, pero después no le pareció bien. Trató de protegerla y tomar cuidado de ella. "Tú no sabes ni lo que hablas" —le dijo con cólera—. "Debes estar segura de que por nada en el mundo haría eso. Tan pronto como haga dinero voy a regresar aquí. Mientras tanto tú me esperas; esa es la única solución".

La víspera de la partida, Fernández muy preocupado fue a ver a Teresa; salieron cerca de la casa a hacer ejercicio porque la tarde estaba fresca. Después, con la noche tibia, vieron caer la luna, los dos se sentían tristes y emocionados. Pero Fernández al fin se olvidó de las resoluciones, de su conducta para con la mujer; caminaron entre las ruinas de una fábrica vieja de aguardiente y allí, entre la sombra, él se volvió apasionado con ella. Cuando los dos retornaron a la casa era muy tarde de la noche y se sentían nerviosos y alegres... Les parecía que ninguna cosa que pasara en el futuro podría empañar la felicidad de aquel momento. "Teresa mía, escríbeme siempre y no te olvides de mí, ni un momento" —le dijo él, besándola con apasionamiento...

Pero Fernández no triunfó fácilmente en conseguir trabajo, y esto a pesar de su buena voluntad. Por algún tiempo se sintió contrariado, y sólo tuvo tiempo para enviar cartas amorosas a Teresa. Después fue arrollado por la vida alegre, y encontró más interés en aquella vida. Vivía en una casa donde habitaban unas mujeres. Se enamoró de una y no se acordó más de Teresa. A fines del año se había cansado de escribirle y solamente de vez en cuando, cuando se encontraba triste o cuando iba fuera de la ciudad, o en las noches de luna, recordaba la despedida...

En el pueblo, solitariamente, Teresa empezaba a envejecer. Al cumplir los 22 años, su padre, dueño de una pequeña tienda, murió. Su madre entonces empezó a trabajar con constancia. Teresa también empezó a devengar dinero para sí misma: trabajaba haciendo costuras. Por un buen número de años nada pudo inducirla a que Fernández se había olvidado de ella. Se sentía contenta de tener ocupación porque en las largas horas de trabajo lograba olvidar su vida fastidiosa. Principió a economizar dinero, pensando que cuando hubiese ahorrado lo suficiente ella misma podría ir a buscarlo.

Teresa no culpaba a Fernández por lo que había pasado la noche víspera de su despedida; pero creía que ya no se podía casar con otro hombre. A ella, el pensamiento de darle a otro lo que sentía que era para Fernández, le parecía monstruoso. Cuando otros hombres trataran de atraer su atención, ella nada tendría que hacer con ellos. "Yo soy su esposa y viviré como tal, venga o no venga", se murmuraba ella misma, y debido a la avaricia y pureza de su amor no podía comprender la condición independiente y absoluta de él.

Teresa trabajaba sin darse cuenta; trabajaba con una constancia nerviosa. Desde las seis de la mañana hasta las seis de la tarde, sentada junto a la ventana, pasaba el día cosiendo. De vez en cuando, con el recuerdo de Fernández, volvía los ojos nublados. Cuando en las noches se dirigía a dormir a su cuarto, generalmente se arrodillaba a rezar junto a su cama y en el rezo decía palabras amorosas que ella pensaba decir algún día a Fernández. Se volvía atraída por los objetos inanimados y gustaba acariciarlos con el recuerdo de él. El pensamiento de economizar dinero había llegado a ser un delirio y principal objeto de su vida. Cuando necesitaba vestidos no los compraba, no gastaba un centavo siquiera. Cuando en los días lluviosos de invierno se pasaba en la ventana, le gustaba sacar el dinero y contarlo, haciéndose la ilusión de que el interés de aquella suma podría soportar a ella y a él. A Fernández le gustaba viajar, se decía: "Yo le voy a ayudar a conseguir el dinero. Algún día, cuando nos casemos y podamos juntarlo todo, entonces vamos a poder viajar por cualquier parte del mundo". Junto a la ventana los días se hacían meses y los meses se hacían años, mientras Teresa esperaba el retorno de su amante. Su madre, una mujer seria y trabajadora, no era dada a conversaciones con ella y algunas veces, en los días lluviosos del invierno cuando alguna tempestad caía en el pueblo, Teresa se iba a acostar a su dormitorio. Hacía recuerdos de la despedida de Fernández y no se olvidaba de nada. Las lágrimas caían de sus ojos. Había un gran silencio alrededor de la cama. Algunas veces, cuando su madre salía a la calle, ella bajaba a la cocina y, mientras preparaba su cena, sentía gran placer en llorar sin ser oída. "¡Oh, amor mío, si volvieras!", decía con voz dolorosa.

Algunos años después de la partida de Fernández, Teresa no quiso ir con las amigas a hacer ejercicio como acostumbraba. Pero cuando la tristeza y aburrimiento fueron mayores, se preparó para salir, sola, una tarde. Encontró gran placer en ver desde allá el pueblo y los afanes en los hogares de las orillas; luego, suponiéndose débil, sintió un miedo de su edad y su imposibilidad que le penetraba cruelmente hasta el corazón. No podía permanecer quieta más tiempo y se levantó para andar.

Cuando volvió la vista para ver a larga distancia, quizá la visión de las cosas lejanas la hizo pensar en los años transcurridos sin éxito. Por la primera vez pensó que su belleza y frescura la habían abandonado. No quiso culpar a Fernández y trató de no culpar a nadie, ni a ella misma. Quiso olvidarlo todo y no pudo. Se volvió a sentar inconscientemente y trató de silbar, luego quiso cantar; pero finalmente, en vez de esto, palabras de protesta salieron de sus labios. "Él no vuelve, estoy segura, ya no voy a encontrar felicidad, ¿para qué me engaño yo misma?" Y empezó a llorar y a llorar con angustia. Luego, como arrepentida, se paró y empezó a descender la colina con gesto de mal humor.

Por el tiempo en que Teresa cumplía sus 25 años, dos cosas vinieron a interrumpir la vida monótona que llevaba. Su madre se casó en esta época con el tinterillo, hombre amable pero vicioso. El matrimonio de su madre había estimulado en Teresa el deseo de casarse. "Me estoy volviendo vieja y colérica; si Fernández vuelve ya no me va a querer por este modo que tengo", se decía en silencio; luego andaba de un lado a otro sin saber con certeza qué era lo que deseaba. Había días en que cambiaba de genio y entonces pensaba en que otro hombre vendría pronto. Principió a ir a la iglesia y con el diario ejercicio se sentía llena de vigor y de optimismo.

Un señor de apellido Arriaga principió a caminar con ella todas las mañanas a la iglesia; Teresa no protestó a pesar de la mala presentación de su compañero. "Yo no me casaría con él, está claro, —se decía ella a solas— pero así lo pasaré más a gusto y hasta lo recibiré cuando venga a verme". Mientras tanto todavía pensaba en Fernández.

Teresa, sin darse cuenta de lo que hacía, estaba tratando febrilmente de tener una sensación fuerte que viniera a cambiar su vida. Al lado del señor Arriaga caminaba en silencio; pero a hurtadillas se acercaba hasta rozar con su cuerpo el brazo de él. Cuando él se despedía, ella lo contemplaba por mucho rato. Hubiese querido rogarle que entrara a la sala y que la hiciera olvidar aquellas horas tristes que pasaba sin compañía. "No es porque él me guste", se decía, "es que yo necesito alguien que esté conmigo, estoy muy sola en este mundo, Dios mío, quiero alguien", y empezaba a llorar con amargura.

Durante la temprana llegada de los 27 un insomnio continuo y ternura enfermiza tomó posesión de Teresa; no sintió más alegría en caminar con el señor Arriaga y cuando lo miraba en la calle cambiaba de dirección. Su cerebro se volvió intensamente activo, al grado de no poder conciliar el sueño debido a las largas horas de imaginación gastadas. Allí en su dormitorio con ojos alucinados auscultaba en la oscuridad. Su imaginación andaba de uno al otro lado del cuarto. Reconcentrada en sí misma, empezaba a sentir, después de desesperarse, un cansancio adormecedor. Gustaba Teresa de tomar una almohada y desempeñar el deseo de sus energías en apretarla fuertemente contra sus pechos. Una noche se levantó y se arrodilló junto a la cama para derramar lágrimas en la oscuridad. ¿Por qué me dejan?, se decía en voz baja. Entonces empezó a comprender que había una cosa vaga en su interior porque el recuerdo de Fernández ya no le interesaba mucho.

Y una noche, mientras una lluvia torrencial caía, Teresa tuvo una aventura. Este pasaje la sacudió y la confundió fuertemente. Había regresado Teresa de noche y había encontrado la casa vacía. Su padrastro había ido a jugar billar como de costumbre y su madre a hacer una visita a una casa vecina. Teresa se dirigió al último cuarto que era donde ella dormía. Se desnudó en la oscuridad y luego se metió en la cama.

Por un momento arrimó el oído junto a la ventana hasta percibir el monótono ruido de la lluvia cayendo, de este modo, en el silencio profundo, un extraño deseo tomó posesión de ella. Sin detenerse a pensar qué era lo que deseaba, como trastornada, se dirigió afuera en traje de dormir, atravesó los cuartos oscuros hasta ir a tocar el agua. Luego cuando sintió la caricia helada de la lluvia sobre sus hombros desnudos, un deseo muy extraño corrió por su cuerpo. Pensó ingenuamente en que las gotas de agua tendrían un creador y maravilloso poder sobre su cuerpo.

Desde hacía años no sentía tanta energía y entusiasmo en sus débiles y pálidos miembros. Deseaba saltar y correr. Gritar fuertemente; encontrar a otro ser y abrazarlo.

De pronto, en la esquina oscura de la calle, un hombre se movió y ella lo notó al momento. Temerosa dio dos pasos y se paró:

"¿Quién será? ¿Quién es?", se preguntó ella misma con curiosidad. "¿Quién e...res? ¡Espérame! ...", y, se tapó la boca con las dos manos profundamente avergonzada de lo que había dicho. El grito tembloroso de su voz ahogada se perdió sin eco bajo la oscura noche. El hombre de la esquina volvió la vista sorprendida. Era un hombre avejentado y parecía no oír bien. Creyó que no era con él y empezó a caminar despacio por la calle solitaria.

Teresa estuvo tan avergonzada del grito que había dado que mucho tiempo después que el hombre se había ido, no osó aun mover siquiera las rodillas. Cuando entró en su cuarto sentía tanto arrepentimiento, temor y miedo que cerró la puerta fuertemente y sobre ella arrimó la mesa del comedor.

Su cuerpo temblaba nerviosamente, como el de un niño. Cuando se hubo metido en la cama enterró su rostro en las almohadas y principió a llorar amargamente...

LA MUERTA

El hombre anciano de la silla pedía al cielo que aquellas gentes estuviesen lejos de él. Había estado allí por muchas horas, meditando hasta que la cabeza le daba vueltas. Deseaba concentrar sus pensamientos, pero comprendía que le era imposible. Las cinco candelas de la cabecera de la cama le distraían, pero se alegraba más cuando la figura de alguno de los invitados interceptaba la luz. También se distraía con las sillas alrededor del cuarto, como centinelas en guardia y la pequeña mesa cerca de la ventana con el crucifijo y las botellas de aguardiente. Deseaba pensar en la muerta perdida en la inmensidad de aquella cama de roble. Él la había estado mirando con extraña sospecha y tristeza desde temprano de la mañana. Se ponía nervioso cada vez que se encontraba con el traje negro, las sienes pálidas y el estado inmóvil del cadáver. Inconscientemente se movía impelido por una profunda piedad. Al fin, alguien le tocó el brazo: ¡José Ramón! (el que le hablaba era Cancio, un vecino que había celebrado su matrimonio).

—¡José Ramón!

—¿Qué es?

—¡Dicen que Cabarga anda en el pueblo!...

—¿Y eso qué importa?

—¡Creí que lo mejor era decírtelo!...

Cancio esperó un momento; después salió en puntillas, como lo hacían todos, sus movimientos parecían los gestos de un juguete automático. Pasado un momento se oyeron unos pasos; luego, una risa dura y altisonante (eran unos muchachos y muchachas que venían a velar la muerta). A poco se oyó el chasquido de un beso en la oscuridad. Inconscientemente, sintió el viejo una oleada de cólera...

La muerta sólo tenía diez y nueve años cuando se casaron; él tenía cuarenta y ocho. Únicamente porque él era dueño de muchas áreas de tierra y muchas cabezas de ganado, el padre de ella había consentido en que se realizara la boda. Y Cabarga, el preferido y altanero, se había puesto a un lado para ver pasar aquella pareja absurda. Luego había realizado una escena violenta. Andaba ebrio y desde muy temprano acechaba la comitiva que salía de la iglesia.

—No te olvides de mí—le dijo el novio, un poco respetuoso para su condición anormal—. Si algo le sucede a ella yo te voy a matar con la sangre fría.

José Ramón sólo le dijo: "Andate a dormir un poco para que te compongas, hombre; y luego venís a la casa para que bailemos esta noche". Cabarga se había ido al campo; bebiendo todos los días; haciendo planes contra el rico rival hasta que un inspector lo había atrapado y puesto preso. Mas, ahora finalmente él estaba libre. Y como a la muchacha algo le había sucedido, él iría a cumplir su promesa. ¿Qué era lo que le había sucedido a ella? José Ramón no sabía; él le había dado todo lo que había podido, pero ella todo lo había recibido de las manos de él con seriedad; consecuencialmente, no había obtenido de ella más que apatía. Había llegado a su casa apáticamente, cada día se había puesto más delgada, luego había caído enferma súbitamente y por fin, esa noche se había muerto. Y Cabarga vendría donde él; de esto él estaba seguro. "Bien —había dicho— déjenlo entrar cuando llegue".

Reinaba horrible silencio entre los invitados de la cocina. Después un ruido súbito de éstos que se movían y luego un bronco ruido de las sillas arrastrándolas; la puerta del cuarto donde estaba la cama se abrió y la roja llama de las luminarias de la cocina se combinaron con la enfermiza y amarillenta luz del dormitorio. Entró el cura entonces, su melena larga, su cara y sus erectas espaldas, más le daban la apariencia de un soldado que la de un sacerdote. Este volvió los ojos hacia la cama mortuoria y luego hacia el deudo.

—"Oh, no debes tomarlo de ese modo hombre —le dijo—. No debes tomarlo de ese modo; debes soportar esto con valor", —le volvió a decir y salió del cuarto. Este no le puso atención, su imaginación estaba pensando en extrañas cosas que no podía arrancar de su cabeza. Infinidad de hechos pasaban bajo de su frente.

Trataba de pensar del alma de ella. Se acordó de una paloma atravesando la noche; luego de un pájaro perdido en el crepúsculo. Él pensaba de ella como de una cosa solitaria volando en un largo viaje y sin tener en donde descansar. Se la imaginaba pronunciando el vibrante y lastimoso llanto de un peweet.

En la cocina los invitados bebían café. El ruido de la loza se oía distintamente. Bien podía distinguirse el agudo sonido de las tazas que se colocaban en los platillos y hasta el movimiento nervioso de las personas que se atendían mutuamente. Sentía como si todos los ruidos fuesen hechos a un paso de él y a veces le parecía que estallaban dentro de su cabeza. Cancio volvió a entrar en el cuarto:

—José Ramón —le dijo— debes tomar algo, una taza de café, cualquier cosa; tómate una taza de café, yo te la voy a traer. ¡Oh déjame Daniel! Se sentía de tal modo que le daban deseos de insultarlo y pegarle por sus atenciones. Luego Daniel, poniéndose un tanto grave, le dijo a Cancio al oído:

—José Ramón, yo creo que harías bien (o que yo haría bien) en ir a ver a Cabarga y decirle... que sería un disparate de él venir aquí y armar un pleito. Dime, ¿no crees tú que debo ir a verlo? Yo creo que él estará en su casa.

—Déjame eso a mí, Daniel. Te lo repito, es asunto mío (súbitamente se acordó de la cuestión entre él y Cabarga).

—Está bien, tú lo sabes mejor—le dijo Daniel a José Ramón, y lo dejó solo. Cuando la puerta se abrió para dar salida a éste, se oyó de pronto una voz subyugadora cantando y muchos pies como tambores, pateando el piso, llevaban así el compás de la música; aquel canto bello concluyó por irritar a José Ramón. Se imaginó muchas cabezas; saludándole y muchos cuerpos balanceándose de uno al otro lado con el ritmo de la música. Reconoció el canto y empezó a pensar en él sin poderlo olvidar más, y entonces lo cautivó e ingenuamente pensó en el maravilloso cerebro que deben tener los músicos para componer la música. Sus pensamientos pasaron a un cuadro que él había visto de un hombre con un violín, debajo de la barba. Inconscientemente buscó una posición cómoda porque le dolía la espalda de estar encorvado. Al ver la cama mortuoria sintió el recuerdo de la primera vez que la había visto; ella andaba paseando a lo largo del camino con Cabarga; era un domingo por la tarde, los dos andaban con las manos estrechamente unidas. Cuando ellos le habían visto, habían parecido sorprendidos y súbitamente avergonzados. Habían reído con una risa emocionada para ocultar su turbación, y él recordó también que no le habían dirigido la palabra. Luego con una disimulada sonrisa de buen humor y un maduro sentimiento en su interior había pensado que: "la gente joven siempre es así" ... y recordó otros días en que la había encontrado con Cabarga y por fin como había venido en él la convicción de que podía casarse con ella y luego cómo había empezado a seducirla, tal como si hubiese pensado en comprar una pareja de bueyes o celebrar un contrato para la corta del maíz. Hasta el día en que se hubo casado con ella, él se sintió como el comprador que tiene su compra y conoce cada recodo y curva del camino por donde marcha.

Se oyó una fuga en la cocina con el ruido de unos pies que se dirigían hacia la puerta. La aldaba se levantó con ruido sordo y pudo oír el tono bronco de unos hombres con la entonación elevada de unas mujeres; comprendió que se dirigían a andar a lo largo del camino. Para verlos irse se acercó a la ventana; la luna estaba sobre el mundo como una flor de luz. Pero abajo, en la sombra, se veía una especie de tela negra colgando de las yerbas altas y de los árboles. Las casas en el sendero estaban blancas como edificadas en una región misteriosa aquí cerca se oía el zumbido de los zancudos, allá lejos el eco de una voz que cantaba... La tertulia de invitados pasaba abajo en el patio. Se oyó una broma con burla, después una manotada y una risa bulliciosa. Cuando se detuvo en la ventana oyó que alguien abría la puerta y se paraba en el umbral.

—¿Vas a venir, Dominga? —preguntó una voz. El anciano trató de oír la contestación; pensó que daba importancia a las cosas más pequeñas. Buscaba algo con que pasar el tiempo a la manera del viajero en la estación del ferrocarril que observa las cosas más triviales mientras espera el tren que lo ha de llevar al fin del mundo.

—¿Vas a venir, Dominga? —la voz se volvió a oír, pero no hubo contestación.

"Está bien, si no quieres no vengas" —oyó decir una voz irritada y luego, el que así hablaba salió al camino andando con cólera. Entonces en él reconoció la figura de Llaguno, que siempre tenía disgustos con su mujer; luego comprendió con satisfacción que vagamente se había distraído con este pequeño incidente. Desde el camino llegaba el agudo grito de una de las muchachas que había salido, luego un coro de risas. Y pensando en Cabarga y en la muerta, se le vino el recuerdo de la relación del hombre y la mujer. No tenía palabras para ello, porque amor era término que él creía debería estar confinado a libros de historietas, era una palabra de la que debería tenerse desconfianza como de una voz afectada. Era un signo de mofa;

de tal relación (de hombre y mujer) él tenía una idea vaga. Él pensaba de ello como de un entrelazado de hilos uniendo a dos personas y como una tela que fuese débil y fácil de romperse; o como un juego de cuerdas que trabajasen con nudos hasta llegar a hacer un enredo capaz de hacer perder la razón a aquellos cogidos en él. Esto le enseñaba como las cosas bellas, de infinita gracia, palabras suaves, en una noche de junio, vagos vaivenes bajo la luz de la luna, embarazosas manos unidas, pudiesen llegar a ser —como en el caso de Cabarga y la muerta—una cosa de malevolente fuerza, una cosa de silencio siniestro, una sombra de duda que conturbaba.

Y entonces con un golpe, sintió o pensó descubrir en él mismo una especie de delito, pero se olvidó de aquello para pensar cuán pacífico será para un muerto reposar a la luz de la luna y no en un oscuro cuarto con seis candelas en la cabecera y muchas sillas alrededor. Le pareció extraño finalmente que Cabarga, en vez de venir como amante feliz, viniese como un vengador a asesinar a su rival. Cancio entró entonces. Había un gesto de enojo en su rostro, con modo agresivo.

—Te repito, José Ramón, nosotros debemos prevenir esto. Es lo que debemos hacer. El viejo no contestó.

—De cualquier modo, yo debo ir al pueblo por la autoridad, aunque no quieras vos.

José Ramón sintió lástima por Cancio. La idea de obtener un gendarme de la policía para prevenir la tragedia que se aproximaba le pareció ridícula.

Se imaginó un niño que se opusiera contra la tempestad.

—Cómo sabes, Daniel, que Cabarga va a venir? —le preguntó por fin.

—Llaguno, el contratista, lo vio y habló con él. Dice que anda diciendo que te va a venir a matar hoy...

—¿Saben algo de eso en la cocina?

—No, nada. (Hubo una pausa larga).

—Está bien, óyeme un momento. Ándate y no digas nada, ni una palabra. ¿Comprendes? ¿No crees que sería adisparatado hablarle a la autoridad y que él no viniera? De todos modos, si él viene, yo voy a arreglarlo todo y si no puedo te voy a llamar. ¿Crees que es lo mejor?

Cuando la puerta se hubo cerrado para dar paso a Cancio, José Ramón comprendió que había abandonado el último recurso. Tendría que luchar solo contra el destino. Estaba seguro que Cabarga cumpliría su ofrecimiento; ¿y entonces sintió una especie de curiosidad de cómo iba a pasar aquello, ¿iría a ser con las manos o con un revólver? El esperaba que fuese con un revólver; la idea de meterse a las manos con aquel hombre joven y fuerte lo llenó de extraño terror. El pensamiento de que dentro de diez minutos o media hora o dentro de una hora podría estar muerto, no había pasado por él todavía; era el acto físico el que lo espantaba. Se sintió como si se encontrara terriblemente solo y un aire frío empezó a soplar y a penetrar en cada uno de sus poros. Hubo una contracción en los huesos del pecho y un escalofrío en los hombros. Lo que él iba a defender era la idea de la muerte, como si de una alta torre bajara a un insondable y oscuro abismo. Se levantó y fue a la ventana, luego miró hacia el lado de la cocina.

Desde una hendidura en un lado de los postigos venía un hilo de luz de candela, comprendió que allí estaban unos hombres jugando dinero para pasar el tiempo. Luego se hizo más grande su terror; el frío en la cocina había disminuido considerablemente. La mayoría de los invitados se había retirado y aquellos que aún permanecían, parecían somnolientos y amodorrados sobre el fuego. Después sintió un deseo de abalanzarse sobre ellos y suplicarles que lo protegieran y escondieran detrás de sus espaldas y acercarlos alrededor suyo en un círculo sólido. Luego pensó que los ojos de ella estaban en su espalda mirándolo y entonces sintió miedo de volver la vista por temor de encontrarse con aquella mirada. Ella siempre lo había respetado y él no quería perder su respeto ahora y el miedo de que podría perderlo cayó sobre sus hombros como un peso e hizo rechinar el tacón de sus zapatos sobre el piso.

Y entonces alumbró en él la idea de la gente que asesina, de las tropas peleando con ímpetu en las trincheras; de los hombres que salvan las puertas de una cárcel en la oscuridad y de una figura que él había visto en un libro, una siniestra figura con un hacha y una careta negra... Cuando miró abajo del patio vió una persona abrir la puerta dirigiéndose a donde él. Parecía un hombre que andaba despacio y cansado. El adivinó al momento que era Cabarga. Por fin, aquél abrió la puerta de la cocina, luego parecía que se dirigía lentamente a donde él. Después se hizo borroso en la sombra y volvió a aparecer vagamente. El viejo sintió que la pulsación de su corazón era como el tic—tac de un reloj. Se sentía en sí tan estrecho, que casi no podía respirar; anduvo inconscientemente unos pasos, la luz que venía desde el dormitorio corría en un extenso cauce. Se paró en ella como en un río.

—¿Está muerta? —oyó decir de repente.

Y entonces adivinó que Cabarga estaba detrás de él. El ala del sombrero del visitante despedía la sombra adelante de sus ojos; se miraban en la sombra unas manos metidas en los bolsillos del saco. Entonces el viejo dio vuelta y le dijo: "Se murió; ¿tú lo sabías, no lo sabías vos?". Fue todo lo que pudo decir. ¿Quieres venir a verla? —le dijo después.

Había olvidado a qué había venido Cabarga; estaba ofuscado; no sabía qué decir. Cabarga se movió un poco, la luz de la ventana le cayó en la cara. Y José Ramón en una ojeada observó con terror que estaba horrible con los labios descarnados y los ojos luminosos. Rezó sin abrir los labios y comprendió que el miedo se le escapaba, después levantó la cabeza. Luego observó con el rabo del ojo que Cabarga auscultaba en el cuarto y tuvo temor de que pudiese encontrar la cama en que descansaba la muerta. Con esta idea sintió un gran deseo de lanzarse entre Cabarga y la muerta, como si se tratara de una criatura indefensa y un gran peligro. Después bajó los ojos, creyó que no hacía bien en observar el rostro de Cabarga. Abajo, en la cocina se oían voces: era una disputa entre los jugadores de póquer. Había uno interrogando febrilmente y uno más arguyendo con cólera y otro procurando hacer la paz. Súbitamente el viejo oyó sollozar a Cabarga.

"No llores, hombre" —le dijo. Luego se puso a darle palmaditas en el hombro con cariño. Sentía como si una cosa muy apretada se aflojase en sus entrañas; como si la vida le volviese otra vez. Su voz era nerviosa, mientras tanto continuaba dándole palmadas en los hombros. Ahora sentía por Cabarga la misma piedad que sentía por la muerta, que para él era un niño dormido que no debía despertarse y un gran sentimiento de paz comenzó a penetrarle. A Cabarga lo mimaba como si hubiese sido un hijo suyo que, herido y maltrecho regresase donde él para que él lo protegiera. Y él le iba a brindar todo su consuelo...

Se detuvo en la puerta por un momento. "Está bien, hombre, entrá". Alzó fríamente la aldaba. Luego, cuando entraron, el anciano sintió como si unas paredes muy altas se hubiesen desmoronado y los tres abrazados, entraran en la luz de un nuevo día...

PANCHO

El señor Comandante de Armas y Gobernador Político, que era una misma persona, permanecía en su oficina frente a su escritorio. La oficina estaba compuesta de un cuarto largo con tres mesas que servían como escritorios, seis sillas, dos balcones hacia la calle, cuatro retratos de presidentes muertos y uno más grande del presidente actual con una corona al pie.

En la oficina no se veía nada más que un escribiente en otra mesa con el cuerpo agachado y con los ojos fijos en el papel. Sus pensamientos al parecer trabajaban tanto como sus manos.

Un golpe de pasos fuertes, que parecían no guardar equilibrio se oyeron afuera, súbitamente, por la parte interior y cerca de la puerta; luego, un golpe brusco y pesado como de cuerpo que caía al suelo y por fin la voz ronca:

—¡A mí nadie me manda! Llamen al Gobernador, hijos de...

El Gobernador había oído con enojo e indignación el bullicio:

—¿Qué sucede? ¿Pancho, andás bebiendo?

Pancho estaba tirado en el piso, ebrio.

—¡Estos...éstos me traen Seño...ñor Gober... Gober... nador, pero yo estoy bien! El Gobernador no pudo menos que reír de la cara de Pancho.

—¡Pero si tú bebes mucho, Pancho! Y viendo a los soldados, les dijo:

—Déjenlo aquí.

Los soldados que, en vez de poner atención a la cómica postura de Pancho, habían permanecido con la mirada fija y respetuosa ante el jefe, hicieron el signo de respeto con las manos, lleváronselas arriba y salieron.

—¿Cuándo te vas a componer, Pancho? —le dijo el Gobernador, no sin interrumpir con su sonrisa el placer que la cómica figura del mendigo le producía.

—La próxima vez que te traigan "bolo" te van a dejar dos meses en la cárcel. ¿Me entiendes? Esta es la cuarta vez que yo intervengo para que no te lleven a la cárcel, pero debes entender que será la última.

—Señor Coman...dan... (y Pancho dejó caer la cabeza en el aire). Entonces el Comandante y Gobernador Político, en vez de sonreír más, corrió y llamó al escribiente. El escribiente había permanecido detrás de la rendija de la puerta contemplando la cómica escena del hombre ebrio y de su jefe gozándose a solas del divertido espectáculo...

—Hombre, mejor trae este pobre diablo, aunque sea arrastrándolo y acuéstalo en el sofá aquí adentro —le insinuó el Gobernador al escribiente. Había un sofá grande adentro, rellenado con lana y forrado con carpeta negra para que se sentaran allí los que deseaban hablar con el Comandante o con el Gobernador, mientras éste se encontraba muy ocupado y había que esperarlo. Después que el escribiente hizo todo como se lo ordenaban, el Gobernador le mandó que trajera un vaso de agua para Pancho y el mismo Gobernador en persona se lo arrimó al pobre hombre que se lo bebió con avidez. Entonces el escribiente principió a hablar:

—Hay veces que duerme en la calle. Como él vive con las tías, ellas le esconden hasta el sombrero para que no salga, pero él siempre lo encuentra, lo mismo que el dinero, lo poco que ellas ganan cosiendo. Ese dinero lo gasta todo bebiendo. Hay veces que no tiene como beber y entonces se acuesta a dormir todo el día, y como es impedido no puede trabajar ni puede hacer nada.

Mientras el escribiente relataba lo que dejamos consignado, el Gobernador no le había puesto atención y sólo se había concretado a contemplar y acercar el vaso de agua, de cuando en cuando, a los labios de Pancho, que había desistido de seguir bebiendo agua...Mientras tanto, el escribiente creyó que él había hablado demasiado y que lo que había hablado era ridículo. Quién no conocía la vida de Pancho, y mucho menos el Gobernador que todo lo sabía—pensó el tímido escribiente. Pancho es —le dijo el escribiente— Pancho Osorio, o Pancho el renco para todo el mundo.

Esa noche Pancho durmió allí en la Gobernación Política y Comandancia de Armas. Se le preparó su cama lo mejor que se pudo en un sofá; Pancho, a todo esto, ya hacía rato que roncaba.

Al día siguiente, el Comandante tenía entre manos un asunto importante. Había recibido una comunicación del Ministerio de la Guerra en que se le exigía que reclutara 200 hombres para darles de alta y mandarlos a hacer plaza a la capital. Con esta preocupación se dirigió a dar órdenes inmediatas, pero sobre todo pensó en contestar la comunicación tan pronto como arribara a la oficina. Él vivía como a dos cuadras y con su fuerte bastón cruzó la calle y entró a la Comandancia de Armas.

—Escriba Ud. —dijo al escribiente mientras se quitaba el sombrero y colocaba el bastón en una esquina del cuarto—: Señor Ministro de la Guerra—Palacio—. Y después de pensar un largo rato volvió a ver al escribiente y dijo: "De conformidad con su oficio de esta fecha, inmediatamente prosigo a cumplir órdenes".

Pero el Comandante no se había dado cuenta de que el escribiente ni siquiera había agarrado la pluma con qué escribir.

—¿Vamos? —le preguntó el Comandante con un gritazo.

—¡Sí han saqueado la oficina! Señor, ¿no ve usted?

—Saqueado?

Efectivamente, la oficina estaba saqueada como el escribiente decía. De las mesas se habían llevado las carpetas incluyendo los libros de la Gobernación Política y de la Comandancia de Armas; una de las puertas estaba abierta. El bastón del jefe político no aparecía allí, el revólver del Secretario de la Comandancia, que él decía haber dejado en una gaveta, tampoco estaba allí; cosas de poca importancia como plumas, papel, tinta, etc., tampoco estaban allí.

—Já, já, já, hombre, este Pancho es mucho más hombre de lo que yo creía—murmuró el gobernador. Y efectivamente le daba risa en vez de cólera la acción de Pancho. Luego se puso a relatar al Secretario y a los otros empleados que acababan de llegar, lo que Pancho había hecho.

Como es natural, después de comentar con un poco de risa y otro poco de cólera lo que Pancho había hecho, el Comandante dio órdenes de captura para Pancho, inmediatamente. Pero entre tanto, el primer jefe se veía destituido de su bastón, de su escritorio, papel, tinta, etc. Pero proporciones más grandes aún, asumió el abuso sobre el Gobernador cuando al día siguiente y a la misma hora, no aparecía el malhechor.

—¿Pancho?... ¿Será posible que sea Pancho? ¿Ese impedido que anda aplanando calles todo el tiempo?... ¿Pancho? —se preguntaban las gentes del pueblo que sabían que Pancho era humilde, impedido y bueno.

Y, sin embargo, era cierto. Pancho había saqueado la Comandancia de Armas y la Gobernación Política...

No fue sino hasta el tercer día de haberse dado la orden de captura, cuando un oficial y tres soldados se presentaron ante el Gobernador con Pancho. Pancho que andaba ahora mucho más ebrio que antes, se arrimó ante el jefe con el bastón en una mano, el revólver del Secretario en el bolsillo y el libro de órdenes de la Comandancia de Armas debajo del brazo.

En vez de causar enojo, hizo reír a todos lo que estaban allí presentes.

—¿Y el resto de los artículos dónde están? —preguntó el Gobernador.

El oficial refirió entonces que la dueña del "estanco" en donde lo había encontrado se negaba a entregar el resto de los útiles que Pancho había empeñado, hasta que éste pagara el valor del aguardiente que se había bebido y que eran dos botellas y media...

—Lleven a Pancho a su casa y díganle a la familia que lo alimente bien —dijo el Gobernador—. Y cuando hagan esto metan a la cárcel a la dueña del "estanco", por orden mía.

LAS EXPERIENCIAS DE JOAQUÍN CÁLIX

I

Filomena Paz tenía la piel bien trigueña y los labios sensuales. Era muy alta y delgada, y cuando tenía deseos de cosas imposibles, se ponía muy enojada y deseaba ser hombre para poder pelear con los puños. Trabajaba en la tienda de la señora Natalia Campos y durante el día se sentaba detrás de un mostrador para vender los artículos. Era la hija de Raimundo Paz, antiguo escribiente de un bufete de abogado y con él vivía en uno de los barrios más pequeños de la ciudad. Había en la casa de ellos unos cipreses alrededor y debajo de éstos, había unos cómodos asientos. El viento que venía soplaba bajo aquellos árboles y hacía un ruido constante.

Cuando Filomena era sólo una muchachita, Raimundo hizo la vida bien cómoda para ella; pero después que él perdió el poder sobre ella, Raimundo pareció volverse muy triste y resentido. La vida de este hombre estaba compuesta de pequeñas penitencias: cuando Raimundo iba a trabajar por la mañana, con su saco de alpaca negra gustaba pasearse a pasos cortos en la sala grande que después la transformaron en dos cuartos pequeños. Hasta que él había hecho esto, se iba a su trabajo. Cuando regresaba por la tarde se ponía a leer el periódico con los anteojos puestos y después se los quitaba y los ponía en el costurero de Filomena. Ya estaba viejo Raimundo: entre los cincuenta y cinco y los sesenta años, pero no aparentaba decaimiento físico.

Sin saber por qué, Raimundo le tenía miedo a su hija. Filomena pasaba atormentada, pero era alegre. Se preocupaba mucho cuando no obtenía lo que quería y quedaba por muchos días atacada de los nervios. Poseía un carácter muy fuerte y parecía hombre. Recibía la visita constante de Joaquín Cálix, pero secretamente estaba enamorada de un tal Alejandro Ríos. A Cálix no lo quería por su idiosincrasia y su falta de energía, pero no lo despreciaba. Decía que recibía al pobre Joaquín para pasarlo mejor, pero éste la besó por fin y ella misma que no sentía amor por él, no pareció disgustarse. Después creyó Filomena que aquello se había debido a la insistencia tenaz de su naturaleza... Creía ella tener control sobre Joaquín, pero no lo tenía.

El otro, Ríos, era alto, con espejuelos, atlético, orgulloso. Tenía un bigote parado y decían que era el colmo del fingimiento. Tenía unos ojos que penetraban hasta el fondo. Este hombre había malgastado una regular fortuna en dos meses, según el decir de la gente. Filomena estuvo sólo una noche con el tal Alejandro Ríos; ella recordaba el modo y las palabras de él. Había retozado con las manos y él se las había agarrado nerviosamente, mirándola. Esto lo contaba ella con una carcajada y así se lo refería a las amigas. "Ah, tonta, de lo que te alegras; de lo que te alegras" —le decían aquellas, riéndose.

Joaquín se había puesto celoso una noche. Otra noche se emborrachó por los mismos celos. Esta misma vez había andado cuatro leguas fuera del pueblo. Y otra noche: "La vida es brutal"— se dijo él solo. "Yo debo pelear y luego reír del mundo. El destino es matar a otro. Yo debo matar a otro. Cada hombre debe hacer eso; eso no es maldad, es cosa natural. Lo que hay que hacer: matar a otro. Siempre hay uno que ocupa nuestro puesto y nosotros debemos echar al otro mundo a ese gallo", etc., etc.

Hipnotizado por sus largas meditaciones anduvo mucho, muchísimo. Al fin se detuvo bajo la luz de un farol. Temblaba Luego pensó en aquellas meditaciones. "Cuando me encuentro solo —se dijo él— pienso cosas mejores. Quisiera que me apreciaran más. La gente no me conoce a mí; me voy a hacer conocer un día. Voy a hablar y hablar" ... Y siguió por el camino meditando.

(Cinco o seis años antes, en este pueblo, había un barrio de gente pobre que tenía para un lado una colina y al otro una iglesia muy bonita. Entre otras cosas, las casas eran pequeñas y pasaban frente de éstas unas vacas y otros animales del campo. Joaquín tenía allí su casa).

Seguía meditando Cálix bajo la hermosa noche de enero. Lo ponía excitado el recuerdo de una novela: pensó que la meditación es cosa sorprendente, y se sentía orgulloso de que él podía meditar. Empezó a andar muy despacio, cada vez más despacio. Llevaba en la mano su sombrero; un perro le venía ladrando desde hacía un rato y se paró a tirarle piedras. Luego, súbitamente, en la sombra de la calle oscura se paró y se puso a cantar con una entonación muy baja, apenas perceptible:

"Quiso el poeta recordar, a solas,
las ondas bien amadas, la luz de los cabellos
que él llamaba en sus rimas rubias olas.
Leyó... la letra mata: no se acordaba de ellos...

Y un día como tantos —al aspirar un día—
aromas de una rosa que en el rosal se abría,
brotó como una llama la luz de los cabellos,
que él en su madrigal llamaba rubias olas;
brotó porque un aroma igual tuvieron ellos...
Y se alejó en silencio para llorar a solas..."

Y se alejó en silencio para llorar a solas... repitió Joaquín elevando cada vez más la voz. Luego se puso a mirar con atención todas las casas y a meditar en ellas: —¿Que yo gritara con voz fuerte —se dijo él solo— y que la gente que duerme en este pueblo se levantara y corriera aquí donde mí, estrechándome la mano...? Al sentarse en un banco de la plaza desierta, se puso a pensar en la atracción de las mujeres, tuvo gran deseo de tener allí una mujer, y luego siguió hundido en sus largas meditaciones.

II

Ríos —por pura casualidad—había ido a ver a Filomena por la primera vez en su vida. El mismo no sabía por qué había ido; no le interesaba ella. Cuando él salió, Filomena lo contempló detrás de la mampara hasta que lo perdió de vista. Luego lo vio pararse detrás de una esquina. Ella deseó con mucha ansia tener a Cálix e ir a pasar con él delante del puesto de Ríos, con indiferencia. Luego sintió gran deseo de irse a sentar con él (Ríos). Pensó en la cara de Alejandro Ríos: era feo, bastante feo y parecía poco cortés. Sin embargo, algo había en él que a ella le gustaba, pero no estaba segura qué era. Y pensó en él por largas horas...

En la noche siguiente Joaquín fue a ver a Filomena. Habló con elocuencia; habló con palabras que sonaban bien; después le agarró las dos manos y le dijo: —Filomena... me vas a apreciar más; voy a dejar de ser modesto y tonto; yo no tengo de tonto ni un pelo; no me conocés vos, pero me vas a conocer. Anoche, precisamente, fue anoche que andaba vagando, en el pueblo, en las calles... Filomena no parecía que le ponía atención. (Joaquín pensó que en ese momento ella pensaba en él...)

—¡Siéntate, Joaquín, por Dios! —le dijo ella. Él se sentó viéndola. Creyó que la fuerza del amor se manifestaba en ella y se acercó. Él no estaba emocionado, sin embargo. Era una hermosa noche de verano y Joaquín no podía comprender qué era lo que él deseaba. El silencio de ella le daba cólera y lo ponía lleno de placer también. Le daba placer porque creía que ella estaba pensando en él. Por fin se acomodó en su silla y trató de meditar nuevamente. "Todo se vuelve diferente" —se dijo él—. Ella está diferente; se empieza a enamorar de mí; ya no pensará más en Ríos. Todo es diferente: yo ya no siento nada por ella".

Después —súbitamente— la agarró de los hombros y la volteó de cara hacia él. Creyó que ella iba a reír al verse sorprendida en sus pensamientos, pero en vez de eso, ella pareció disgustada y sorprendida. Él no se desilusionó por sus erradas creencias. Y quiso tener una sensación fuerte y trató de resolverlo todo en un momento. Esto era muy propio de Joaquín. La besó súbitamente sobre la hermosa espalda desnuda y ella sin hablar lo miró con mirada de promesas.

—Me vas a admirar Filomena. Cuando seas mi mujer me vas a admirar. Si supieras lo que estoy pensando. (Filomena, como una piedra permanecía indiferente a las palabras de Joaquín).

Joaquín no entendía lo que le pasaba esa noche. Se sentía profundamente preocupado y tenía fe en los momentos que venían. Luego pensó en que él debería tener orgullo de sí y se sintió contento. Deseaba algo, pero no estaba seguro a ciencia cierta qué era lo que deseaba. Quiso sentir placer en algo más que en ser orgulloso: salir a la calle o besar a Filomena, pero por fin se fue a su cuarto de mal humor. Sentía un gran vacío, pero no sabía qué era lo que deseaba;

después —sobre la almohada— se puso a llorar y luego se quedó dormido...

Joaquín estaba cierto, por otra parte, que Filomena ya no le llamaba la atención; que él debería buscar otra muchacha mejor; y tuvo después muchos deseos de ir a viajar a otro país. Luego tuvo deseos de ser un caballo. En la mañana no se quería levantar; tenía pereza y poco entusiasmo. Pero al recibir la luz del sol volvió a creer que él debería estar orgulloso de sí mismo.

Se sentía romántico y colérico. Concretamente Cálix no sabía lo que quería; o lo que era él. Tuvo deseos de no salir aquel día y luego tuvo deseos de hablar de cosas tristes. Su frente, las mejillas, todo él estaba desencajado...

LA NOVIA MUERTA

I

Antonio Rafael Ortiz tiene 23 años. Es más alto que bajo. Tiene la tez morena con un ligero matiz de bronce. Sus ojos refulgen anchos y expresivos. Su cabeza se yergue sobre un cuerpo fornido.

Vive en un cuarto de estudiante. Dentro y a un lado da un viejo balcón de hierro; al otro su escritorio. En el fondo del cuarto queda su cama como un nido de gallinas. Tal como sucede cuando —como en el presente caso— se es joven y se tiene confidencias con las musas...

Generalmente es de carácter alegre, pero he aquí que ahora ha cambiado súbitamente. Si lo encontráis a vuestro paso ya diréis que no es el mismo que solía meter charlas en los cafés. Está triste, muy triste. Si le habéis conocido antes de hoy, seguramente supondréis que eso se debe a que las veladas nocturnas lo encuentran sin una moneda en el bolsillo. No, no es eso. Antonio es un bohemio, pero de los que llegan a los cafés a gastar mucha alegría y poco dinero. ¿Cómo es eso? me preguntaréis. Antonio es una especie de "niño bonito"... se le quiere, se le admira, se le obsequia... Al no más salir a la calle se encuentra con tres o cuatro amigos guindándole del saco. ¿Bohemios?... es posible que sí, pero no creáis que es para explotarle su endeble renta, no... Es que los atrae con su corazón bueno, corazón amable. (Hay hombres de esta clase con imán en el corazón). En este día Antonio está con un gesto de fastidio y de tristeza. Llega, empuja la puerta de su cuarto y en un dos por tres queda tumbado en aquel laberinto de ropa comprimida que constituye su lecho. Uno, dos, tres minutos permanecerá Antonio en esta posición. De pronto y como si algo se le asomara a la cabeza —con gesto cómico y agilidad de autómata— queda sentado en la cama. No olvidemos que hoy es lunes: día de correo.

Hay, pues, que esperar la carta del lejano pueblo natal. Hay que ver lo que dice el padre. Lo que dicen los amigos, pero sobre todo hay que ver lo que dice la novia. La novia de Antonio es la misma "chigüina" que de los 15 años para arriba nos pone la cabeza de vuelta y media. La misma Julia, Alicia María, Emma y que en este caso se llama Rosario. En suma: el primer amor y como consecuencia el primer dolor...

Así, pues, quedamos en que la novia de Antonio es la que todos hemos tenido. Con la diferencia única que algunos, como el personaje de que hablamos, son más místicos y la guardan como reliquia. Otros, queriendo cambiar impresiones, la cambiamos. (Y aunque en el cambio nos salga el tiro por la culata).

En Antonio, ya lo dijimos, no pasa esto. Tiene creencias rotundas: lo que hoy hace está bajo su buena opinión en todo tiempo. Ya dijimos también: a sus 23 años no ha cambiado el corazón de sus 12 años... Es un hombre con corazón de niño. Estas, pues, y otras razones hacen que Rosario sea la novia de los 12 años.

Tres años hace que estudia leyes en México; tres años y en ese tiempo el recuerdo de la novia ausente no se ha retirado de su pensamiento ni un solo momento.

Volvamos atrás: Antonio, decíamos, regresa como siempre a las tres y se acuesta en su cama. A poco se levanta con agilidad de autómata: ha visto una carta en la puerta. ¡Oh! —se dice—éste será un lenitivo. Su gesto extraño de puro triste, ahora se hace amable, bondadoso... Hasta una sonrisa súbita florece en su boca. ¿Y qué? ... ¡Vaya una carta de la novia cuando no estamos en buena amistad con la vida!

Antonio, pues, ríe, salta a ratos, grita en otros. Esto nos pasa a todos, y más aún si estamos en el caso de nuestro personaje. Por fin abre la carta, pero no es de Rosario. Sin embargo, es poca pérdida, pues la firma un buen amigo, Edgardo. La pérdida está en lo que la carta dice:

"Querido Antonio:

Algún día me apellidé tu hermano. Ahora es un poco propicio el momento para comprobártelo. Rosario como siempre, enamorada de ti. Como siempre hablando de cosas del espíritu: hablando de tus versos, hablando de tristezas. Sin embargo, todo eso es motivado por causa fatal... ¡No te lo quisiera decir!... ¿pero a qué callar? Rosario está "tuberculosa". Su color pálido, sus pensamientos trágicos...todo, todo comprueba lo que yo te digo. Después de esto, la opinión de los médicos...

Si también te he ofendido, perdóname. Como te dije antes, lo hago en honor del cariño que te guardo.

Tuyo.   EDGARDO."

Ya podrase suponer qué intensidad tendrá este golpe en el corazón de Antonio. Llora como un niño... Estruja e papel como un loco...

Y es que, a decir verdad, Rosario ha sido muy buena, muy noble, muy linda... y muy digna de él... En el lejano pueblo natal vivieron su idilio eterno, intenso...

Días de amor que no es fácil olvidar. Era un quinteto de moda: Antonio, Rosario, Edgardo, Fernando, este último buen amigo de ellos y la novia de él, Julia. Esos eran los cinco amigos de siempre. Como que se comprendían todos cinco. Roberto con su novia y Fernando con la suya, no estaban alegres, faltaba uno: ese era Edgardo. Uno sólo necesitaba de los cuatro restantes para estar a gusto; es más: dos o tres o cuatro tampoco eran felices. ¡Como que los espíritus sólo fraternizan cuando se comprenden! Los cinco formaban algo como un organismo que no funcionaba a falta de una pieza. Todas las tardes se les miraba juntos, siempre juntos. De puro felices poco les importaba que el vulgo les criticase. No necesitaba de uno más ni de uno menos. Eran dichosos porque hasta en sus alegrías como que el programa estaba completo: Antonio recitaba sus versos, Rosario ponía el prestigio de su voz, Julia acompañaba en el piano: Fernando, como en el caso de los hermanos Álvarez Quintero, ponía su autoridad crítica en cada papel. Lo hacía con opinión magistral porque tenía excelente gusto artístico. Y Edgardo era el que alegraba a todos. Aquél daba vida a todos los proyectos. Era el que no tenía novia y sin embargo, era el más feliz de todos, siempre estaba alegre.

Así era aquella vida... feliz, intensa... Pero he aquí que un día y cuando más felices se creían, Antonio les manifiesta su viaje a la capital de México. Que su padre le había mirado al través de sus anteojos y luego le había tirado del saco, diciéndole que no quería más vagos... Que deseaba que fuera a concluir su carrera de Abogado a la capital de México.

Aquel día fue triste, muy triste para todos ellos, pero más para Rosario. Antonio se iba, es decir, un elemento importante. Un socio, el cual socio significaba mucho para todos ellos. Rosario no hablaba, lloraba.

Por fin Edgardo manifestó que todos deseaban que jurara y prometiera no olvidar a la novia ausente: nosotros haremos mil pruebas a fin de comprobarlo. Subraya estas palabras: "mil pruebas para comprobar tu cariño para Rosario"...

Y Antonio partió.

Uno, dos, tres años y Antonio cumple lo que ha prometido. Mas ahora, cuando más feliz se creía, Edgardo le dice que su novia está tísica, que es lo mismo que le dijera que ha muerto. Pero... ¿la olvidará? La contestación atraviesa los labios de Antonio, pero no su corazón... "sí —se dice él—, sí, sí... y luego sí, ¿la olvidaré? ¿pero seré tan cobarde olvidándola después de idolatrarla?... ¿Será tan miserable el espíritu que Dios me ha dado?... (¿Sí, no, sí...?).

Como es natural suponer, Rosario continúa escribiéndole. Todos los lunes el cartero golpea la puerta del pobre ausente. Una carta de mi novia muerta —se dice con lágrimas en los ojos. Seguramente Antonio continúa adorándola y de allí que esas cartas le arrancan lágrimas. Las más le enferman, pues es claro, por eso, porque él la adora todavía. Algunas las lee, pero otras las rompe sin abrir el sobre (alguna vez Antonio se ha arrepentido de su cobardía, ha querido contestar una de esas, pero a poco ha dejado la pluma... ¡Nada ha hallado qué decir!...

Y he aquí que al fin le llega la última carta de Rosario. Le dice:

"Roberto adorado: esta es la última carta. Me he venido a escribirla aquí a tu cuarto que aún está como tú lo dejaste. Aquí sola, estoy más cerca de ti para llorar contigo. ¡Mi mayor pecado en la vida fue quererte mucho... mucho! Y tal vez por eso fui tan desgraciada. ¡Oh, si supieras!... Bien sé que me olvidas, porque soy un cadáver andando que tiene deshechos los pulmones, pero muy
limpia el alma... Si algún día tienes una novia, yo la presiento: tú vas a ser la víctima. Esto—está claro—no es que yo lo desee. Cuando ésta llegue tal vez yo habré muert0...

Adiós, Antonio de mi corazón...

ROSARIO".

Cuando Antonio lee esta carta, llora más todavía que cuando le llega la de Edgardo. Él es un cobarde, Rosario misma se lo dice, pero

56

ya es muy tarde y entonces llora bajo el remordimiento como un niño. No, no debió olvidarla. No había una causa justa. Rosario misma se lo dice: "Tengo deshechos los pulmones, pero muy limpia el alma".

El pobrecito Antonio sufre y llora como un loco. Pocos días después recibe la noticia de la muerte de Rosario. "Ayer murió Rosario", le dicen lacónicamente. Esta carta la recibe en el preciso momento en que él escribe otra implorándole perdones.

Y el pobre Antonio se hala el pelo, llora, grita y se siente el hombre más desgraciado de la tierra. Desde este momento lo principia a matar poco a poco el remordimiento. A diario recibe el pésame de algún amigo y aquello es peor.

Bebe ajenjo, mucho ajenjo; se transforma en completa calavera.

Ahora sí que está concluido, lo que es igual, está fracasado. ¿Ideales?... Antes tal vez, ahora todo ha terminado... Se arrastra lo mismo que un burgués bonachón bien hartado de guaro. Así es su vida. &Vida?... No, no puede llamarse vida. El que prometió tanto, a poco demuestra las debilidades de su condición de hombre, mejor hubiese muerto (ciertos árboles que parecen llegar a ser muy gallardos, a poco marchitan la belleza de sus hojas y continúan viviendo con fealdad, mejor concluyeran de una vez).

III

Así pasó el tiempo, un día se encuentra con una mujer bella con quien desea apagar aquellas horas de infinita tristeza. Tiene un singular parecimiento con la novia muerta... Dos palabras y el corazón de la desconocida le corresponden. Adivina, sin embargo, que es simplemente una similitud de rostros en ambas, más él, sin amor, sin ternura, pero con una fuerza de hombre fracasado, desea gozar de la delicia de aquella desconocida que ha encontrado en horas de miseria y de profunda tristeza. Un día le da una cita en cierto paraíso de idilios y allí por fin termina su aventura barata. Llega nuestro protagonista con entera regularidad. Pero, ¡oh decepción! Ella está en los brazos de otro amante. Regresa con el corazón destrozado. Llega a su pieza; en su escritorio está la última carta de su novia muerta que recibió hace algunos días y en cuyo último párrafo se leen estas palabras: Si algún día tienes una novia, yo lo presiento, tú vas a ser la víctima...

Los ojos fulminantes de Antonio alumbran las letras pequeñas con la claridad de una brasa. Días después le llega la dolorosa noticia de la muerte súbita de su padre. Este inesperado suceso no tuvo, sin embargo, un doloroso efecto en Antonio. Cuando recibe esta noticia, ya no siente. Le dicen en un cablegrama lacónicamente: "Súbitamente ha muerto tu padre esta mañana; vente". Y Antonio lee y parece que no entiende el contenido. Ha sufrido tanto. Ahora sí que es digno de lástima. Ahora sí que está solo en el mundo, sin más compañía que su remordimiento. Ahora sí que ya no desea vivir más, es decir, no desea morir más. ¿Qué puede hacer? Se suicidará. ¿Hará bien? No, pero es una resolución, o lo que es igual, es un capricho. Y un capricho es una ley sobre la voluntad del individuo. Y el pobre Antonio, que ya se cree olvidado del mundo, mira que el cartero todavía le viene a visitar:

"Hay aún quien se acuerde del desgraciado ausente —se dice—, y principia a leer, cosa rara, es una carta de su "novia muerta". Le dice entre otras cosas que sabe sus remordimientos; que desea despedirse de él personalmente y que lo espera en el camposanto de su pueblo natal. Esta carta —concluye— la he puesto sobre mis propios huesos para escribirla. Y he aquí que esto no es extraño, pues cualquiera pudo firmarla en su nombre. Lo raro y misterioso es que es letra de su "novia muerta". Sin embargo y como es razonable, concluye por hacerse creer que aquella letra se debe a una simple habilidad de imitación. Pero aquella broma amarga lo hiere con una ironía terrible. Le espanta creer que alguien se ha reído de ella que simboliza la bondad y el bien como en un altar en su corazón de arrepentido. ¿Quién sería ese ingenio?... Edgardo, cuyo temperamento de hombre bromista dice que él no aprendió a respetar las lágrimas de un condenado que paga su pena velando el recuerdo de una muerta... Ingrato, no se lo perdonaré nunca, nunca... Con odio y cólera hace a un lado aquello y concluye meditando en el plan de su único ideal de ahora: suicidarse.

"¿Para qué quiere la vida un hombre que no vive? ¿Para qué vivir muriendo si es tan fácil conseguir la muerte? Me hará pedazos el remordimiento... no, no, no, me hará pedazos el remordimiento; yo con mi revólver me haré pedazos el cráneo... Asesiné a mi novia primero, después a mi padre. Con el olvido pagué el amor idolatrado de los únicos seres que me querían bajo la luz del sol... ¡Qué ingrato!

Voy a suicidarme, pues, pero lo voy a hacer en el cementerio de mi adorado pueblo natal, donde están enterrados los únicos seres que vivieron y murieron por mí. Tal vez la caridad humana me entierre con algunos de ellos"...

Una tarde, nerviosamente, Antonio prepara el viaje para su pueblo natal. Una vez hubo jurado no volver más, pero esto nada importa si en su propio concepto es un hombre sin voluntad ni moral...

El trayecto que hace Antonio es triste, tristísimo: como el patriarca antiguo en días de sed y en noches sin sueño va en busca de la Belén, puestas las sandalias. Lo que más desea es llegar incógnitamente. No desea ni por un momento ver la cara del cuarteto de los viejos amigos, en compañía de los cuales partió el único pan de su felicidad lejana. Hace el viaje, en su mayor parte, a pie, con un tosco báculo en las manos... Hambres, cansancio, sed: he ahí el viaje de Antonio. Mas él se siente a gusto con aquel castigo que él admite ser un pago legal. Sus pecados serán perdonados por la sangre que riega en su viacrucis. ¡Es feliz!... Si alguien le brinda un pan, él prefiere hambre reparadora. De puro arrepentido, con sus sentimientos de muchacho noble, él acepta aquella cruz para que su sangre "se transforme en flores".

Una tarde, desde la cumbre de una pequeña colina, le parece ver como un puntito negro, allá lejos, muy lejos, sobre un valle, la sombra de su pueblo idolatrado. Ve aquella visión lejana como sueño de imaginación enferma. Sentado sobre una piedra alta sumamente rendido y pensativo; sobrecogido de una infinita tristeza, haciendo muchos tristes recuerdos de su infancia después de larga ausencia, el hijo pródigo, el caminante, mira por horas aquella sombra pequeñísima muy distante aún de su pueblo natal. Horas después, como la oveja descarriada que vuelve al buen sendero, principia otra vez el largo y penoso viaje. Ni un pasajero, ni un caminante se atraviesa por allí.

Antonio en tanto, bajo la luz bofa del crepúsculo, va caminando paso a paso, pero conteniendo la fuerte impresión del pueblo lejano, cuya sombra apenas perceptible, ha mirado otra vez, después de muchos años de angustia y de ausencia...

Está todavía muy lejos, más la esperanza, el recuerdo que se intensifica, la presencia material del ideal que se hace carne de realidad. Antonio, por este u otro motivo, camina ahora como no ha caminado antes, insensiblemente, con tendencia enfermiza, nerviosamente, como los lobos nocturnos, sin sentir cansancio, apoyado en su báculo de roble, cae la noche y el viajero va caminando todavía... Bajo de la noche negra, como una sombra que se mueve, con sonido leve de sus zapatos sobre la arena movediza, se ve aquel hombre subir, bajar cerros en aquel desierto a donde sólo llega el aullido lejano de los lobos errantes y la música triste del aire en la cumbre de los árboles. Cuando el ideal que se persigue, se ha visto por la primera vez, aunque muy apenas, con la estrella que nos guía a Belén, ya no habrá cansancio ni voluntad que abdique; con el pedazo de roble que llevamos en las manos habremos de ir a parar al puntito negro que hemos ya contemplado, lejos, muy lejos...

Arriba Antonio al pueblo natal donde ha corrido su infancia y parte de su juventud. Una honda emoción corre por todo su cuerpo. Como un sueño, como un sueño, vagamente mira como para recordar, imagina, no sabe lo qué quiere decir, qué es lo que le sugieren aquellas cosas que son partículas de él mismo, que han estado en su corazón y que vuelven a estar; aquel sueño... ; Oh, pero los rostros de las gentes que se atraviesan, de las gentes conocidísimas, pero que a él no lo conocen! Él, como ya sabemos, ha perdido su aire de joven, su energía y luego lleva un traje muy descuidado y una larga barba. No le conocen, no le habrá de conocer ninguno. Pero él sí y mira aquellas caras conocidísimas, pero sin embargo indiferentes.

Y empieza a recordar, a sentirse niño, arrepentido de la vida que ha vivido. Vuelve, por decirlo así, muchos años atrás en un segundo. Oh, la ternura, el cariño que le tenemos al niño de nosotros que murió en nosotros mismos. Pero que de pronto su cadáver nos habla desde adentro, desde el fondo y nos sentimos hombres, a llorar por el niño de nosotros... el hombre no es más que un niño crecido; crecido; eso prueba la existencia de Dios, como lo imaginamos; el bien, la bondad.

Aquel de allá era el maestro de primeras letras de Antonio; estos de aquí, sus amigos de infancia; los otros, sus vecinos; aquel otro buen amigo de su padre, aquellas mujeres, amigas de su madre. Él ha querido dar un grito para despertar de su sueño terrible, de aquella pesadilla espantosa. Se ha restregado los ojos y ha encontrado que no duerme, que es un ser que anda despierto. Que las buenas y sencillas gentes que se atraviesan y casi le impiden el paso, son

—sueño real— las mismas y nobles gentes del tiempo de antes...Su maestro, amigo, su vecino, todo, todo. (La vida tiene a veces ironías amargas).

Cruza, pues, Antonio por en medio de la ciudad y nadie le ha reconocido, él ha reconocido a todos. Andaba despacio, con el alma en las manos. El cementerio se encontraba al otro lado de la ciudad. Allá va Antonio. Cae la tarde fría y dolorosa. La hora terrible se acerca, la hora de su muerte, propicia hora, piensa él. acaricia la graciosa pistola que lleva en su bolsillo, como el náufrago lo haría con la tabla que lo salva. Después de sufrir aquella tortura psíquica pasa de uno al otro lado como sonámbulo por la ciudad. Recuerdos, analogías, íntimas ternuras, íntimas lágrimas, preocupaciones, misterios, análisis, síntesis, el yo que habla como nunca. Antonio se encuentra cansado, desea la muerte, tiene sed de ella, y ahora que ya ha llegado al cementerio él se siente contento. Hay un silencio en toda la zona que se avecina a esta ciudad de los muertos. Ni un ser humano se atraviesa en la hora triste de la tarde. Al abrir la puerta, se oyó un chillido agudo de la fuerte madera raspando el dintel. El entró resuelto y alegre. Antonio no tiene en este momento nada más que su revólver en la mano derecha. La vida de él, como reencarnada bajo el fuego de la intención convencida, parece hoy como parecía antes, al de un muchacho impetuoso y enérgico.

Antes busca con curiosidad, fuertemente atacado de los nervios, la tumba de su padre y de su novia. Los ojos de él miran con una expresión fulminante. Anda y vuelve y no encuentra, registrando y devorando las letras de las lápidas, ninguna leyenda que recuerde el nombre de su novia o de su padre. A poco el eco de una voz lenta, muy lenta y monótona le detiene de pronto. Es una voz que reza, seguramente; mas no se sabe de dónde viene. Lentamente, monótonamente se oye la voz suavísima rezar, rezar, sin detenerse un solo momento:

"Padre nuestro que estás en los cielos, santificado sea tu nombre... Amén".

Era la voz de un niño o de una mujer débil. Tenía el acento dulcísimo pero muy apagado. A los oídos de Antonio, que yacía tirado en un sepulcro, llegaba casi imperceptible. Y luego se oyó más vagamente, más ansiosamente, que hacía trágico y triste el ambiente.

"Perdónalo, Señor, si ha sido malo, perdona sus pecados...".

Era la voz siempre vaga y siempre monótona. Antonio que por un tiempo había parecido embelesado, se decidió por fin a buscarla, ir allá a donde la voz salía. Y caminó hacia el extremo opuesto del lugar en que se encontraba. Hacia la parte izquierda se veían varios sepulcros elegantes, pero no creyó que la voz vendría de alguno de ellos. Luego, súbitamente, la voz se hizo más perceptible. Creyó entonces que en él estaba tomando lugar alguna ilusión acústica y estuvo a punto de retornar. Mas, la voz se hacía entonces más clara y hasta parecía menos monótona. Estuvo Antonio un tanto inseguro si aquel acento podría venir de la parte derecha o del frente con su horizonte limpio. Se decidió, pues, a hacer pesquisas en la parte derecha.

Había visto desde un principio unas viejas tapias allí; además él mismo conoció que al leer las lápidas no lo había hecho en las tumbas que se encontraban en esa parte del lugar. Conoció que en poco tiempo se percataba mejor de aquel peregrino acento, sin duda alguna creía ahora que vendría de allí. Se arrimó, pues hasta llegar muy cerca y se paró para escuchar de nuevo. Una fuerza suprema lo detuvo de pronto. La realidad de la voz perceptible. La emoción de la realidad, cuando se busca algo que no se cree que se encuentre... la verdad, pues, lo detuvo allí. Tomó respiración y siguió. Ahora estaba completamente seguro que detrás de aquel lugar estaba alguien que rezaba solitariamente. Pensó tratar de ver, pero de no ser visto. Él no podría explicar, por qué deseó tal cosa, más fue un respeto instintivo para él (porque creyó que aquel era un acto íntimo). Para la persona de allí (por idéntica causa) y el natural respeto para los santos muertos... Auscultó, muy escondidamente, sin hacer el menor ruido, con pulso y tacto supremos. Se arrimó hasta poder ver por medio de un pequeño agujero y allí permaneció casi inmóvil por largo tiempo. Parecía que, sobrecogido de un golpe súbito, no hubiese podido hacer uso de sus facultades ni de sus miembros para conseguir moverse de aquel agujero. Ahí, siempre ahí, petrificado, como si la boca del agujero hubiese tenido una fuerza retentora, Antonio sin moverse yacía allí; mientras tanto la voz misteriosa, fríamente, monótonamente, seguía como antes, siempre la misma:

"Padre nuestro que estás en los cielos... Amén".

Se retiró por fin. La fisonomía de él, el semblante estaba sin duda alguna congestionado. Como buscando a alguien, volvió los ojos hacia todas partes, se limpió el sudor de su frente, parecía que su expresión marcada de miedo o mirada febril cambiaba un poco. Y volvió a colocar su cara en la tierra seca de aquel hoyo macabro. Al empinar más, más que antes las pupilas pudo notar, esta vez con mayor claridad, la misma cosa, lo que antes había visto. En la cruz recta y bien burilada se miraba sin duda alguna, el nombre clarísimo de "Ramón Ortiz. Muerto en nov. de 19...". El padre de Antonio, la fecha y el nombre, exactamente igual.

¿Pero el que rezaba a un lado de la cruz, sobre la tumba, la mujer pálida y delgada? ..., ¿La novia de Antonio, Rosario? ...No, no, ella había muerto hacía cinco meses. ¿Quién era la mujer que rezaba? ¿Quién era? Antonio, atacado súbitamente de los nervios, sentía que a veces se le nublaban los ojos. Se pasaba una, dos, tres, seis y siete veces la mano por la cabeza. Volvía los ojos, se empinaba más y siempre con la interrogación, con la tremenda interrogación que lo debatía en un suplicio de meditación y deducciones. No, ya comprendía que no podría saber qué era aquello, cuando un instante más, el rostro angélico se volvió apenas.

—Y, ¡oh, señor!... que ves semejantes torturas morales —vagamente, muy vagamente pudo el pobre Antonio admirar la representación del pelo crespo y sedoso de su novia muerta. Un golpe lo movió un momento y al volver volvió a quedar casi sin sentido. Mas, pudo razonar y pensar como hombre consciente. ¿Rosario? No, no es Rosario.

¿Una muerta?... Pero, ¡oh, Dios mío!, ¿pero es posible que yo no comprenda tus obras de la tierra? ¿Por ventura, es acaso posible que vuelvan los muertos a la tierra de nosotros? Señor, por ventura. Era el pelo crespo y sedoso de Rosario. Mas, aquel ser no era, no podía ser Rosario. Y lo que es espantoso: no podía ser nadie. Aquel rostro marcadamente pálido, aquellas ensanchadas ojeras que vagamente había contemplado él por un segundo. ¿Quién era? Y luego, ¿por qué aquel ser misterioso rezaba frente a la tumba del padre de Antonio? Debe tenerse en cuenta la condición física de Antonio para poder apreciar la crisis torturante que se lleva a cabo en el proceso de este desagradable suceso. Antonio hacía meses, poco más o menos, que, hundido en el vicio, había por completo descuidado su persona física. Como es fácil imaginar, durante este tiempo se había alimentado mal, considerablemente mal.

Unido a esto que trae gran desgaste físico habrá que tomar en cuenta sus grandes torturas morales desde la muerte de Rosario y de su padre, don Ramón Ortiz. Luego con la muerte de este último, sus dificultades económicas y también morales y físicas por idéntica causa. Finalmente, el viaje penosísimo de largos días de camino y largas noches sin sueño, tirado como huérfano a merced de las lluvias, el frío, la intemperie de aquellos desiertos. Unido a esto la falta y la necesidad de alimentos para fortalecer el organismo y luego la contribución del cansancio para disipar las pobres energías de aquel cuerpo completamente trabajado y falto de toda ayuda. Horas de pena material, la imaginación enferma que se pinta cuadros negros, la desesperación enfermiza. Y…. como lógica consecuencia, los nervios en plena libertad como si fuera una partida de perros rabiosos, destrozando la vida, los restos de aquel organismo abandonado a merced de la más triste suerte... Ya podrá, pues, desprenderse, qué efectos en un organismo así podría tener el suceso de que hablamos, siendo como es, digno de enloquecer a cualquier ser humano.

Cansado y horriblemente atacado de los nervios, el pobrecito Antonio que ha permanecido por largo tiempo observando por aquel agujero macabro, se decide por fin a abandonarlo todo antes de morir. Quiere, sobre todo, aire para sus pulmones, pues apenas puede respirar. Está cansado, terriblemente cansado. ¿Rosario? Es posible que ella, su novia, que murió hace meses, haya salido de su propia tumba para ir a rezar a la tumba vecina, la de su padre, a quien ella quiso y respetó mucho. ¿Rosario? Pero ¿es acaso posible que los muertos salgan fuera de las tumbas? ¿Rosario? ¿Es acaso posible que ella no haya muerto? ¿Pero, y esa palidez de muerto? ¿Esas ojeras tristes y profundas? ¿Rosario? ¿No es acaso Rosario?

Pero, y aquel cabello crespo y sedoso y la nariz aguileña y el rostro creer Antonio que Rosario no había muerto. Mas... y por la primera vez, un pánico de escalofríos principió a atacar a Antonio horriblemente. Luego sintió que se ahogaba y quiso respirar aire libre. Despacio, tembloroso, con sudor sobre la frente, haciendo fuerza en los zapatos rotos, principió Antonio a andar. Sentía que los nervios lo deshacían; luego sintió una sed desesperada y finalmente un gran cansancio. Ya no quería Antonio torturar más su cuerpo resolviendo el misterio. ¿Rosario?... y con el nombre en los labios se dejó caer temblando, nervioso, debajo de un alto árbol de pino al salir del cementerio. Quiso así descansar, olvidar tan extraño suceso; tratar de no volver a acordarse nunca más de aquello que había visto. Pero todo fue imposible, completamente imposible, la figura de la mujer desconocida se le presentaba en la imaginación y con ella la cruz frente a la cual la había visto:

Ramón Ortiz, muerto en noviembre de 19...

No había duda; había que resolver aquello antes de poder descansar, de buscar agua para la fiebre enfermiza, la sed enfermiza que lo devoraba. Era como una pesadilla. Luego el cuadro lo torturaba más y más a cada momento. Se convenció que a pesar de su cansancio aquella posición bajo aquel árbol le resultaba incómoda y se sentó... Súbitamente, al no más tomar posesión de esta nueva postura, vio a la mujer misteriosa que saliendo del cementerio se dirigía hacia donde él. Entonces, hasta entonces la condición moral y física de Antonio fue otra, muy distinta, por cierto. Ya no fue ni el hombre que duda, que sufre por la solución de una duda, ni el hombre que se siente cansado físicamente, ni el hombre que sufre la tortura interior de contemplar un misterio así, de tal magnitud. ¡No! Lo que entonces le pasó a Antonio fue peor, mil veces peor. ¡El miedo!, el horrible miedo que ataca a los niños en los cuartos oscuros, o el espantoso miedo de la gente supersticiosa que cree en aparecidos. El miedo, el miedo a la noche, el miedo a la sombra, el miedo sin límites del hombre cobarde que cree en seres sobrenaturales. ¡El miedo! ¡Pero el peor de todos los miedos!

El miedo enfermizo de un hombre que no creyó jamás en la existencia material de seres que se han enterrado. El miedo del hombre vencido, del hombre que, a pesar de no creer, ve la realidad y se declara vencido. El miedo nervioso de un hombre cuyo organismo se encuentra en miseria y pobreza... El peor miedo: huir de la mujer que adoramos; huir de lo que más quisimos en la vida, en la tierra; huir, huir, sin poder razonar sobre el particular; claramente, con menosprecio de nuestra moral y deberes de hombre... huir, huir...

Y la mujer lentamente seguía la figura de Antonio. Con el día opaco, aquella tarde parecía la entrada de la noche; las sombras de Antonio y la mujer se recordaban en la llanura desierta, muy claramente porque a sus lados triunfaba la ausencia de luz. Mas, Antonio, por su condición física o por su curioso estado moral, muy luego llegó a convencerse de que se encontraba materialmente destruido; no podría andar, el cuerpo le pesaba; sentía como si un barril de clavos llevara sobre los hombros.

Y aquella idea cayó como golpe sobre su cuerpo y rodó por el suelo: ¡cansado, completamente rendido! Tuvo apenas las suficientes fuerzas para volver la vista hacia el lado de su perseguidora y ya sin emoción vio que a cada momento ella se acercaba más hasta el lugar en donde él se encontraba. Cerró los ojos para morir. Una fiebre devastadora que aumentaba a pasos acelerados tomó posesión de aquel pobre y destruido organismo. Y entonces perdió la razón...

Dos días más tarde, un médico de cabecera pudo arriesgar una opinión favorable sobre la salud de Antonio. Dos días de lucha contra la muerte. Al tercero, ya había señales de vida. El mismo se sorprendió fuertemente al volver al país de los vivos... Había vagado muy lejos de la tierra.

Lo que Antonio vio al abrir los ojos después de esos tres días en que fue prisionero de la muerte, es para matar al hombre más fuerte de la tierra... Abrió los ojos y los volvió a cerrar; se conocía que estaba sumamente débil y que apenas podía apreciar —después de las tempestades porque había atravesado su vida como en un mar sin puerto— las figuras que se cruzaban al frente de él. Por la tarde de ese día, al anochecer, volvió a abrir los ojos. ¿Os imagináis que fue lo que vio él?...

Estaba en su propia casa, en aquella casa pequeñita, pero limpia y bella como ninguna, ahí, en la casa de su padre; a su lado, como en los días lejanos e inolvidables, se encontraban todos, todos... como en un sueño. Fernando a su lado derecho, Julia a la izquierda tocaba el piano, aquel mismo valse que a Antonio le arrancaba lágrimas. (Todo, todo como en los días lejanos). Y más allá, allá detrás de todos, Edgardo, el mismo de antes, con aquella carcajada típica. Antonio lo reconoció mejor que a todos y quiso reír, pero no pudo, creyó que soñaba y se pasó dos veces la mano por la cara, comprendió él mismo su gesto ridículo y cómico y súbitamente, como en una gran pesadilla, oyó que reían todos... Brindamos por ti, gritó Edgardo, por fin, y al pararse le habló sin poder aún contener su risa burlona y cruel: "Antonio; recuerdas cuando te dijimos que haríamos muchas pruebas para probar tu cariño para Rosario?...

Rosario estaba detrás y Antonio no la había visto. Cuando él volvió la vista, ella le clavó una mirada profunda, pero poco clara: parecía que en aquellos ojos se expresaba ternura, lástima, resentimiento, pesar, angustia, amor...

CUENTO DOLOROSO

La vida de Luisa Alcántara, que llegó a ser la señora de Plaza y que vivió con su marido en una casa de piedra de Las Misiones, fue una tragedia por falta de comprensión. Antes de que mujeres así puedan ser reconsideradas y sus vidas comprendidas, mucho, mucho habrá por hacer.

Nacida de una delicada y enferma madre y de un impulsivo, duro e imaginativo padre que no miró con buenos ojos su venida al mundo, esta muchacha tuvo que ser neurótica, uno de los de raza de supra— sensitivos, que ahora en los últimos años viven solitariamente.

Por el tiempo en que Luisa vivió en Las Misiones era una criatura silenciosa, enferma, deseando amor más que otra cosa y sin conseguirlo. Cuando cumplió los quince años se fue a vivir con la familia de un tal Alberto Plaza, que tenía una tienda de jabón y que por ese tiempo era miembro de la municipalidad del pueblo.

Luisa entró en la escuela de esa época y se fue a vivir allí porque Plaza era un gran amigo de los Alcántara. Alberto Plaza, vehículo del comercio de Las Misiones, era también un entusiasta en el asunto de educación. El mismo se había abierto campo sin aprender nada en los libros, pero estaba convencido de que, si él hubiese ido a la escuela, mejor suceso habría obtenido en su vida. A todos los del pueblo que llegaban a su tienda les hablaba de esto.

Tenía Plaza dos hijas y un varón, Juan, pero lo singular es que a éstos no les gustaba la escuela. "Aborrezco los libros y aborrezco a los que les gustan los libros", declaraba Enriqueta, la menor, con apasionamiento. En la casa de esta familia, tampoco Luisa se sintió bien, sin embargo, ella pensaba que había dado un paso en vía de su libertad. Luisa tenía la creencia singular de que ella era una prisionera. De día, de noche, por la mañana, siempre miraba el horizonte con un suspiro que se le ahogaba en la garganta... Por el tiempo en que Luisa cumplió sus 17 años llegó a captarse la antipatía y hasta odio de las hermanas Plaza: María y Enriqueta. El motivo principió por su aplicación a los estudios en la escuela. Como ella era tímida y muy débil, sábados, domingos, todo el tiempo se encerraba en su cuarto a estudiar sus lecciones, y naturalmente llegó a captarse el cariño de su maestra. Una noche, después de terminada la cena, Alberto Plaza empezó a elogiar a Luisa. La maestra había hablado bien de ella y él se sentía contento. "Bueno, tenemos buenos informes"—dijo Plaza mirando después con seriedad a sus hijas. En la escuela y fuera de la escuela, todos en Las Misiones hablan bien de Luisa, yo me siento avergonzado de que no hablen así de mis hijas".

El cuarto ocupado por Luisa en esa casa era pequeño y tenía dos ventanas. El hermano de María y de Enriqueta tenía el cuidado de abrirlas siempre porque la madera era muy pesada. Cuando él entraba en el cuarto, Luisa pretendía estar muy ocupada con sus lecciones, pero a hurtadillas lo observaba muy detenidamente. Cuando él salía, ella sin saber por qué, se sentía avergonzada. Otras veces trataba de conversar con él, pero no hallaba nada a propósito de qué hablarle y cuando él salía ella se sentía enojada con ella misma y con ganas de llorar. De este modo fue cómo empezó a pensar muy a menudo en Juan Plaza. Ella pensaba que en él encontraría las cualidades que buscaba en otras personas. Una vez había creído que entre ella y los demás había un muro. Creyó, también, que lo que ella necesitaba era un acto supremo de valor para poder asociarse con las otras personas: "Así viviré otra vida", se decía ella suspirando. Llegó a sentir amor por Juan Plaza.

Dos semanas más tarde Luisa se decidió a escribirle una atrevida nota a Juan Plaza. Ella misma la metió por el agujero de la llave del cuarto de él. Había creído que, si no hacía esto al momento, después le faltaría valor. Le decía: "Tú eres, Juan, el que amo y sé que me quieres... Si esta noche haces ruido cerca de mi ventana te voy a abrir, el otro día oí tus pasos allí... Adiós" ... Luisa.

Después de esto, Luisa se arrepintió tanto que llegó a creer que no deseaba que Juan viniera a la ventana. Ella no sabía qué era lo que quería. Puede ser que el enfermizo deseo de las mujeres de treinta o treinta y cinco años que desean ser cortejadas con apasionamiento por un hombre joven y fuerte, atormentaba a Luisa, pero tan vaga era la noción que ella tenía de la vida, que suponía que el solo roce de las manos de Juan podría satisfacerla. Y se ponía a pensar si él podría entenderla. Al día siguiente, profundamente avergonzada y triste, trató de huir de los ojos de él... se ausentó de su cuarto esa vez y regresó hasta que estuvo cierta de que Juan había ido a cerrar las ventanas de su cuarto. Cuando después de varias noches de asidua y constante observación no hubo oído ningún ruido, terriblemente arrepentida deseó morir. La pena moral la trastornaba dentro de sí misma.

Y por fin una noche de octubre, dos o tres semanas después de haber escrito el atrevido papel, Juan Plaza vino a donde ella. De tal modo se había ella olvidado de esto, que por largo tiempo no oyó la voz que venía de entre la oscuridad. En la tarde del viernes anterior, mientras Luisa se dirigía a visitar a su familia, iba atravesando el campo desierto en compañía de un pequeño sirviente; y un raro instinto la hacía personificar en él la persona exacta de Juan: el pequeño sirviente, simpático, con cabello crespo, hijo de crianza de los Alcántara, había venido a llevarla e iban los dos en una carreta tirada por bueyes. Ella actuaba muy extrañamente para con él. Él manifestaba timidez y parecía enojado. Luisa súbitamente, bajo el peso de las contrariedades empezó a evocar bajo aquel sol de fuego, la tristeza de su niñez lejana, y con un hondo suspiro, el dolor nuevo que ahora la atormentaba. "Odio y aborrezco a todo el mundo" —dijo con los ojos nublados de lágrimas—. "A mi papá y a Alberto Plaza también los odio" —el muchacho en tanto la miraba con mucha sorpresa—. "Voy a la escuela y aborrezco eso también" —terminó. Luego después de un tiempo quiso volver a poner a prueba la infantilidad de su compañero, y empezó a acercarse, poco a poco, hasta rozarlo con su cuerpo. Vagamente evocó todo el proceso en el cual el novio de María había dado un beso a ésta; empezó a divagar así por un largo tiempo hasta que notó que el campesino se alarmaba. Este entonces apuró los bueyes que empezaron a correr por el llano: "Este camino es malo, ¿eh?"—dijo él por decir algo. Luisa sin saber por qué, agarró su tapado y lo tiró a un lado del camino. Cuando el pequeño sirviente se bajó para recogérselo, ella apuró los bueyes de manera que él tuviera que caminar el resto del camino a pie...

Desde la noche de la súbita llegada de Juan, Luisa cambió completamente para con él. Se hizo despreocupada y a él le pasó lo mismo. Desde entonces el idilio continuó noche a noche. Eso no satisfacía a ella del todo, pero gozaba dulcemente en verse bajo el yugo de la voluntad de un hombre. Y por esta causa ella no puso resistencia en las acciones de él. Cuando después de mucho tiempo llegaron a comprender que ellos deberían casarse, entonces ambos corrieron a un pueblo vecino y lograron ser casados inmediatamente. Y hasta lograron que los admitiera Alberto Plaza bondadosamente en su casa.

Todo el primer año de su vida conyugal, Luisa trató de hacer entender a su marido, la intangible hambre o sed, que la había impelido a escribirle el papelito, pero que estaba arrepentida. Había veces que se arrojaba en los brazos de él y trataba de hacerlo comprender, pero sin obtener ningún buen resultado. Poseedor él únicamente de un solo amor entre hombre y mujer, en vez de poner atención a las palabras de ella, él la besaba en los labios. Esto llegó a confundirla tanto que concluyó por huir de los besos de él. Ella misma no sabía qué era lo que quería. Cuando el motivo del matrimonio de ellos corrió por el pueblo con grosería, ella por la primera vez, dijo palabras odiosas y amargas. Después, cuando su hijo David nació, ella era incapaz de amamantarlo y ni siquiera sabía si lo quería o no. Algunas veces permanecía en el cuarto con él todo el día; algunas veces lo oprimía contra el pecho y otras veces no deseaba verlo, ni siquiera acercarse al diminuto pedazo de humanidad que había salido de su vientre. Cuando Juan Plaza la reprochaba por su crueldad, ella reía. "Es varón y va a conseguir lo que quiera; de cualquier modo" —decía con frialdad desconcertante.

"Si hubiese nacido mujer yo hubiera hecho mucho por ella".

PERSPECTIVAS

I

Yo que desde muchacho fui frío como una piedra; reacio, seco e indiferente; indiferente hasta con el dinero o cualquiera otra ilusión de lucro: ¡Muchacho tan arisco y repulsivo!... ¡Tan sin nervios!... ¡Aquella frialdad! ¡Aquel gesto de enojado! ¡Aquel mirar!...

No sé, pues, por qué deletreando aquella carta se me cambiaba la expresión de la cara por primera vez en mi vida.

Mis ojos se habían cambiado algo, más de lo común, sonreía algo también. Debí haberme visto simpático porque cambiaba de fisonomía. No quitaba la vista del papel, no movía la cabeza ni las manos. El corazón me golpeaba, ¡pero con qué fuerza!

"Vente hombre, vente a vivir conmigo. Yo tengo mis reales y Chico te dará un puesto de campista aquí abajo. Él es viejo y regañón, pero con vos será bueno porque sabe que sos mi sobrino. Yo no le escribo a tu padre porque no quiero meterme en vainas. Ya sabés cómo mete pleito cuando se habla de vos. Has de ser tonto si no te venís", etc.

"¡Me voy...! Esta vida fregada que llevo aquí abajo... ¡Qué diablo, me voy!" Y me puse a liar la cobija sin decirle adiós a nadie.

II

Una noche después de algún tiempo de vida en la casa de mi tío, la mujer de éste me dijo que como él estaba ausente, quería que yo la acompañara. Yo recuerdo que acepté emocionado y alegre...Imagínese cualquiera cómo sería para un mocetón, criado en el campo como yo, tener cerca y en lugar solitario, aquella mujer hermosa, porque era hermosa la mujer de mi tío, lo que había pasado era que mi tío era rico... Por lo demás, ¡nunca! Ella lo decía: "Si yo me casé con él fue porque me lo echaron encima; yo no soy tonta para casarme con un viejo... y perdona que lo ofenda en tu cara, pero es la verdad".

Ella tenía razón pues mi padre que era el menor de los hermanos, contaba 51 años. Y mi padre siempre decía: "Cuando aún no me habían destetado a mí, ya José Ramón se echaba al lomo un matate de maíz o jineteaba un potro. Esto quiere decir que mi tío era hombre viejo... y ella joven y rosada...

Después de un rato de charla, me agarró de la mano y me dijo: "Siéntate aquí; ¿cómo que me tienes vergüenza, muchacho?". Sí, le tenía vergüenza porque nunca me había arrimado a las mujeres. Sólo a mis hermanas. Además, ya he dicho cómo era: tan serio, tan mal encarado. Tan desconcertante mi figura.

Me molestaba una risita estúpida que no podía contener y para disimular me puse a atizar el fuego. Esto era cosa de nervios y ella así me lo dijo después: "Estás nervioso Juan". Me preguntó también que, si había tenido una novia, yo le dije que no; pero tenía ganas de decirle que quería tener una. Al día siguiente, empecé a sentirme más a gusto porque comprendí que me estaba enamorando de la mujer de mi tío y que ella lo regañaba menos desde que yo estaba en la hacienda; pero, sobre todo, porque ella me miraba bien a mí. Hasta los criados me lo habían dicho: "No seas flojo, tú pareces tonto". Yo que ponía atención a todo, decía: "Sí, tienen razón" ...Pero cuando más me entusiasmaba era cuando oía decir a ella (dirigiéndose a mi tío): "Yo quiero que Juan se quede conmigo por—que yo no puedo estarme sola" ...

III

Aquella mujer empezó a ser mala por mí. Me remordía la conciencia, sin embargo. Y mi tío tan bueno conmigo. Pasaban los años y nosotros vivíamos como marido y mujer. Siempre como marido y mujer. Pero cuando más nos alegrábamos, era cuando nos acordábamos de la herencia... porque el dinero de mi tío tenía que venir a donde nosotros; a donde nosotros y nada más que a donde nosotros, puesto que éramos los únicos herederos.

Me decía ella a mí: Juan, vamos a ser felices, verás. Yo sonreía como un cínico, echándome la copa del sombrero sobre los ojos. Le quería decir que sí, pero no hacía más que reír... ji ji... ji ji...ji...ji... Recuerdo que había veces que mi tío parecía serio y me preocupaba un poquito. Ella no se preocupaba nunca, más bien solía decirme: si yo fuera él, hoy mismo haría el testamento y zas, te daba a vos lo tuyo. ¿Tuyo? ¿Y lo de ella no iba a ser mío, pues?

Aquello me dejaba sin dormir y hasta me hacía pensar mucho, pero con mi modo extraño todo lo olvidaba pronto. Luego pensaba que mi padre iba a tener envidia de mí. Se iba a sentir orgulloso de tener un hijo así. Yo, aquel muchacho haragán que él tenía en la casa. Iba a parecer mentira. Mis hermanas, mi madre, la pobre viejecita qué iba a decir de mí. Yo, rico, joven, con mujer... (y entonces decía: la mujer de mi tío... de mi tío—repetía).

Me revolvía en las cobijas y pensaba que mi tío era tonto. ¿Por qué era bueno conmigo? ¿Por qué?... Yo no lo sabía...

IV

Una noche mientras roncaba como en un paraíso, sentí que alguien tocaba la puerta que quedaba para afuera.

—Muchacho, levántate, apúrate (hacía un frío del diablo. El hielo se colaba en los huesos). Umg... umg... y me volví a quedar dormido.

Entraba una lucecita muy apenas por la rendija de la puerta y pensé en levantarme. Qué diablos querrá esta mujer y abrí la puerta, pero ella ya se había ido. Era demasiado temprano, así como las cuatro de la mañana. Acabé de vestirme y me fui al dormitorio.

—Juan, Juan, ya es tarde.

—¿Tarde de qué, mujer?

—Ya se murió...

—Se murió... ¿Quién?

—Tu tío, tu tío ¿no entiendes?

Y me echaba los puños de las manos en los ojos (tuve ganas de estrangularla por primera vez en mi vida, pero no le dije nada).

¿Cómo había pasado aquello?

Ella no lo sabía. Él había regresado de noche en compañía de un sirviente y después se había puesto a escribir cartas que guardaba Chico, el mayordomo. Había regresado enojadísimo. No había querido comer nada. No había querido hablar a nadie. Ella que sabía que padecía del corazón, siempre pensó que aquel disgusto sin motivo lo iba a matar. Me acerqué y ví que efectivamente no podía menos que haber muerto del corazón, con aquel disgusto sin motivo, así inesperadamente. Vistámoslo —le dije— y preparémonos para velarlo esta noche. La mujer parecía estúpida con el cabello en los ojos y la boca crispada. Poníamos manos a la obra cuando, súbitamente y mientras yo hablaba de ese modo, sentí en mi cuello una garra, una cosa tremenda, una especie de antena o tenaza sobre mis hombros. ¿Qué es?... Y no pude decir más. La mujer de mi tío había salido huyendo. Seguramente lo que a mí me pasaba era una cosa espantosa. "Lee —me dijo Chico—. Lee y si no te destripo. ¡Lee sinvergüenza, malagradecido!".

Y abrí por fin mis ojos ante el papel que él me presentaba mientras me seguía apretando con la mano peluda. Sentía que me ahogaba y entre vivo y muerto pude con trabajo deletrear el papel:

"Chico, esto me ha matado. Tan pronto como me entierres manda al pueblo por el inspector para que lleve a la cárcel estos malagradecidos, pues es mi intención que no sigan estropeando mi honra después de muerto"... Y abajo del papel yacía la firma garabatosa de mi tío...

EL MÉDICO

I

Después de un arduo día de camino, a lomo de mula, y cruzando por montañas y riscos escabrosos se encontraba completamente agotado. Atardecía. Ya habían entrado al pueblucho y como pasa generalmente en estos casos, toda la gente salía a las puertas y ventanas para verlos pasar, a él y a su sirviente... Metió espuelas a la mula y siguió. Montaba una pequeña mula, de orejillas pequeñas y rectas como hojas de ciruela. Se echó el sombrero de palma sobre los ojos y siguió.

—¿A dónde?

—Ahí, por ahí—le dijo el sirviente, y echó la mula por un callejón que seguía a la plaza y con cuatro postes en las esquinas respectivas que apenas permitía penetrar en él.

Iba ya a penetrar en otro callejón más estrecho y sucio que el anterior, cuando desde la ventana de una pequeña casa, con el tejado moruno, casi sobre la calle, oyó que lo llamaba una persona conocida:

—Por aquí, Dr. Cevallos, por aquí...

Volvió la bestia hacia el lado en que le hablaban y fue a dar de boca con un viejecillo nervioso y platicón, que casi se animó a desmontarle en peso.

—Le hemos estado esperando. Mi familia ha estado preocupada, pensando que algo grave le habría sucedido. Pase adelante, hombre. Está en su casa. Ya descansaremos y después a la cena porque ya está preparada.

Efectivamente, para un hombre que ha andado bajo un sol de fuego todo un día, aquél era un oasis.

Luego ya en el comedor y frente a toda aquella familia tan respetuosa y deseosa de servirle, no pudo menos que sentirse bien.

—Pero antes de esto, ¡qué exclamaciones! —la de la señora y la del señor. "Pero si es un hombronazo el doctor. ¡Hija, su abuelo en persona!, ahí están sus ojos, sus manos, su cuerpo, aquel su cuerpo para saludar, su sonrisa, la expresión de la cara...

Las tres muchachas, hijas de aquel señor, tímidas y reidoras, le miraban con malicia y luego soltaban la risa oyendo las exclamaciones de los dos viejos, que hacían recuerdos de toda su familia. El Dr. Cevallos, en tanto permanecía callado, dejándose manejar como un tópico gastado... Las muchachas, hijas de aquel cariñoso matrimonio, no eran ni feas, ni bonitas, un poco pálidas y reidoras; pero como muchachas de pueblo, poco atractivas. Parecía que cuando una movía un dedo, las otras dos lo hacían así, cuando una decía sí, las otras decían sí, cuando una se arreglaba el traje, las otras hacían lo mismo, etc., etc.

II

Otra escena se desarrollaba en ese momento, cerca de ahí:

Cerca de ese pueblo, en esa noche, viajaba un hombre con su sirviente. Era una gran noche borrascosa. Ni una voz, ni una luz y apenas se oía el eco lejano de un búho. El frío que rugía en la ramazón y chillaba en las rendijas, se entraba hasta los huesos. La montaña inmóvil parecía una gran sombra...

—Patrón— dijo el sirviente de ese señor que viajaba— voy a querer los cinco pesos.

—Los cinco pesos —contestó éste—. ¿En qué vas a emplear el dinero en esta noche?

—No, los emplearé mañana. Los debo y tengo que pagarlos porque yo pago lo que debo.

—Todos pagamos lo que debemos, hombre—dijo el patrón.

—Sí, sí... ¡ump!—dijo el criado y no pudo seguir.

(Había querido probablemente decir cosas enojosas e injustas con respecto a los cinco pesos. Tal vez habría querido salir de aquel mal paso agarrándose de la coyuntura de un pretexto tonto).

—Voy a querer los cinco pesos, patrón.

—Pero, hombre, tú no me respetas, ¿estás ebrio? ¿Qué te pasa?

—Sí, sí... ¡ump! ...estoy ebrio de tanta vaina. Si tuviera cinco pesos compraría guaro para emborracharme...

—¿Para emborracharte?... Yo no doy dinero para emborracharse. Tú eres un majadero y de todas maneras no estoy dispuesto a darte los cinco pesos. (El criado se encogió de hombros y luego se agazapó, como el tigre que ve su presa). Lejos, parecía que la misma soledad hablaba a fuerza de contener su propio silencio.

Era el momento.

—Patrón—rugió de nuevo el sirviente—si no me da los cinco pesos, esta noche no saldrá al camino, éste no es el camino; y diciendo así sacó el machetón. Era un cuchillo largo y bien afilado. Estaba seguro que lo asesinaba; que se vengaba...

(Le alegraba saber que el patrón llevaba una cartera de billetes y que no tenía arma ninguna. La mula, finalmente le serviría para evadirse).

III

La noche anterior a ésta, el favor de la sombra proyectada por el techo de tejas negras, sobre el lado derecho de la casa de campo y con la cautela de un ladrón lleno de precauciones, se había visto la sombra de este mismo sirviente. Empujó éste la puerta de la cocina, paso tras paso, los pies como puestos en el aire, la respiración como apagada y los ojos como llamas. Tocando aquí y allá, viendo a uno y otro lado, guiado primero por el sentido del tacto y después por el de la vista.

Tocó el portal de madera de pino, estiró más el brazo y contingencialmente las yemas de los dedos fueron a pegar con un tizón encendido, pero retiró con rapidez el brazo, las manos y luego se las llevó a la boca para apagar el dolor. Luego siguió adelante, siempre adelante, con los brazos en alto; siguió caminando. Tocó una silla que encontró en el camino, la cogió y la puso en un lado sin hacer ruido. Por fin, las puntas de los dedos fueron a dar con una cosa abundante y derramada en donde hundió los brazos. Era sin que pareciera, la cabellera de Juana, la criada. Esta parecía dormida con la cabeza sobre las rodillas, pero al sentir aquella manaza llena de pelos y de tierra no pudo menos que despertar.

—A qué venís a estas horas? ¿A qué venís?

—A verte. Ver si estabas dormida; y decirte... que...

—¿Qué querías decirme?

—Que me voy mañana y que me voy a estar un par de semanas por allá y….que... ¡veremos!

—¿Qué veremos? Hablá, no tienes boca?...

(Al decirle así, la muchacha le lanzó una terrible mirada de odio y como si un pensamiento le pasara por la cabeza volvió los ojos con presteza hacia la puerta).

—Pues que ese hijo de...

—Hijo de qué... ¡Hablá!...

Era cierto, el mismo patrón joven y embaucador de mujeres la había besado repetidas veces. (Ella se había dejado besar con gusto porque era una pobre muchacha ingenua. Desde aquel momento había dejado de querer y corresponder al sirviente. A ella no le importaba que hubieran celos. No le importaba porque era libre y nadie la mandaba. Tan libre como el cielo que contemplaba. Se volvería a dejar besar una... dos... veces... ¡oh!... ¡siempre! ... ¡siempre!...

(Mientras tanto el pobre sirviente, como un idiota, yacía tirado en el piso en una posición ridícula).

—Me voy a ahorcar como un perro viejo porque ya no me querés, me voy a ahorcar...

—Si te ahorcas sos un tonto. ¿No hay más mujeres que yo?...

IV

(Por el tiempo en que el Dr. Cevallos hacía sus estudios de medicina y cuando no era más que un mocetón de veinte años, ya su padre pensaba mandarlo a practicar a ese pueblo; gran amigo de la gente de pueblo, les decía a éstos:

—Mi hijo estudia medicina. Quiero tener un médico en la familia. Es muy útil un médico...)

V

Dormía, pues, el Dr. Cevallos al abrigo de aquel cuarto que se le había preparado, dormía como sólo puede dormir aquel que sepa cómo es una jornada de 14 leguas en el corazón de un desierto del trópico. Y reposaba feliz bajo la protección y servicios de aquel anciano que, por ser amigo de su familia y por ser él médico, se ponía a sus órdenes, desde luego. Dormía el plácido sueño de los pueblos pequeños, donde la paz es señora de rústicos dominios. Dormía tranquilamente, cuando a eso de las 2 de la mañana fueron requeridos sus servicios profesionales. En compañía de un señor (debió ser juez de lo criminal o algo así) salieron fuera de la ciudad a tomar nota del crimen que a pocos pasos se había perpetrado. Antes de eso él había hecho la primera curación en casa, pues la muchacha (la misma muchacha Juana) que vino a notificarles del suceso, trajo una gran herida en el dedo pulgar de la mano derecha y otra un poco leve en el hombro izquierdo. Estaba muy frío el ambiente y su compañero de viaje (que conocía el pueblo a las maravillas) invitó al doctor a beber una copa de mal licor que llevaba consigo. Mientras tanto, la muchacha relataba todo con detalle: el patrón, de apellido Bulnes, hombre joven y adinerado, de veinte y ocho años de edad, tenía a su cargo al sirviente desde hacía varios años. Pero hacía días que éste se preparaba para asesinarlo en aquella misma noche. El criado lo iba a asesinar por celos. El patrón había faltado al respeto de su novia (la muchacha Juana). Ella con un fusil en las manos los había seguido a pocos pasos durante todo el día y parte de la noche, esperando que el crimen se consumara para poder intervenir.

VI

Pero los servicios del médico no se pusieron a prueba aquel dí a. Llegaron tarde. Probablemente hubiesen salvado la vida del señor Bulnes. Esta fue la opinión del médico, luego después de tomarle el pulso. El sirviente estrangulado por las manos hercúleas del patrón, había caído a un lado del camino, completamente muerto; pero al otro no lo encontraron sino mucho tiempo después; había andado arrastrándose por largo tiempo, hasta llegar muy cerca de una fuente donde apagar la sed. Este hombre, indudablemente, murió de sed. El golpe que había recibido con el revólver no era grave.

LA LLUVIA

Las piedras y las aceras de la calle relumbraban bajo la lluvia. Había llovido desde las cinco de la mañana. La gente aún no se había levantado cuando la lluvia había principiado a caer. El viento había principiado a soplar y luego una llovizna constante había empezado a caer en el pueblo. A veces había un intermedio y luego empezaba a llover nuevamente.

Miguel Morales era el único que había quedado en la tienda. "Parece día de invierno—dijo Miguel—y yo que tenía un viaje afuera, pero lo voy a dejar para después. Nunca es tarde, cuando un hombre quiere hacer las cosas siempre hay tiempo. Lo que se necesita es buena voluntad. Eso es todo".

En ese momento, Martínez, el dueño de la tienda, estuvo presto a cerrar la ventana entreabierta. Del lado del sur principió a correr una corriente de aire frío.

—"Voy a cerrar la tienda este día; no se vende mucho cuando llueve; a la gente no le gusta mojarse; además, no me siento con ganas de trabajar hoy"—dijo Martínez.

—"Préstame un paraguas—le dijo Miguel—, he estado con catarro y puedo obtenerme una pulmonía. Además, mi casa está lejos y voy a tener que mojarme. ¡Préstame el paraguas, hombre! En la mañana te lo traigo yo. Pierde cuidado, en la mañana te lo traigo".

De la casa de enfrente—que era un edificio de escuela muy grande—una parvada de niños de todos tamaños principió a salir; todos los niños del pueblo estarían allí. Parecían pajaritos corriendo y mojándose en la lluvia.

"¡Niños, no se mojen, por Dios, no se mojen! ¡Les va a hacer daño!"—dijo la maestra, casi una niña también—con una sonrisa

encantadora y un poco sonriente al ver a Miguel Morales que después de despedirse de la tienda de Martínez, se iba acercando bajo del paraguas a donde ella.

Al ver que Miguel se iba acercando directamente para donde ella, la maestra le dijo:

"No nos podemos ir, dichoso usted, que tiene paraguas, Miguel. ¡Qué día este, parece día de invierno! Y así fue el año pasado, ¿se acuerda?"

Empezaron a llegar de pronto varias sirvientas, todas las sirvientas y ayas de los niños de la escuela empezaron a llegar. Llegaban las criadas con sombrillas, con paraguas, con cobertores y a poco los niños fueron disminuyendo, todos los niños se fueron ausentando para sus respectivas casas en brazos de las mujeres.

—"Sólo yo no tengo quién me lleve —dijo la maestra—. Pobre yo" —repitió.

En ese momento la lluvia arreció más, cada momento más.

Entonces la maestra le dijo a Miguel: ¡Entre, por Dios, Miguel! Se está mojando los pies. ¿No ve? El entró entonces. El se sentó, ella se sentó al lado. La lluvia era más fuerte ahora. De cuando en cuando pasaban sombras de personas embrujadas al través de la mampara de la ventana.

—¿En qué piensa, Miguel?

Miguel se había quedado efectivamente pensando. Lo que Miguel pensaba era el siguiente pasaje de su vida:

Una noche oscura, en un largo camino solitario y mientras la noche llegaba, él, muy niño aún y en compañía de su padre, súbitamente se encontraron bajo de una tempestad terrible. Estaba Miguel muy niño entonces. Y habían llegado por fin a un rancho humilde en donde habían pedido hospedaje. Luego, unos hombres serios y con bastones gruesos como hechos para pelear, habían llegado. Miguel había tenido miedo, un pánico terrible de los hombres. Y por la noche cuando todos se habían retirado a dormir, en vez de desnudarse, Miguel se había puesto en guardia con el revólver de su padre. El creía que aquellos hombres iban a esperar que su padre se durmiera para acercarse a donde él y robarle. Pero como Miguel permanecía sentado en su cama oyendo el ruido de la lluvia, finalmente y a pesar de sus intenciones, el ruido monótono de la lluvia lo había adormecido contra su voluntad. Esto era precisamente lo que Miguel le quería comprobar a su interlocutora: que la lluvia tiene una tendencia a adormecer...

También en esta pequeña experiencia de Miguel pasó algo que tiene que ser recordado por su nota cómica, así como porque nos pone de relieve una costumbre que en el occidente de Honduras y especialmente entre los indios, es común. La nota es esta: Cuando Miguel le había contado a su padre lo que él había hecho durante la noche, el padre de Miguel se había reído porque aquellos hombres, con aquellos bastones gruesos, formaban la municipalidad del pueblo...

—Yo le voy a contar otra cosa, Miguel—le dijo la maestra—. Sí, es verdad, la lluvia sabe sugestionar; y es cierto también que la lluvia con el ruido sabe adormecer, así como le pasó a usted. Pero yo le voy a contar un cuento, en que le voy a probar que la lluvia también puede sugestionar. Fíjese lo que le cuento: ¿la lluvia hay veces que produce tristeza, deseos que no comprendemos y otras veces alegría como esos muchachitos que acaban de salir de allí, ¿los vio? ¡Cómo corrían! ¿verdad? ¡Qué felicidad!

—Pero otras veces trae otras sugestiones, le voy a contar esto; pero es un cuento y no se vaya a reír de mí, porque si se ríe ya no se lo sigo contando. Pues bien: cuando yo sólo era una niña vivía en una casa de campo. Era una casa donde habían frutas y gallinas. Allí me crié y allí viví varios años con mi madre. Mi papá había muerto.

Tenía un primo que se llamaba Rodolfo y era menor, tres años menor que yo. El me trataba con algún respeto, pero yo sabía que le gustaba y le daba oportunidad para que se me declarara. El día de que le hablo era exactamente igual a éste; había llovido desde temprano hasta tarde de la noche. Y Rodolfo había venido a ver a tía Marta—como él llamaba a mi mamá—y yo estaba alegre porque sin hermanos y teniendo sólo doce años, me ponía triste a veces. Pues lo invité para que fuéramos a ver una colmena no muy lejos de allí. Pero sucedió que yo andaba descalza y una abeja me picó en un pie y como no podía correr, nos metimos a una cueva. Allí estuvimos horas y horas contemplando la lluvia y esperando que dejara de llover. A mí me dolía el pie mucho y para detenerme porque estaba parada en un solo pie me agarré de un brazo de Rodolfo. Rodolfo sin decir nada contemplaba la lluvia y ninguno de los dos hablaba hasta que súbitamente, sin darme cuenta, pues me estaba durmiendo, sentí un beso... en la frente. Cuando abrí los ojos noté el susto de Rodolfo que me tenía, como dije, algún respeto. Le pregunté que por qué lo había hecho y no me había respondido. Yo me había puesto a llorar y me había venido para la casa debajo de la lluvia... Bien, mucho tiempo después de esto, varios años después, cuando él era ya grande y tenía confianza conmigo, le preguntaba yo eso y él me decía: "Yo no tuve la culpa. La culpa la tuvo la lluvia, yo estaba mirando la lluvia mientras tú te detenías de mis hombros. Mirando la lluvia y viendo los pájaros volar, sentí un deseo de hacer algo, de correr, de brincar, de agarrarte y correr contigo bajo la lluvia. Luego, sin moverme, viendo la lluvia monótonamente caer, sentí tristeza. Pensé que las gotas se estaban acabando y que así era todo, todo se acababa monótonamente si uno contemplaba las cosas. Que para que nada se acabara, había que hacer cualquier cosa, cualquier cosa había que hacer...para que entonces la vida acabara con uno... y entonces pensé en besarte... ¡Yo no tuve la culpa!"

Y después me he puesto a pensar que tal vez el pobre tendría razón; que hay veces que hacemos cosas por pura sugestión...y que la lluvia es una de las cosas que más sugestiones nos traen. Yo he llorado a veces viendo caer la lluvia, otras veces he querido estar lejos en otro país y cuando era pequeña corría y saltaba como esos muchachitos bajo la lluvia.

Pero ahora lo cierto es que a mí sólo tristeza me da la lluvia.

Me hace recordarlo todo, viera.

—¿Recordar a Rodolfo? —le preguntó Miguel, que poco a poco creía entender a la maestra.

—No—respondió ella—, de verdad no sé de qué me acuerdo. Más bien parece que me hace acordarme del futuro y que me sugiere cosas y deseos de cosas. No sé. Es maravillosa la lluvia, ¿verdad? Sólo una cosa hay que me sugiere lo que la lluvia. ¿Sabe cuál es? Las llamas del fuego. Pero las llamas del fuego sugieren cosas de la muerte y la lluvia cosas de la vida y aunque sean cosas tristes, recuerdos... ¿No cree usted así, Miguel?

Pero Miguel que no gustaba de tales digresiones por creerlas superficiales, le preguntó:

—¿Qué hora es?, Desde ahí donde está alcanza a ver el reloj de la escuela? ¿Qué hora es?...

APUNTE

Alberto Moll vino a Honduras después de la guerra.

Voluminoso de cabeza, fisonomía en exceso animada para la edad, bigote primerizo, tez lechosa como de fruta madurecida en el sobrado, muy tímido, exageradamente susceptible al rubor y como contraste mandíbula ancha, que denotaba fuerte voluntad, acaso soterrana y en germinación todavía. La música lo guardaba en tensión de nervios; era su particularidad. Su pasión eran los libros: las novelas rusas.

Se dice que una vez en una cantina este hombre habló de su mujer. Profundamente emocionado y descompuesto por el exceso de licor, habló de su mujer: había sido ella una compañera de colegio de la madre de él, es decir, una señora que le sobrellevaba treinta años de edad. Con sus mismas palabras, con su lenguaje de idealista, pero con una sinceridad admirable se dice que contó esa vez como la hubo seducido: el teatro estaba completamente lleno, refería. Yo no tuve tiempo para fijarme en muchas cosas, sólo pude comprender que había muchas personas. No tuve tiempo para observar a los actores. Mirando hacia atrás, contemplé un océano de caras alargándose más allá, casi más allá del poder que mi lugar alcanzaba. Los palcos de fila en fila realzaban sus barnices. El techo era azul y en el medio una anaranjada lámpara colgaba como la luna, tan alta que no miré la cuerda que la sostenía. Todos los asientos eran negros. No sé por qué me imaginé que también el teatro colgaba de amarras de negro terciopelo ribeteadas con flecos de plata que brillaban como lágrimas. La música dulcemente triste y acariciadora me había puesto los nervios en una condición horrible.

Según la intuición que ella me sugería, yo me imaginaba: ora un paisaje bañado de sol; luego una tropa de arácnidos que pasaban por la plataforma. El aire era dulce, con un extraño perfume; era un aire acariciador. Había una inconsciente quietud y un gran silencio. Todos los hombres se apercataban de la nerviosidad de mis miembros. Gradualmente las voces de los actores me parecieron llegar más dulcemente, cada vez más dulcemente. Luego, como unos cuchicheos de muy lejos. Después, la música me pareció que no era música: me pareció un eco perdidamente en el cerebro de nosotros. Me pareció una memoria de canciones de la media noche. Luego, me fui quedando como dormido, poco a poco, como todos los demás hombres, como aquella música tan vaga, tan lejana y apenas perceptible. Como las caras de los hombres. Por fin, cerré los ojos para sentirme mejor...

Una mujer estaba sentada al lado mío. Era una mujer rubia y alta. Cuando volví la vista me encontré con sus ojos mirándome. Entonces mi corazón empezó a golpear con fuerza. Volví a cerrar los ojos, pero antes observé entre reojo su figura. Luego, volví a verla en el cuello y allí —otra vez— observé unas hebras de pelo desperdigado. A mí me pareció que eran hilos de oro colgando de una columna de marfil.

Instintivamente no quise volverla a ver más; su rostro estaba maltratado por los años (tendría unos treinta años más que yo).

Mas, después un deseo se levantó en mí, un inmenso deseo —completamente nuevo— de besarla en la boca. Llevaba un vestido negro con encajes del mismo color y empecé a divagar en el contraste que formaría con la blancura de sus senos y de su vientre. Volví a cerrar los ojos por tercera vez. Entonces la música, el poder sobrenatural de la música, el intenso y fuerte poder, había penetrado poco a poco hasta el fondo de mí, como una marea de océano arrollándome las entrañas; como una fuerza que me hacía vacilar en mi propio asiento; temblar con una nerviosidad extraordinaria. Entonces me puse a sufrir la batalla conmigo mismo.

Me pareció que todos los ojos notaban mis preocupaciones vigorosas y sentí que me enrojecía de vergüenza. Hubiese querido. huir, huir; pero mis pies—yo estaba seguro de eso—me iban a flaquear. Cerré los ojos por cuarta vez. Los cerré fuertemente. Convencíme de que las pulsaciones de mi corazón continuaban aumentando y un aire frío empezó a penetrar por cada uno de mis poros.

Parecióme en ese instante que, por fin, todos se daban cuenta de los golpes de mi corazón. Me estremecí con todo el vigor de mi sangre. Luego súbitamente, se formó en mí el humillante concepto de que yo era un niño...

No recuerdo haberme levantado, sólo recuerdo que al abrir por sexta vez mis ojos, la boca mía se encontraba unida, completamente unida a la boca de ella. Inconscientemente, entonces, principié a tocar su piel con la yema de mis dedos. Mi voluntad dejó de obrar; déjeme llevar por otra voluntad más fuerte. Luego, principié a sentir un gozo inexplicable de dicha. Después, una franca seguridad en mi vida con la natural ausencia de miedo y preocupaciones. Cuando me levanté, vi a la mujer que más tarde fue mi esposa (compañera de escuela de mi madre). Desde ese día, la amé con una locura inmensa...

AGUIRRE

I

De la misma edad que Aguirre (poco más o menos 29 años) eran los cuatro compañeros con quienes él tomaba sus alimentos. Pero muy diferente de ellos en muchas otras cosas: por ejemplo, en que Aguirre saludaba a la señora de la casa todos los días con mucha atención. Le daba la mano y le preguntaba por Carmen (él decía Carmencita). Los otros eran alegres, él era serio, el más serio de todos. Físicamente, era alto y delgado, con cabello castaño y ojos pequeñitos como perlas. Graciosas gafas con aros dorados cabalgaban en su nariz desproporcionada... Como dijimos antes, era diferente de sus compañeros, sobre todo en el carácter. Los otros bromeaban al sentarse a tomar los alimentos y él decía: "Cállense, hombres, qué dirá la señora" ...

Cuando la buena y robusta dueña de casa no les servía la mesa por haber invadido los pisos de arriba con ocupaciones de índole doméstica, pero diferente, Carmen tomaba su plaza vacante. Se asomaba ruborizada porque era tímida, muy tímida y aquellos caballeros eran jóvenes, preocupados del vestido y con más de alguno había bailado en las fiestas...

—Carmencita no se moleste por nosotros. Nosotros comemos lo que se nos ponga...

—No, Aguirre, no es ninguna molestia —y bajaba la vista con timidez—. Luego alguien por allá, un poco sonriente: "Es verdad, Carmen, yo estoy de acuerdo, ya no se moleste más".

Carmen más ruborizada entonces: "Yo no sé si a ustedes les gusta el café con leche, pero si no es así, díganmelo". Y salía andando, sin esperar respuesta, para la cocina.

Uno de ellos decía entonces: "Pobrecita, se avergonzó". Otro agregaba: "Es una santa mujer, si no tuviera 27 abriles... Si no tuviera... ¡Cállense!". Y Carmen entraba entonces. Entraba a paso ligero. Ella no había oído nada, pero suponía que de ella se hablaba y por eso se acercaba ruborizada a traer una sartén vacía que había dejado olvidada sobre la mesa...

Aguirre, entre tanto, parecía muy disgustado con la cuchara de sopa caliente en la garganta. "¡Qué imprudencia; ¡qué mala educación (él decía cultura) la de ustedes, hombres! ¡Qué podría decir si les oyera! Ellos decían: "Es verdad", y traían el recuerdo de algún fulano para alegrar el momento.

Al día siguiente, la buena señora al servirles la mesa: "¿Qué noticias me traen, niños?... ¿Ya saben que Pablo González?".

—¡Pablo! ¡Y no decían que lo habían matado...!

Mientras tanto Aguirre corría y le brindaba una silla. Ella, en pago no le daba ni las gracias, pero él, como si aquello fuera poco, se sentaba junto a ella, cruzaba las piernas, adoptaba una postura respetuosa o fingida y repetía:

—Con que Pablo González trae la revolución...

II

Así era aquella vida. Cinco comensales en la casa de una señora gorda y una muchacha tímida. De entre ellos, Aguirre es el que más nos interesa y por eso seguiremos tras él.

El desayuno a las ocho en punto; pero Carmen no se había vuelto a asomar... Mientras tanto Aguirre se paseaba en la ancha pieza del comedor de un extremo al otro extremo. Sus compañeros sentados en sus respectivas sillas, jugaban con notoria falta haciendo uso de los tenedores y demás objetos de la mesa. Aguirre parecía preocupado. Empinaba el cuello por la ventana que daba al patio, pero tenía cuidado de retirar el cuerpo con precaución de no ensuciar el bello terno de casimir negro. Luego... ¡No! no lo podía ver. Empinaba el cuello otra vez... En vano, no lo veía; y se iba a sentar a la mesa antes de ser sorprendido por sus compañeros. A poco entraba la señora con el nítido mantel. El, como de costumbre, se portaba atento y respetuoso, pero de verdad no se sentía bien... Al sentarse, como muñeco automático, hacía un gesto, un gesto pronunciado, pero que nadie se había puesto a meditar en qué consistía.

El mismo no se habría fijado en aquel gesto, pues parecía muy preocupado de pocos días a esta parte. ¿Era acaso porque la buena señora servía la mesa? Él no sabía: se preocupaba entonces en su preocupación y acababa por comprender que no tenía apetito.

Entonces se limpiaba los bigotes con la servilleta y mirando de reojo a sus compañeros, se murmuraba el mismo: "Estoy enamorado de Carmen y sólo yo lo sé..."

La señora parecía más platicona que de costumbre. Terminó la comida y Aguirre, con gesto resuelto y valiente, dobló la pierna y siguió la conversación. Los demás hicieron rueda a su vez. Hubieron muchos temas discutidos y comentados por la señora y los cinco hombres que le rodeaban. Se reía, a veces, con optimismo y buena salud. Alguien, por fin, sacó el reloj del chaleco perfumado y notó que faltaban quince minutos para las dos de la tarde. Aquella sería seguramente su hora de oficina. Sería él, seguramente, un secretario o escribiente del juzgado de letras. "Si ustedes se quedan, yo me voy". Y se fue. Luego otro. Después los otros. Aguirre, mientras tanto, quedó solo... La señora tendría que fregar los platos en que habían comido aquellos hombres, tendría que dar órdenes en relación con la cena de ese mismo día, tendría que ir a descansar, pues una persona robusta se cansa con prontitud. Tendría que hacer algo, cualquier cosa. Así lo manifestaba su intranquilidad. Pero él, Aguirre, a pesar de sus maneras respetuosas, nada le importaba aquello. Plática tras plática. Un tema tras de otro tema...

—Carmen, ven a platicar con Aguirre. Perdóneme Aguirre, porque lo dejo solo, pero es que tengo otras ocupaciones. No se vaya a enojar...

—No, señora... y luego, un poco nervioso dirigiéndose a su nueva interlocutora:

—¡Cuántos días sin verla, Carmencita!...

—De veras, Aguirre, ¿pero es que no les gusta que mi mamá les sirva la mesa?

—¿Su mamá? Bien. Sí. A mí no me gusta que usted se moleste tampoco, pero...me gusta verla...

Luego la conversación siguió y siguió. A intervalos, la voz de Aguirre se interrumpía porque Carmen se había propuesto hacer ver que se sentía incómoda con aquel vestido de uso doméstico y aquel peinado y aquella facha...

En la misma noche, pensando si Aguirre estaría enamorado de ella, durmió poco...

Algunos días después, le derramó el café al prepararle el azúcar...

—Perdóneme, Aguirre.

—Pero, ¿por qué se preocupa Carmencita...?

A la mañana siguiente, volvió a derramar el café en el puesto del mismo Aguirre... Alguien le murmuró:

—Carmen, ¿usted como que poco aprecia a Aguirre?

—No, si no es eso...

Dos semanas más tarde, Carmen volvió a derramar el café en el puesto del mismo Aguirre. Los compañeros inmediatamente volvieron a mirarse de reojo acompañando una sonrisa maliciosa. Entonces, Carmen, profundamente ruborizada, murmuró:

—¡Aguirre! ¡Cuánta ofensa!...

—Al contrario, Carmencita, si no me ofende...

Todos soltaron una carcajada estrepitosa... Todos se volvieron a ver las caras llenas de risas. Ante semejante frase que ellos a su manera de pensar la tomaron como una declaración, no había menos que reír a mandíbula batiente. La pobre muchacha, sin decir una palabra, con el corazón que se le saltaba, salió a toda carrera para la cocina... Aguirre, entre susto y preocupación, y más rojo que una plancha en el fuego, concluyó por disgustarse y despedirse inmediatamente... Pero al llegar a la puerta se volvió y dijo con las palabras apenas deletreándolas:

—Yo quise decirle que no se preocupara... ¿Me comprenden? Y salió enojadísimo.

Los demás comensales rieron un poco, fumaron sus sendos cigarros y salieron por la ciudad refiriendo la historia como ellos la creyeron mejor. (Es sabido que una historieta que se escucha no tiene el mérito de la que se presencia, de aquí la necesidad de exagerar) y el efecto fue satisfactorio.

A la mañana siguiente Aguirre no estaba. ¿Vendría más tarde que de costumbre? ¡No!...

—¿Y Aguirre, señora?

—Oh, Aguirre ha dispuesto cambiar las horas porque como el pobre trabaja tanto. Dice que el desayuno a las 6, el almuerzo a las 11 y la cena a las 4, y que siente mucho no seguir acompañándolos... Ellos se miraron a los ojos y se sentaron a la mesa muy serios...

Ahora Aguirre comía solo, Carmen le servía...

—No se moleste tanto Carmencita...

—Pero si no es molestia... (Y Carmen bajaba los ojos con la emoción que le producía el placer de que Aguirre había comprendido por fin que efectivamente se molestaba).

—¿Le gusta el dulce de durazno, Aguirre?

Aguirre le contestaba sin abrir los labios.

Al día siguiente, a la hora del lunch, aquel dulce era un regalo de príncipe.

Una hora más tarde, cuando Aguirre había concluido sus deliciosos manjares y sus mejores momentos como ya le había dado a entender (no se lo había dicho claramente a Carmen), los otros comensales llegaban. Pero para ellos, ni dulces de durazno, ni higos pasados en miel, ni las manos de Carmen. Ningún manjar anunciaba aquellas hacendosas manos. La señora les servía...

Mientras tanto, el tiempo volaba. Todo marchaba bien, sin embargo.

Aguirre, como de costumbre, traía regalos y regalos. Regalos para la señora y para Carmen.

A solas, cuando nadie oía, bajando la voz y tapándose la boca con la mano, la buena señora que ignoraba las relaciones de su hija con Aguirre, le decía:

—Hija, si alguna vez te encontraras (ella decía te conquistaras) un hombre como Aguirre. Qué hombre, tan bueno conmigo... Hasta estampillas me regala. Carmen decía:

—¡De veras, mamá...!

Por fin hasta la misma señora convino en que la comida de Aguirre debería ser especial, debería ser la mejor. Había que pagar de algún modo las bondades de aquel hombre. Lo que había que hacer era ser más decente... Aquel hombre era un tesoro en la tierra... (Carmen sonreía y aceptaba que Aguirre era un tesoro...) Pero hija (y la robusta señora se volvía de la puerta) ese hombre, o es muy rico o es... no sé qué decirte, es que me parece un disparate gastar sin interés...

—Yo soy pobre y no podré recompensar sus regalos...

—¡Qué hombre...!

Y desde aquel día, Carmen tuvo la libertad completa de servir a Aguirre, como su madre y su corazón se lo mandaban. Sentía un placer tan inmenso en aquella clase de labores... Y se murmuraba a sí misma con gozo inefable: "Todo lo que hago por él me parece poco"...Y era verdad. Por fin, una servilleta para Aguirre... llevaba sus iniciales. (La señora manifestó que aquella confianza estaba buena). El agradeció las bondades, como él llamaba a lo que la señora decía recompensas. Y el idilio de felicidades continuó como el primer día. Aguirre, demasiado puntual a las horas de comida, tal vez su regularidad estaba más allá de lo que podía desearse. Los regalos muy a menudo. Los deliciosos platos, como de costumbre, bajo pequeños mantelitos blancos esperaban el buen apetito de Aguirre. Y la señora, siempre la misma para Aguirre. Bromeaba con él, le decía que era un santo hombre y él sonreía, porque se creía feliz... Sólo esperaba los sueldos atrasados para realizar su sueño de formar un hogar. Pero he aquí que, aunque con dificultades, con préstamos de un honorable amigo, Aguirre logró vencer también este obstáculo. No había que esperar, pues... Carmen un poco nerviosa le aconsejaba que se lo dijera a su mamá. De ahí depende todo, le decía; y él... "pero si no hallo palabras... hoy, mañana, se lo diré; oh, sí se lo diré... se lo diré" ... Y los días pasaban.

—Pero Carmen, ¿cuándo quieres que lo diga...?

—¡Hoy...está claro, hoy es un buen día!

Innecesario es decir que la señora se fue para atrás de espanto cuando Aguirre se lo dijo a boca de jarro, y lo oyó hablar con aquel modo...

—¿Usted bromea, Aguirre?

—No señora, ella le puede decir cómo es esto...

—¿Qué si daba su consentimiento? Cómo no, si si se lo daba. Ella tenía el mejor concepto de Aguirre... Siempre había tenido mucho cariño para él, suponía que era honrado, trabajador, digno, no tenía vicios y aunque no conocía su familia, ella no se equivocaba (de esto ella estaba cierta) al pensar que era de buena familia. De buena clase social... etc., etc. Sí, sí, aceptaba. Era verdad que era la única hija, pero siendo él quien era... ella aceptaba.

(Aguirre dijo que el matrimonio sería en abril. Ella dijo que mejor en marzo y estaban en febrero...).

"Carmen, que principia a perder las esperanzas del matrimonio, hoy encuentra un marido modelo" —era lo que la señora decía a alguna amiga de mucha confianza. Pero Carmen, desde la cocina oía y se venía donde ella.

—Pero mamá, ¿por qué dices eso? Por algo le gusto a Aguirre...

Mientras tanto, las dos mujeres arreglaban la casa con mucho entusiasmo. Habría una fiesta y cena en la misma casa el 15 de marzo (era el día señalado por la mamá de Carmen) que era un día propio para matrimonios... Aguirre, que se creía ya como de la casa, entraba con más confianza. Silbaba de un modo especial al nomás llegar a la puerta y Carmen venía a encontrarlo un poco melosa y tratando de fingir confianza (cosa muy difícil para ella, pues era demasiado tímida); él le daba un beso en la frente y ella bajaba los ojos ruborizada y tratando de contener aquella ola de fuego que le quemaba como llama... Después, él se sentaba a la mesa y ella a un lado le devoraba con los ojos. Se decía a sí misma, que no era tan feo como le había parecido el primer día que llegó a la casa. Era verdad que era un poco alto, pero aquello no era un defecto. Se decía también que ya sabría reírse de las amigas... (Y luego se repetía: "de las enemigas"). Dormía poco. Parecía que se ponía delgada. Pero ella decía que no era nada... (Estalló una súbita revolución, por fin una mañana, y el idilio de Aguirre y Carmen tuvo que detenerse para atender cosas más importantes).

SEGUNDA PARTE

Escándalo, gente corriendo hacia todas partes con el miedo marcado en los ojos. Soldados armados, corriendo con sigilo a tomar posesión de los cerros vecinos, de las alturas estratégicas, que tan buenos servicios prestan en estos casos. Estos son los "retenes" que dan el grito de alarma cuando el peligro se aproxima sobre la ciudad, ya sea bajo las sombras de la noche, o abriéndose camino tras de la maleza. Escándalo, gente corriendo, se reclutan los hombres del pueblo para que defiendan la plaza y de esta ley nadie puede evadirse; ni el llanto de las madres o de las esposas se toma en consideración; el deber de cada hombre es exponer su vida... en defensa de la plaza. Escándalo, gente corriendo hacia todas partes, familias enteras que se pasan con bultos de ropa de cama a dormir esa noche o más noches, en la casa de otra familia vecina que puede dar mejores garantías. Grupos de hombres y mujeres en las casas hablando en secreto; hablando con temor a ser oídos. La revolución, la bulla...

—Dicen que Pablo González, el indio Pablo, está ahí, ahí detrás del cerro, que casi se mete marchando en el pueblo con su tropa de gente mala. Dicen que viene con 500 hombres bien armados. ¿No hay tranquilidad, ¿hasta cuándo podrá haber paz en un país que tanto necesita para no morir ahogados en sangre de sus hijos? ¡Pobre país tan digno de lástima! Pero la culpa la tiene la ambición de esos que quieren llenarse las bolsas a costa de los sufrimientos de los demás. ¡Ingratos!... A esos deberían ahorcarlos vivos. Pero estos de aquí tan torpes, dicen que ahí en el cuartel hay doscientos hombres apenas. ¿Por qué no se preparan los tontos sabiendo que ese indio cae cuando menos se le espera? Dicen que están mandando retenes y que han recluido bastante gente. Dicen, sin embargo, que el indio se va a meter al pueblo como Pedro por su casa, y lo peor es que no existe ninguna razón para que estos traigan la revolución.

El gobierno está actualmente formado por hombres capaces que garantizan la libertad y la paz del país. Ah, pero eso sí, el presente gobierno está compuesto de hombres sin ambición de mando o de lucro. Lo único que desean es hacer algo útil por el país. No hay razón, no hay ninguna razón para que esos traigan la revolución y el "bochinche". Además, el gobierno ha dado amplias garantías para que los hijos del país puedan regresar cuando se les antoje. A ningún emigrado se le molestará cuando vuelva. ¡Ah!, pobre patria la nuestra, en manos de sus hijos desnaturalizados, hijos de la ambición y del "descaro". Ese indio, ese indio Pablo González es hombre malo; debía irse de cabeza en el infierno para que pague sus pecados tan negros.

Para eso, sólo para eso es que los emigrados se están fuera del país. Para traer la revolución tarde o temprano. Allá se están y aunque los tengan con la ciudad por cárcel, el día menos pensado se vienen a la frontera donde tienen el cargamento de rifles. Son gente mala y que los compre quien no los conoce. Dicen que no se vienen porque el gobierno de aquí no da amplias garantías. Pero no, no es por eso, señor, es que están trabajando en la sombra para traer la revolución y venir a llenar de sangre y de horror a la pobre patria. El dinero, eso lo consiguen fácilmente. Siempre hay gente de esa mala que no les importa darles unos tantos miles como empréstito, gente rica, pues está claro, para que traigan la revolución. ¡Y a ellos que...! Además, si los revolucionarios ganan, ellos ya saben que cobran el doble y la pobre caja nacional tiene que pagar por eso. Gente ambiciosa y corrompida que no se acuerdan de sus mujeres, de sus familias para traer la revolución y muchas veces son quienes padecen más. Ese indio Pablo González, eso es lo que quiere, llenarse las bolsas de dinero. Ingrato, tan sin corazón que no se le ocurre que es el suelo que lo vio nacer quien sufre más por su ambición desmedida. ¡Si tuviera corazón! No, aquí ya esto está invivible, lo mejor es irse a vivir a otra parte donde se encuentra la tranquilidad porque con esta bulla y esta cosa, la vida se hace imposible.

Y esa es la causa porque familias ricas que tienen con qué, emigran. Hacen bien, eso debería hacer todo el que tiene con qué. Entre gente salvaje como la nuestra no se puede vivir. Revoluciones, bulla de cuartel, de la mañana a la noche. Cuando menos se espera, la revolución en la puerta. ¡Ya ésta no es vida!... Después, queda uno lleno de susto y en las latas, porque esos todo se lo roban. Pero los pobres campesinos que viven con la esperanza de sus milpas, tranquilamente trabajando con honradez y de repente, la revolución que "arremete" con lo que encuentra. Frutos, granos, bestias, que los soldados se llevan de los potreros. ¡Ah!, además, este indio no enarbola ninguna bandera, eso es un crimen, nada más que un crimen.

Y el concepto que se forman de nosotros fuera de aquí, en el exterior, qué concepto el que se forman; mucha gente allá debe pensar que éste es un país de salvajes y con razón. Siempre la revuelta y la bulla. No ha pasado una revolución, cuando la otra viene. Pero los que fomentan las revoluciones es a los que menos mal les va. ¡Y a ellos qué! Muchas veces ni entran a la línea de fuego. Se quedan detrás y mandan a los pobres soldados y que los pobres tontos se las arreglen como puedan. Y Pablo González, por lo visto, iba a dar un cuartelazo; dicen que ahí... ahí, está detrás del cerro con la tropa de gente. Si casi se mete en la casa de uno. ¡Qué hombre! ¿Cómo hará? Debían agarrarlo y fusilarlo, eso debían hacer. Sólo así, de lo contrario esta bulla continuará siempre. Pero aquí, tan tontos. Sabiendo que las revoluciones caen como lluvia de invierno, ¿por qué no se preparan? Dicen que no tienen más que cuatro rifles mohosos ahí en el cuartel. Un cañón viejísimo y algunas dos cajas de parque y eso es todo. Han mandado gente, mucha gente a los retenes del cerro. Hasta se dice que han mandado un espía y que vea cuántos hombres son. Dicen que entre ellos vienen varios conocidos, muchos de los emigrados dicen vienen ahí; pero, por supuesto, esto es un secreto y no hay que decir nada. Dicen que Ramón Peña viene; Ramón Peña, el hermano de Francisco, dicen que ahí viene.

—Otro que dicen que viene es Juan, el valientón; Juan Ordóñez dicen que viene ahí. ¡Ah! Y Rodolfo, el hijo mayor de la Chon dicen que ahí viene. Vienen otros muchos. Uno que debe venir con seguridad es José Ramón Bulnes. Cuando los liberales se tomaron el "agua caliente" ahí andaba José Ramón, dicen que muchos lo vieron y que andaba montado en un caballo blanco, muy hermoso, con un sombrero de paja y con su divisa de rojo y blanco en el sombrero. ¡Ah, José Ramón con aquel su modo que no cambia nunca! Todos esos emigrados para eso es que se están afuera, para traer la revolución. Se están allá celebrando mítines y sesiones secretas, compran rifles, bestias y parque, después mandan todo eso a la frontera y el día menos pensado ni adiós dicen. Aquí vienen a dar con la bulla. Se buscan los generales, los hombres de mando y aunque los tengan con la ciudad por cárcel, se vienen. Por supuesto que para esto se necesita dinero y personas de influencia, pero todo eso se consigue. Hay siempre emigrados de algún respeto y estos son los que arreglan todo. Además, los empréstitos siempre los obtienen porque los que dan el empréstito saben que, si estos triunfan, tienen no sólo oportunidad de conseguir el doble sino las concesiones y así al cabo se vuelven millonarios. Pobre país el nuestro, en manos de sus hijos corrompidos. Pero a los que peor les va es a las pobres familias que viven en paz. A los que siembran sus milpas, que tienen sus cositas para que el día menos pensado las tropas del enemigo se lo roben todo. Agarran las bestias de los potreros y en fin agarran cuanto pueden, sólo lo que no pueden llevarse... Se meten a las fincas y se roban los frutos.

—Luego, Aguirre, oye, oye como que por ahí vienen. ¿No oye usted? Se oye el tambor... ¡Ah!, sí. ¡Corra, váyase para su cuartel hijito! ¡Y que Dios lo salve!

—Dios es muy grande, no pierda la fe en Dios. Carmen y yo vamos a rezar ante el Corazón de Jesús esta noche y le vamos a pedir por usted. No se preocupe de eso. Usted ha de salir con bien. ¿Mire Aguirre, lese rifle suyo está bueno? Vea, Aguirre, mi esposo fue militar, y él siempre decía que a los primeros tiros da cierto miedo, pero después uno se vuelve arrojado. No haga caso usted, Aguirre. Usted no se las eche de valiente. No se ponga frente de las balas. Usted ha de salir con bien Aguirre. ¡Y lo primero que vamos a preguntar cuando pase el fuego va a ser por usted! Ig...el corneta, la llamada del cometa por la tercera vez, váyase Aguirre. Carmen, venía decirle adiós a Aguirre. Dejá de llorar, muchacha, si nada le ha de pasar. Vení, ya se va Aguirre.

—¡Adiós, pues, Aguirre! Mi mamá y yo le vamos a pedir a todos los santos por la vida de usted. Porque si a usted lo matan...Dios sabe lo que digo. Si usted muere, yo también me voy a morir, Aguirre.

—No te aflijas, Carmen, nada me va a suceder, el jefe de la compañía, el jefe creo que es Tomás Borjas, y él me ofreció dejarme en el cuartel, que es donde menos peligro ha de haber. Si se toman el cuartel entonces también de algún modo me he de escapar...

—Adiós, corazón mío, que Dios te salve. Espe... rate. Se me olvidaba u.... un corazoncito de Jesús que había hecho para tí...

—¡Vaya, adiós!

—¡Adiós, Aguirre...adiós!

III

Después que Aguirre salió, la casa, como siempre que se iban los comensales, volvió a quedar en silencio. Esa misma noche principió el fuego encarnizado. Pasaban con un herido en una camilla y Carmen sacó con audacia la cabeza por una ventana. —¿A quién llevan allí? —preguntó. —A Rafael Ordóñez—le contestaron. —Lo hirieron? —preguntó de nuevo Carmen y una voz chillona contestó: —¡Oh! ya va muerto. —¿Quién dice que es? —le preguntó la mamá a Carmen— Rafael, el pobrecito. Pobre Luisa y doña Paula, como siento esas pobres gentes.

Toda esa noche pasaban con heridos y cuando el fuego terminó a las cinco de la mañana, Carmen con peligro de que una bala desperdigada pasara por ahí, salió a la calle arriesgando su vida. Los heridos se veían tirados en las calles y Carmen corría y les daba agua o ayudaba a que los otros los condujeran al hospital improvisado donde se hacían las primeras curaciones. Carmen en compañía de su madre, las dos mujeres con un heroísmo asombroso, ayudaban a todos los heridos.

Había pobres hombres que concluían en las rodillas de las dos mujeres. Los soldados les agradecían profundamente. Bajo de la oscura mañana sobre los cadáveres, sintiendo a veces el silbido de las balas desperdigadas, las dos mujeres ayudaban en los últimos momentos a los moribundos y llenaban de esperanzas a los que no estaban seriamente heridos. Algunos se acercaban y les decían que era muy arriesgado para una mujer aquel lugar que poco antes había sido teatro de horrores. Súbitamente frente a Carmen pasó un hombre alto con el cadáver de un moribundo con la cara cubierta.

—¡Aguirre! —gritó Carmen—¡Aguirre!

—¿Carmen, tú aquí? Vamos para la casa, yo voy para allá, me hirieron en un brazo, pero no importa. Lo que quiero es salvarle la vida a este desgraciado que casi lo han hecho pedazos.

—¿Quién es? —contestó Carmen, con muestras de sorpresa.

—Él es un ser humano como nosotros, y allá escondido en tu casa hasta le podremos salvar la vida, porque a este pobre no le van a hacer caso.

Llevaron el moribundo a la casa y cuando llegaron allá encontraron que tenía una herida en el corazón y que estaba agonizando. Carmen a un lado y Aguirre al otro buscaban mil medios para salvarle la vida. Le dieron agua, le frotaron el cuerpo y hasta lo pusieron boca abajo.

El hombre iba ya muriéndose y, entre vivo y muerto, abrió los ojos y luego, después de ver a Aguirre, dijo: "Gracias, hermano, tienes un corazón de oro" ... Y el pobre herido se fue quedando rígido antes de agonizar. Carmen no pudo contener las lágrimas y Aguirre profundamente emocionado, lo mismo que Carmen, bajó la cabeza sobre el cadáver del hombre...

Al cabo de muchísimo rato, sobre el cuerpo del muerto, Carmen levantó la cabeza y dijo: "Es verdad, tú tienes un corazón de oro" ...Y Aguirre, sin decirle nada, se acercó a Carmen: "Por el recuerdo de este hombre, te juro y te prometo que te seré fiel y te amaré hasta el resto de mis días" ... le dijo él muy emocionado. Y Carmen, también muy emocionada, bajó los ojos y puso su cabeza sobre el pecho del hombre muerto...

DRAMAS DOMESTICOS

A Rafael Heliodoro Valle

I

La casa estaba en la orilla del pueblo, sobre un borde cubierto de flores. Adelita salió de la casa y se dirigió hacia la puerta baja del solar desierto que quedaba cerca del río. Ahí, sobre la arena del río, pasaba un camino que conservaba la forma de los pies de los transeúntes. Entusiasmada por el aire fresco y el ejercicio, ella sintió un deseo vago de andar más y siguió caminando hacia el puente. Ahí en el puente, hecho de un solo tronco de pino, por la soledad del momento y la frescura de los árboles, se sintió feliz. Tenía necesidad de alejarse, de encontrarse sola consigo, de no ver a nadie por ahí y de no ser vista por nadie. Llevaba una revista en una mano y parecía que iba dispuesta a leer, pero mientras tanto, parada en el puente se distraía en arrojar piedras a una rana que en medio del río sacaba la cabeza y se volvía a zambullir. Ella hacía esto como los muchachos traviesos, sin darse cuenta. Había cumplido quince años, estaba también en la edad cuando las muchachas se enamoran de los retratos, de las revistas de ilustraciones, de las "poses" y de las más insignificantes modas. Aburrida por fin de su distracción se acordó de la revista y se sentó sobre la arena para leerla.

Tan engolfada estuvo por un largo tiempo que por mucho rato no se dio cuenta de los transeúntes que por ahí pasaban. Un hombre caminaba en sentido contrario al lugar en que ella se encontraba; el hombre caminaba sin seguridad, sin hacer fuerza en los tacones, parándose a ratos, observando los árboles sin atención. Era un hombre alto y bien constituido. Iría acaso de visita: su cabello bien peinado y la limpieza de su traje también hacía pensar así. Sus labios eran carnosos y sus ojos negros y penetrantes. Se mostraba en su parte física como un hombre ardiente y apasionado. Cuando él vio a Adelita, la contrariedad se pintó en su cara, él había esperado encontrar a la mamá de Adelita ahí mismo y no a ésta. Todas sus manifestaciones exteriores acusaban su disgusto; por un largo rato permaneció indeciso, pero finalmente resolvió acercarse a ella.

—¡Adelita!... (Su voz resultó nerviosa, tal vez demasiado aguda). Ella no le oyó y él volvió a repetir:

—¡Adelita! —Ella se levantó, sorprendida y con miedo, buscando con los ojos hacia todas partes.

—¡Adela! —volvió a repetir él, aquí fue con demasiado énfasis.

—¡Elías!... (Como ligeros cambios del tiempo que ensucia el azul del cielo, así en la cara de Adelita se sucedieron los efectos de lo que ella sentía: cólera, repulsión, después miedo como el que ve un rifle en puntería).

—¿Su mamá está allá, allá en la casa? —le preguntó él. Adelita se llevó las manos a la cabeza y luego bajó los ojos sin contestar.

—¿Querrá ella venir aquí? Yo creí que por aquí la iba a encontrar, —dijo él.

Hablaba él con nerviosidad: sus ojos brillaban y no había fijeza en sus manos. Adelita mientras tanto, se volvió a llevar las manos a la cabeza. Pero de pronto un rápido pensamiento le aclaró el rostro y entonces le sonrió con gracia...

—Mejor voy ir yo a la casa si usted cree que ella no va a venir —le dijo él con preocupación.

Ella se agarró la mano izquierda con la derecha demostrando así cierta repentina inquietud. Después, como si otra idea le alegrara el rostro, volvió a subir la vista con prontitud.

—No vaya Elías, ¿por qué no se sienta en esta piedra?

Elías, un poco sorprendido ante la invitación de ella, se sentó en la piedra que ella le señalaba. Pero antes de hacer esto, él sacó un pañuelo blanco de su bolsillo y lo extendió sobre la piedra en que se iba a sentar. Sus gestos eran los del hombre que se preocupa por su persona exterior. Pero mientras tanto, Adelita observaba sus flamantes escarpines y su conspicuo calzado con marcada aversión.

—¿Por qué usa esos escarpines Elías? ¿Sabe? ¡A mí no me gustaría usar colores chillantes en los escarpines!

—¡Pues mejor voy a seguir mi camino si no le gustan mis escarpines —dijo él en broma, pero demostrando que estaba herido en su vanidad!

—Pero usted no entiende de bromas? ¡Jesús qué Elías! No entiende de bromas...

Después de esto él se quedó mirando debajo de los árboles y Adelita no encontró más qué decir. Al cabo de un tiempo cada uno buscaba desesperadamente algún tópico de qué hablar. Mientras tanto ambos preocupados y nerviosos creían que el silencio podría traerles un concepto por medio del cual se iba a formar una mala idea el uno del otro.

—Mejor voy a seguir mi camino, ando un poco precisado —dijo él cuando se convenció de que ya no había nada más de qué hablar.

—No se vaya Elías, espere, espere. (La imperativa ansiedad de la voz de ella era más fuerte que el deseo de él en alejarse. Finalmente ella concluyó por dominarlo. Mientras volvían a permanecer allí, ella lo volvía a ver: abriendo y cerrando los ojos con cierta malicia propia de una mujer de más edad. Adelita pensaba: No es feo, al contrario, es guapo Elías; sobre todo tiene buen cuerpo y un extraño poder sobre las mujeres de que ya he oído hablar...

Por fin, Adelita retiró los ojos de la cabellera bien peinada de él. Entonces acabó de creer que ella sentía dos cosas: odio y también admiración por Elías... En él había sin duda algo bueno y malo, pero ella no se explicaba cómo están unidos estos dos conceptos. Se acordó del poder de él sobre las mujeres y entonces quiso luchar contra ese poder y acabó de sentir la repulsión que muchas veces sentía por Elías. Luego se imaginó que Elías debería vivir orgulloso de sus conquistas y este concepto la puso nerviosa, con cólera y miedo. Por fin, le dijo ella:

—Elías, estoy leyendo esta revista tan bonita. A usted. le gusta leer?

—No leo mucho —contestó él—, no me queda tiempo.

—A mi papá no le gusta que lea novelas. Dice que a las muchachas de mi edad se les meten ideas en la cabeza. Y por cierto ahora estamos esperando a mi papá. Él dijo que vendría ayer, pero no vino, ahora debe venir.

—¿Su papá viene hoy? Yo creía que vendría hasta después. (La voz de él tembló nerviosamente) ...

—Lo esperamos de un momento a otro —dijo ella, muy alegre. Luego agregó: El anda como de costumbre visitando los ranchos.

—Voy a irme Adelita, ya es muy tarde. (Ella como un tigre, dramáticamente, saltó y lo agarró del brazo y lo detuvo).

—Tiene que estarse aquí —le dijo encantadoramente—, tiene que estarse aquí hasta que papá venga. Sí, señor, don José Elías... Avilez, vamos al jardincillo de la casa, le voy a prestar una novela linda para que la lea. Venga, venga, se va a sentar allá conmigo, en las gradas de la puerta.

Había unas gradas en la puerta de la casa. A ambos lados había hojas grandes de yuca y detrás había una mampara en la puerta de la pequeña casa. Elías la acompañó alegre, pero con alguna desconfianza, ella iba preocupada de que se le iba a escapar, y por fin, ya sin timidez ni respeto, lo agarró del brazo. El, ante la manifestación de sinceridad de ella, sonrió con simpatía.

—No se vaya, Elías... ¡Ja!, lo tengo agarradito. No se me va. —Se comprendía el trabajo de inteligencia que ella estaba haciendo en ese momento. Y entonces una luz de comprensión alumbró en la cara de él...

—¿Pero para qué me trae aquí?... tan pícara que es usted.

Adelita entró a la casa y corriendo volvió con la novela de que le había hablado.

—Miremos esta novela, Elías. Aquí hay una cosa que quiero que usted vea...

Mientras los dos estaban engolfados mirando la novela con las cabezas unidas, se oyeron unos pasos súbitamente en dirección de la casa. Elenita los oyó, pero pretendió hacer creer que no los oía, aunque Elías con sorpresa notó la nerviosidad de ella. Luego Elenita le clavó los ojos a él. Quería sin duda descubrir algo en él, con una insistencia tenaz, demasiado tenaz; por fin, los dos se miraron sin hablarse, dramáticamente. Elías vencido, iba a bajar los ojos cuando oyó una voz detrás de él: "¡Qué tal hija! (El padre de Elenita estaba ahí, parado, contemplándolos, su traje de camino estaba muy sucio).

—Papá, papá, que tal, que tarde viniste, te estuvimos esperando para el almuerzo y como no llegaras nos sentamos a la mesa mamá, Juan y yo.

—Sí, sí... sí... ya veo que me esperabas. ¡Ah, muchachita!... ¡Retírate que vas a ensuciar tu vestido tan bonito! ¡No ves que vengo lleno de polvo?

—Hay nos hemos de ver pronto—dijo Elías muy encogido—ya me voy Adelita...

Tan pronto como Elías se despidió, se oyeron unos pasos a la carrera y hacia la puerta de atrás de la casa y por donde Elías iba a pasar. Y a poco se oyó la voz de Elías:

—Buenas tardes, doña Adela. (Elías saludaba a la mamá de Adelita).

—Pero Elías, ¿a qué se debe esa precisión?...

—Su marido acaba de venir en este momento, y como usted ve, a él no le gustaría ver a alguno rondando... después de tanto tiempo...

(Hubo una pausa. Después se resumieron los pasos de regreso para el interior de la casa).

Adela de González, la madre de Adelita, caminaba con el vigor de una mujer bien constituida. Tenía apariencia de joven, y gozaba de admirable salud. Su cabello negro daba bello contraste a su piel blanquísima, los labios eran sensuales y los ojos muy expresivos y negros. Era una mujer atractiva, tenía oyuelos en las mejillas y representaba menos edad de la que tenía. Su hijo Juan era el retrato completo de ella y así como ella era de vigoroso.

—¿Por fin, de regreso, Ramón?... ¿Pero por qué no me contestas hombre sucio? Dame un beso viejo, viejito.

—¿Que por qué no te contesto? —le dijo él con gesto de enojado—. Vengo cansado, con hambre, a gozar de mi hogar y lo primero que encuentro es... Adelita arrimada a Elías Avilez en la puerta de mi casa. Y luego a Adelita:

—¿Qué era lo que leían? Hablá muchacha, dame la novela, ¿no te he dicho que nunca leas novelas? Y ahora dime ¿a qué te metes con ese hombre viejo?

—¡Elías Avilez... ja... ja!...

—¡Por Dios, Ramón, cállate, tan sin pena; domínate hombre, hay casas a todos lados, los vecinos te han de estar oyendo, ¡hombre!

El marido se calló y la mujer se le fue acercando poco a poco hasta poner su suave mejilla como una rosa sobre la barba recia de su marido. El dominó entonces su cólera.

—Dime, ¿no decías que vendrían ayer?

—Lo que te dije, venía para acá cuando encontré que las vacas habían roto el cerco otra vez y tuve que volverme a la hacienda y mandar un muchacho a que arreglara eso.

—¿Y Juan dónde está?

—En la escuela, Ramón, ¿dónde quieres que esté?

—¡Pero ¡qué traje el de Elías Avilez, como que si fuera el domingo de ramos o el quince de septiembre!...

—¡Qué odio para Elías, Ramón, ¡qué odio!...

II

Después de la cena, en la noche, el jefe de la casa ya había olvidado todo.

—Mañana me voy otra vez a la hacienda hija; sólo vine a traer unos alambres para seguir el cerco.

—¡Ramón! ¿pero sólo una noche te piensas estar?...

—No puedo estarme más, yo tengo que vivir en el campo para que coman ustedes.

—¿Y cuándo vuelves?

—No sé, no puedo decirte, tal vez dentro de una semana, no sé...

Después, los dos salieron a la huerta de plátanos, juntos. Ramón puso su brazo en la cintura de su mujer. Adela puso tiernamente su rostro sobre la cara de él y los cuerpos esbeltos se vieron vagar en la sombra junto al río.

—Quisiera que viviéramos como vivíamos antes. No puedo soportar que te estés allá siempre. Primero te ibas por dos días para el rancho, después te ibas por una semana, y después diez días. Ahora no sabes ni cuánto tiempo vas a estarte.

—Hago más dinero que antes, Adela; ahora vendo maíz y cuido los animales, Adela.

—Qué me importa a mí el dinero. Yo te quiero aquí en la casa, juntos lo pasábamos mejor antes. Me da cólera ver que te vas todo el tiempo. Te quiero aquí en la casa, en la casa, te lo repito. Te necesito Ramón; te necesito, Ramón; te necesito por Dios; yo ya no te puedo hacer que vivas conmigo...

La voz de Adela temblaba con nerviosidad.

—Sos muy buena mujer, Adela. Un pobre hombre como yo no podría encontrar otra mujer mejor. ¿Pero por qué tiemblas cuando me hablas, qué te pasa?

—Sentémonos aquí, quiero hablarte con franqueza.

El marido puso su fornido brazo sobre la espalda de su mujer, y le dijo:

—Pero no entiendo, ¿por qué te preocupas por mí? Cuando al principio te dije que iba a trabajar en el rancho y dejarte aquí con los muchachos, tú dijiste que sí, y ahora...

—Oh, Ramón, me haces falta, te lo repito...

—¡Adela! vieras qué me imagino que tú estás pensando en cosas que pasaron cuando estábamos recién casados... Dime, ¿es cierto?

—No es eso Ramón. (Ella arrimó sus suaves mejillas sobre la cara de él).

—Quiero que estés en la casa. No quiero que te vuelvas a ir.

Por fin él sintió la emoción de la cara de ella y la contempló en los ojos con ternura.

—Adela, cuando te veo esos ojos y te contemplo por todas partes, no me parece que seas la madre de una muchacha tan crecida. (Por fin él había comprendido los sufrimientos de ella).

—Te necesito aquí, quiero que vivas conmigo. En los últimos seis meses sólo te he visto dos veces. Yo vivo como si fuera viuda... ¡No me gusta vivir de ese modo, Ramón! —dijo ella con dolor pintado en los ojos.

—¿Pero crees vos que me gusta esa vida? Estoy tratando de hacer dinero y venirme a vivir en paz. No sos como las otras mujeres, Adela.

—No, no soy, no soy. Tú deberías comprender eso Ramón. Deberías estar siempre alegre de que yo te quiero aquí en la casa.

—Voy a tratar de vivir aquí tan pronto como me sea posible —dijo él sonriendo con malicia.

—¿Papá y mamá están muy cariñosos, te has fijado? —le preguntó Juan a Adelita.

—Mamá, lo quiere mucho —contestó Adelita.

—Oye, papá está cantando, oye, oye.

—Mejor ocúpate de otra cosa, Juan —dijo Adelita fingiendo cólera.

Súbitamente se abrió la puerta que daba para la calle. Mariana, la hermana mayor de Adela, entró nerviosa y preocupada.

—¿Dónde está tu madre? Adelita, ¿dónde está tu madre? Oí decir que tu papá vendría, ¿es cierto?

—Papá ya vino, anda allá afuera con ella.

—¡Pero...muchacho! ¿Cómo hizo tu papá para venir tan luego? ¿Habrá venido de precisión? ¿No sabes vos? Bueno, me alegro que ya esté aquí.

—¿Por qué, tía? ¿Por qué, tía? —le preguntó Juan con ansiedad.

La tía Mariana se mordió entonces los labios; comprendió que había sido demasiado indiscreta y se arrepintió.

—¿Que por qué? ¿No crees que está bien que tu padre vuelva, muchacho?

Mientras tanto, Adelita no podía arrancarse la escena de la tarde, y súbitamente principió a derramar lágrimas. En un principio trató de contenerlas, pero por fin le fue imposible.

—¿Por qué lloras vos? —le preguntó Juan con dureza.

—Muy bien sabes por qué estoy llorando, Juan. ¿Para qué me preguntas? Todos lo saben, tía Mariana, y los vecinos y todos. Todos, excepto papá. Después ella trató de olvidar... sus pensamientos que la envenenaban tanto como sus intolerables sospechas.

A la mañana siguiente la casa parecía desolada. Adela, con una necesidad terrible buscaba algo que poder hacer con las manos. Con la escoba buscaba algo qué poder barrer, pero la casa estaba en orden y con limpieza. Lo único que podía hacer era coser, pero Adela no se sentía en condiciones de estarse sentada, sin moverse todo el día. Deseaba hacer algo, moverse. La presencia de Adelita sentada en la puerta con Elías Avilez no se la podía arrancar de la cabeza. Y sin embargo, Adela estaba segura de que Adelita siempre tenía desconfianza de Elías. Luego Adela pensó lo que las malas lenguas iban a decir de Adelita y de Elías. De Adelita, la que no sólo desconfiaba de Elías, sino que lo odiaba. Adelita, la que siempre se había retirado de Elías por su propio instinto de protección. Y Elías, el signo del mal, a pesar de ver la antipatía de Adelita para él, había continuado visitando la casa. Hasta que, en vez de la hija, la madre había caído... la madre había sido vulnerable ante la joven presencia de aquel hombre alto y fornido...

Adela pensó: ahora Adelita lo ha comprendido todo. Ella, mi hija de quince años, retuvo a Elías cerca de ella para que su padre los encontrara juntos al volver, y entonces Ramón se equivocara... (Adela, al pensar en esta suposición, se tiró, se arrojó a la cama tapándose la cara con la sola suposición de que Adelita fuese capaz de haber planeado todo eso. Su hija, su hijita había protegido a su madre contra su padre, contra las habladurías de la vecindad. Adela se agarró las manos, se las apretó con fuerza. Ella había enseñado algo intolerable a sus propios hijos. Y no conseguía llorar a pesar de sus deseos. Lo que Adela había descubierto en su propia opinión ya no tenía remedio con nada, con nada en la vida...).

III

Al día siguiente por la noche, después que Ramón se había ausentado parecía que había profunda paz en la casa. Juan y Adelita se afanaban en arrancar las cáscaras a una canastada de patatas. Súbitamente se oyó un golpe en la puerta. Elías Avilez entró.

—Buenas noches —dijo con aquella ligereza con que hablaba siempre. Luego como preocupado de encontrarse con alguien más, volvió los ojos hacia todos lados. Elenita y Juan no contestaron. Adela le dijo:

—Entre, entre Elías.

—Doña Adela, ahora podemos encontrar al hombre de las cidras en la orilla del río. ¿No cree usted doña Adela? Si usted quiere, ¿podemos ir?

—Tengo que atender este oficio aquí, Elías. No puedo por ahora. Siéntese, Elías, ¿por qué no se sienta? Arrímale una silla vos, Juan.

—No, gracias. No me quiero sentar, voy a volver pronto. (Después que Elías salió todo quedó en silencio, pero Adela parecía nerviosa y preocupada. A poco se levantó y salió afuera por la otra puerta, detrás de la casa).

—Caramba, no soporto este calor de la cocina. Vení ayúdame aquí, Adelita, mientras voy afuera a respirar aire. Y salió al solar.

—Juan—dijo Adelita en voz baja para no ser oída.

—¿Ques?

—Juan, ¿vos creés que mamá está enamorada de Elías?

—Yo no comprendo como mamá se puede enamorar de ese caballo...

—Te acuerdas cuánta bulla hizo mamá la primera vez que él vino... a verme a mí? ¿te acuerdas? Dijo que yo no debía tener de novio a un hombre como Elías y que además él era muy viejo para mí, y otras cosas, ¿te acuerdas?

—Cállate, por Dios, cerrá la boca. Si sólo has de hablar de Elías Avilez, mejor cerrá la boca —dijo Juan con cólera.

IV

Cada vez que Elías entraba en la casa después de andar rondando con cierto silbido peculiar, Adela deseaba arrojarlo afuera. La presencia de él en la casa siempre, siempre le había repugnado; pero cuando vagaba en la playa del río, el recuerdo de él —contra su voluntad— le penetraba.

¿Qué era lo que le pasaba a Adela que ella misma no podía entender? Y ahora... después de aquello que ella había descubierto, sentía que se estaba asfixiando... Se sentía agarrada, dominada, pero con deseos de luchar, de pelear contra el mal... Y pensó entonces: voy a poner fin a esto, pero su resolución llegó apagándose a su corazón. Y volvió a decirse ella: voy a poner fin a esto...

En la noche siguiente, cuando Elías volvió a entrar a la casa, ella lo despidió con frialdad. (Juan y Adelita no estaban allí).

—¿Pero ¿qué le pasa doña Adela? No se haga la enojada, ¿sabe? ¿Ya conseguí el hombre de las cidras, quiere ir a verlo para ver si son buenas?

—Ya le dije, Elías, que no voy —repitió ella con frialdad.

—¡Caramba! Usted se ve más hermosa cuando está enojada, doña Adela.

En la voz de Elías, con una calma insolente, se veía al hombre que conoce ciertas negativas. No había duda de que Elías tenía el poder del macho sobre aquella mujer orgullosa.

—Yo sé que usted tiene que venir, quiera o no quiera —le dijo.

—Por ay vienen los muchachos —dijo ella muy asustada.

—¡Vamos, doña Adela, vamos! Bueno, cuando se resuelva ya sabe dónde me encuentra.

Elías sonreía cínicamente ante la debilidad que ya había reconocido, pero a pesar de ello no consiguió que Elena lo acompañara.

Durante cuatro días la figura de Elías no se volvió a ver por ahí rondando. En la quinta noche, ella se levantó de su máquina de coser, se compuso el cabello y les dijo a sus dos hijos:

—Voy ir a visitar a Mariana. Hace días que no me acerco por allá.

Juan y Elenita se miraron las caras sin saber por qué. Elenita miró el reloj y después le dijo a su madre:

—Mamá, por Dios, usted se está mucho cada vez que sale. —Juan agregó entonces:

—Yo voy a ir también, mamá. Y Elenita respondió por su madre:

—¿No te vive diciendo que no la acompañes?

—Ustedes dos se van a la cama y no me esperen. Yo voy donde Mariana y ya vuelvo—dijo la madre con la voz temblorosa.

Cuando Elena salió, los dos niños, como si presintieran algo, se sintieron profundamente preocupados.

Por fin Elenita sintió sueño y se fue a acostar. Ahí, en el dormitorio, después, a pesar del sueño que tenía, no quiso dormirse. Permaneció despierta oyendo los más insignificantes ruidos de afuera y moviéndose del uno al otro lado. Mientras tanto, Juan leyó un periódico por las cuatro páginas con los pies puestos en la mesa.

Los ruidos de la noche lo estremecían a veces y volvía la vista hacia todas partes lleno de miedo. Luego los ruidos aumentaban y toda la casa parecía llena de pequeños e inexplicables ruidos. Y Juan se imaginó que también Elenita estaría rígida en la cama, escuchando, llena de miedo como él. Pero a pesar del miedo, Juan acabó por quedarse dormido sobre la mesa.

Dos horas hacía que Juan roncaba sobre la mesa. También Elenita acabó por quedarse dormida. Elena no regresaba. Reinaba horrible silencio afuera y apenas el silbido de1 aire en la cumbre de los árboles se oía de momento en momento. Por fin un hombre entró por la puerta abierta, y se acercó a donde Juan.

—¿Qué haces a estas horas dormido en la mesa? Hijo infeliz, hijo infeliz, hijo ingrato, desgraciado. ¿Dónde está tu madre? Dime ¿dónde está Elena?

—No sé. Ya debe estar en la cama...

—¿En la cama? Dime dónde está, vos sabés. El padre agarró al hijo del cuello y estuvo a punto de estrangularlo, tal era la cólera.

—Dime la verdad, dime la verdad, vos engañás a tu padre. ¡Vos, hijo ingrato! ¿Esperando a tu madre, vos...? Y yo sigo como si no tuviera ojos. ¡Ah, qué cobarde y qué tonto soy yo... Ramón González! Y Elenita pretendiendo que Elías viene donde ella...ajá... vos, hijo miserable, dejando que tu madre nos llene de vergüenza. Señor, ¿por qué no lo supe antes? Y yo tan bruto y tan inocente como un niño. Y mi hijo y mi familia, todos arruinándome a mí... al pobre estúpido Ramón... ¡Oh Dios!... ¡por Dios!... Hijo infeliz, desnaturalizado... (Ramón volvió a agarrar a Juan del cuello y lo estremeció nuevamente. En ese momento la puerta se abrió como por un rayo y Elena apareció en ella).

—¿Qué estás haciendo con él, Ramón? ¿Qué te ha hecho el pobre muchacho?

—¡No me hables ni una sola palabra, mujer! Lo voy a golpear más, le he pegado y le voy a volver a pegar... ¡No sabes que Juan ha salido a vos, tan miserable y sucio como vos! Le voy a pegar a él porque no soy cobarde para meterme con mujeres.

—¡Si lo vuelves a tocar te mato, te mato Ramón! —dijo la mujer temblando de enojo. Mientras tanto Juan, cansado y arreglándose el cabello desordenado, logró retirarse a una esquina.

—Ahora andate para tu cama, vos —dijo Ramón, señalando a su hijo, con mirada de odio.

—Y si usted llega a tocar a mi mamá —dijo Juan con marcado atrevimiento.

—No me meto a pelear con mujeres porque no soy muñeco como vos.

—No vuelva a decirme eso —dijo Juan preparándose a la lucha con los puños.

—¡Si dices una palabra más, te rompo la cabeza, muchacho!

—Si pones los dedos en Juan tienes que ponerlos antes en mí —agregó Adela. Y luego dirigiéndose a su hijo, agregó:

—Hacé como tu padre te manda, hijo. Andate a acostar a tu cama.

Luego, después que Juan se había ido, Ramón se acercó a su mujer:

—El valor que tienes. Tan sinvergüenza, me preguntas a mí que por qué le pego a Juan. Dime de dónde vienes, en fin, no tienes que decirme nada, yo lo sé mejor que tú. ¿Cómo crees que lo supe? Allá en el rancho.

Los mismos mozos que tengo allá lo sabían y yo no:

¿Y don Ramón todavía no sabe nada?, decía uno. Qué hombre tan ciego. Buena jugada la que le hace ese Elías Avilez con la mujer y él no se da cuenta de nada. ¡Y hermosa mujer la que se ha echado aquel tonto! Tan pronto como él se viene para acá, ella se va pa juera.

Y yo, Ramón González, ciertamente soy un bruto: verdaderamente hasta esos tontos sabían lo que yo no sabía. Y sin embargo no lo querrás creer, tenía ganas de insultar a todos, pero primero quise ver la verdad, tenía mis dudas, a pesar de lo mala que sos, tenía mis dudas... Te digo la verdad, tenía fe, mucha fe en vos, la sinvergüenza, la embustera: rogándome que me quedara aquí, diciéndome que me quería aquí, la mentirosa, la sinvergüenza.

—Te he dicho la verdad, Ramón. Cada palabra que te he dicho es cierta. Cada palabra amorosa que te he dicho es cierta, Ramón.

—Te debería matar por eso, porque estás corrompiendo a las criaturas.

—¿Y qué vas a hacer, Ramón?

—¿Que qué voy a hacer? Te voy a ir a tirar lejos para que no puedas envenenar esa muchachita con tu ejemplo. ¿Qué voy a hacer? Te debería matar, pero me das lástima, me conformo con ir a tirarte lejos para que tus hijos pierdan todo amor para vos...

—Por Dios Ramón, ¿cómo vas a separarme de mis hijos?

—¡Callate! Ahora mismo, esta noche te llevo donde tus padres, ya no te quiero aquí, que te mantengan ellos. Ahí tengo los caballos para llevarte. Tú no gastas ni una noche más aquí, sinvergüenza.

—Ramón, Ramón, piensa que hay un Dios que te está mirando.

En este momento, Juan asomó la cabeza por la puerta entreabierta con los ojos asustados:

— Qué va a hacer con ella? —le preguntó al padre agresivamente.

—Nada Juan, hijo mío, no te preocupes más por mí, andate a acostar—dijo Adela llorando. Luego volviéndose a su esposo:

—Ramón piensa que hay un Dios, no seas cruel. Acordate de nuestros hijos: ¿qué podrían decir ellos cuando no me encuentren mañana?

—Sí, sí, mucho pensabas en tus hijos, sinvergüenza. Todo el pueblo hablando de eso.

—Lo hubiera sabido, lo hubiera sabido—dijo Adela, llorando lastimosamente.

—Y meterse con un muñeco, con ese pichingo de Avilez, ese sucio y vago que jamás ha hecho nada. ¡Qué vergüenza! ¿Y tan malvada que sos, ¿no me dijiste que él venía de enamorado de Adelita? Vos, mi espos...sa...

—Por Dios Ramón, dame valor para explicártelo todo, mañana te lo voy a decir, te lo voy a decir todo, todo... verás que no soy culpable.

—Callate, mujer sucia, vos no tenés nada que decirme a mí. (Elena quiso acercarse para hablarle de cerca, pero le dio miedo y se retiró al otro lado de la mesa).

—Amonós, arriba ¡qué caramba! no tengo que andar con paciencias. ¡Vamos! empaquete sus cachivaches y nos vamos ya, no la quiero ver más aquí mujer sinvergüenza, malagradecida... indigna de mí y de mis hijos. Vamos, mañana le diré a Juan y a Elenita cualquier mentira, les diré que tu padre estaba enfermo, vamos, ¡qué caramba!, me da asco verte la cara.

V

Un día después la madre de Adela oía lo que ésta le decía con la atención propia de las madres. Ella, la madre, se había formado sus sospechas desde que había visto llegar a Adela. Siempre había tenido cierto temor de Adela, porque además conocía la clase de marido que le había tocado. Su hija había tenido una psicología extraña desde muy pequeña. Su extraña conducta se había visto al mismo tiempo en que sufría una fiebre de desarrollo físico. Luego había empezado a sufrir mucho de jaqueca, de histeria, de los nervios... y de una extraña inquietud que por fin había concluido con Ramón. Pero últimamente los mismos síntomas se habían vuelto a desarrollar en ella. Penosamente, pero con verdad, la hija habló de todos los detalles a la madre, pero ya la madre sabía todo desde antes. Ella, Adela, había sufrido hasta donde le había sido posible. Algunas veces —contra su propia voluntad— se había introducido aquella llamarada de fuego en su cuerpo. Ella no podía ser culpable, siquiera ahora. Además, ella estaba segura de que no amaba ni nunca había amado a Elías Avilez. También estaba segura que él no la amaba ni la había amado nunca. Y sin embargo, ellos habían sentido la mutua necesidad el uno del otro... Una impetuosa y misteriosa fuerza los había colocado juntos. Antes de eso ella había sufrido terriblemente y ahora ella volvería a sufrir. Y sin embargo ella no era culpable. Para con Dios su conciencia estaba tranquila. Como simple mujer también no tenía culpa. La pasión la había quemado horriblemente en todo el cuerpo... ella no era culpable: sólo era una víctima. Además, nadie la había ayudado, su propio marido no la había ayudado. Su marido la había abandonado. Ella en vez de odio, infundía lástima. Y ahora, después de la caída, de la natural caída, de la terrible caída —en su propio dolor descansaba—reposaba como si volviera de un largo viaje.

VI

Habían pasado tres días desde la partida de Adela. Ramón González, olvidado de sus propiedades, descorazonado, se había dedicado a consolarse él mismo y a consolar a sus hijos. Adelita había pasado llorando todo ese tiempo. Ramón le había dicho que su abuelita estaba grave y que su madre se había ido a verla. Pero Ramón sufría horriblemente, sobre todo por el dolor de Adela, a quien adoraba. Y muchas veces por atender a su hija se olvidaba de su propia pena. Habían pasado tres días y comían ellos juntos cuando, súbitamente, se abrió la puerta de la calle y Adela apareció en ella. Aquella Adela que apareció allí, no era la misma que se había ido llorando en medio de humillaciones.

—Mi abuelita Marta, ¿cómo sigue mi abuelita? (Adela, sin contestar a su hija, alzó la cabeza y clavó los ojos a su marido). ¿Te vas a volver a ir, mamá? —le volvió a preguntar Elenita.

—No, no me voy a volver a ir —contestó la madre. Luego, dirigiéndose a sus dos hijos:

—Salgan ustedes, quiero hablar sólo con Ramón.

La cólera de la mujer era más grande y tal vez más sincera que la de él. Juan y Adelita, sin decir una palabra salieron sorprendidos al corredor de la casa.

—Aquí me tienes de nuevo, Ramón —le dijo ella—. Y no me voy, aunque lo quieras vos. Aquí me voy a estar junto a mis hijos. ¿Lo oís bien? Desde que me arrojaste de tu casa he estado pensando. No he hecho nada más que pensar. De día, de noche, a todas horas. Yo he estado pensando. No he hecho otra cosa más que pensar. ¿Dime Ramón, quién te dio hijos? ¿No he sido yo una buena madre? ¿Quién ha sido tu compañera durante 16 años? ¿Quién te ha salvado la vida en dos veces? ¿Quién te ha arreglado esta casa? ¿Estos años, estos largos años de dolor y trabajo no valen nada? Y a vos, Ramón, ¿quién te ha juzgado de tus malas acciones? ¿Quién te ha juzgado a vos? ¿Que por qué sos hombre nadie te ha juzgado?... ¡ja ja...ja!... Eso es lo que los hombres piensan, pero eso no es justo.

No se me olvida cuando me abandonaste por tres semanas, cuando Juan estaba recién nacido. Y esas tres semanas las pasaste con una mujer... No se me olvida eso. Vos me rogaste que te perdonara. Y luego otras muchas veces. Yo sufrí mucho, pero sabía que me amabas y que eras buen padre y trabajador. Y nunca, nunca te dije nada de eso. Y ahora, ¿has estado bien en estos días en que he estado lejos? Yo pensaba en las dificultades de ustedes solos aquí, con la casa y también pensaba esto: ¿que si tenías derecho en arrojarme del hogar que yo he formado? Siendo cierto lo que te he dicho, ¿tienes vos derecho a arrojarme?

—Es diferente con los hombres... (La cólera de él había huido ante la magnificencia de ella).

—Es diferente con los hombres? ¡Jajaja!... No me vuelvas a repetir eso, Ramón. No es diferente con ciertas mujeres. (Adela desde niña había ido a la escuela y era muy leída, además, siempre había tenido una altivez y una independencia muy rara en la gente de nuestra raza, es decir, entre las mujeres. Ramón, por el contrario, era débil y poco leído; además, no sólo amaba, sino que admiraba a Adela y Adela lo sabía). ¿Me entiendes? No es diferente con ciertas mujeres. ¡Vos lo sabés bien Ramón, por Dios! Yo soy diferente, vos lo sabés. Hay muchas mujeres, muchas, muchas que caen como los hombres... ¿No crees que te he hablado con claridad? ¿No es cierto que siempre te suplicaba que te quedaras conmigo? No te acuerdas de eso. ¿Por qué no te quedaste en la casa? Si me conocías bien, ¿por qué no te quedaste? Tú sabías bien cómo me sentía. Oye, Ramón, lo que ha pasado ha sido el resultado de tus hechos. Yo no soy una mujer como todas y vos lo sabías desde que nos casamos... ¿te acuerdas, Ramón? Y vos tan ingrato y cruel, quisiera que supieras cómo me sentía cuando te suplicaba que te quedaras, vos me contestabas con burla: "deberías tener un atajo de maridos, mujer" ... ¡Ah, cruel! Si supieras cómo me dolía eso. Yo no tengo culpa. Dios me hizo de ese modo y no tengo culpa ninguna... Y ahora yo vengo a mi propia casa... donde mis hijos. Quiero que me eches afuera, si puedes. No me eches la culpa a mí, Ramón. La culpa la tenés vos. Todas las madres de la tierra tienen derecho a vivir con sus hijos bajo un mismo techo, ¿me comprendés? Todas las madres tienen derecho a sus propios hijos y yo tengo derecho a los míos... ¡Y no me culpes, Ramón! Si vuelves a culparme le hablaré a nuestros hijos para que ellos te juzguen...

ZAPATOS VIEJOS: (1930)

INÉS

Por el tiempo en que yo cumplía 10 años, llegó Inés a nuestra casa. Un compadre se la recomendó a mi madre para que saliera a la calle con mis hermanas. Era en aquellos tiempos cuando una niña de buena clase social no debía salir sola para que la gente no inventara cuentos...

—Le voy a traer una muchacha que le va a gustar; es humilde, pero muy honrada y trabajadora. Se llama Inés. Es una pobre muchacha que necesita vivir en un hogar de respeto, como el suyo. La madre de ella me ha suplicado que se la recomiende a usted.

—Tráigamela —le dijo mi madre— y si se porta bien, aquí va a estar más a gusto que en su casa.

Tres días después llegó Inés, que en ese tiempo contaba 19 años. La pobre muchacha llevaba un vestido bastante viejo. Mi madre le regaló un traje usado de una de mis hermanas y ella al momento se vio bien. Era de buena estatura, delgada, y tenía facciones de muchacha bonita. Era descalza como son todas las muchachas de su clase en Santa Clara. Mostraba unos pies pequeños y blancos, porque era efectivamente muy blanca. Pero lo que más apreciaba en ella —con mis 10 años— era su sonrisa. Tenía hoyuelos en las mejillas y cuando sonreía mostraba en la boca toda la ternura de su corazón.

No hablaba, era silenciosa y hasta misteriosa. Se llenaba de cierto mutismo que, a mí, sin embargo, me halagaba en el corazón. No hacía ruido tampoco. Parecía una sombra cuando se deslizaba limpiando las sillas, haciendo las camas o componiendo las cintas de las cortinas.

Cuando mi madre o mis hermanas la llamaban:

—¡Inés!

Ella con una voz suave, apenas perceptible, contestaba:

—Señora, ¿qué manda?

Cuando se retiraba a dormir—tarde de la noche, porque en mi casa siempre había tertulias hasta la una de la mañana, y la presencia de Inés se hacía necesaria—a menudo una señora preguntaba a mi madre.

—¿En dónde se consiguió esa muchacha?

—¡Qué buena parece!

—¡Realmente! —agregaba el Dr. Acosta, el más asiduo visitante a las tertulias—. ¡Qué buena parece!

Mi madre refería la historia de cómo había llegado Inés a la casa y agregaba algo en su elogio. Mis hermanas que escuchaban la conversación decían otros elogios. Yo que no podía mezclarme en la conversación de los grandes, sentía no poder agregar más elogios. Todos la queríamos —no por generosidad— sino porque ella se hacía querer.

¡En las noches de luna —de aquella luna maravillosa de mi pueblo—, ¡cómo me acuerdo de aquellas noches en que jugábamos con Inés!... Todos los niños de la vecindad venían a jugar al "llanito", cerca de nuestra casa. Todos los niños de la vecindad, varones y niñas, llenos de risas, de gritos, de carreras, de alegría y diversión, todos alrededor de ella jugábamos los juegos maravillosos que ella misma nos había enseñado.

Jugábamos "Las escondidas", "El caballito", "San Miguel", "Quien gana pierde", etc., etc.

Este "llanito", como llamábamos a aquella parcela de tierra cubierta de zacate de grama, donde enterré los ratos más alegres de mi infancia, era o había sido un "solar", ahora abandonado, cuyo tapial o cerca se había caído de puro viejo y no se había vuelto a arreglar por esa negligencia tan propia de la gente de pueblo, que casi siempre son dueños de tierra que nadie cultiva...

Pero nosotros sí, supimos aprovechar esa tierra abandonada. Privarnos del "llanito" hubiera sido como privarnos de la salud, de la alegría, de las carreras, del ejercicio que nos hacía reír, comer con hambre y dormir con sueño... El mismo terrateniente, quien quiera que hubiese sido, no hubiera tenido la ingratitud de privarnos de aquellas horas tan dulcemente inolvidables.

Ella —como he dicho—, a pesar de su edad tomaba parte en nuestros juegos porque realmente tenía en su inocencia mucho de niño. Así fue cómo aprendí a querer y admirar el corazón sutilmente generoso de Inés. A veces me decía a mí mismo: Si Inés no fuera sirvienta y si yo fuera hombre grande, me casaría con ella...

Recuerdo que entre los juegos que jugábamos, el preferido era "Las escondidas". Me gustaba esconderme y me gustaba que Inés me encontrara porque con su fuerza natural y su espíritu de muchacha alegre, me tomaba en peso, muerta de risa. A veces sentía sus frescas mejillas cerca de mis labios y aquello me producía un natural e inocente encanto.

—¡Ajá, te encontré!

Otra curiosa experiencia que a mí me pasaba con ella, era ésta: Mi madre, guiada por el cariño que le profesaba, le gustaba bromear con ella:

—Te vamos a casar muy bien. ¿Con qué clase de hombre te quieres casar, Inés?

—Con ningún hombre. Yo no me voy a casar nunca —contestaba.

Y yo, sin disimular un reproche, le contestaba a mi madre:

—¡Pero, si las casas te van a hacer mucha falta, mamá!

Entonces todos reían, maliciosamente, mirándome. Yo me avergonzaba, pero me daba cuenta de que Inés agradecía mis palabras con una muy amable sonrisa.

Poco tiempo después me convencí de que mi madre no se hubiera separado nunca de ella. Esto se puso a prueba así: Inés era muy religiosa. Un domingo pidió permiso para ir a la iglesia, muy temprano. Repitió esto durante varios domingos y por fin mi madre se preocupó y me recomendó a mí para que la acompañara. A ella no le gustó la actitud de mi madre, pero se quedó callada. Fuimos a la iglesia juntos y cuando salíamos vi yo que un señor de aspecto distinguido, pero que se ocultaba nerviosamente detrás de la puerta, se acercó y le ofreció una rosa muy hermosa que ella no quiso aceptar. Luego desapareció él y pude ver que era el Dr. Acosta...

Cuando llegamos a casa, con mi inocencia de niño referí el incidente a mi madre. Ella se enojó mucho y reprochó a Inés con seriedad. Definitivamente nos prohibió volver más a la iglesia.

Dos años después tuvo Inés un divertido novio. Era un viejo señor hacendado, de unos 60 años, muy rico y sin herederos, pero ni siquiera su riqueza pudo atraer a Inés. En un principio, supusimos que llegaba como amigo que había sido de la casa, pero sus visitas aumentaron y entonces hicimos conjeturas sobre los propósitos de don Anselmo. Lo peor de todo era que en sus largas visitas, el material de conversación se agotaba. Don Anselmo no entendía nada que no fuese mulas, potreros, cueros y maíz. Mi madre, dueña de hacienda, entendía algo, pero mis hermanas y yo nos poníamos a bostezar. Don Anselmo debió haber pensado que su sistema no era práctico, pues nunca conseguía hablar a solas con Inés. Y entonces el viejo compró un ramo de flores y llegó de visita como de costumbre. Mis hermanas al ver el hermoso ramo de flores, le agradecieron con los ojos, pero él se apresuró a rectificar:

—Son unas florcitas para Julita, la muchacha —dijo.

—A qué muchacha se refiere? —le preguntó mi madre.

—A la muchacha que tiene usted aquí —le contestó don Anselmo.

—Usted se refiere a Inés —le rectificó una de mis hermanas.

—Sí, a Inés... a Inés, se me olvida el nombre...

Fuimos a llamarla y como Inés entendía de bromas y jamás daba a entender cuando alguna cosa no le gustaba, recibió las flores y le prometió usarlas en su nombre...

Mi madre y mis hermanas le hicieron campo, como se dice, y quedó don Anselmo solo en la sala con Inés. Pero el viejo abusó de la generosidad, pues se estuvo cuatro horas sin moverse de la silla. Mucho tiempo después contaba ella que en aquella misma tarde le había hecho la propuesta de matrimonio. Ella se divertía mucho con él, pero le había dado a entender que no aceptaba obsequios.

Él se conformaba entonces con visitarla...

Cuando él se volvió al campo en donde vivía, desde allá le continuaba escribiendo con una mala letra. Le mandaba frutas, quesos frescos y flores del campo...

Cuando Inés —mucho tiempo después— abandonó para siempre nuestra casa, él todavía le enviaba cartas. Mi madre tuvo que escribirle diciéndole que Inés ya no vivía en nuestra casa y que nadie sabía para donde se había ido.

Ni nosotros sabemos para donde se fue, le decía en la carta.

Inés desapareció misteriosamente, pero no fue una cosa extraña porque su carácter y su conducta habían cambiado completamente. Aquella Inés tan apegada a nuestra casa, dejó de ser así para volverse una indiferente. Durante mucho tiempo había ido a visitar a su familia, en las mañanas y sin que nosotros supiéramos. Y alguna vez mi madre la reprendió duramente por su afán de pasarse todas las tardes sentada en las ventanas mirando para la calle...

Por fin ella hizo el papel de que se resentía mucho con las continuas represiones de mi madre, y en la noche de un sábado, sin decir adiós, se fue.

Qué cosa tan curiosa era no saber a dónde se había ido: en un pueblo tan pequeño.

Nunca volvimos a saber nada hasta que mucho tiempo después, allí, en la bella propiedad del Dr. Acosta, el asiduo visitante a las tertulias de la casa, mi madre se encontró con dos muchachitos: hijos los dos de Inés, el uno de cuatro años y el otro de dos, los dos muy bonitos, pero pobremente vestidos...

—No sabe usted quién es la madre?

—No, no sé—contestó mi madre.

—Pues la madre es Inés, la muchacha que usted tenía. ¿Recuerda?

—¿Inés?...

—Sí. Y el padre es el Dr. Acosta...

EL MUJERIEGO

Había una pícara y maliciosa alegría cuando se oían las últimas palabras del maestro. Era una alegría de pensar que se aproximaba el recreo, y que el cuerpo y el espíritu ya serían libres para jugar...

El maestro —de cuello desproporcionado y zapatos de cuero de cerdo— se levantaba para sonar el pequeño timbre. Entonces nos parábamos en cuanto oíamos el timbre, sonreíamos y expandíamos los pulmones. Otro toque: empezábamos a marchar hacia el corredor: una, dos, una, dos, una, dos... Otro toque: la marcha concluía en el corredor. Otro toque: nos volvíamos de frente al maestro. Otro toque, el último: un grito general se levantaba de todos los pechos al dispersarnos llenos de alegría, corriendo, a gozar de quince minutos de recreo...

Unos hacíamos ejercicios en los aparatos de gimnasia, otros jugábamos a la "rayuela", otros nos sentábamos en un viejo banco de carpintería. El sol del trópico caía de plano sobre nuestras cabezas. Un grupo de muchachos reía alegremente acerca de un chiste que le habían inventado a Mariano. El chiste consistía en que Mariano le mandaba cartas de amor a la novia y las cartas le eran entregadas al furibundo padre de la novia... Todos celebrábamos. Sólo Sergio, que en compañía de su hermanito había llegado hacía unos días a la escuela, no participaba de nuestra alegría. Él le tenía miedo a los niños malvados que lo maltrataban mucho. La madre de ellos gozaba de mala reputación entre la gente de la vecindad y por eso los niños lo llamaban "el hijo natural" ...

Sergio vestía pobremente, pero su hermanito vestía bien. El calzado nuevo y el trajecito de marinero que usaba el hermanito realzaba entre los trajes sucios de casi todos los demás niños. Sergio meditaba en su situación mientras los demás reían. Pensaba en lo que pasaría si él peleara con Teodosio. No se explicaba por qué Teodosio lo hacía sufrir tanto, a él y a su hermanito. Las cosas habían llegado a tal grado que Sergio casi se decidía a vengarse cuerpo a cuerpo de las burlas y las injurias de Teodosio. El maestro leyó un día la edad de los niños, dijo que Teodosio tenía 11 años, Sergio 10 y Meme, el hermanito de Sergio, 6 años. Desde el duro asiento observaba yo las miradas de venganza que el niño Sergio le dirigía al niño Teodosio.

Sólo era yo, entre todos los niños, quien se daba cuenta del drama que a poco se iba a desarrollar entre los dos compañeros. Mientras el maestro explicaba una lección de aritmética con la ilustración de un niño—que "fue al mercado a comprar huevos y que llevaba un peso y que los huevos estaban a tres por un real y que ¿cuántos huevos compraría?", etc.—yo no ponía mayor atención, sino que observaba las miradas de reto que el niño Sergio le dirigía al niño Teodosio. Este último —confiando en su prestigio de peleador—seguía la explicación del maestro sin darse cuenta de los ojos agresivos con que lo miraba el niño Sergio. De pronto se oía:

—Caitudo, hijo natural...

—¡Qué pasa! ¿Quién habló? —preguntaba el maestro interrumpiendo su clase.

—Fue el niño Teodosio insultando al niño Meme—respondía un niño calladito que se llamaba Tobías. El niño Teodosio se dirigía al niño Tobías:

—¡Chismoso!

El maestro agarraba el puntero con que explicaba la lección y se dirigía a donde Teodosio, lo agarraba de las orejas y se lo llevaba al cuarto vecino. De pronto se oían los gritos y el llanto de Teodosio.

El maestro regresaba agitado y preguntaba:

—Hay algún niño que viva cerca de la casa de Teodosio?

—Yo—respondía Tobías—. La mamá es Francisca. Viven cerca de casa...

—No llame con esa familiaridad a las personas mayores —ordenaba el maestro—. Diga usted doña Francisca y si no es casada diga usted señora Francisca. ¿Me entiende?

—Sí—respondía Tobías un tanto avergonzado. Sonreíamos todos maliciosamente al ver la actitud de humildad con que permanecía Tobías.

—Pase usted, Tobías, donde doña Francisca o donde la señora Francisca y dígale que su hijo Teodosio se ha portado mal y que aquí se quedará encerrado en la escuela sin ir a almorzar.

—Está bien, señor—respondía Tobías. En su actitud de cínica humildad se veía, sin embargo, un gozo y era el gozo de saber que Teodosio se quedaría sin ir a almorzar...

Concluía por fin la clase. Las últimas explicaciones del maestro nadie las escuchaba, todos pensábamos en irnos a almorzar a nuestras casas. Sonaba el timbre y salíamos marchando: una, dos, una, dos, una, dos, etc. Al pasar por las perchas del corredor recogíamos nuestros sombreros o nuestras gorras, pero no nos las poníamos hasta que salíamos a la calle. Allí rompíamos también la marcha y cada uno agarraba el camino de su casa.

Sergio —siempre con su hermanito de la mano— caminaba pensativo y callado a su casa. El aspecto de la casa donde ellos vivían era de pobreza y de poco aseo en el interior. El traje limpio y valioso de Meme formaba un completo contraste con la suciedad y la pobreza del interior de la casa.

—Pasaron por donde don Nacho? —les preguntaba la madre.

—Sí.

—Qué les dio?

—Dulces.

—¿Te das cuenta, Toribio? Para ellos hay vestidos, dulces y a la madre no le da nada...

—Mujer, y ¿a vos qué te va a dar? A ellos les hace regalos porque son sus hijos, la madre no le importa...

—¿Qué? ¿Que yo no le importo?

—¡Ja, ja, ja! Con que le oí decir en la tienda de González que había que echarte afuera del pueblo. Que no conociyas la vergüenza, que teniyas siete hijos y que seguías teniendo más...

—Sí, pero él es el padre de dos...

—¡No entiendes, mujer!

—Y además con las otras no es malo. A Balbina le da, yo sé que le da. Sólo a Francisca, la madre de Teodosio y a mí, no nos da nada ese viejo miserable. Pero ya me voy a poner de acuerdo con Francisca para que juntas le demos un susto.

—¿Quién es el papá de Teodosio, mamá? —le preguntó Sergio, que siempre escuchaba la conversación entre su madre y Toribio, el amante.

—El mismo de ustedes, hijo. Ese viejo miserable.

Sergio se puso pálido como un muerto. Luego volvió a preguntar:

—Pero a Teodosio no le ha regalado un vestido como el de Meme, ni zapatos...

—Por eso digo que con Francisca es peor porque ni al muchacho le hace caso...

—¿Y Teodosio es el hermano de nosotros, mamá?

—Sí.

—¿No les ha dicho él que son hermanitos? ¿No les hace cariños en la escuela? —le preguntó Toribio.

—¿Qué?;Cariños? Me odia, me ha puesto un apodo...

—¿Qué apodo? —preguntó la madre con impaciencia.

—"El hijo natural" ...

—¡Ja, ja ja—volvió a reír Toribio!

—Pues cuando te diga eso, dile que, si Meme o vos son hijos naturales, él también es. Que su madre Francisca, lo mismo que yo, se enredó con ese hombre sin ser casada. Que eso todo el mundo lo sabe...

—¿Mama—habló un día Sergio con miedo—, yo creo... yo creo... ¿por qué es que no nos quiere Teodosio?...

—Por qué?

—Porque él no le dio un vestido, ni zapatos como a Meme...

—¡Quién es él—preguntó Toribio con sarcasmo!

—Pues él, don Nacho.

Toribio por todo comentario volvió a soltar otra carcajada. Sergio se fue al patio, agarró el clavo que había estado afilando para pelear con Teodosio, y lo tiró sobre el techo de la casa. Había dispuesto no pelear con Teodosio, bastaba que Teodosio fuera su hermano...

Se sentó después a meditar: qué extraña era la vida para él. Ese mismo día había visto tantas cosas que no se había podido explicar: El hecho de que su madre tuviera siete hijos con diferentes padres. El hecho de que Teodosio, su peor enemigo, fuera su hermano. El hecho—finalmente—de que Toribio besara a su madre con aquella confianza...Sintió repugnancia de todas aquellas cosas. Luego pensó que todo lo que le rodeaba era distinto de aquello que a él le gustaba. Se sintió solo, solo completamente, solo en el mundo, sin parientes, sin amigos y sin afectos. Le dio repugnancia hasta el traje de Meme. Para no verlo más con aquel traje, fue adentro, sacó el traje sucio que Meme usaba siempre y se lo cambió. Con la conciencia más tranquila, agarró sus libros y se fue a estudiar sus lecciones. Tenía un ansia infinita de aprender a leer y de aprender a sumar. Se sentía feliz de estar en la escuela y aprender a leer. Debía ser una felicidad poder leer una carta. También le gustaría ayudarle a su madre a sacar la cuenta sin tener que usar los dedos, sino aquellos números que el maestro usaba en el pizarrón. Estuvo luchando por adivinar lo que decían los libros, no entendió nada, pero se conformó con observar unos dibujos que había en el libro. ¡Qué bonito sonaba y qué interesante aquello que Toribio leía sin dificultad!

Después que almorzó dispuso irse a la escuela inmediatamente para no llegar tarde. Se peinó el cabello mirándose en el espejo y luego peinó el cabello de su hermanito. Luego preparó sus libros y su lápiz y se fue para la escuela con su hermanito de la mano. Ellos dos fueron los primeros en llegar. Después arribaron otros niños. Todos se fueron acercando a observar a Sergio y a su hermanito con curiosidad. Cuando Teodosio llegó le preguntaron los otros niños sorprendidos si el maestro lo había sacado para que fuera a almorzar, y él contestó que sí... Luego Teodosio descubrió que allí estaba Sergio con su hermanito. Sergio mientras tanto yacía muy humilde, sentado, con los libros en una mano y con la otra apretando la de su hermanito que permanecía sentado a un lado suyo.

Los dos tenían el cabello negro, pero Sergio tenía el cutis trigueño y los ojos pequeños. El hermanito tenía unos ojos inmensos que siempre tenía abiertos en actitud de observador. Aquellos ojazos siempre abiertos infundían simpatía y al mismo tiempo daban risa por el candor y la inocencia con que el niño tenía sus ojos siempre observando. Sergio también infundía simpatía, pero ya no era por su inocencia, sino más bien por su seriedad de hombre grande. También infundía cariño por el cuidado con que llevaba a su hermanito de la mano, la manera cómo le limpiaba el trajecito y la seriedad con que le daba consejos.

Teodosio, a pesar de ser hermano, no se parecía con ellos. Teodosio era flaco y alto, uno de los más altos de la clase. Pero tenía un modo de ver y de hablar que infundía desconfianza. Siempre usaba la ironía y siempre estaba listo a contradecir lo que los otros decían. Esto lo hacía antipático. Su traje, sus dientes y su cabello daban el aspecto de un niño descuidado.

Sergio no se dio cuenta de la presencia de Teodosio, sino hasta que oyó el escándalo de éste con el traje de Meme:

—¡Muchachos! Vengan a ver éste... Le cambiaron el vestido para que no se fuera a orinar en los pantalones nuevos... ¡Ja, ja ja!

Todos se fueron acercando alrededor de Meme. Teodosio que tenía fama como gracioso quiso lucirse a expensas de Sergio:

—¿Es verdad que sos hijo natural? ¿Es verdad que tu mamá tiene nueve muchachos y ni ella sabe quiénes son los padres de ustedes? ¿Quién es tu papá? ¿Quién es el papá de tu hermanito? Di, ¿quién es el papá?

—No sabe, no tiene.

Sergio volvió la cabeza y bajó los ojos sobre su hermanito. Meme mientras tanto miraba a todos con una sonrisa de inocencia. Pero Sergio sintió que las palabras de Teodosio le deshacían su corazón a pedazos. Las burlas continuas de Teodosio le dolían más que si todo aquel grupo de muchachos le hubiese agarrado a golpes con la misma ingratitud con que los perros del barrio agarran a mordidas a algún perro extraño que se acerca a la vecindad.

—Me debes una —le siguió diciendo Teodosio— por culpa de tu hermano me pegó el maestro. ¿Estás pensando que se me ha olvidado?

Otro muchacho que se llamaba Mariano se acercó a quitarle la gorra a Sergio. Se la iba quitando de la cabeza poco a poco, creía que Sergio no había sentido. Sergio, que había soportado con paciencia las burlas de Teodosio, no quiso soportar las de Mariano. Mientras Mariano le iba quitando la gorra poco a poco, él se metió la mano al bolsillo del saco y agarró el lápiz de punta. Cuando Mariano tiró con fuerza de la gorra, Sergio le detuvo el brazo con la mano izquierda y con la derecha le hundió el lápiz de punta en el hombro derecho. Mariano se reculó al momento con dolor y con sorpresa. Pero con el aumento del dolor se llenó de terrible y súbita cólera. Dio un paso adelante y como Sergio vino a su encuentro, fácil le fue agarrarlo del cabello.

Sergio mientras tanto no pudo defenderse con las manos y entonces le dio un puntapié en el vientre a Mariano hasta derribarlo. Al verlo caer —colérico y queriendo aprovechar toda oportunidad porque Mariano era más grande— se le tiró encima. Todos los muchachos hicieron rueda, alegres de ver la riña. El grupo entero aplaudía y celebraba con gran escándalo.

—Dale, Mariano, dale, no seas cobarde.

Los dos compañeros se tiraban del cabello, los dos luchando sobre el suelo sin poder levantarse y con las caras manando sangre porque se hundían las uñas como garras.

De pronto el grito de todos se paralizó y el único ruido que se oía era el de los dos compañeros que peleaban. Los demás agarraron los libros y se metieron a la escuela que en ese momento acababan de abrir. El maestro estaba allí, cerca de los que peleaban. Había llegado sin que lo sintieran. Se acercó despacio, agarró a Sergio que estaba sobre Mariano en ese momento, y lo tiró a diez pies sobre el frente de la casa vecina. Como si aquello no fuera suficiente, se dirigió otra vez hacia donde Sergio con la mano apuñada y le dio otro golpe más fuerte aún.

—De tal palo tal astilla —le dijo—.¡Qué te compre quien no te conoce, picarito!

Sergio temblaba de pánico, con el cabello sobre los ojos y con el cuerpo sangrando, buscó a su hermanito por todas partes. El muchachito, a pesar de su corta edad, se había dado cuenta del peligro en que se encontraba su hermano mayor, le había recogido la gorra y lo miraba con las lágrimas en los ojos. Sergio lo agarró de la mano y entró a la escuela, lo mismo que los otros.

El maestro llamó a Mariano que manaba sangre de la herida que Sergio le había producido con la punta del lápiz. Examinó la herida de Mariano y dijo:

—Hay que echarlos afuera de la escuela. Van a resultar tan pícaros como su madre...

Dos horas después salió expulsado Sergio, con su hermanito... Llevaban sus dos libros nuevos y sus lápices también nuevos. Sergio lloraba desconsoladamente y se limpiaba las lágrimas con la gorra. De vez en cuando volvía la vista hacia la escuela y volvía a llorar más como si fuera su casa la que abandonaba para siempre. Pero Meme, llevado por la mano de su hermano mayor, caminaba tan satisfecho como cuando había entrado a la escuela.

Teodosio también fue expulsado esa misma tarde. El maestro preguntó por el motivo de la riña entre Sergio y Mariano. Los que mejor presenciaron el pleito hicieron declaraciones y así se supo que Teodosio le había provocado.

—¿No lo dejé encerrado? ¿Cómo hizo usted para salirse de la escuela? —le preguntó el maestro.

—Rompí la ventana —contestó.

—¿Por qué hizo usted eso?

—Porque tenía hambre y yo como cuando tengo hambre... —contestó Teodosio.

Fueron a ver la ventana y, efectivamente, había sido rota con un palo grueso que servía para asegurar la puerta principal. Probablemente más que hambre, lo que Teodosio sintió fue miedo, pues la pieza quedó completamente cerrada y era muy obscura.

—Sálgase usted por esa misma ventana —le dijo el maestro—, y no vuelva más a la escuela.

Teodosio agarró su sombrero, se tiró por la ventana y no volvió más.

Sergio y su hermanito, en vez de irse para su casa, se fueron a sentar al parque que quedaba en la plaza principal. Allí se puso Sergio a sollozar y a hojear los libros como si hubieran sido el recuerdo de algún triste naufragio. Cerca del asiento donde ellos estaban permanecía un señor haciendo círculos en el suelo con la punta del bastón. Cuando el señor vio llegar a Sergio llorando y el hermanito contemplando las lágrimas de su hermano mayor, se acercó. Sergio le refirió con franqueza lo que le pasaba. El señor era el Juez de Letras del pueblo, era un hombre conocido, sobre todo por su amistad con los niños. Agarró el libro de Sergio y le leyó cinco páginas que Sergio escuchó como si se tratara de una música celestial. Cuando el señor concluyó de leer, Sergio agarró fuertemente el libro y lo apretó entre sus brazos. Sentía gran alegría saber que el libro era suyo, que lo que el hombre había leído estaba en aquel libro y que algún día él iba a poder leer su libro. El hombre se interesó en Sergio. Pronto hicieron amistad los dos. El hombre era amigo de los niños y les hizo cariño a los dos hermanitos. Dispuso enseñarle a leer él mismo a Sergio.

El niño sintió una alegría inmensa y le prometió hacerle mandados y limpiarle la pieza todos los días si le enseñaba a leer... El hombre accedió con placer y el niño volvió a reír con alegría.

Ahora Sergio pasaba el tiempo trabajando mucho. Le arreglaba la pieza al señor Juez de Letras y éste con cariño de padre y paciencia de maestro le enseñaba a leer. Sergio regresaba a su casa muy satisfecho. Contaba a su madre los progresos que hacía.

A veces, con lo poco que iba aprendiendo, le daba lecciones a Meme. Durante el resto del día ayudaba a su madre. Los demás hermanos no se interesaban en ir a la escuela ni en ayudar a la madre: vagaban por las calles del pueblo y comían con el alimento que les daban en pago de mandados que hacían a las familias más ricas. Sólo durante la noche se reunían los siete hijos. Todos se retiraban a dormir y Sergio se quedaba estudiando sus lecciones para el día siguiente.

Mariano quería vengarse. Creía que Sergio lo había humillado en la cara de sus compañeros. Debía vengarse, estaba obligado moralmente a hacerlo. Por las noches, frente a la casa de Sergio vagaba un grupo de sombras. Andaban todos ellos armados con piedras y varas de alambre. Sergio que se dedicaba a estudiar sus lecciones, ignoraba que lo tenían en acecho.

Pasaba Mariano a la cabeza de sus compañeros por el frente y por detrás de la casa. Sergio no salía y Mariano se impacientaba.

—Esta noche no se pudo—les decía a los compañeros—. Pero mañana le vamos a dar una bejuqueada...

Cuando la noche del día siguiente llegaba, frente a la casa, pasaban las sombras de los asaltantes...

Don Nacho o don Ignacio —el padre de Sergio, de Teodosio y de Meme— era un comerciante que tenía su negocio establecido en su propia casa. Tenía allí un completo surtido de jabón, hilo, agujas, estampillas, sombreros de paja, manta, lazos, vestidos de mujer hechos de percal y que él vendía a las sirvientas. También tenía allí maíz, trigo, cebollas, etc. Don Nacho Molina era viudo y mujeriego. La esposa de don Nacho había sido una prima suya, había muerto de una pulmonía. Trabajaba él sin amor al trabajo, pero era porque amaba el dinero. Nunca sentía cansancio. Trabajaba y mientras trabajaba bromeaba con los que lo visitaban. Don Nacho era altísimo y flaco. Se le tenía cierto respeto por sus pequeños ahorros. Se le estimaba porque contaba chistes graciosos. Vivía en su casa completamente solo. Trabajaba y se aburría porque odiaba el silencio y carecía de iniciativa interior.

Una noche de copioso invierno en que don Nacho se entretenía en contar su dinero, se oyó que tocaban la puerta...

—¡Adelante!

Fue a abrir y se encontró con una pobre mujer que derramaba lágrimas de dolor...

—Don Ignacio —le dijo— ay...su hijo...lo han herido... los muchachos...le quebraron una pierna...

—¿Qué? ¿Qué dices?

—Que a Sergio le quebraron una pierna... Que lo golpearon terriblemente y el pobrecito no pudo defenderse contra muchos. Está herido gravemente...

El comerciante con el rostro blanco de cólera, sin oír más, le dijo:

—Yo voy a castigar al autor de eso (luego corrió, abrió una gaveta, sacó un revólver cargado y se lo metió en el bolsillo). Si no lo castigan como yo quiero, ya voy a arreglarlo con el padre del muchacho... Los padres son siempre los culpables... Andá tú a ver al médico.

—No, no es el médico. Ya lo vio, lo que quiero es que usted, como hombre, se vengue personalmente porque ese muchacho es más grande que Sergio y andaba con otros. Es una ingratitud...

—¿Quién fue ese muchacho? —preguntó el padre enfurecido y lleno de cólera.

—Mariano, el hijo de Elisa.

El comerciante se calló. Volvió a meter el revólver de donde lo había sacado, se quedó pensativo y por fin dijo:

—Hay que arreglar eso de otro modo, María. Es... es... que Mariano también es mi hijo...

LA VIRGEN MILAGROSA

Rosita Peñalba vivía en las orillas del pueblo. La carretera que conduce hacia occidente pasaba al frente y a pocos metros de su casa. Vivía en compañía de su madre, doña Águeda, una señora muy robusta y conversadora que sabía cocinar muy bien. Rosita no hacía más que coser y aburrirse, especialmente en los días de calor. Sufría ella, sentía la nostalgia de una no cercana perspectiva de matrimonio y como ya había cumplido 26 años creía ella que ya empezaba a envejecer. Era de mediano cuerpo, delgada y pálida. Tenía los ojos y el cabello negros. Era amiga de las flores y de los pájaros. Cuando no cosía sentada en la puerta, generalmente andaba regando agua a sus flores y dándole de comer a un pajarito que ella tenía en una pequeña jaula colgando en el corredor.

Mientras tanto cantaba una inconclusa canción que se le oía cantar desde que amanecía hasta que anochecía. También Rosita gastaba tiempo en arreglarse, se ponía una flor en el peinado, se empolvaba, se ponía alguno de aquellos vestidos ya muy usados, pero que ella los guardaba como nuevos. Se arreglaba de esta manera los domingos por la mañana, cuando iba a misa. Los demás días recibía la visita de un frío y callado novio, Carlos Núñez. Hacía cuatro años que le hacía la visita quizás hasta por hábito. Llegaba después de la cena, sacaba cigarrillos de los cuales le obsequiaba uno a doña Águeda; luego, sin que le dijeran nada, se sentaba en su silla favorita y en su lugar también favorito. ¡Y empezaba a referir lo que había oído decir en el pueblo!...

Aunque Carlos llegaba por ver a Rosita, era tal su frialdad y su modo campechano que Rosita creía que llegaba más bien por conversar con doña Águeda... Era tal su frialdad y su indiferencia que nunca se le vio ni enojado ni preocupado, siempre el mismo Carlos Núñez de siempre.

Si Rosita se arreglaba para recibirlo o si lo recibía de cualquier modo, él parecía que no notaba la diferencia, se presentaba como siempre: amable, conversador y frío hasta el colmo. A veces Rosita se proponía enojarlo, pero Carlos no se enojaba nunca. A doña Águeda le gustaba el modo de Carlos, decía que era un hombre franco y sencillo con quien se podía conversar con mucha confianza. Rosita en cambio, se enfermaba de los nervios ante la frialdad de Carlos. El tiempo iba pasando —Rosita contaba los segundos— pero el amante nunca habló de matrimonio...

Carlos Núñez era alto, un poco jorobado, andaba despacio, conocía a todo el mundo en el pueblo y todo el mundo lo conocía a él. Tendría por ese tiempo 37 años. Vestía humildemente, le repugnaba vestirse bien. Parecía que se sentía mejor cuando llevaba un traje de uso diario. Le gustaba rozarse con la gente humilde y sin pretensiones de ninguna clase. Era querido por todos, precisamente por su manera de ser.

No conocía el artificio en su lenguaje, ni en su traje, ni en sus costumbres.

Con Carlos todo el mundo se sentía tranquilo, sin preocupaciones de ninguna clase. Sabían todos que era un alma de Dios porque nunca criticaba nada y ni se fijaba en los defectos de los demás. Carlos, sino hubiera sido por un pie que le dolía de vez en cuando, se hubiera sentido completamente feliz. Su madre, al morir, le había dejado una casa y unas cuantas vacas. Vivía, pues sin trabajar y él decía que se sentía tranquilo y feliz. El hermano de Carlos, muerto dos años atrás, había sido muy aficionado a la mecánica, era rengo de nacimiento. Doña Águeda creía, naturalmente, que Carlos era un buen partido y que su hija debería casarse con él. Rosita, a falta de otro, se resignaba, pero tenía ya cuatro años de estar esperando la propuesta. Carlos no era, por convicciones, ni por temperamento, un hombre de precisiones. Mientras él estuviese seguro del cariño de Rosita, poco le importaba la fecha del matrimonio...

Durante las cotidianas visitas de Carlos, siempre se sucedían las mismas escenas.

Llegaba él y se sentaba en su silla y en su puesto favorito, sacaba los cigarrillos y le obsequiaba uno a doña Águeda. Rosita salía después, un poco empolvada y con aire estudiado, se acercaba un poco fría y le decía al visitante:

—¿Cómo está, Carlos, qué noticias trae?...

—Bien, Rosita. Pues las de siempre...

Luego los tres hablaban de la tristeza del pueblo. Rosita era la única que hacía un gesto de enojo. Doña Águeda y Carlos celebraban el enojo de Rosita. Decía Rosita:

—Este pueblo es horrible... Da ganas de salir con las manos en la cabeza...

Él le guiñaba el ojo a doña Águeda y le contestaba:

—Pero Rosita, si Santa Clara es mejor que París. Aquí por lo menos hay más tranquilidad. Uno se levanta a la hora que quiere y se acuesta a la hora que quiere y nunca hay preocupaciones... Luego tenemos tan buen clima y tan buena agua...

—Por Dios, Carlos, no diga eso. Usted parece viejo. No ve usted esas calles tan desiertas que no se ve gente.

Doña Águeda le decía sonriendo:

—Pero hija, qué le vamos a hacer...

Lo único que él hacía para demostrarle su cariño a Rosita, era mirarla fijamente. Cuando Rosita levantaba la vista, generalmente sus ojos tropezaban con los ojos de él. Ella se ponía sonrojada y él con frialdad volvía a ver a doña Agueda para estar seguro que la madre no los había cogido en el acto de cruzarse las miradas. Por lo demás Carlos apenas si gustaba de comparar las cosas bonitas con los ojos de Rosita. Pero nunca hablaba de matrimonio ni de su amor para ella como una cosa cierta.

Rosita había llegado a creer que el amor de él era más bien para aquella silla vieja en que se venía a sentar todas las noches. Había veces que transcurría media hora sin que ninguno de los tres dijera nada. Parecía que el material de conversación se les había concluido. Él aprovechaba estos instantes para devorar con los ojos a Rosita que cosía con la cabeza baja y los dedos temblorosos... Generalmente la madre reprendía a la hija por la rudeza con que contestaba a las preguntas de Carlos. Tampoco en obsequios era muy pródigo él, lo único que hacía era enviarle una tarjeta postal cada año, el día de su cumpleaños. En el reverso de la tarjeta postal le escribía una frase en que la comparaba con las flores y con las aves. Rosita agradecía mucho esas frases. Leía tanto las tarjetas postales de cada año que ya se sabía de memoria todas las frases que le había escrito.

Rosita estaba completamente segura que él no tenía otra novia, pues no era un Don Juan. Eso la conformaba mucho. Pero no estaba segura si él la amaba a ella. Por lo menos directamente nunca se lo había dicho. A veces pensaba ella que lo que pasaba era que Carlos se aburría de vivir solo en su casa y para pasar el rato se iba a visitar la casa de ella que quedaba un poco cerca...

Mientras los meses pasaban, Rosita se miraba el rostro en un espejo quebrado que vivía limpiando hacía muchos años. Se atormentaba su vida ella misma cuando se ponía a pensar que ella tenía la culpa de la frialdad de Carlos. Se decía que era su falta de atracción y de gracia lo que motivaba la indiferencia de él. Pero en el pueblo se hablaba todo el tiempo del probable matrimonio de él con ella. Como Carlos no sabía bailar y tampoco era amigo de bailes, nunca volvieron a invitar a Rosita como antes habían hecho, pues sabían que la visita de él no faltaba nunca. Rosita no se resentía, pues en el fondo gozaba mucho en estar cerca de Carlos a quien, sin embargo, principiaba a amar con toda la fuerza de su corazón.

Aconteció que una tía de Rosita, hermana de doña Águeda, llegó inesperadamente a Santa Clara. Aquella fue una alegre visita que las dos mujeres agradecieron porque hacía tiempos que no la veían y porque ya tendrían nuevos temas y una persona más con quien conversar.

La tía que llegó con su hijo mayor, ya casado, vivía en Lepaira con su esposo y una larga familia. Hacía 10 años que había estado la última vez en Santa Clara. Por aquel tiempo Rosita era muy popular con los hombres. Tenía cinco admiradores y por eso la tía creyó que ya estaría casada.

— Qué te pasa, hijita? Yo creía que ya eras dueña de un hogar...

Ella le respondió la pregunta con una mirada tímida, como diciéndole:

—Tiene razón, tía. Ya debería estar casada.

Después que le había pasado el dolor de aquella inesperada pregunta, consiguió reflexionar y se alegró de que su tía le hubiera dado una buena oportunidad para confesárselo todo. Ya tendría una confidente a quien le podría confiar todas aquellas infinitas penas que por tanto tiempo había guardado en secreto. Pero que, sin embargo, pugnaban por evadirse como aves prisioneras que sólo son felices cuando pueden volar. Le preguntó primero con timidez si quería ser su confidente y la tía le dijo que con mil amores.

Entonces Rosita principió a contárselo todo. Cuando la buena tía oyó aquel simple relato, se quedó callada. Después de permanecer un rato en silencio, con una fe admirable y una tranquilidad de mujer que conoce lo que hace, le dijo:

—Hijita, mañana nos vamos a Lepaira a ver la Virgen. Ella te va a hacer el milagro.

Rosita aceptó ir a ver la Virgen.

Es tal la fama de la Virgen de Lepaira que en ese lugar hacen romerías personas de todas partes de la república. Se cuentan tantas cosas bellas de los milagros de la Virgen de Lepaira. Se dice que ha curado tuberculosos, ciegos y hasta males de amor...

Existe anualmente una popular fiesta en honor de la Virgen que se llama la Fiesta de Lepaira. Se le hacen regalos, algunos muy valiosos y esa es una razón porque el altar en que está colocada es muy suntuoso. Además, es costumbre que los creyentes que llegan de lejanas tierras a que les confiera un milagro, deben, antes, desprenderse del objeto que más quieran y obsequiárselo a la Virgen. De lo contrario con anticipación saben que el milagro no será conferido.

Por eso cuando Rosita se arrimó al altar de la Virgen, lo primero que hizo fue quitarse un collar o soguilla que llevaba siempre en el cuello cuando se ponía sus mejores vestidos. Aquel era el objeto que más quería ella. Después se puso a rezar y por último a implorarle el gran favor por el cual había venido:

—Haz que Carlos se case conmigo, Virgencita milagrosa. Quiero estar segura si él me quiere. Quiero estar segura de su cariño y quiero que él me lo pruebe casándose conmigo. Te lo pide de rodillas una pobre alma que cree ciegamente en tus milagros y en tu gran poder divino. Te bendeciré toda mi vida y haré que mis hijos, si logro tenerlos, se mueran bendiciéndote a ti. Virgencita adorada. Me quito este pequeño collar que he llevado toda mi vida para obsequiártelo a ti. Ten seguridad de la fe verdadera con que te lo pido. Tengo fe en tus milagros y te lo pido con todo mi corazón, Virgen milagrosa.

Cuando Carlos Núñez esa misma noche visitó la casa como de costumbre y doña Águeda le contó el viaje súbito de Rosita para Lepaira, se sentó en la silla, pero esa noche no tuvo deseos de hablar. Nunca se imaginó que Rosita le podría hacer tanta falta. Estaba tan acostumbrado a verla todas las noches al frente de sí, que ahora se sentía lleno de una gran tristeza. Mayor fue su dolor cuando supo que Rosita no volvería antes de una semana. Doña Águeda trató de conversar largamente con él, como de costumbre, pero Carlos, con el pretexto de que le dolía la cabeza, se despidió más temprano que nunca. El mismo se sorprendió de la falta que le hacía Rosita. Al día siguiente para no tener que recordar la voz, los gestos y toda la persona de ella, dispuso no volver a la casa mientras estuviera ausente. Mientras tanto se paseaba por las calles del pueblo, pero se sentía incómodo al recordar la distancia de ocho leguas que lo separaba de Rosita.

—Si me hubiera anunciado el viaje, habríamos ido juntos—se decía él solo.

Se sentía desazonado, incómodo y aburrido. El recuerdo de Rosita no se lo quitaba ni un momento de la cabeza.

—Nunca se sabe lo que se tiene hasta que se pierde—se decía. Y sentía que por primera vez se le presentaba el amor en su cruel forma de dulce martirio. Era una misteriosa y cruel sensación, pero un poco agradable. Nunca tuvo más deseo de encontrarse solo como ahora en que andaba con el recuerdo de Rosita. Se hacía muchos proyectos de lo que haría cuando ella volviera. En el retrato que él tenía de ella en la memoria aparecía más bella que en la realidad. Es el amor que sabe engañar, pensó Carlos, pero se sintió alegre de aquel engaño...

Cuando por fin, al cabo de una semana, se anunció el regreso de Rosita, Carlos gozó al pensar que se cristalizaba en una linda realidad aquel sentimiento dulce que lo atormentaba.

Cuando llegó el propio día de regreso, Carlos caminó bastante lejos de Santa Clara a encontrarla a ella.

—¡Rosita! ¡Rosita! ¡Qué tal! Viera qué falta la que nos ha hecho... La casa ha estado muy triste desde que usted se fue...

La mula en que ella venía, temerosa de tanta palabra efusiva, se retiraba cada vez que Carlos se acercaba. Por fin cuando él quiso apretarle fuertemente las manos, ya que no podía darle un abrazo, la mula se volvió a recular y el pobre Carlos se conformó con haberle tocado los dedos...

Pero Rosita sintió que la felicidad le penetraba en el corazón y en su alegría inmensa llegó hasta olvidarse del santo que en tan corto tiempo le había hecho el milagro.

Carlos, como de costumbre, continuó haciendo las visitas cotidianas. Pero hoy era mucho más efusivo en su cariño que antes. Se veía en él un deseo de aparecer simpático. Tan efusivo se mostraba que a los pocos días se le ocurrió invitar a doña Águeda y a Rosita para que fueran juntos a un baile. Aquella era una cana al aire porque Carlos nunca iba a los bailes. Rosita llena de felicidad, aceptó la invitación. Irían en compañía de una amiga porque a doña Águeda le hacían daño los desvelos. Rosita se vistió lo mejor que pudo. Tenía la sensación de que aquella noche él le propondría el matrimonio. Se arregló mirándose al espejo y quedó satisfecha porque se vio linda. Pero de pronto, al pasarse la mano por el cuello, recordó la falta que le hacía su collar.

—¡Ah! ¡Quisiera tener mi collar! ¡Era el único adorno y me quedaba bien en los bailes!...

La madre que la oyó, puso a un lado el vestido de su hija que tenía en las manos, y le insinuó:

—¡Por Dios, Rosita! ¡Qué estás haciendo, mi hijita? ¡La Virgen te puede castigar!...

Rosita contestó:

—Es verdad, mamá, tienes razón. Lo dije sin pensar en lo que estaba diciendo.

En el baile Rosita bailó con todos los hombres. Carlos en tanto permanecía sentado en un rincón porque no sabía bailar. Pero ella se sentía arrobada con las frases galantes de los amigos, la alegría de darle expansión al espíritu, la satisfacción femenina de ser cortejada por todos los hombres. Era una mezcla de regocijo, locura y baile.

Carlos, mientras tanto, amartelado, humillado y lleno de celos, un sentimiento también nuevo en él, se acercaba a rogarle que se fueran porque ya era tarde. Ella ponía de pretexto que la compañera con quien habían venido, no quería irse. Carlos se volvía a sentar en el rincón en donde había estado toda la noche. Cuando por fin hicieron el regreso, Rosita se dio cuenta de los celos de Carlos, pero no se preocupó. Bastaba la felicidad que le inundaba su corazón para prorrogar por ahora la atención que merecieran los celos de Carlos.

Por lo demás ella sabía que él nunca se enojaba y al día siguiente la perdonaría cuando él viniera como de costumbre. En el preciso momento de despedirse, apenas le rozó la mano, y con una seriedad que nunca había visto en él, lo vio irse sin entreabrir los labios siquiera. Hasta allí, ella principió a preocuparse. Entró. Encontró a su madre entre dormida y despierta. Empezó a contarle hasta los más minuciosos detalles del baile. Mientras tanto se iba desnudando y quitando los alfileres del vestido que iba colocando en una almohadilla que ella tenía sobre la pared, a un lado de la cama. Siguió un largo y súbito silencio en el cual sólo se oyó la respiración de la madre. Por fin se oyó un fuerte y brusco golpe en el piso y la madre que principiaba a conciliar el sueño, abrió los ojos:

—¡Rosita! ¡Rosita!

Su hija yacía sobre el piso y sin contestar, pero la madre fue a ver y descubrió que sobre la almohadita que tenía agarrada en las manos, Rosita había encontrado el collar que obsequiara a la Virgen...

EL ASESINO

Los inspectores de Santa Clara eran de lo más inútil que teníamos en toda la república. Toda la gente había visto a Cupertino Ramos pasearse por todas partes con la conciencia tranquila.

Era una vergüenza que Cupertino anduviera libre. Un hombre como Cupertino debió haber estado en la penitenciaría, hundido para siempre. Por lo demás la muerte de Raimundo no era la primera que debía. Antes de matar a Raimundo había hecho cinco muertes. Era realmente una cosa injusta y vergonzosa que Cupertino anduviera libre.

Pero lo peor de todo era que Cupertino no se contentaba con haber matado al marido, sino que seguía acechando la casa de la viuda. Aquel mismo día, precisamente en que, por fin, inesperadamente, le dieron muerte, había andado acechando la casa de la viuda de Raimundo.

La casa estaba situada en la espesura del cerro, no demasiado lejos de la casa de don Tomás Pineda. Con la diferencia que la de éste quedaba en la orilla de la carretera y la de Raimundo metida en el bosque. No muy lejos de la casa de Raimundo quedaba la pendiente del cerro; era un barranco, casi un abismo. Allá en el fondo, oculto por la espesura de pinos, de robles, de encinos, y de guachipilines, se oía el murmullo del río. Cerca de la pendiente quedaba el caminito, era uno de esos caminitos que no transitan más que una media docena de personas. Ese caminito conducía de la casa de Raimundo al pueblo. Pero antes de llegar al pueblo, se unía a la carretera, pasando un poco cerca de la casa de don Tomás Pineda. La casa de Raimundo era, pues, una casa extraviada de la carretera. Era una casita de campesino, las paredes de arcilla y la techumbre de paja. En la huerta estaba el orgullo de Raimundo y de Rosa: allí había cebollas, perejil, coles y zanahorias; abajo quedaba el camino.

Rosa relataba de una manera dramática, la manera cómo Cupertino apareció aquella tarde en los alrededores de la casa. Ella estaba remendando unos pantalones viejos que habían sido de Raimundo... Una hijita, de unos catorce años, observaba hacia la espesura de la huerta porque había visto unas matas de arrayán que se movían, sin que viento o persona alguna las moviera. Otra hija de

Rosa, que parecía tener un año menos, tenía una criatura de pecho en los brazos. Y dos niños de cuatro y cinco años, sentados en el suelo, escarbaban en la tierra y se echaban puñados de tierra en la cara.

La muchacha que observaba hacia la huerta fue la que primero habló:

—¡Mamá!

Ésta contestó:

—¿Qué es?

—Ya vuelve, mire.

La mujer levantó los ojos y los ojos de ella se encontraron con los ojos maliciosos de Cupertino. El hombre estaba sentado al otro lado de la huerta. Cuando vio que lo habían descubierto, se levantó, caminó hacia un pino grande y se volvió a sentar. De allí volvió nuevamente a quedar mirando hacia la casa...

Entonces Rosa, la esposa del muerto, se puso con miedo primero, pero después tomó una resolución firme. No les dijo nada a los niños que la miraban llenos de asombro, como queriendo averiguar en la cara, qué era lo que la madre iba a hacer. Rosa entró a la carrera, descolgó el fusil de Raimundo que aún permanecía donde él lo había dejado. Lo examinó y como lo encontró descargado, se puso a cargarlo a la carrera. Los muchachitos la miraban, pero no se atrevían a decirle nada. No fue sino hasta que salió a toda carrera, cuando la más grande y la otra se le guindaron del brazo, con las lágrimas en los ojos y suplicándole a gritos:

—No vaya, mamá, no vaya, la va a matar él... ¡Mamá!

La mujer los tiró a todos a un lado y salió como una loca, directamente al lugar en que el hombre estaba escondido.

Al llegar al borde de la pendiente, le hizo el primer disparo, pues ya Cupertino se iba descolgando detrás de los árboles para evitar las balas del fusil. Rosa lo siguió hasta la bajada del río, haciéndole disparos cada vez que lo veía al descubierto. Pero por fin en la espesura del monte se le perdió y entonces, con el miedo que se le puede tener a una fiera, la mujer se puso a caminar de regreso. Ella pensó que Cupertino era capaz de todo, además había dejado sus hijos solos y abandonados. Cuando regresó los encontró muertos de miedo, temblando...

Poco tiempo hacía que había vuelto, cuando las matas de arrayán se volvieron a mover. La mujer entonces como una loba que defiende sus cachorros, los metió a todos en la casa y se paró en la puerta con el fusil cargado. Allí se estuvo, lista para disparar al nomás ver la figura de Cupertino.

Esta vez, sin embargo, es probable que las matas fueron movidas por el viento.

Raimundo, la víctima de Cupertino y marido de Rosa, había sido un buen hombre. El padre de Raimundo llegaba a nuestra casa con un niño de diez años. Este niño era Raimundo. Se ocupaba Raimundo de vender cebollas y lechugas por las calles del pueblo. Se llamaba Raimundo Reyes, pero en el pueblo lo conocían simplemente por Raimundo. Todo el mundo lo conocía a él y a su esposa, Rosa, que siempre había sido una india trabajadora. A Raimundo le gustaba beber y por eso lo mataron. Esto pasó en un velorio. Cupertino, el asesino, estaba enamorado de Rosa. Ella no sólo no lo quería como amante, sino que le tenía miedo como asesino. Sin embargo, Cupertino, antes del crimen, llegaba a la casa descaradamente. Llegaba por el caminito y luego entraba preguntando por Raimundo. A veces le preguntaba a Rosa que, si tenía cebollas, pero aquello no era más que un pretexto. Nunca compraba nada. Le había propuesto a Rosa llevarla a la feria de San Miguel, que se fueran juntos. Quién sabe, probablemente Rosa le contó algo al marido, lo cierto es que en ese velorio se encontraban los dos como invitados; súbitamente ambos tuvieron una discusión y sacaron el machete. Luego Raimundo invitó a Cupertino para que se fueran a matar al llano.

Los invitados trataron de prevenir el pleito, pero como todos habían bebido chicha, ninguno tuvo suficientes fuerzas para detenerlos. Raimundo —según aseguran— era muy hombre, pero estaba completamente embriagado. En cambio, Cupertino no había bebido chicha, pues acababa de llegar en ese momento. Naturalmente Raimundo cayó acribillado a machetazos por el arma asesina de Cupertino, que con aquélla cumplía seis muertes...

Cupertino tenía facciones de mestizo y de indio. Era de buena estatura y de color un poco claro para ser de indio, pero era escaso de carnes, tenía el pelo parado como un erizo, y apenas dos dedos de frente. Su sola presencia infundía desconfianza. No sonreía nunca, caminaba con la cabeza mirando para abajo y contestaba de reojo como si tuviera miedo. Tenía los pómulos oblicuos del oriental. Cuando por casualidad levantaba la vista, miraba con malicia porque se daba cuenta de que lo observaban. Todos sus crímenes los cometía a traición porque era cobarde. Pero cuando sus adversarios caían, los mataba en el suelo con la sangre fría con que se mata una culebra. La vida de un hombre era una cosa sin importancia para él. La cárcel se la imaginaba como un lugar de descanso, donde él podría vivir sin trabajo. Era bebedor, mujeriego y asesino...

Ese mismo día en que anduvo acechando la casa de Rosa, pasó Cupertino por la casa de don Tomás Pineda. Estaba éste con su familia, sentados todos en el llano. Cupertino pasó por la carretera y le dijo adiós, luego se volvió hacia donde él estaba.

La esposa de don Tomás le dijo a éste:

—Ese hombre con la cicatriz en la cara, como que es el que mató a Raimundo, el marido de Rosa.

Entonces don Tomás contestó:

—Es cierto. ¡Es Cupertino Ramos!

Don Tomás se levantó y se fue a conversar con él:

—Hombre, Cupertino, ¿no te da miedo de que te agarren? Pasó esta mañana un inspector preguntando por vos. Y ayer por la tarde pasó otro. Dicen que tú mataste al pobre Raimundo de una manera muy fea. ¿Qué hay de cierto?

Cupertino le contestó con frialdad:

—Pues si así andan diciendo, debe ser cierto. Pero a mí no me importa, yo estoy contento de haberlo matado. Raimundo me injurió mucho en el velorio, por causa de la mujer...

Entonces don Tomás le dijo:

—Pero hombre, ¡si dicen que Rosa no te quiere!...

Cupertino no contestó, parecía que no tenía nada que contestar. Después los dos hombres se quedaron en silencio, esperando que el otro hablara. Cuando Cupertino comprendió que don Tomás no hablaba más, entonces trató de seguir el camino. Tosió, se echó el sombrero sobre la frente, quizá para que no lo reconocieran, se despidió de don Tomás y se fue. La dirección que tomó fue hacia la casa de Rosa.

Don Tomás creyó que aquella era una oportunidad preciosa para capturar a Cupertino y poder entregarlo a la justicia. No era muy a menudo que se veía a Cupertino así como él lo acababa de ver.

Además, Rosa corría un gran peligro si aquel hombre llegaba a la casa, pues la pobre mujer desde la muerte de Raimundo vivía sola. Con esta preocupación quedó don Tomás Pineda pensando por mucho rato.

Sin embargo, le pareció que era una aventura bastante temeraria para que él solo la tomara entre manos. Dispuso conseguir un compañero para que entre los dos pudieran quitarle el arma, amarrarlo de los brazos y finalmente—lo más difícil de todo—llevarlo ellos mismos a Santa Clara. Dispuso don Tomás esperar en la carretera a que pasara por allí alguna persona conocida que le pudiera prestar ayuda para agarrar a Cupertino.

Como ironía del destino, no acertó a pasar nadie, allí donde hay un cordón de gente todo el día. Y cuando por fin vio un hombre que venía corriendo, con un arma en la mano y que creyó que le podía ayudar, se encontró que aquél era el primo de Cupertino, Tiburcio Ramos. Tiburcio a más de ser también asesino, era ladrón de vacas. Los dos habían cometido muchos crímenes juntos, pero últimamente por un disgusto, se habían separado. Don Tomás no se dio cuenta que éste era el primo de Cupertino hasta después que le había hecho la propuesta. Sin embargo, Tiburcio le respondió con bondad diciéndole que sentía no prestarle ayuda, pero que andaba sumamente ocupado. Don Tomás no perdió las esperanzas de encontrar un hombre que le ayudara a capturar a Cupertino. Creía él, sobre todo, poder cumplir así con un deber moral para bien suyo, bien de Rosa y de todo Santa Clara. Además, aquella era una oportunidad que no había que perderla.

Súbitamente don Tomás oyó cinco disparos de fusil que venían de por allí, cerca de la casa de Rosa. Estos fueron probablemente los tiros que Rosa le hizo a Cupertino cuando éste apareció cerca de la casa.

Sin embargo, es costumbre en las cercanías de ese lugar oír disparos de fusil, tan a menudo que nadie les pone atención. Esto se debe generalmente a la costumbre de matar venados en el cerro, en la parte que se extiende a la izquierda, por ese lado de la casa de Rosa. Don Tomás a pesar de las dudas que en un principio abrigó, pensó después que eran tiradores de venados y se metió en la casa. Sin embargo, al cabo de una hora, la preocupación de los tiros tan cercanos, volvió a molestarlo. Pensando estaba en todo esto cuando oyó otra vez un nuevo tiro, éste venía por la misma dirección y probablemente del mismo lugar. Entonces don Tomás, que ya no pudo contener su impaciencia, corrió, se metió en la casa y luego volvió a salir con su fusil cargado y con el sombrero en la otra mano. Siguió las huellas de la casa de Rosa, pues quiso antes de todo hablar con Rosa y contarle que Cupertino andaba por allí. Esto en caso de que don Tomás encontrara a Rosa, pues era probable que aquel último tiro hubiera sido del arma de Cupertino para ésta o de ésta para Cupertino. Pensando iba él en todo esto cuando, súbitamente, y mucho antes de llegar a la casa de Rosa, se encontró, casi le puso los pies... el cadáver de Cupertino. Tenía un solo balazo en el pecho, probablemente le habían atravesado el corazón. Buscó por todas partes y no vio ninguna persona. Vio hacia la casa de Rosa y la encontró en la más profunda tranquilidad, tanto que los muchachitos, hijos de ella, yacían jugando muy tranquilos al frente de la casa. En esta duda e incertidumbre se encontraba don Tomás con el cadáver del asesino allí, echando sangre por la boca, cuando súbitamente alcanzó a ver una escolta y un inspector que venía por la carretera. Don Tomás tuvo miedo de que se le fuera a adjudicar el crimen.

Comprendió que ya no podría huir porque quizás lo habían visto y en ese caso al encontrar el cadáver lo seguirían. Estaba él muy preocupado cuando vio, abajo por el llano un hombre que caminaba hacia el bosque, se le ocurrió que aquél era el autor del crimen y quiso hacerle un disparo para que se parara porque parecía que iba huyendo, pero inmediatamente se le ocurrió que aquello le traería peores consecuencias porque el arma sería registrada, la detonación del tiro se oiría y finalmente la presencia del cadáver allí, todo probaría que él lo había matado. Sin embargo, el pobre hombre se encontraba en un estado de nerviosidad excesiva y su desesperación era tal que agarró el arma e hizo un disparo.

Mientras él se encontraba en semejante situación, la escolta se acercó. Entonces él, nerviosamente, salió a encontrarlos.

Iba él a referirles todo lo que había pasado, cuando el jefe de la escolta le quitó la palabra con esta pregunta:

—¿En dónde ha escondido el cadáver de Cupertino, viejo?

—Sí, sí, por allí está. (Les señaló el lugar en donde se encontraba el cadáver).

Lo que había pasado era que ya Tiburcio, el primo de Cupertino, había ido a denunciar a don Tomás como el autor del asesinato de Cupertino. Don Tomás lleno de susto, explicó y explicó, pero nada pudo salvarlo. Lo agarraron y se lo llevaron con el cadáver, pues tenían orden de ponerlo preso. Al contrario de Cupertino que nunca estuvo en la cárcel, don Tomás fue enviado a la penitenciaría y condenado a seis años de cárcel...

Tiburcio —el verdadero autor del asesinato—siguió desempeñando la ocupación de Cupertino...

LA AVARICIA DEL GENERAL

Don Casimiro Trejo vino a la ciudad de Santa Clara como Comandante de Armas y Gobernador Político. Aprovechó las oportunidades de su empleo y cuando su sustituto por fin llegó, ya don Casimiro era dueño de haciendas y de dinero en plata. El mayor distintivo moral de don Casimiro era la avaricia. Si algún otro defecto moral tuvo fue la consecuencia lógica de aquella fama de avaro de que se había rodeado entre los vecinos del pueblo. Efectivamente, como consecuencia natural tenía otros defectos: era miserable, imprudente, cruel, corazón de piedra, egoísta, turbio en sus negocios, indiferente e intransigente, etc.

Físicamente el General —como él se hizo llamar por haber estado alguna vez en un combate— presentaba un aspecto de hombre viejo, gordo y feo. Como viejo era difícil precisar su edad porque era indio. Como gordo, guardaba monopolio de las aceras cuando salía a pasear con su bastón en las manos. Y como feo, entre otras cosas, metía y sacaba la cabeza. Sacaba la cabeza de por allá muy adentro cuando se excitaba en una discusión. Pero comúnmente tenía la cabeza metida como las tortugas...

Tenía pocos amigos, pero muchas enemistades que él se proporcionaba porque era un hombre intransigente. Bastaba que alguien le dijera "don Casimiro" en vez de "General", para que las relaciones se enfriaran. Su único amor era una mula negra, de orejas pequeñitas y de cascos también pequeños, que él llamaba "Sofía". La acariciaba con cariño, le daba sal y azufre en las manos, era un orgullo visitar su hacienda o pasear en las calles de Santa Clara montado en su mula. Los cuatro cascos herrados de la mula pasaban ruidosamente por las calles y toda la gente salía a las puertas y ventanas para verlo pasar. La mula era efectivamente de buena clase. Decían que era muy "briosa" y por eso cuando alguna señora le pedía la mula para montar, él contestaba:

—Oh no, nunca. No es una bestia para mujeres.

Pero si un amigo se la pedía prestada decía que era una mula de muchas mañas dando a entender que tampoco era una mula para hombres...

La avaricia del General puede verse con facilidad en estos ejemplos:

Decía, si le preguntaban que por qué no se casaba:

—¡Hombre, no es buen negocio! La mujer y los chicos quitan el tiempo y además siempre he sido pobre...

Pero una de las causas era porque en la orilla del pueblo tenía una mujercita con quien vivía clandestinamente. El creía que aquello era un secreto, pero todo el mundo lo sabía. Tampoco ignoraban las gentes del pueblo que una pobre muchacha, muy humilde, que se llamaba Carmen y que todos conocían, era hija de él, a pesar de que él jamás le había hecho el más pequeño obsequio.

El otro motivo porque no se casaba era, naturalmente, su avaricia. Durante los años en que él tuvo su alto puesto, comprobó su economía de mil maneras. Las mejoras de su hacienda las hizo con los reos para no pagar dinero de su bolsillo. Mientras esto sucedía, las obras públicas de la ciudad permanecían en absoluto abandono. Las casas del Gobierno no se aseaban porque el señor Gobernador Político pasaba muy ocupado atendiendo sus propiedades personales. El Baño Público, el Parque Central, las calles de la ciudad, todo lo que estaba a cargo del Gobernador Político carecía de higiene y de limpieza. Cuando alguien preguntaba:

—¿Se puede ver al señor Gobernador?

—No está —contestaban—, anda visitando su hacienda...

A pesar de su doble sueldo como Gobernador Político y como Comandante de Armas, no estaba contento. Creía que un empleado público es un hombre que está obligado moralmente a sacar el mejor partido de las oportunidades económicas y sociales que se le presentan, puesto que éstas sólo llegan una vez en la vida y hay muchos detrás que desean aprovecharlas.

Con esta lógica gobernó don Casimiro. Por eso, como

Comandante de Armas hizo incluir una infinidad de plazas de soldados, puramente nominales. El sueldo de estos soldados iba a caer a su bolsillo. En la mayoría de los casos el nombre de estos soldados se inventaba para incluirlo en los presupuestos, pero había veces que el soldado realmente existía, pero no devengaba sueldo. Se le pedía su nombre y su domicilio y sólo se le llamaba en caso de necesidad, pero su nombre seguía apareciendo en las "planillas" como si estuviera haciendo "plaza". Naturalmente su sueldo se pagaba y don Casimiro lo recibía.

—Es la tradición —decía él— con eso se paga el Comandante, si no, se muere de hambre. Mis antecesores hicieron lo mismo. Pregunten...

Era cierto. Es más: era cosa corriente pedir una plaza de soldado...nominal.

—"Es que el sueldo es poco, señor". Esta era la frase que usaban los demás empleados cuando le pedían una "plaza supuesta" al Comandante.

También abusaba el General de los vecinos del pueblo. En los aprietos económicos que ellos tenían1, recurrían a él para que les prestara dinero. Él era quizás el único que prestaba dinero, pero prestaba siempre que el solicitante fuera dueño de bienes. Todos recurrían a donde él, pero en la mayoría de los casos, los bienes de éstos pasaban a manos de él. Él les embargaba casi siempre sus propiedades. Como dijimos, tenía un corazón de piedra, según el decir, y nunca se esperaba ni un minuto más cuando el plazo se vencía. Esa era una de las maneras como el General Trejo había adquirido tanta propiedad en tan pocos años. La otra manera era esta: compraba propiedades casi por la tercera parte de lo que realmente costaban. La urgencia del dinero hacía a los pobres vecinos vender sus casas o sus animales por una cantidad ridícula. El General tenía un alma de judío y nunca le faltó talento ni oportunidad para hacer un buen negocio. Hacía algo más: compraba recibos por la tercera parte y después se los hacía pagar con amigos de influencia que tenía en la capital.

Como dijimos en un principio, "Sofía" ocupaba en su corazón un lugar preferente. Se levantaba casi siempre más tarde de la noche y visitaba la caballeriza para darse cuenta si "Sofía" tenía suficiente zacate que comer. Esto lo hacía él, a pesar de tener dos soldados (los soldados eran sus sirvientes) destinados a que le cuidaran la mula.

Cuando por casualidad encontró la mula sin comida, "mirando a las estrellas", como él decía, entonces iba a despertar a los soldados y los regañaba hasta que le dolía la garganta. Durante el día bañaba a la mula, muy cuidadosamente, con un cepillo y con jabón. El mismo presenciaba el baño. Aconsejaba con bastante conocimiento cómo debía restregarse la piel de "Sofía".

—Así, así —decía—, así, con más fuerza para sacarle el "piojillo". Y repetía:

—Así, así— y le restregaba él mismo el lomo a la mula.

Luego ordenaba que le dieran maicillo o maíz para que comiera. Sobre eso ordenaba que le echaran azufre o sal y con todo aquello almorzaba la mula todos los días.

Se vestía muy mal don Casimiro. Tenía una levita negra con que asistía a los actos públicos, ya estaba desteñida. Luego, quizás para alivio de males, era muy descuidado en su vestir. Había veces en que salía a la calle sin el botón del cuello de atrás, y mientras hablaba, subiendo y bajando la cabeza, también el cuello subía y bajaba...Era tal la mala fama de que gozaba con su indumentaria, que cuando alguien se vestía mal en el pueblo, o cuando andaba desarreglado, le decían:

—Pero hombre, si tú eres el mismo retrato de don Casimiro Trejo...

Se decía maliciosamente que el General Trejo nunca daba contribución para obsequiar a un amigo o para el beneficio de alguna institución. Cuando algún grupo de señoritas lo detenía en la calle y le pedía una contribución para darle un almuerzo a los reos o para los pobres, él suplicaba que mandaran por su contribución a su casa particular. En ese momento, al llegar a su casa, se montaba en su mula y se iba a su hacienda a pasarse una temporada.

A los colonos de la hacienda los trataba también muy duramente. Cuando éstos no podían pagarle "corretaje" de la milpa que habían sembrado en terrenos suyos, entonces les ofrecía meterlos a la cárcel.

El colmo de la avaricia y miseria de don Casimiro se puso a prueba en cierto incidente que sin embargo resultó la más amarga lección que él había recibido en su vida. Después de este incidente guardó luto y sufrió moralmente por mucho tiempo.

Había en su hacienda un indio, uno de sus más humildes colonos, a quien el General había prestado cinco pesos. Se llamaba Pedro Gutiérrez y debido a su mucha pobreza no podía pagar los cinco pesos. El plazo en que debía pagar se había vencido y el General le exigía que pagara. El indio repetidas veces le había contestado que deseaba descontarle los cinco pesos en trabajos de la "tapizca" porque estaba sin dinero en esos días. El General insistía en que el que presta dinero en plata tiene derecho a exigir la misma moneda.

Por ese tiempo la salud de "Sofía" se había alterado, se había puesto muy flaca y el General que ignoraba la causa, se preocupaba mucho. Un experto le aconsejó que la mula tenía "haba" y que estaba flaca porque le dolían las encías al masticar zacate.

El General mandó la mula a la hacienda para que Gerardo que entendía de extraer "habas" se la curara. Quién sabe qué otra complicación tuvo la mula mientras sufría el tratamiento de Gerardo, lo cierto es que le vinieron a decir que la mula estaba muy mal.

Semejante noticia era para matar a don Casimiro. Inmediatamente se fue a ver personalmente a la mula.

En el camino, al frente de La Guarita, una propiedad de un tal Alberto Ochoa, el General se encontró con Pedro Gutiérrez. Hacía tiempo que no lo miraba.

—Bueno día le dio, mi General.

—Buenos días, Pedro. (Al sacarse la mano del bolsillo, el indio dejó caer un billete y don Casimiro lo vio...).

—¿Cuándo me piensas pagar, indio tramposo?

—Tan prontito como venda el maicito, mi General.

—¿No tienes dinero?

—Ahorita no hey jayao, mi General.

—¿Y ese dinero que se te acaba de caer de la bolsa? (El indio volvió a ver el billete de un peso que había dejado caer).

—Este pesito es de Ñor Gerardo que manda a mercar un poco de "unto sin sal" onde el Compagre Isidoro.

—Echá ese peso indio tramposo y hay ve cómo te las arreglás con Gerardo. Ya no puedo esperarme más, bastante he tenido que estarte esperando. Tomo esto a buena cuenta y no te olvidés de los otros cuatro.

El indio lleno de susto quiso darle una explicación del objeto y

absoluta necesidad del peso... pero el General lo hizo que se callara, le arrebató el peso y siguió su camino. El indio se quedó temblando de susto.

Cuando el General llegó a su hacienda, Gerardo salió a encontrarlo a la puerta del cerco:

—¿Cómo va la mula?

—Mal, muy mal, mi General, pero hay esperanzas de curarla si el "unto sin sal" viene a tiempo.

—¿No tienes "unto"?

—No, mi General; pero mandé a comprar a Pedro Gutiérrez donde el Compadre Isidoro y no tarda en volver. Pedro es un indio muy activo.

El General se rascó la cabeza. Luego dijo:

—Y ges de absoluta necesidad?

—Es lo único que la puede curar. Hay que sobarla con "unto".

—Mandá otro sirviente, hombre.

—Ya no hay tiempo. Si Pedro no regresa dentro de una hora, la mula se nos muere. De aquí a donde el compadre hay que volar pata, pero Pedro va a volver pronto.

El General insistió e insistió que mandaran a otro sirviente sin explicar el motivo. Gerardo finalmente consintió en mandar otro sirviente. El sirviente fue y por fin volvió, pero ya cuando la mula había muerto...

El pesar del General, después, por la muerte de la mula era indescriptible.

Pero todavía era mayor su remordimiento. Para poder desahogar su pena, se puso a suspirar lastimosamente como un niño, sufriendo de pesadumbre y maldiciendo el instante en que Pedro había dejado caer el billete del bolsillo...

LA CINTA DEL SOMBRERO

No sé por qué volví a soñar anoche —9 de abril— con Martha. Yo creía que ella —como la Cinta del Sombrero— se habría ausentado para siempre de mi memoria. Esta es una historia de remordimientos: sólo porque ya estaba cansado de insistir en el amor de ella, sólo por eso, hice aquella ingratitud que ante mí mismo me da vergüenza todavía. Y quizás por eso he vuelto a soñar con ella...

Desde niño la acechaba yo, pero una tía suya por una parte, y mi timidez por otra, impidieron que nos comunicáramos nuestro amor. Cuando al pasar de los años nos encontrábamos en los bailes de gente joven, ella con una sonrisa eludía mi propuesta diciéndome siempre que yo le decía lo mismo a todas las muchachas...

Sin embargo, no debía haberme desilusionado. Cuando pasaba por su casa, por ejemplo, ella contestaba mis "buenas tardes" con una suave sonrisa que a mí me gustaba interpretar como amor verdadero. Otras veces ella, desde la ventana de la casa de una tía suya, y yo desde la esquina de mi casa, los dos nos hacíamos de ojos...Era, por supuesto, sólo un amor platónico, a pesar de que otros incidentes se sucedieron, pero a estos incidentes tampoco les di su significado verdadero. Es probablemente cierto que los hombres en cuestiones de amor no tenemos ni la intuición, ni la agudeza o penetración de las mujeres. Entre los incidentes de que hablo recuerdo éstos:

Una vez, estando de visita en casa de unas parientes mías, me encontré con ella. Me impresionó así vestida de blanco. Estuvimos conversando en el balcón que daba para la calle. No me daba cuenta de la gente que pasaba; algunos—amigos de ella—la saludaban. Estaba yo profundamente nervioso porque era aquella una de las pocas veces de mi vida que podíamos hablar a solas. Deseaba impresionarla como un joven atrevido, pero mi timidez me lo impedía. Deseaba impresionarla como un joven romántico y seductor, pero también mi timidez me lo impedía. Ella comía dulce de membrillo.

Entonces yo le dije:

—¡Qué sabroso estará el dulce!

—¿Quiere probarlo?

—Sí.

Y con un placer inaudito y a la vez con sorpresa vi que ella, con la cuchara con que comía ella misma, y con un gesto muy gracioso —un gesto que yo recuerdo cuando me acuerdo de ella— me introdujo la cuchara en la boca.

Yo abrí la boca con cuanto placer... Recuerdo que hasta me sonreí para no emocionarme. Pero en el fondo me moría de gratitud para ella...

Otro incidente es éste:

En los bailes yo quería bailar sólo con ella, a pesar de que mi mala manera de bailar y mi timidez eran dos cosas que me lo impedían.

Una vez ella había llevado un ramo de "No me olvides", cuyo perfume me embriagaba, lo mismo que su rostro cuando bailábamos juntos. Estaba muy resentido con ella porque sólo había bailado tres veces conmigo.

Ya para acabar el baile, al pasar cerca de mi asiento, dejó caer el hermoso ramo de "No me olvides".

Lo junté y se lo llevé:

—Sólo quiero la mitad del ramo —me dijo.

—¿Y el resto?...

—Guárdelo, si quiere...

Lo metí en el baúl y me perfumó la ropa y los libros. Es bien sabido que el perfume de los "No me olvides" dura mucho tiempo y es más intenso cuanto más se marchitan. Después, todavía ahora, el perfume de esa flor me hace acordarme de ella. Pero no es con alegría, es con sentimiento y mejor dijera, es con dolor como me acuerdo. De cuando en cuando, al sentir el perfume de los "No me olvides" marchitos, tengo que pararme para sentir y recordar muy duramente el perfume de aquellos "No me olvides".

Hay otro incidente:

Ella me regaló un libro de poesías de Manuel Gutiérrez Nájera, sin dedicatoria. Pero al correr del tiempo me fijé que la dedicatoria había sido borrada, probablemente Martha tuvo miedo de que el libro cayera en manos de su familia. En la dedicatoria borrada, apenas, se veía mi nombre.

Le pregunté una vez:

—¿Por qué borró aquello que había escrito?

Ella pareció ruborizarse un poco.

Después me dijo sonriéndose:

—Había escrito que como prueba de amistad le obsequiaba ese libro, pero después me arrepentí y borré...

—Pero ¿por qué se arrepintió?

—¡Ah, eso era secundario! Mayor mérito daba yo a la clase de libro que le regalaba.

—¿Por qué?

—¡Por qué! No hay nada más bello en el mundo que las poesías de Manuel Gutiérrez Nájera...

—Y ¿usted me las obsequiaba?

—Exactamente...

Esta palabra "exactamente" me emocionó por la manera cómo la pronunció, y ya no pude seguir la conversación.

Pero he llegado a lo más horrible de esta historia. Debo relatar ahora el cuarto y último incidente cuyo relato es precisamente el objeto de todo lo que aquí escribo.

Ella, como dije, nunca me afirmó que me quería. Y esto a pesar de la insistencia con que se lo preguntaba. Yo vivía sufriendo entre la duda y el amor inmenso que me había inspirado.

Llegó el momento de viaje para el Hospital Rosales de San Salvador y entonces me volvió a decir lo que siempre me decía:

—Que yo le decía lo mismo a todas...

¡Pobrecita! Ya iba muy enferma del corazón y ni ella lo sabía. Se fue.

Muchas horas, muchos meses estuve con el recuerdo de ella y con la duda de si me quería. Ella, por lo menos rehusó siempre decírmelo. Y por eso, a pesar de sus pruebas de cariño (como se ve en estos incidentes anotados) creí que no me quería y decidí olvidarla...

Debo anotar también, que por naturaleza soy nervioso y escéptico.

En ese tiempo conocí a Elena Munguía, una muchacha de un carácter alegrísimo. Pocas muchachas en aquel tiempo eran tan alegres como ella. Bailaba muy bien y yo me abonaba en los bailes con ella, sobre todo por eso, porque bailaba bien y porque me gustaba su carácter alegre. Además, he dicho, hacía esto porque quería olvidar a Martha. Me costó enamorarme, pero me enamoré un poco porque de la amistad al amor hay poco que andar. Lo que nunca me había pasado en la vida, soy incapaz de vencer a un rival en las lides del amor, pero con Elena vencí a varios. Sin embargo, hubo una terrible condición para que me correspondiera. Me puse frío de espanto aquella tarde en que —sin imaginarse el efecto de sus palabras— con tranquilidad, me dijo:

—Todos me dicen que quisiste mucho a Martha. Debes probarme que ya no la quieres para que te corresponda. Yo no puedo querer a un hombre que ama a dos mujeres. Te voy a decir lo que debes hacer y si no aceptas no puedes esperar más de mí.

—¿Qué debo hacer?

—¡Escribirle! Pero yo debo ver la carta que le escribas. Yo la pondré en el correo. Debes decirle que ya no la quieres...

Bajé la vista. Le expliqué que a pesar de que había amado muchísimo a Martha, nunca había habido un compromiso entre los dos. Pero ella insistió y en un momento de debilidad le escribí a Martha aquellas frases que no me imaginé que la iban a herir tan profundamente:

"Martha:

Nunca hubo nada entre Ud. y yo. Quiero, sin embargo, que no tenga la más pequeña esperanza en mí. Esta carta de mi puño y letra no tiene otro objeto que decirle eso. Adiós".

Lo que yo decía, pues, está claro, no era cierto. La acción que cometí —como se verá después— fue cruel. Pero por eso he dicho en un principio que esta acción mía todavía me produce remordimiento...

Bien me acuerdo —¡como si fuera ayer!— la última vez que vi a Martha. Fue en un paseo de campo de despedida para ella; al que asistió a pesar de estar ya muy enferma, en compañía de su tía.

El paseo tuvo lugar bajo de un bosque de pinos, no muy lejos de Santa Clara. Cerca de una casa humilde, pero bella por sus alrededores. Había allí muchas flores silvestres y un río corría cerca. Recuerdo que Martha andaba muy linda en ese día, usaba un vestido color crema, con adornos del mismo color. Martha era alta y delgada, sonreía, pero no era risa alegre, sino dulce; muy pálida y muy tímida a veces; usaba el cabello largo.

Yo sufría horriblemente al pensar en que Martha se iba al día siguiente para San Salvador. Ella se portó muy bien conmigo ese día, muy dulce, muy suave, pero no tuve oportunidad para hablarle de mi inmenso amor. Sólo recuerdo que los ojos de ella se encontraban con los míos cuando pasaba bailando... Tuvimos juego de prendas y entonces pasó algo muy extraño. Yo tuve que dar muchas prendas: mi pluma, mi saco, mi sombrero. Era éste un sombrero de junco con una cinta negra, pero al final del juego mi sombrero apareció sin cinta...

Buscamos la cinta por todas partes, pero no apareció. Por fin olvidamos la cinta para bailar un vals que en ese momento tocaban. El paseo terminó sin que pudiéramos hablar a solas. Al día siguiente se fue Martha y sin haberme dado jamás una frase de esperanza. Escribí muchas cartas, pero no supe enviárselas. Sufría tanto que deseé olvidarla y por eso le hube escrito finalmente aquella carta ingrata que Elena me dictó...

¡Dios mío! Han pasado muchos años y todavía no puedo olvidar la contestación que tuvo mi carta. ¡Qué carta! No de ella —¡la pobrecita ya había muerto!— era una carta de su tía.

En esa carta me llamaba hombre VERDUGO. Me decía que Martha no había tenido más delito que quererme toda la vida... "Querer a Ud. hasta el último instante como verá por esa CINTA DE SU SOMBRERO que ella la tenía en su cama de enferma, aquí en el hospital, y con la cual agonizó, agarrada en las manos, después de leer la carta criminal que le escribió"...

Tanto remordimiento siento aun que anoche, como dije —después de varios años volví a soñar con Martha...

LA BRÚJULA DEL CORAZÓN

Para el cultivo del café había allí una tierra excelente. Héctor Castillo, que en aquel tiempo estaba muy joven, por hacer algo quiso hacer una finca. Se pasaba las horas debajo de aquel árbol de pino que hay al frente de la casa, deduciendo cómo haría la finca. Era en verano, en ese lugar durante el mes de marzo la temperatura es insoportable. No pasa ningún río por allí y la escasez de agua es mucha; sin embargo, bajo la sombra del árbol la temperatura es agradable.

Por ese tiempo Héctor Castillo era muy desarrollado para su edad. La buena salud que despedía se notaba en el rostro, en los ademanes de los brazos, y en el modo de mover las piernas al andar. No era alto, ni bajo, pero ancho de pecho y de espalda. Tenía el cabello y los ojos muy negros y la boca pequeña. Daba una fuerte impresión de fuerza y de energía física. Era sin embargo, un espíritu demasiado impulsivo y nervioso...

Aquella tarde acostado allí, bajo la sombra del árbol, mientras meditaba, contemplaba hacia la casa y los potreros de la hacienda: un peón desenyugaba los bueyes con que había arado la tierra durante el día. Algunos animales del potrero de la casa, bestias y ganado, se iban acercando con el día que terminaba, junto a la casa, como es costumbre observar en las casas de campo. Más allá, detrás del cerro se iba ocultando el sol como una gota redonda de sangre. En ese momento, otro sirviente de la hacienda que acababa de llegar, se acercó a donde estaba Héctor y le entregó un rollo de periódicos. Era costumbre de su familia enviarle periódicos cuando él estaba en el campo.

Se puso Héctor a hojear los periódicos con el objeto principalmente de pasar el tiempo, mientras se llegaba el momento de la cena. Leía y volvía a leer y nada le interesaba porque mientras continuaba leyendo, pensaba en los planes del cafetal que le había absorbido el pensamiento. Ya para tirar los periódicos que para él no tenían mayor interés, detuvo de pronto la vista. Acababa de leer una gacetilla que le interesó bastante porque en ella se hablaba de Laura Ruiz. Decía el periódico que don Antonio Ruiz había salido de la capital para Santa Clara con su hija Laura. Esta última, decía el periódico, va a su pueblo natal a pasar vacaciones para volver nuevamente a la escuela.

Se puso Héctor a pensar en Laura con emoción y con dolor a la vez. Laura había sido la primera novia de su vida. Esa novia que dicen que nunca se olvida... Él la había olvidado por culpa de ella; sabía él que en la capital tenía un rival. Era cuestión de celos. Sin embargo, el nombre y el recuerdo de ella todavía le hacían sufrir. Se puso a pensar que en cierta vez—varios años atrás—Laura estuvo aquí en la hacienda temporando con sus hermanas y con su madre. Él se había quedado en la escuela, en Santa Clara. Pensó con nostalgia en esas horas en que él había estado ausente. Quizás Laura estuvo alguna vez bajo de este mismo árbol. "Quizás ella anduvo corriendo con mis hermanas por ese llano al frente de la casa. Probablemente ella se acordó mucho de mí, porque en ese tiempo éramos novios aún. Seguramente ella me echó de menos. Yo debí haber estado aquí con ella y con mis hermanas esa vez. Probablemente todo la hizo a ella acordarse de mí. Ella sabía que yo venía aquí a menudo. Ella debió haber sentido cariño por estas cosas que le hablaban de mí. Quizás ella —después de correr mucho por el llano— se sentó fatigada a descansar en este puesto en que yo descanso ahora", etc.

Estas y otras evocaciones le traían el recuerdo de Laura en la hacienda. Estuvo pensando sobre esto mucho tiempo. Por fin se puso a pensar que aquel fuego ya se había apagado. Que de Laura ya no le quedaba más que un dulce recuerdo. Y que ahora, sobre las cenizas donde se había levantado la llama de aquel amor, había un nuevo fuego. Pero era el fuego del amor de otra novia. Aquel puesto que Laura había ocupado en su corazón, ahora estaba ocupado por otra persona. Y fue de este modo cómo él empezó a pensar en la nueva ilusión que ahora tenía de que Virginia, la hija única del vecino hacendado, le correspondiera y en ese caso casarse con ella...El asunto de Laura era una cosa ya vieja, de la que tal vez ella ni recordaría. En cambio, Virginia —en caso de aceptarlo— iba a resolver la difícil situación económica con respecto a la finca de café que tanto le halagaba.

Era verdad que él estaba muy joven para contraer matrimonio, pero de algún modo se subsanaría este inconveniente. Lo que había de importante era que el padre de Virginia suministrara el dinero para dar principio a la finca de café, pues el padre de Héctor por resentimientos con él, no deseaba hacerlo.

Virginia le había mandado a decir a Héctor el día de su reciente llegada a la hacienda:

—Que lo saludaba muy afectuosamente y que deseaba que hubiese llegado bien...

Con el mismo mensajero que le trajo el recado, le mandó a decir Héctor:

—He llegado bien, muchas gracias. En cuanto disponga de tiempo aquí en la hacienda, iré a visitarla a usted y a su papá...

Héctor no había llegado a verlos, pero tenía la buena intención de ir. Mientras tanto maduraba con frialdad y razonamiento la necesidad de que él se uniera en matrimonio con Virginia. Era verdad que ella no era bonita, tal vez hasta le hacía falta algún roce social. Siempre había estado en el campo, lo que a ella le gustaba. Laura era lo contrario, la frágil, la bonita Laura. Virginia era llena de vida como el campo; Laura era llena de gracia como la ciudad.

Luego pensó: si me caso con Virginia, mi padre resolverá el problema de terrenos fronterizos que ya le principia a preocupar...

Pasó el resto del día y parte de la noche meditando en sus planes. Con sorpresa de sí mismo, temprano de la mañana del día siguiente, buscó el periódico con insistencia para volver a leer la noticia del regreso de Laura. Hizo un cálculo matemático del día en que saldría Laura de la capital y el día en que estaba. Había salido un lunes por la mañana, el periódico anunciaba la salida de ellos para el lunes 20 de junio y hoy era viernes 24. Héctor sintió un deseo inmenso de poder ver a Laura, aunque fuese por un momento y de lejos. Por lo demás, era una mañana fresca, una de esas mañanas de la hacienda en que la hierba, todavía húmeda por el rocío, se ve fachada bajo de los pies de los peones o de los animales en el llano.

Mandó a traer su caballo y se puso a amarrarse las espuelas: iría inmediatamente al camino real para ver si podía contemplar la figura de Laura, aunque fuese de lejos. Desayunó, se puso el sombrero de anchas alas porque aquel día iba a estar muy fuerte el sol, y salió al trote tratando de ganar terreno. Desde la cumbre del cerro, por pura casualidad, los primeros viajeros que acertaron a—pasar por el camino real, y que él podía ver perfectamente bien, eran ellos, el padre y la hija, él adelante y ella detrás, sin hablarse, a lomo de mula, cansados bajo la modorra del día. Héctor no consiguió ver el rostro de Laura porque llevaba en la cara un velo blanco bajo del sombrero de anchas alas para cubrirse del sol. Contempló a los viajeros un largo rato hasta que se perdieron detrás de una colina. Regresó después a la hacienda, ni aburrido, ni satisfecho, se sentía un poquito sentimental...

Por lo menos —se dijo a sí mismo— he cumplido con el mandato de mi corazón...

Al día siguiente, después de haber quitado de la memoria el recuerdo de Laura, volvió a tomar en serio los planes del cafetal. ¿Qué era realmente lo que había que hacer? En primer lugar, él estaba dispuesto por completo a pasarse uno, dos o tres años en el trabajo del cafetal, si es que todo ese tiempo era necesario. La tierra era propia para el cultivo del café y el mayordomo era quien más le halagaba en su proyecto. Su familia—él esperaba—no se pondría contra su dedicación a la agricultura. Era verdad que sus estudios los abandonaría, pero eso de hacer estudiar a un muchacho que no quiere estudiar, le parecía una cosa sin lógica. Además, siendo su familia propietaria de tanta tierra abandonada, era útil o más útil su dedicación a la agricultura, que cualquier otra profesión, aunque —claro está—sin conocimientos de técnica...

Sonreía ante sus proyectos, pero de pronto una nube se le aparecía al frente de los ojos. Héctor conocía a su padre. Sabía que su padre era un hombre de una sola opinión. Además, la observación del padre acerca de la vida pasada del hijo le había formado un concepto muy desfavorable acerca del carácter de éste. Héctor formaba estos planes con sinceridad, deseoso realmente de ser un hombre útil a su familia y a la sociedad, pero quizás su padre no iba a entender. Por otro lado, sin dinero, él no podía principiar una larga labor de agricultura para la que se necesitaba trabajadores y buena herramienta. Por esto él había llegado a una resolución definitiva con respecto a Virginia.

Mientras meditaba sobre sus planes, su imaginación principió a vagar por los contornos y de pronto sintió una súbita inspiración al ver el árbol. Improvisó un apóstrofe, que a él le pareció oportuno:

—Viejo árbol de pino, yo quisiera poder escribirte algo. Bajo de tus ramas ha pasado mi infancia. De niño me venía a jugar aquí. Cada vez que he vuelto a la hacienda, de tarde en tarde, te he visto casi con las lágrimas en los ojos. Es verdad que ya estás muy viejo, pero así te quiero, con tu vejez te acercas más a mi triste sentimiento. Yo también me estoy volviendo viejo. Tienes cicatrices en el tronco que yo mismo te hice, por cariño. Viejo árbol de pino, entre todos los árboles de la tierra, a ti te quiero más. ¿Cómo no habría de quererte cuando me recuerdas mis años más alegres?

Viejo árbol que yaces solo, como si los demás árboles huyeran de ti para irse a unir allá, al pie del cerro y dejarte a ti solo, triste y abandonado en mitad del llano. Pero no: mi corazón te acompaña. Te dejaron solo para que tú jugaras con nosotros: conmigo y con mis hermanas, cuando veníamos aquí de niños a jugar bajo tu sombra. ¡Viejo árbol, tú nos haces sufrir con tu presencia! ¿Tú no te das cuenta de que nos haces acordarnos de toda nuestra infancia? Yo no sé cuánto sufrirán mis hermanas cuando te miran, pero por mí sé decirte que sufro horriblemente cuando te contemplo... Viejo árbol de pino que sabes hasta mis confidencias. Cuando después he vuelto a la hacienda, ya no he podido irme a sentar a tu sombra. No, no he querido porque eso me hace sufrir, aquí bajo de tu sombra tengo que recordar sin querer, cosas profundamente tristes que no me conviene recordar...

Héctor miraba por primera vez los detalles del árbol. Se fijó en que el árbol ya debía ser muy viejo, muchas de sus ramas estaban secas, en algunas habían nidos de comején. Vio entre dos ramas una cosa negra. Se acercó más para poder apreciar qué era. Descubrió una cajita, una pequeña cajita de madera, a poca altura, no había necesidad de escalar el árbol para tocarla.

No se había encontrado esta cajita antes porque ninguno de los sirvientes se daba el lujo suyo: sentarse todas las tardes bajo del árbol y mirar hacia las ramas. Cogió la cajita sin dificultad y después de observarla un buen rato, se le vino una idea clara y precisa: Que esta caja la había dejado Laura para él. La madera se había picado con los inviernos y los fuertes soles, y al través de los agujeros pudo ver un papel adentro. Pensó que era algo que Laura había escrito para él. Iba a abrir la caja cuando súbitamente se arrepintió de su propósito. Parecía que una extraña fuerza lo hubiese detenido. Puso la caja a un lado y se sentó a meditar nuevamente. Todo había salido tal como él había pensado: Laura había sufrido mucho con la ausencia de él. Todo en la hacienda le había hablado de él. Quizás fue en la víspera del regreso, cuando en la oscuridad de la noche pudo ella separarse por un momento de las hermanas de él y vino sola a colocar la caja en el árbol para que él algún día la encontrara...

Pensó Héctor en lo que ella habría escrito en aquel papel. No sabía si abrir la caja para sacar el papel y leer su contenido. Se acordó de pronto de sus planes para con Virginia y no supo qué actitud debería tomar. Quizás después de leer las frases amorosas de Laura tendría que cambiar su plan y decidió no abrir la caja. Por lo menos abriría la caja hasta después de hacer la visita a Virginia. Tomó la caja, se la puso debajo del brazo y la llevó a su cuarto, así como la había encontrado.

Quiso antes que todo decidir de una vez la actitud que debería asumir. Había que principiar por ir a visitar a Virginia. Esa misma tarde se cambió el traje y fuese a caballo a visitar a Virginia. Encontró que era más cariñosa y zalamera con él de lo que había pensado. La casa de ella, al contrario de la suya, quedaba en una elevación. Allí quedaban en alto los corrales, los trojes y la casa de la hacienda. De lejos, mucho antes de llegar, Virginia se dio cuenta de la visita de Héctor por dos razones: Primero, porque siempre se veía de arriba para abajo al visitante que llegaba y después —esto más comúnmente— el olfato de los perros se encargaba de descubrir al visitante...

—Ahora va a tener una buena disculpa para no volver más —le dijo ella muy apenada porque los perros casi se lo comían... El hombre que venía detrás de ella era su padre, don Venancio, quiso decir algo, pero no dijo nada porque su hija le había quitado las palabras de la boca. Ella y don Venancio—una vez que entraron a la salita los dos se deshacían en frases de cariño y afecto para él. Héctor, al despedirse, salió contentísimo.

El cariño del padre era tan verdadero como el de la hija. Pensó que su propuesta sería aceptada por los dos. Después, ya casados, don Venancio le ayudaría a hacer la finca de café...

Había olvidado el incidente de la caja hasta en el preciso momento en que se iba a la cama. Y entonces se presentó esta crisis ante sus ojos: ¿acostarse y no abrir la caja? Pero si de todos modos tendría que abrirla algún día. ¿Abrirla y saber de una vez qué era lo que Laura le decía en el papel? No, tampoco. Tuvo inteligencia y fuerza de voluntad suficientes para darse cuenta de que, si allí había una carta amorosa, quizás su debilidad por Laura iba a arruinar el preferido porvenir que le ofrecía Virginia... ¿Entonces, tirar la caja en el monte espeso para nunca más volverla a encontrar? Optó por esto último, fuese afuera y tiró la caja con toda su fuerza en lo más espeso del matorral, así, sin haberla abierto nunca...

Bien tarde de la siguiente noche, Ambrosio, el peón, llamaba en la puerta del mayordomo:

—¡Levántese, un ladrón!

—¿Ladrón? —contestó el mayordomo.

—¡Sí!

—¿Lo has visto?

—¡Sí!

Salieron los dos hombres con los rifles cargados.

No se podía oír lo que se decía porque los perros ladraban al ladrón con insistencia. Los dos hombres caminaban en puntillas. De pronto en la orilla del cerco, en el monterreal, se vio la sombra de un hombre. Iba el mayordomo a tirar cuando les gritó Héctor:

—¡Soy yo, no tiren!...

Los dos hombres se miraron las caras con asombro. Se acercaron despacio a donde estaba él. Héctor estaba vestido con el traje de un peón, buscaba con la ayuda de varias herramientas y podaba la hierba hasta donde era posible. Sudaba mucho porque la temperatura era insoportable y el trabajo demasiado pesado. Ellos le preguntaron— más con los ojos que con las palabras—que qué buscaba a esa hora de la noche. Sin ponerles atención contestó que andaba buscando una cosa importante. Y luego siguió buscando...

EL HIJO DE LA CRIADA

En aquel tiempo, Santa Clara era una ciudad muy alegre. Por el más insignificante motivo o quizás sin motivo, se improvisaba un alegre baile que después lo recordaban como el mayor acontecimiento social en la vida del pueblo.

Se bailaba aquella noche en la casa de doña Esther, se celebraba con un baile alegrísimo la despedida del año (31 de diciembre de 1916). Más que de costumbre en aquella noche se había bebido mucho "ponche". El famoso "ponche" es una bebida típica del lugar como el mate es típico de la Argentina. El "ponche" se hace en las casas particulares de las cáscaras y fruto de la piña, se le mezcla azúcar y luego se le echa bastante aguardiente. Después se calienta hasta que hierve. Es uno de los fermentos más fuertes que se pueden beber. Sin embargo, en Santa Clara lo toma la buena sociedad, pues no se ha popularizado entre las clases bajas y ni siquiera es conocido en el resto del país.

—Doña Adela, Ud. se pinta para hacer "ponche" ...

—¡Ja! ¡Ja! ¡Ja! Rafael, como que ya se te está subiendo...

—Deme otro vaso de "ponche", doña Adela. ¡Estoy alegrísimo!...

—No se te olvide que tienes que cantar...

Tocaban un alegre vals, pero Rafael se había quedado sin ir a bailar. Doña Adela, que tenía la recomendación de hacer con la criada el "ponche", no podía permanecer mucho tiempo allí. Rafael se vio solo, buscó algo en qué distraerse y volvió la vista hacia la puerta del salón que daba para la calle. Una extraña mezcla de mendigos, sirvientes e indios de las orillas de Santa Clara estaban allí presenciando el baile. Rafael se quedó viendo aquella multitud de curiosos cuyos trajes contrastaban con los de las personas del baile. Él se les quedó viendo con una sonrisa de ironía y de lástima a la vez. Súbitamente aquella sonrisa se tornó en un gesto de seriedad. La boca se cerró, los ojos miraron con fulgor y dureza, y los músculos de la frente se templaron. Sus ojos que en un principio se habían fijado vagamente en todos los curiosos, ahora solamente se fijaban en uno de los harapientos. Era un niño, el hijo de la criada. Rafael retiró los ojos de aquel niño con dolor, después —como para olvidarlo— se fue a sentar a un balcón. El calor adentro era insoportable. Se aburrió pronto, sin embargo, de la soledad del balcón y se fue a sentar en medio de un grupo de amigos que celebraban un chiste. Miguel, el autor del chiste, yacía muy impávido en medio del grupo. (Era una cosa muy propia de Miguel y por eso todos celebraban sus chistes).

Todos volvieron a ver a Rafael muertos de risa. Comprendió al momento el motivo del chiste y se fue directamente al grupo de curiosos que estaban en la puerta observando el baile.

—Silvestre, ¿qué andás haciendo? —le preguntó al niño andrajoso que estaba allí.

—Nada, don Rafael, ando viendo la fiesta...

—¿Dónde está Ramona?

—En la cocina. Está haciendo el "ponche" ...

—Tomá, no vuelvas a asomarte por aquí. Si te vuelvo a ver aquí no te daré más dinero...

Silvestre, el hijo de la criada, era un muchacho barrigón, descriado para su edad: tenía 12 años y aparentaba 10. Pero había un contraste en Silvestre: su cuerpo era feo, pero su cara era atractiva; el cabello era de indio, pero las facciones y el color eran de ladino.

—¿Quién es tu madre?

—Ramona, la criada. (Y se reía).

—¿Quién es tu padre?

—No tengo. (Y volvía a reírse).

Silvestre era servicial, todos lo conocían. Unos lo llamaban Silvestre y otros "el hijo de la criada". Ramona, la criada, era eterna sirvienta, hoy en una casa, mañana en otra. Por ese tiempo no había cañería en la ciudad y Ramona pasaba por la plaza del pueblo con un cántaro de agua en la cabeza. Sobre la cabeza llevaba un yagual y sobre el yagual llevaba el cántaro. A veces el cántaro era enorme y sorprendía la resistencia que la mujer había desarrollado en la cabeza. Este era un oficio que ella, como todas las sirvientas de Santa Clara, hacían todos los días. Ramona era una mujer fea, india pura, hablaba un español atravesado. Tenía un cutis demasiado trigueño, casi africano y andaba siempre muy sucia...

Rafael se quedó viendo a Silvestre hasta que se metió en la cocina. Entró al baile preocupado. Se sentó en una silla y notó que los amigos todavía reían, pero no les puso atención.

—Lo veo muy triste, Rafael. Al principio del baile usted era de los más alegres, pero ahora ha cambiado. ¿Qué le pasa?

—Nada, doña Adela. Tal vez es el "ponche" que usted me dio.

—¿El "ponche"? No diga...

—Sí, tal vez.

—¡Ja! ¡Ja! ¿No son sus disgustos con Leonor?... Sé que ustedes dos han "peleado".

El no quiso seguir la conversación y se retiró otra vez al balcón para estar solo. Se sentía triste, desde el momento en que había visto a Silvestre...

Cerca del balcón en donde se encontraba, vio a Leonor sola, sentada, estaba muy linda, pero también triste. Rafael sintió un deseo infinito de irse a sentar con ella y suplicarle que lo perdonara. Pensó largamente en la actitud que debería tomar: o ir a donde Leonor y decirle la verdad de lo que había, o no ir y quedarse callado—como había prometido a su tío—y tener que perder el cariño de Leonor...El respetaba mucho a su tío y le gustaba cumplir con su palabra, prefirió perder a Leonor, a quien, sin embargo, adoraba.

Alguien sugirió que Rafael cantara. El entró, agarró la guitarra y se sentó. Todos se sentaron en silencio para escucharlo con atención.

Rafael tenía una voz muy dulce, que impresionaba profundamente. Desde el momento en que él agarraba la guitarra, los hombres y las señoras lo miraban y lo escuchaban con cariño y satisfacción. Mientras él estaba cantando, fuera de su voz, no se oía ni el más mínimo ruido.

Rafael no era alto ni bajo, sino de mediana estatura, tenía la piel morena y los ojos grandes y negros. El cabello también negro y ensortijado. Era conversador, pero retraído con aquellas personas con quien él no tenía mucha amistad.

—Que cante "Nunca"—dijeron casi todos en una voz. Rafael, templando la guitarra, oía con una sonrisa de agradecimiento el deseo que tenían todos de oírlo cantar "Nunca". Era el nombre de una bellísima canción que aún hoy, de vez en cuando, se oye cantar entre la gente del pueblo. En aquellos tiempos "Nunca" era la canción de moda. Había algo muy humano, muy sensitivo y al mismo tiempo muy desgarrador en los versos dolientes de aquella canción que realmente emocionaba hasta el llanto. Y él cantaba "Nunca" como no lo cantaba nadie. Parecía que el alma mutilada del autor de "Nunca", era él, el mismo Rafael. Con cuánto arte, con cuánto sentimiento y con cuánta gracia interpretaba él lo que el autor de "Nunca" había querido expresar en aquellos versos. Las muchachas le clavaban los ojos y sentían celos de Leonor. Los muchachos, sus amigos, sentían admiración y envidia de la gracia con que Rafael cantaba aquella canción...

Cuando terminó se sentía tan agitado y tan agasajado que deseó estar solo, en donde nadie pudiera molestarlo. Esto era muy propio del carácter de Rafael: él gozaba cuando podía estar solo. El artificio de la vida social le afligía porque en el fondo, él no había nacido para el convencionalismo social. Cada vez que Rafael iba a un baile, se pedía disculpas al día siguiente porque su conciencia lo acusaba. Si alguna vez él era locuaz, era por los efectos de los tragos de "ponche" que le habían obsequiado. En el fondo no era locuaz ni sociable. Era más bien tímido. Por eso sufría él: tener que aparentar lo que no era. Por eso sus grandes ojos negros expresaban lo que sus actos no expresaban. En la vida social aparecía como un hombre alegre. Pero en el fondo—a pesar de su juventud—era un hombre triste. Allí estaba realmente la tragedia de él. Su gran sufrimiento de no poder expresarse tal como realmente era porque las circunstancias de pertenecer a una familia importante le imponían vivir en una vida de sociedad. Pero él no había nacido para el artificio social, ni por educación ni por temperamento. Un viejo amigo de él, un gran psicólogo práctico, que pasó por el pueblo, le dijo a Rafael, después de una conversación íntima, que era UN MUTILADO. El gozó de verse interpretado con aquel adjetivo...

Entre sus compañeros de infancia y de escuela tenía Rafael un compañero en Santa Clara que era todo lo opuesto a él, Miguel, el mismo que después de decir un chiste oportuno se quedaba serio. Amigo de beber todo el "ponche" que pudiera y de aparecer correcto, aunque hubiera que apoyarse sobre el bastón. Miguel era lo que se llama un buen mozo, pero bebía mucho y era amigo de las sirvientas... Era un "catrín", siempre preocupado del calzado, del cabello y de la corbata. Por esto y por sus chistes oportunos era bien aceptado en sociedad. Pero Miguel no congeniaba con Rafael, ni Rafael con él por la diferencia de temperamentos y de educación.

Cuando Rafael concluyó de cantar y se hubo ido para fuera, donde estar solo, un sirviente le entregó un papel. Leonor le decía en el papel que quería bailar con él, que quería hacerle una pregunta. Él se extrañó de que Leonor le volviera a escribir, ella, la que hacía seis meses que no le dirigía la palabra.

Luego una crisis terrible se desarrolló en el cerebro de Rafael: ir o no ir a bailar con Leonor. Si iba tendría que faltar a lo que le había ofrecido a su tío, porque de cerca no podría mentirle a Leonor. Pensó que era preferible que ella siguiera dudando, aunque con mucho menoscabo para la dignidad de él. Y con absoluta probabilidad de perder el amor de Leonor para siempre. Sin embargo, él prefirió no ir.

Mandó un sirviente a traer su sombrero para irse del baile, pues tuvo miedo de encontrarse con Leonor. Pero antes de despedirse le escribió a Leonor al reverso del papelito:

"Leonor: Tu resentimiento es muy justo y muy digno de ti. Por culpa mía todo está terminado para siempre entre nosotros dos. Te ruego que me perdones y que encuentres con otro la felicidad a que tú tienes derecho y que no pudiste encontrar conmigo. Adiós. — Rafael".

Luego él se fue a andar por el pueblo. Sentía un dolor tan hondo de tener que perder a Leonor, el gran amor de su vida, que le daban ganas de llorar como un niño. Para poder ahogar su dolor se propuso maltratar sus piernas, anduvo fuera de la ciudad sin rumbo fijo. El sudor lo bañaba por todas partes y la ropa se le había pegado al cuerpo. Una pobre india que traía un flaco caballo con una carga de maíz, se paró al encontrarse con aquel hombre, vestido de baile, sombrero en las manos, jadeando como un fuelle y a dos leguas fuera de Santa Clara. La mujer lo pudo ver en aquel misterioso aspecto por la luz de un relámpago, pues la noche era oscurísima y el camino de herradura era impasable. Por fin, profundamente cansado, cayó a un lado, rendido completamente. Entonces comprendió que no podría llegar a la hacienda y hablar esa misma noche con su tío. Quería Rafael contarle todo... Quería decirle que, por culpa de él, había perdido el amor de Leonor para siempre. Su tío estaba entonces temporando en la hacienda y él no quiso esperar a que regresara. Para allá iba, a media noche...

En Santa Clara reinaba la más profunda paz. El baile había terminado y aunque algunas veces los caballeros, bajo la influencia del entusiasmo, improvisan una serenata, esta vez todos se habían retirado a sus casas.

Leonor fue la única persona en Santa Clara que no se fue a dormir. Agarró el papelito en que Rafael le había escrito y se dedicó a leerlo una y más veces como si no pudiera entender. Por fin lo escondió y se fue a la cocina a despertar a la criada que ya estaba dormida.

—Ramona —le dijo—, quiero que vengas a mi dormitorio inmediatamente. Quiero hablar contigo a solas.

Después que las dos mujeres se encontraron a solas en el dormitorio de Leonor, esta última fue a cerrar la puerta y ventanas, echó llave y después la escondió.

—Ramona, me vas a hablar con entera franqueza. Te voy a hacer un obsequio si no mientes.

—Todo lo que usted quiera, niña Leonorcita.

—Ramona... ¿quién es el padre de Silvestre?

—Pero a una niña como usted, ¿qué le importa saber esas cosas?...

La pobre mujer contestaba aquello en medio del susto porque aquella pregunta nunca se la habían hecho.

—¡Cómo no, mucho, me importa, Ramona! Te voy a contar después por qué. Pero antes quiero que me contestes la pregunta...

—Le voy a decir... ¡Es don Luis Salgado!

Leonor pudo respirar. Se sintió como si le quitaran un gran peso. Pasó un momento de silencio que la pobre Leonor lo saboreó lleno de dicha. Pero al momento se volvió a poner incrédula y le dijo:

—No, ¡tú mientes Ramona! La gente dice que el padre de Silvestre no es don Luis sino Rafael...

—¿Quiere que le enseñe un papel que me escribió don Luis, ese viejo puerco?

Ramona sacó un sucio papel de la blusa del vestido. A pesar de su ignorancia Ramona sabía que aquél podía ser un documento útil.

Don Luis le decía allí a Ramona que había que guardar el secreto...

Leonor recordó al momento lo que le habían asegurado antes: que había un convenio entre don Luis y su sobrino para que este último admitiera públicamente ser el padre de Silvestre. Leonor comprendió que el pobre Rafael admitía este sacrificio por su gratitud a don Luis que lo había criado. Y también dedujo que don Luis imponía este cruel sacrificio a su sobrino por el miedo a su esposa que hubiera incendiado la ciudad si lo hubiera sabido...

Leonor sacó un billete de a cinco pesos y se lo entregó a Ramona.

—No te asustes Ramona, es una pequeña pregunta que te hago. ¡Buenas noches!

Leonor se acostó inmediatamente, luego sacó un pequeño retrato de Rafael y lo besó repetidas veces con las lágrimas en los ojos, llena de dicha. Después apagó la luz y se quedó profundamente dormida.

EL SOLTERÓN:
(1931)

EL SOLTERÓN

El solterón, Hilario Mendoza, fue desde niño un hijo y un hermano cariñoso. Era blanco, alto, flaco, muy ordenado y meticuloso, de expresión noble y de maneras tan sencillas, que infundía confianza desde el primer momento. Al cumplir 28 años, dejaba detrás una estela de perseverancia, de ahorros y de duro trabajo como secretario de la Gobernación Política. Era el brazo derecho de su madre, una viuda siempre quejosa, siempre lamentándose de la pobreza y de la vida. Muchas veces se podía observar que Lalo —así lo llamaba su padre— presentaba una arruga, una marcada arruga en el entrecejo. Esta arruga resultaba demasiado prematura a los 28 años. Los desvelos y las preocupaciones económicas estaban envejeciéndolo y para colmo de su desgracia, doña Teresa, la madre, murió en esta época, dejándolo esclavizado con una de esas promesas que piden algunos padres a sus hijos antes de morir y que éstos, naturalmente, no pueden rehusar. La única herencia que la madre le dejó fueron dos hermanas solteras e inútiles, la pequeña casita de adobe en que vivían y la promesa que él tenía que cumplir:

—La...lo... —le dijo con voz casi apagándose— cuídame a las muchachas...

—Claro, madre, no tenga cuidado.

—La...lo... (la voz se iba apagando), prométeme que no te casarás... hasta que se casen las muchachas. (Lalo se confundió, le parecía difícil contestar inmediatamente).

—La...lo, es el último deseo de tu madre...

—Bueno, mamá, bueno. Te lo prometo...

Hilario era un hombre tranquilo y reposado. Se acostaba temprano, nunca salía con los amigos por la noche, y por eso éstos no lo tomaban en consideración. Sin embargo, él tenía buena cabeza para darse cuenta de su porvenir y tratar siempre de mejorar su situación económica. Por las noches, después que la criada le servía la cena— las hermanas no sabían cocinar—gustaba de pasear solo, por las orillas del pueblo. Mientras caminaba solo iba urdiendo monólogo tras monólogo. Toda la vida de Lalo era un continuo monólogo. Se preguntaba él si su vida estaba bien vivida, si acaso sería mejor hacer como hacían los otros hombres de su edad: ir a los bailes —Lalo no sabía bailar— beber licor, llevar serenatas a las dos de la mañana, aun en las mañanas frías, a la novia. Hacer ostentación de una corbata nueva, de un terno nuevo. Reír, preocuparse menos de la vida, ver lo bueno y lo malo con una simple sonrisa despreciativa. O si no, seguir siendo lo que hasta ahora había sido: un hombre callado, sobrio, reservado, amigo de economizar lo poco que podía del sueldo mensual. Lalo concluía por confundirse y no atinaba cuál era la vida mejor. Luego pensaba en que acaso el matrimonio podría hacerle más interesante la vida. Pensaba entonces en la clase de mujer que le convendría.

Luego se preguntaba si las demás mujeres eran como sus hermanas, que no sabían más que empolvarse, hablar de vestidos, pensar en algún hombre y soñar, soñar...No, no, se decía, es mejor vivir soltero. La vida de soltero es muy tranquila, la vida de soltero no tiene esas interrupciones que traen las esposas cuando amanecen de mal humor... Además, se decía, aunque quiera casarme, debo cumplir la promesa que hice a mi madre. Pero puede ser que cuando llegue a los cincuenta años, me aburra mucho. No —se decía— lo que debo hacer es ir buscando novios para Enriqueta y Dolores, debo ver si por fin da casan. Después, si logran casarse, yo quedaré más libre. Si entonces lo deseo, podré vivir como hasta ahora, pues nadie me obligará a buscar mujer, pero mientras tanto, es conveniente que trate de casar a mis hermanas. Ellas siempre están enojadas conmigo. La causa es que yo no voy a los bailes y las pobres no quieren ir solas. Debo principiar a acompañarlas. Voy a hacer mal papel, lo comprendo, yo no nací para ir a los bailes. Además, soy muy sensitivo y me hieren las bromas irónicas de los amigos. Tan pronto como me vean sentado, mientras todo el mundo baila, van a llegar con una compañera y me van a decir:

—Lalo, aquí te traemos una compañera para que bailes, hombre. Estás muy triste.

Naturalmente, lo que me van a traer va a ser una vieja, una solterona, porque lo que quieren es tomarme el pelo... No sólo eso, después que me vean con la mujer del brazo, van a preguntarme que por qué no bailo; si les contesto que no sé bailar, van a insistir en que mi compañera es buena bailadora y que pruebe, que pruebe... ¡Ah, no hay cosa peor que caer en ridículo! Además, ya sé que andan diciendo por allí, que una fulana está enamorada de mí. Lo peor de todo es que hasta mis hermanas, mis propias hermanas, me hacen burla. ¡Malditas! No sé qué hacer, esta vida que llevo tampoco me satisface. Lo que yo debo hacer es, tan pronto como mis hermanas se casen, irme a vivir a un pueblo donde nadie me conozca. Voy a cultivar la agricultura, voy a criar pollos y chanchos, voy a andar sin cuello ni corbata, y me voy a hacer amigo de todos los vecinos del pueblo. Yo no he nacido para la vida de sociedad, me repugna toda esa mentira. Quisiera ver casadas a mis hermanas para irme a vivir a un pueblo.

Tengo pocos amigos, lo comprendo, y la causa es que no hay mucha gente de mi carácter que me entienda. Si yo encontrara una mujer como yo, después que mis hermanas se casen, entonces tal vez me animaría, pero de lo contrario, no. ¿Casarme con una muchacha de estos tiempos?... Nunca; ya estoy cansado de que me manden. Pero volviendo al asunto, yo creo que debo plantear bien mi vida. Por ahora, lo que debo tratar de hacer es cumplir la promesa que hice a mi madre. Pero, mientras tanto, traer hombres a mi casa, debo traerlos con cualquier pretexto para que vayan conociendo a mis hermanas. Las pobres casi me lo dicen con indirectas.

Muchas veces me dicen que sería lo mismo para ellas no tener hermano, que yo para nada sirvo. Comprendo lo que ellas quieren decir. Yo estoy seguro que Enriqueta conseguirá un novio, no tanto porque es bonita, no, Dolores es la única bonita de la familia. Pero Enriqueta es una muchacha que infunde amistad al momento; es fea, yo comprendo, pero es simpática, y creo que pronto se hará de amigos. Por lo menos, conseguirá interesar a los amigos para que sigan visitando la casa, y mientras tanto se fijen en Dolores. Indudablemente, Dolores es una muchacha bonita. Lástima que sea tan tímida, tan reservada, tan fácil que se pone coloradita cuando un hombre le dirige la palabra.

Lástima que Dolores sea así, pero indudablemente, es una muchacha bonita; no parece de nuestra familia. No sé a quién salió, nosotros no nos parecemos a ella. Voy a conseguir que el doctor Ortega, que también se está quedando como yo, venga a mi casa. No quiero que sepa para qué lo traigo, voy a invitarlo para que me haga un escrito, después le presento a mis hermanas, lo invitamos a almorzar y finalmente le digo que ya es tarde y que otro día haremos el escrito. Voy a traer a Meme Bulnes, le tengo miedo porque es muy chistoso, este tipo me va a adivinar mi propósito, todo lo agarra al aire y después me va a tomar el pelo. Pienso en lo que dirían todos ellos si supieran que mi madre, al morir, me dejó amarrado, completamente amarrado. La verdad, hay veces que amanezco un poco romántico, cuando veo una muchacha bonita hasta me dan ganas de hacerle un verso, pero la vida ha sido tan dura conmigo... Las obligaciones de familia. Además, mi deseo siempre de economizar, economizar nada porque con un sueldo infeliz ¿qué se va a economizar? Pienso en lo que yo sería si mi padre viviera.

Probablemente él habría cargado con las responsabilidades de la casa, y yo me hubiese divertido más. Claro, yo nunca hubiese sido un "calavera", porque para eso no nací, pero probablemente habría tenido tiempo para pensar en las mujeres y quizás ya estaría casado... Lo que a mí me arruina es mi carácter, soy un hombre tímido; y a las mujeres no les gustan los hombres tímidos; además, no tengo gracia para vestir, y las mujeres no perdonan eso nunca. Más valdría que yo fuera un fanfarrón, un embustero, pero con buenas maneras y con elegancia. Las mujeres prefieren a un hombre de esta clase. Bueno, realmente la vida es una cosa que nadie puede entender. Yo no estoy satisfecho conmigo mismo, pero creo que, si yo fuera un hombre de bailes, de serenatas, de bebederas, etc....tampoco sería feliz. Uno no puede ser feliz enfermándose del estómago con licor, levantándose con un dolor de cabeza después de una noche de parranda. Además, así no se puede economizar.

Uno vive únicamente el presente, pero el futuro es como el humo del cigarro, no se ve, se va desvaneciendo, y un día uno se siente viejo...Sin embargo, quizás los hombres más felices son los que tienen algo qué contar de las mujeres. Yo no tengo nada qué decir, pero quizás soy más feliz que todos. Lo único que me da temor es que hagan ridículo de mí. Es lo único que me saca de mi modo de ser. Si viviera en un pueblo, sería feliz porque todos me respetarían. Yo me sentiría libre, libre para vivir mi vida a mi antojo...

Esa misma noche, cuando Lalo volvió a su casa, Dolores le detuvo y le dijo a una señorita que estaba con ella:

—Adelaida, ¿no te conoces con mi hermano? ¿No se conocen?

—Oh, sí, nos conocemos, pero... Lalo le dio la mano. Adelaida era una mujercita frágil y conversadora. Daba la impresión de que, si se agarraba con la mano, se podía deshacer como una mariposa. Sin embargo, cuando Lalo se la dio, notó con sorpresa que se trataba de una mujer enérgica. Los dos se miraron las caras y no pudieron contener una sonrisa nerviosa:

—Usted es maestra. ¿Verdad, Adelaida?

—Sí, Hilario, ahora tengo un grado a mi cargo.

Después, en la cena, Hilario sintió un gran deseo de alcanzarle la carne, el café, los frijoles y las tortillas. Las hermanas de Hilario notaron el deseo que éste tenía en servir a Adelaida y lo dejaron, haciéndose ellas las desentendidas. Hilario no se dio cuenta de la risa burlona que jugueteaba en los labios de Dolores y Enriqueta —Dolores tenía 22 años y Enriqueta 19—. Cuando Adelaida, que tenía 24 años, se despidió, Hilario estuvo presto a acompañarla en unión de Dolores.

Desde aquel día, con sorpresa de las dos hermanas y de él mismo, Hilario llevó a sus hermanas a todos los bailes. A menudo les decía, con cierta ingenuidad, que ellas comprendían en su significado:

—¿Por qué no traen amigas aquí a la casa? Cuando no van a los bailes, deberían invitar a unas amigas. Por qué no invitan a aquella pispireta, tan inteligente. ¿Adelaida se llama, ¿no?

Después, cuando paseaba solo en las noches, sintió algo extraño en su interior. Se sentía más desgraciado que nunca y, sin embargo, más feliz que nunca... Inconscientemente pensó en que debería hacer algo para Adelaida, un regalo, una muestra de aprecio y simpatía, una gentileza que no pasara inadvertida. Creyó que Adelaida era una mujer admirable, pobre como él, inteligente y muy dueña de sí misma. Tenía unas ideas propias de gente seria que piensa en cosas trascendentales. Quizás esta mujer me comprendiera si le contara cómo soy yo por dentro, se dijo él mismo y acabó riéndose.

Desde aquel día, Lalo caminó siempre pensando en Adelaida. Cada vez que Adelaida llegaba a la casa, y él tenía oportunidad de conversar con ella, quedaba más enamorado. El eco de su voz le era familiar a todas horas: los modales de ella le parecían muy bien definidos. Era una mujer que no se confundía con ninguna. El hecho de ser pobre y de soportar a su madre de la manera que él soportaba a la suya, era una cualidad. Cada día descubría él nuevos encantos en ella. Por fin, no pudo más y le habló de su amor y de su admiración:

—Adelaida —le dijo—, yo te amo mucho, mucho y si tú me esperas... Prometí a mi madre no casarme hasta que las muchachas se casen, y tú sabes cómo son esas promesas... ¡Hay que cumplirlas!...

—Bueno... te puedo esperar —le contestó ella sonriente.

Desde aquel día, Adelaida empezó a buscar novios para Dolores y Enriqueta. Buscaba con tanto afán como el mismo Lalo. Los dos invitaban amigos para que vinieran a la casa. Instalaron una tertulia nocturna. Compraron un juego de lotería, cartones y fichas para que vinieran a jugar una infinidad de hombres. Mientras todos jugaban, Lalo y Adelaida, sentados en una esquina de la sala, con frases provocativas, echaban madera para que quemara el horno...

Mientras tanto, tres años pasaron sin tener éxito. Adelaida, que era práctica y conocía la psicología humana, se enojaba con Dolores y Enriqueta:

—Son unas mujeres inútiles —les decía—. No sirven para nada. Yo no sé qué les platican a los hombres, que nunca vuelven después que hablan dos palabras con ustedes. A los hombres nunca hay que decirles la verdad. Hay que engañarlos siempre. Deben hacerse indiferentes con ellos, deben hacerles creer que hay otro interesado. Deben tratar de ponerlos celosos... A los hombres nunca hay que decirles la verdad. Nunca deben demostrarles que ustedes se entusiasman por ellos; deben verlos con indiferencia. Probablemente ellos han comprendido que ustedes les quieren echar mano, y por eso se han ido... Son unas estúpidas, no conocen nada de la vida, yo les voy a enseñar...

Lalo le decía algunas veces a Adelaida:

—Óyeme, Adelaida, ya me canso de esperar y las muchachas no encuentran novio. Lo que debemos hacer es casarnos... En mi casa hay sitio para dos familias. Yo no te voy a ofrecer todo lo que quisiera, porque voy a tener que soportar dos familias, pero lo principal es el amor... ¡El amor lo vence todo!

—No —le decía Adelaida— si fueras buen hijo, respetarías la promesa que le hiciste a tu madre. Además, cuando la pobreza entra por la puerta, el amor huye por la ventana... Perdona si te digo la verdad: si yo me caso contigo tendría en primer lugar que servir no sólo a ti, sino que también a tus hermanas. Tendría que vestirlas, ellas no saben ni eso, tendría que cocinar. Ellas, si no fuera por la criada que tienen, se morirían de hambre. Tendría, en fin, que hacerles todo. Además, como tú sabes, tengo a mi madre viva... De manera que yo te digo lo de siempre: te amo, te amo con todo mi corazón, pero no puedo casarme contigo hasta que Dolores y Enriqueta se casen... Prefiero mi vida de maestra de escuela, es una vida tranquila y sin mayores preocupaciones. He conversado esto con mi madre y ella piensa lo mismo.

Los dos estaban agarrados, con las manos unidas; los dos miraban las estrellas rutilando en el sereno firmamento; los dos acabaron por cerrar los ojos para no ver la realidad. Era el final...Los dos comprendieron así. Adelaida era no sólo una mujercita emprendedora y activa, sino que orgullosa como ninguna. Podría hacer cualquier cosa por Lalo después de casados, pero no iría a cocinar para darles de comer a Dolores y Enriqueta. ¡Qué esperanza! ¡Qué se murieran de hambre, haraganas!

Un largo año pasó. Dolores y Enriqueta seguían solteras. Adelaida, por el contrario, no era la mujer que se sienta a esperar el "príncipe azul". Desde aquel día, indignada contra Dolores y Enriqueta y hasta contra Lalo, se propuso casarse primero que ellos y darles una lección. La indolencia de ellos era algo que la sacaba de sus nervios. Había que moverse. Lalo también era un inútil. Bastaba oírlo enamorar con aquella manera tan poco romántica. ¡Era un inútil! Tres meses después, Adelaida se casó. Se casó con un muchacho muy joven, pero hijo único de un rico señor salvadoreño que compraba miles de novillos para enviarlos a la vecina y próspera República de El Salvador. Pablo Luque, que así se llamaba el joven, era el que manejaba los haberes de su padre y Adelaida logró casarse con él.

Cosa rara: meses después se casó Dolores. Ellas que tanto habían buscado en vano, recibieron un día la visita del nuevo administrador de rentas y a los dos meses de conocer a Dolores, se casó con ella. Ahora sólo faltaba Enriqueta. Enriqueta se sentía indignada. Dolores, la indolente Dolores, que nunca decía nada atractivo, nada que interesara a los hombres, y ella, Enriqueta, la graciosa Enriqueta, seguía esperando...

Desde aquel día, Enriqueta hizo un desesperado esfuerzo para atrapar un novio. Había que moverse. Pero la pobre luchaba sin que su propio hermano le prestara ayuda. Lalo, desde el matrimonio de Adelaida, se sentía tan desgraciado que ya ni salía a la calle. Creía que por culpa de sus hermanas lo había perdido todo, que ya el mundo no le ofrecía nada, nada. Fue tal su indignación contra sus hermanas ¡que cuando Dolores se casó, no le hizo el más pequeño obsequio. Estaba completamente indignado... Lo había perdido todo. Al casarse Adelaida se había acabado la vida para él. Adelaida era la única mujer en el mundo que lo podía haber hecho feliz y él la había perdido por culpa de sus hermanas. ¡Malditas! Sobre la casa cayó una sombra de dolor. Ya no habían tertulias, no había nada. Lalo se iba con un cigarro en la boca a vagar por las orillas del pueblo. La pobre Enriqueta se quedaba sola, a menudo se ponía a llorar, se estaba volviendo neurasténica. Cuando la tristeza era demasiada, se iba a casa de doña Fidelia, una tía de ella que vivía en la esquina. Doña Fidelia sólo le hablaba de cosas tristes, recuerdos de la vida en el pueblo cuando ella era joven, las costumbres de aquellos tiempos, las casas que se habían construido desde que ella era muchacha de bailes, etc. Enriqueta no podía soportar aquella conversación. ¡Qué horrible, Dios mío! ¡Parece que todos se proponen llenarme de tristeza!, se decía Enriqueta. Entonces, en vez de ir a visitar a doña Fidelia se iba a casa de Prudencia, una compañera de escuela. Allí, en la casa de Prudencia, hizo amistad con un primo de ésta. Se llamaba Leopoldo, él las entretenía a las dos con mentiras graciosas; Enriqueta se sentía tan alegre oyendo a Leopoldo contar aquellas cosas, que así lograba olvidar la melancolía que la agobiaba. Un día Leopoldo, a escondidas de Prudencia, principió a hacerle el amor a Enriqueta:

—Desde la primera vez que vino me gustó usted —le dijo.

—Yo no le creo a los hombres —le contestó Enriqueta.

—No todos los hombres somos iguales —le volvió a decir Leopoldo.

—Sí, dice la verdad, hay algunos buenos, pero son tan pocos —le dijo Enriqueta.

—¿En qué grupo me incluye a mí? —le preguntó Leopoldo.

—No sé —le contestó Enriqueta—, hay que conocerlo primero.

—Bien —le volvió a decir Leopoldo—, desde hoy en adelante me principiará a conocer.

Efectivamente, Leopoldo continuó haciéndole el amor a Enriqueta. A Enriqueta le cayó muy en gracia la manera de ser de Leopoldo, que por cierto no era tan graciosa. Leopoldo era un muchacho fanfarrón y vanidoso. Contaba que había peleado con muchos hombres y que los había vencido; que, en el colegio, cuando estudiaba, había llegado a ser el mejor estudiante. Que tenía grandes ideales y que esperaba llegar a ser un hombre muy rico, porque poseía mucho talento para los negocios. Prudencia, al notar que Leopoldo le hacía el amor a Enriqueta, le dijo a ésta:

—No le hagas caso a Leopoldo. Mi tío vive enojadísimo con él, es muy haragán, no quiere estudiar ni quiere hacer nada...

Sin embargo, ya Enriqueta estaba enamorada de Leopoldo. Las locuras y el modo nervioso y fanfarrón le caían en gracia. Sobre todo, sentía gratitud para él porque le hacía la vida más agradable. Cada vez que Enriqueta volvía a casa después de despedirse de Prudencia, Leopoldo la acompañaba. Un día notó Lalo que Enriqueta venía por la calle con un hombre. Cuando Enriqueta entró, Lalo le dijo muy enojado:

—¡La gente va empezar a hablar!

—No me importa—le contestó ella—. La vida con un hombre como tú es insufrible. Cada vez que vuelvo a casa me parece que estoy en un cementerio y que en él se oyen los pasos de un muerto. Ese muerto eres tú.

—Mañana no irás a visitar a Prudencia. Parece mentira que no quieras ver a tu hermana Dolores sólo porque se casó primero que tú. ¡Qué egoísmo!

—Mañana iré a la casa de Prudencia. Soy libre—le contestó Enriqueta.

A la noche siguiente fue, pero ya no volvió. Lalo se durmió tranquilo, pensando que se habría quedado a dormir en casa de Prudencia. Tarde del día siguiente se informó en casa de Prudencia que probablemente Enriqueta se había fugado con Leopoldo, pues los dos se habían despedido de regreso a casa de Enriqueta. Entonces Lalo, sumamente preocupado, principió a recorrer el pueblo, pero no encontró a ninguno de los dos. El padre de Leopoldo se puso muy indignado, puso telegramas a los pueblos vecinos, ordenando que los detuvieran, porque creía que iban de camino para otra parte. Pasaron tres semanas, y no se volvió a tener noticias de Enriqueta y Leopoldo. Lalo y el padre de Leopoldo siguieron pidiendo informes, pero no se supo más de los fugitivos.

Lalo sufrió mucho, llegó a sentirse más desgraciado que nunca. Le parecía que la mano acusadora de su madre lo señalaba con el dedo... Como de costumbre, después de la cena se iba a vagar por la orilla del pueblo. Ahora se sentía más solo y más abandonado que nunca. Cuando regresaba, después de los paseos nocturnos y entraba en su casa, no podía evitar una profunda tristeza.

La casa, en donde había corrido su niñez y su juventud, estaba ahora desierta. En la cabecera de su cama había colocado un viejo retrato de Adelaida que ésta le había regalado a Enriqueta. Antes de cerrar los ojos se ponía a ver aquella sonrisa tan característica de Adelaida. Después, se ponía a pensar en ella. No había, era imposible, otra mujer que lo impresionara como Adelaida lo había impresionado. Aquella suave sonrisa suya que apenas entreabría los labios. Luego, pensaba en lo que habría sido su vida al lado de Adelaida. Por fin, sentía unos celos terribles al recordar a Pablo Luque, el esposo de Adelaida. Dios mío, Dios mío, Dios mío, decía, ¿por qué no abandoné a mis hermanas, así como ellas me abandonaron, y me casé con Adelaida? Se sentía culpable él mismo de haber tenido la felicidad en las manos y no haberla conservado. Pensaba después en la vida del matrimonio y recordaba con pena que ya empezaba a envejecer. Es difícil que me quieran, decía; además, me estoy poniendo muy calvo, el cabello se me está cayendo, tengo una figura ridícula, estoy muy flaco y no tengo siquiera el atractivo de una fortuna. Tengo, además, un mal carácter, los que vamos para viejos nos ponemos de mal carácter. Creo que si me casara viviría en continuo pleito con mi mujer. Y si ella me echara en cara que soy viejo, que soy calvo, que no tengo dinero, entonces probablemente me volvería loco. ¡Ah, sólo Adelaida, sólo a ella le perdonaría todo, todo, todo!...

Por razones de economía había suprimido hasta la criada y se hacía él solo la comida. Soy un solterón, se decía, me río de mí mismo, soy una figura ridícula, esta vida mía no es natural, es contra la naturaleza, necesito alguien, quiero alguien que me haga pequeños reproches, pero que tenga dos brazos que me abracen en el cuello, dos labios que me besen en la boca y que me digan:

—¡Lalo!...

La vida con tanta soledad no es posible. Camino y camino en esas calles de Dios con el único fin de cansar mis piernas para después venir a tirarme en mi cama y esperar el nuevo día que será lo mismo que el de ayer. Y luego seguir cada día exactamente a los otros hasta que por fin me vaya a la tumba. Dios mío, necesito alguien con quien pueda gozar, con quien pueda sufrir; mi vida de soltero es una vida egoístamente absurda. Necesito tener alguna relación con el mundo. ¡Qué equivocación es querer vivir solo! Qué equivocados estamos aquellos que no hemos sido padres de familia. Aquellos que no hemos visto, por egoísmo o por cobardía, renacer nuestras propias vidas en retoños nuevos. Aquellos que no hemos sentido la suave mano del hijito juguetear por nuestra frente. ¡Ah, ya estoy viejo y no soy más que un ridículo solterón! Debí haberme casado; ahora tendría quien me acompañara en esta casa desierta. Pasar con mi esposa las largas veladas en casa, sin tener que echarme a vagar como un insano por esas calles de Dios. No hay, Dios mío, peor soledad que la soledad entre muchos. Si alguna vez he sido egoísta de mi soledad, Dios castiga a los cobardes que no supieron echarse a cuestas la vida de una noble compañera que nos alegrara el viaje. Pero ahora ya es tarde; he cumplido muchos años, y desde niño sufro el temor de ver el ridículo, como una espada de Damocles, sobre mi cabeza. Soy muy sensitivo, tengo una sensibilidad enfermiza.

No quiero que la gente se ría de mí y temo mucho más que mi propia esposa se ría. Estoy en la tarde de mi vida, y no tengo más remedio que soportar la soledad que yo mismo me labré. Soy una víctima de mis hábitos y costumbres de solterón que ya nadie puede cambiarme, debo seguir como hasta ahora he seguido. Pero en mi corazón se queja la voz del vacío; en mi corazón se queja la voz de una soledad que cruje como las ramas de los árboles cuando se quiebran, como la dolorosa voz del viento cuando se oye en las frías heladas de noviembre. Solo, completamente solo, mi corazón sufre las consecuencias de mi idiosincrasia, de mi timidez, de mi excéntrica naturaleza que tuvo miedo de las mujeres alegres, de las risas alegres, de la sociedad de los hombres, de la sal de la vida. Estoy solo, y en mi orfandad se oye la voz de mi corazón que se lamenta como las aves que se mueren de frío. Estoy solo y no tengo más que mi monólogo por las noches y mi cigarro viejo metido en mis labios, y este mueble donde paso las noches en vela...

Una vez llegó una carta para Enriqueta. Lalo reconoció que era letra de Adelaida. Venía de la vecina república en donde Adelaida vivía con su marido. Al mes de tener la carta guardada, como no se recibían más noticias de Enriqueta, Lalo decidió abrirla. La carta era, efectivamente, de Adelaida, escrita con letra fina y pequeñita, muy propia de ella. Lalo leyó la carta. Decía, entre otras cosas: "Vivo muy feliz con Pablo, él me quiere mucho y yo vivo muy enamorada de él. Te cuento que ya tenemos dos niños; el mayor lo tenemos estudiando en la capital y de él recibimos magníficos informes. El otro vive con nosotros y va al colegio. Me gustaría mucho que ustedes vinieran a visitarnos a nuestra casa... mi marido también quiere que vengan. Si ustedes no pueden venir, que Lalo nos haga una visita. Supongo que sigue soltero. Vieras cuánto me preocupo por tu hermano; me gustaría verlo casado y feliz. Es tan bueno, digno de mejor vida... Me parece que el pobre vive muy tristón...Aquí tengo una amiga, le he hablado mucho de él y creo que le gustaría. Ella también es una solterona, pero guapa, etc."

Cuando Lalo acabó de leer la carta, se quedó mucho tiempo en silencio. Luego se le ocurrió imitar la letra de Enriqueta y contestar la carta. Agarró la pluma e imitó la letra de Enriqueta tan admirablemente que él mismo se sorprendió. Entre otras cosas le decía: "A propósito de Lalo, te cuento que por fin se casó, ya tiene dos hijos como los tuyos, lindos. Van a la escuela y son el vivo retrato de Lalo. Él los adora. La esposa de Lalo se llama Alicia, es una mujer muy hermosa, muy trabajadora y Lalo la adora. Me ha recomendado que te salude mucho y que se alegra de saber que también tú eres feliz en tu matrimonio", etc.

Después que Lalo terminó de escribir, se quedó en silencio largo rato. Cuando levantó la cabeza, notó, muy sorprendido, que tenía lágrimas en los ojos. Entonces sintió vergüenza de las lágrimas y se puso a reír extrañamente. Luego agarró el retrato de Adelaida y lo rompió en mil pedazos, con cólera...

EL INCIDENTE CON LOS CASTRO

Hasta el tiempo en que cortejé a mi mujer, yo no supe lo que eran sufrimientos. La vida, sin embargo, me castigó después. La Angela, hermana de mi esposa, y el viejo Castro, su marido, me aborresían[2] porque de mí no sacaban ventaja. Los dos le habían metido ideas en la cabesa a la Lusía, mi mujer, pero ella no les hasía caso. La Lusía me quería por amor y no por mi dinero. ¡Qué diablo!, yo no era lo que ellos le contaban de mí. Es verdá que había estado en la cársel, pero eso jué por chismes de los enemigos. El chisme salió de un tal Eusebio Rivas, ¡que el diablo lo tenga en el infierno! El tal Eusebio tenía unos cuantos animales lindando con mi potrero, los animales rompían el alambrado y se metían a mis propiedades y me comían el mais. ¡Yo no podía quedarme así nomás! Una noche, con deseo de vengansa, porque el tal Eusebio no ponía el remedio, me juí a remediar las cosas yo mesmo con mi propia mano. Lo que hise jué irme a dormir al rancho que tenía en el potrero y en una sola noche le machetié con mi machete "Colis" dos toros y una novilla. Al día siguiente, amigo, viene el tuerto Eusebio a preguntarme que si yo era el macheteador del ganao. Le dije que sí y que me tenía a sus órdenes. A la mañana del otro día, mientras me desayunaba, cae un inspector y dos soldados:

—¿Está aquí don Endalesio Flores?

—Con él habla, buen hombre.

—Que se le sita para una declarasión.

Me juí con la escolta. Llego y me piden declarasión. Les dije que yo era el que había macheteado el ganao. Les dije que el tuerto Eusebio hasía algún tiempo que me estaba amolando con sus animales y que como él no había puesto el remedio, yo lo había arreglao todo con mi propia mano. Bien, me ponen en la cársel por unos cuantos meses y por fin salgo en libertá. No traiba ideas de vengansa. Le había macheteao el ganado, me habían puesto preso. Estábamos pagaos. Pero el viejo Castro y su mujer, la Angela, le contaban a la Lusía que yo había estao en la cársel por ladrón, por "roba—vacas". La Lusía no les ponía atensión y yo mesmamente le conté el cómo y el porqué

---

[2] Se respeta el estilo que Arturo Mejía Nieto eligió para este cuento.

de todo el asunto. Bien, la muchacha me quería y aunque con muchas dificultades, logramos arreglar el matrimonio. La Lusía era una muchacha capás de enloqueser a un cura, una muchacha blanca, alegre, rosagante. El viejo Castro y la Angela cuando supieron mi matrimonio tuvieron que aseptarlo todo y se conformaron. Luego después nos mandaron una yunta de bueyes como regalo de boda. Asepté el regalo y les mandé a informar que mi hogar estaba abierto para en cuando quisieran venir a visitarnos. Que después de todo, mi mujer era hermana de la Angela y que por lo tanto quedábamos emparentaos. No se hisieron esperar, una semana después el viejo Castro y la Angela vinieron a hacernos una visita. Dende el primer momento aparesieron cariñosos y deseosos de hacer amistá. Yo los resibí con bondá y mi mujer, la Lusía, hiso lo mesmo. Para no cansarlos, seguimos visitándonos de cuando en ves. El viejo Castro era un pelao que no tenía ni cuero en que cáir muerto. No era capás de amasar fortuna, era un haraganaso.

Pues bien, venía siempre y se interesaba por mis negocios, le contaba yo como iba la cosecha del mais, le contaba los esperimentos que hasía para sacar buenos muletos y le hablaba de mis proyectos en el ordeño de 60 vacas que mantenía y de lo que preparaba para el año prósimo. El viejo Castro me oiba con entusiasmo y siempre me elogiaba lo mío. Tan entusiamao me paresió que le juí criando cariño y hasta me paresió un cordero en ves de un tigre como antes me había paresío. Yo le informaba de todo lo que tenía en propósito y hasta le pedía sus consejos, que él nunca me negaba. Una ves me pidió 50 pesos, que no tenía, pero que yo mandé a pedir a un amigo solo pa prestárselos. Otra ves me compró 20 novillos de año y cuando se llegó el momento de pagarlos, me resultó que no había juntao todo el dinero, pero que luego me pagaría.

Finalmente llegó al abuso. Sierta ves mandé unas mulas a trair un hijo de la primera esposa que tenía en la capital estudiando y que venía en tiempo de vacasiones. Pues resulta que el viejo Castro iba también a la capital con el fin de que le hisieran efectivos unos resibos atrasaos que le adeudaba el Gobierno, iba mal montao y en el camino se le cansó la mula. El criado que yo mandaba era un pobre indio que no sabía ler. El viejo mentiroso le mostró un telegrama al indio disiéndole que el telegrama era mío y que en él le ordenaba darle a él la mula de silla pa que pudiera seguir el viaje. El indio creyó lo que el viejo le desía y le entregó la mula. Después me pidió disculpas. Yo lo perdoné, pero quedé en guardia pa cuando él me pidiera otro favor. Me adeudaba más de 100 pesos y no tenía esperansas de recobrarlos. Yo lo hasía todo por la Lusía, mi mujer, que siempre me aconsejaba que le diera lo que él me pidiera. Pues bien, luego después de lo que hiso con mi mula, viene y me pide la fianza pa un dinero que le iba a sacar prestao a don Anacleto, un viejo que lo conosía bien y no le créiba ni el bendito...

—Veya, amigo Castro —le contesté—. Siento mucho, pero esta ves no viá poder ayudarle.

—Me estraña tu modo, Endalesio —me contestó.

—No hay rasón pa estrañarse—le repliqué.

—Rasón hay —me volvió a desir— vos no sos un pelao pa negar unos pocos sentavos.

—La verdá, amigo Castro —le volví a desir— tenemos cuenta pendiente.

—Pero ya te viá pagar. ¿Qué estás pensando? ¿Que no soy hombre honrao?

—Yo no digo que no es hombre honrao —le contesté—. Lo que digo es que ya me adeuda bastante y no quiero comprometerlo más...

—Pero hombre, Endalesio —me respondió— somos parientes. Ya sabés que si no juera yo, vos no te casás con la Lusía. Vos sabés que mi mujer y la mesma Lusía sabían que vos estuviste en la cárscel por... bueno, no hay que recordá nada. Yo traté que la muchacha no pensara mal de vos. Les dije que eras trabajador, con dinero y demás...

Cuando el viejo concluyó de hablar así, yo tenía la sangre en la cabesa. Nunca en mi vida me he puesto tan bravo como en aquella ves.

—Veya, viejo —le contesté—, usté no ha hecho más que hablar mal de mí. Mi mujer me ha contao que usted le dijo que yo había estao en la cárscel por "roba—vacas", usté bien sabe que esa no jué la causa. Usté es un viejo chismoso, sin vergüenza y tramposo. Yo ya sé que lo que me debe no me lo viá a pagar y si ahorita no le presto es porque no quiero tirar mi dinero así nomás. Usté me ha calumniado y después se ha venido a meter en mi casa. ¡Salga, viejo sucio y chismoso, salga!

El viejo salió, agarró su sombrero y se jué. Yo quedé después preocupao. No por el viejo tramposo y sin vergüenza, sino por el dinero que le había prestao. Hablamos con mi mujer del asunto y ella me dijo que había hecho mal:

—Ya tenés un enemigo que te viá calentar la cabeza —me dijo.

Efectivamente, el viejo Castro era un hombre peligroso. No porque juera valiente, sino por la lengua. Dende aquel día él y la mujer Angela quedaron de grandes enemigos de nosotros. No volvieron a visitarnos y cuando me encontraba con él o con la Angela, me daban la espalda. Con mi mujer hasían lo mismo. Pero no contento con esto, lueguito me vinieron los cuentos de ellos. Un buen amigo, Sinforoso, muy buen amigo de nuestra casa, jué uno de los primeros que se volvieron enemigos en contra de nosotros. Yo estrañaba la causa. Sin embargo, un sirviente muy avisao que yo tenía descubrió la causa del enojo. Susedió que en el pueblo estaban construyendo una carretera por cuenta del Gobierno. La carretera cambió de direcsión y en ves de pasar por el pueblo se resolvió que pasara por uno de mis terrenos. Los ingenieros vinieron a mi casa y me esplicaron que por cuestión de economía de trabajo y fasilidá preferían echar la carretera por mi terreno, que el pueblo quedaba muy distanciao y la vuelta era muy grande. Yo asepté y por desgracia los ingenieros vinieron y se hospedaron en mi casa mientras hasían el traso de la carretera. El viejo Castro aprovechó la oportunidá y salió a contar a todo el pueblo que yo había conquistao a los ingenieros pa que no echaran la carretera por el pueblo:

—Si quieren estar seguros vayan a ver a los ingenieros en casa de Endalesio —les contaba. Todos se echaron de enemigos míos y de mi mujer. Bien, yo trataba de esplicar, pero cada uno me desía que el viejo Castro, siendo mi pariente, estaba en el fondo de las cosas y que él había contao la verdá a todos en el pueblo. Le conté a mi esposa y ella me aconsejó ir de visita y desir al viejo Castro y la Angela que era una injustisia, que todo el pueblo estaba en contra de nosotros y que íbamos a tener que abandonar el pueblo. Pues bien, juimos y la Angela tuvo la audasia de asegurar que lo que se desía era cierto:

—Claro —le dijo la Angela a mi mujer—, claro, como tu marido es rico bien se pudo comprar a los ingenieros pa que echaran la carretera ande más le convenía...

—Mujer, qué estás disiendo —le respondió la Lusía—. Ustedes son unos mal agradesidos, no tienen corasón, ingratos. Tu marido no debía pagar con esa moneda despúes de todos los favores que le deben a mi esposo...

—¿Favores? —le respondió la otra más brava que una perra—, que se conforme con haberse casao con vos... ¡Que se acuerde que es un presidiario y que lo mejor que puede haser es quedarse con la boca serrada!

No pude contenerme y le respondí yo:

—Angela, tu sos una mujer susia, chismosa. Agradesé que sos la hermana de mi mujer... Pero te recomiendo ésto: si me vuelves a calumniar vos o tu marido, me viá a vengar. Viá a gastar todo, hasta el último sentavo para vengarme. Son unos pelaos y por la mala fé nunca tendrán nada. I vos, viejo, te regalo el dinero, te lo doy como limosna...

Nos volvimos a nuestra casa y dispusimos que juera la última vez que íbamos a visitarlos. Dende aquel momento, la vida de nosotros jué una continua guerra contra los Castro. Veya, si no hubiera sío porque quería mucho a mi mujer, casi me hubiera arrepentío de haberme emparentado con una hermana de aquella víbora que se llamaba Angela. Pues ahora verá: en el pueblo la gente nos miraba mal, el alcalde electo, para pior desgracia, era un buen amigo del viejo Castro. Por cualquier motivo me mandaba a pedir contribusión. Si era tiempo de guerra, yo tenía que dar mulas aperadas y criados. Si era cuestión de dinero, yo era el primero en la lista y tenía que aflojar bastante. Ya me empesaban a salir canas y lo pior de todo era que todo el pueblo estaba empesinao en contra de yo y mi mujer. El asunto de la carretera no lo olvidaban ni un momento. El viejo Castro por otro lao seguía con el deseo de sacarme dinero. Llegaba muy amenudo un tal Jorge Serrato, un borracho, y me contaba que el viejo Castro sabía que tramaban un plan para robarme unas cabesas de ganao, pero que no podía informarme personalmente por el enojo mío:

—Veya, don Endalesio —me desía el borracho—, yo le aconsejo que haga amistá con su pariente, el amigo Castro, es un hombre que siempre sabe los secretos del pueblo y de todo lo que se planea pa robar a los vesinos.

—Claro —le respondía yo—claro, si él es el ladrón...

—No seya tan empesinao con su pariente —me contestaba el borracho.

—Cómo no viá a ser si él me debe tantas que no me pagará ni con la vida —le desía.

—Veya —me desía el borracho— tenga pasencia don Endalesio. Le viá a desir la verdá, el señor Castro me manda a verlo. Dise que tiene nesesidá de unos 20 pesitos pa pagar el médico, que tiene la mujer enferma, y que como hermana de su señora que es, sería una ingratitú que usté la dejara morir. Que él no guarda rencor en contra de usté. Que siempre está listo pa servirle en lo que nesesite, pero que usté es un hombre muy rencoroso. Que eso que le cuento de que hay un plan pa robarle unos animales es muy sierto. Que él está en los pormenores de lo que van a haser, que son los hermanos Villanueva y otros... pero que no puede venir a contarle todo porque usté puede creer que él anda metío en el robo... Yo creyo que usté debe ayudarle, entre parientes todo se perdona. Veya, don Endalesio, mándele el dinerito, la mujer se le está muriendo por falta de medisinas, le ha dado un dolor de barriga dende hase tres días y naide atina lo que le pasa. La mujer piensa que se ha tragado una aguja, pero no hay seguridá y con la falta de dinero nada se puede haser. Ya usté sabe que los médicos siempre van tras el dinero... Veya, don Endalesio, dele el dinero y déjelo que venga a contarle lo que planean sus enemigos en contra de usté.

—Hombre Jorge —le respondí— te viá a dar los veinte pesos, pero con condisión. Tomá los veinte pesos, pero no quiero que él ni vos vuelvan a mi casa...

—Está bien, don Endalesio —me contestó el borracho. Pero no jué solo Jorge quien vino. En la noche llegó una criada de nombre Eulalia. Estaba yo senando con mi mujer cuando la criada apareció llorando:

—¿Qué te pasa, mujer? —le preguntó la Lusía.

—Ay, niña Lusía, su hermana se nos está muriendo.

—¿Quién? —le preguntó mi mujer que ignoraba todo.

—Su hermanita Angela, la mujer de don Pancho Castro.

—¡Virgen Santísima! —respondió mi mujer. I luego dirigiéndose a mí:

—Ahora no hay más remedio que ir a esa casa.

—¿Qué le duele a tu patrona? —le pregunté.

—Creen que se tragó un alfiler —respondió la mujer.

(El borracho Jorge había dicho que era una aguja y ésta desía que era un alfiler):

—El patrón dice —dijo la mujer dirigiéndose a mí— me recomendó el patrón, don Pancho Castro, que le preguntara si usté sólo mandó 5 pesos con Jorge para gastas de medisina.

—Yo mandé 20 pesos —le contesté.

—Es que Jorge sólo llevó 5...

—La culpa es de tu patrón. ¿Pa qué se mete con Jorge? ¿Por qué no viene él mesmo?

La Lusía se puso muy nerviosa y por miedo de que la jueran a molestar con insultos y cuentos, tuve que acompañarla a casa de los Castro. No sé realmente si la Angela estaba enferma, yo más creyo que se hiso la enferma. Lo sierto es que cuando llegamos, la mujer dijo que se había tragao un pedazo de vidrio y que no era ni alfiler ni la aguja. El viejo Castro nos quería comer de tanto cariño, espesialmente conmigo:

—Hombre Endalesio, qué te parese que hagamos. Yo en este mundo no tengo más ayuda que la tuya, estoy trastornao. Mi mujer se ha tragao algo, dise que siente una cosa fea que le anda en el estómago y que no atina qué cosa se ha tragao.

—Pero hombre —le dije— unos disen que un alfiler y ella que un vidrio—, ¿qué diablos se ha tragao en fin de cuentas?

—Cualquier cosa que sea —respondió el viejo sínico con seriedá—como buen pariente que has sío, quiero que me fasilités algún dinerito pa atender a las primeras curasiones. Yo, ya sabés que tan pronto como me pague el Gobierno, te pagaré. Sos mi único pariente y amigo y por eso te molesto...

Esto me lo dijo el viejo en frente de mi mujer y no pude negarme. Le dejé sien pesos y con lo que le dí en los días siguientes y lo que le dió mi mujer llegó a sumar 500 pesos. Por fin me canséde tanta generosidá pues los préstamos venían diariamente, y me juía visitar al Doctor Fiallos. El me dijo la verdá:

—La mujer de Castro —me dijo—no ha solisitao mis servisios.

—Pero si no hay más médicos en el pueblo —le contesté— y yo les fasilité dinero para que pagaran al médico, la mujer se había tragao un vidrio...

Fui esa noche a ver a los Castro y encontré a la mujer alegre y sana, como esperaba verla. Creí que se seguían riendo de mí y no pude contenerme:

—Señora —le dije— usté y su marío siguen siendo tan sinvergüensas y tan mentirosos como siempre. Siguen robándole el dinero a los parientes y después los van a calumniar con todo el pueblo.

—Oye Endalesio —me respondió el vejo— el otro día se habló de echarte ajuera del pueblo. Todo el mundo sabe que vos pagaste tus buenos sentavos a los ingenieros que vinieron a haser el traso de la carretera y los conquistaste para que, en ves de echar la carretera por el pueblo, la echaran allá por tus terrenos para beneficiar a vos solo. Yo les hablé en defensa tuya:

—Es sierto —dijo la perra, la Angela— es sierto, Endalesio, usté con su dinero puede haser todas las barbaridades que su riquesa le permite, pero no se acuerda que de repente le puede ir mal. Con el pueblo no se juega así nomás. El otro día mi marío lo defendió de una que le iban a dar. Si no juera mi marío talvés ahora no estaría vivo. Usté debía agradesérselo. El, como es tan modesto, no ha querío desírselo. Pero ahora se lo dise porque usté viene a desir que yo no estao enferma después de haber estao en la orilla del sepulcro.Su dinero... no tenga cuidao, se lo vamos a devolver. Mi marío tiene presente todo lo que le adeuda. No se preocupe, nosotros no somoS los que pagamos ingenieros para robar los benefisios del pobre pueblo y enriqueserse más de lo que está. Nosotros tenemos corasón... el dinero no nos siega, señor don Endalesio. ¡Acuérdese de su pasao y cállese que eso es lo que más le conviene... ¡la prudensia!... Veya que en cuestión de enemigos usté no anda más pobre que en cuestión de dinero... Así es que ya le digo...

No pude oír más a aquella víbora. Sentí con toda mi alma que juera una mujer. Me acordé que era una mujer y no hubo más remedio que salir. Mi mujer y yo convenimos que lo mejor era despedirnos para siempre de la casa de los Castro. Que si se morían que se murieran. Nunca más volví a pasar por la calle de ellos, ni ellos se volvieron a acercar por la casa de nosotros. Es desir, no volvieron a pasar, pero siguieron molestando. Unos tres meses después de lo que le he contao, llegó un día la criada Eulalia. Dende que la ví venir, ya sabía que algo malo la traiba.

—¿Qué quieres? —le pregunté.

—Aquí manda el patrón, para usté.

Abrí el papel que me traiba la mujer y tuve la pasensia de 1er. Era la mesma letra del viejo Castro: "Querío Endalesio: Te escribo pa ponerte en guardia. Te cuento por el parentesco ya que no por la amistá dende que vos nunca me has querío. Con Jorge te mandé a informar que hay la intensión de robarte ganao. Por carta no te puedo esplicar, pero si venís esta noche podemos ir juntos ande mi amigo López, pa que nos ayude con la autoridá. No vaya a ser que te roben las vacas. Te saluda tu pariente. Pancho Castro".

—Dígale —le dije a la mujer— que probablemente él es quien me quiere robar los animales, que ya voy a prepararme pa meterlo a la cársel. ¡Que él es el ladrón!

La criada se jué con la rasón que le mandaba y me quedé esperando el tiro que no se hiso esperar. ¡Jué mucho más sertero de lo que me imaginaba! Veya lo que hisieron: Se junta el viejo Castro con mi antiguo enemigo el tuerto Eusebio y se proponen darme una mala pasada. Se vienen los dos una noche, el viejo Castro y el tuerto Eusebio y traman el plan de echarme como el autor de un delito. Lo que hisieron jué que mataron una vaca gorda del finao Cornelio López, cerca de mis potreros pa que aparesiera como que yo había matao la vaca. Después, como que si aquello juera poco, le sacan el cuero al animal y lo entierran adentro de mi potrero. Cuando hisieron la maldá se jueron al pueblo a declarar que me habían visto destasar una vaca mora, con cachos arqueaos, del finao López. Bueno, ya verá: viene la autoridá y me ponen preso. Yo dije que nada sabía. El viejo Castro y el tuerto Eusebio declaran en mi propia cara que ellos me habían visto y que ellos sabían ande mero había enterrao el cuero. Pues, amigo, pa no cansarlo, me llevan amarrao y delante de mis ojos, en mi propio terreno, sacan el cuero que ellos mesmos habían enterrao. Además del viejo Castro y el tuerto Eusebio tenían un sirviente del viejo Castro en contra mía y yo sólo tenía a mi mujer.

¡Veya lo que es la maldá de algunos hombres! Me llevan a la cársel y me sentenséan a sinco años de prisión. Mi pobre mujer habló y lloró, pero no hubo defensa. El abogao que nombró mi mujer tampoco pudo hacer nada en mi favor. Pues bien: estos sinco años jueron los que más me dolieron, no tanto por mí, cuanto por lo que sufrió la Lusía. Imagínese que tan pronto como me vieron preso, la Angela empesó a visitar a mi mujer y a hablarle de que ella sentía lo que me pasaba, que el viejo Castro debió serrar la boca cuando me encontró destasando el ganao robao.

Pero no jué sólo aquello: el viejo Castro y el tuerto Eusebio empesaron a concluir con mi fortuna. Al poco tiempo aparesieron como hombres adineraos; dueños de ganao y dinero. Veya lo que hasían: mi pobre mujer que nada sabía de cosas de hasienda, abandonó todo y como a mí me tenían incomunicao, tampoco podía sacarme un consejo. Mientras tanto el viejo Castro y el tuerto Eusebio se dedicaban a poner sus fierros a los terneros y potrillos de mi hasienda antes de que mis criados lo hisieran. El viejo Castro llegó hasta conquistarse a mi mayordomo, y los dos con el tuerto Eusebio acabaron con todo. Cuando salí de la cársel, mi mujer hasía tiempo que estaba enferma en cama, de tanta injustisia, los ladrones disponían de mis propiedades y el viejo Castro se había ido bien adinerao a vivir a otra parte.

Tuve deseos de irme a vengar. Mis ojos se encontraron con la mirada de mi mujer, enferma en la cama:

—Perdónalos —me dijo— yo ya loshe perdonao...

—¡No! —le respondí— que viá a perdonar, los seguiré ande quiera que estén pa vengarme.

Tres días más tarde, vino a verme el amigo López, dueño de la vaca que habían destasao en mi potrero.

—Endasesio —me dijo con cara cariñosa—, vengo a ver qué recompensa querés por los años que has estao en la cársel por culpa de mi vaca...

—Recompensa?

—Sí, hombre. El viejo Castro y el tuerto Eusebio vienen presos. ¿No sabías? Han aparesío sinco testigos que los vieron destasar mi vaca en tu terreno... ¡De manera que si se prueba que ellos jueron... ¡cómo yo espero!...

—Pues yo —le contesté con cólera— ya no podría quitarme ni con la ayuda de Dios, los años que me tuvieron zampao en la cársel... pero si ponen preso al viejo Castro, me gustaría como recompensa que me lo manden a mi casa...

El viejo Castro, como era de justisia, declaró la verdá y jué a parar a la cársel. Después de unos meses me lo mandaron, con una cadena amarrada en el pie.

La Angela, así que le vido preso, se le alsó con un forastero y nunca más volvió, pero yo me conformé con ver humillao al viejo Castro... Era tan orgulloso que se ponía rojo de vergüenza cuando yo me ponía a verlo trabajar en mi huerta...

EL FORASTERO

(Referido por "Nicomedes", un campesino indígena de Centro América)

Era el verano'e hace añoh. En el pueblo'e San Ignacio se vía valle y mah valle, el cerro, algunah haciendah en el valle y muchoh' árboleh' cortadoh en el cerro. En loh' díah' anteriore' áiba hecho un calorazo ¡Jessuh Santísimo!, pero esa mañanita áiba principiao a refrescar. Los hombreh sentían la picazón en lah manoh' e agarrar el hacha por ir a cortar loh' troncoh' e morro en el valle'e pino en la faldah' el cerro.

Poco ganado se miraba, como eh la custumbre cuando viene la sequíah'el pasto, loh animaleh se retiraban pa tierra mah alta, hasta la montañah ande la hierba siempre eh verde y fresquita.

Los vecinosh'e San Ignacio oiban la sigarra. Había sío tal el calor en loh diah anterioreh' que la tierra seca, sin hierba se áiba rajao como con los tembloreh' e tierra.

Los vecinoh que apenah hacían un poco'e trabajo en lah haciendah, hacían provecho' el fresco día' e hoy pa salir al campo. Unoh, campistah, cruzaban el valle a cabayo y con güena soga, asegún la costumbre, enrollada en lah ancah', el cabayo.

Otros, con bueyeh, se vían en el valle, silbandoh mientrach la yunta'e güeyes seguían loh pieh', el carretero.

Pero asegún la custumbre, los mah quedaban en suh casah. Los mah importanteh se juntaban en la tienda'e Nor Juan pa hablar'e noticiah'e la capital, noticiah'e política'e el gobierno'e los empleadorh' el gobierno. Pero también cuestioneh'e robo'e ganado, costo'e maih y loh pleitoh'e tierra.

Pueh bien, agora principia mi cuento. En esoh díah'e calor asomó en el pueblo un jóven'e nombre Florencio Aguilar. Sabía ser alto, juerte, galán muchacho, algo namorao. Lo mandaba su padre a mercar vacah gordah en San Ignacio:

—Hijo, vas a San Ignacio a casa'e mi amigo don Vicente Pinto. No me compreh un animal por más 'e 40 pesoh—le recomendó el viejo al tal Florencio.

Florencio, güen muchacho, le cuadraba a su gusto y placer, la vida 'el campo y loh animaleh. Había hecho buenoh amigoh en la gente 'e San Ignacio.

Un amigo 'e Florencio era don Esteban Chirinoh, hombre viejo, juerte como un toro, muy güena persona.

Pueh bien, agora verá. Florencio, con el calor'el día, quiso ir al campo. En eso, se asomó pu ay Nor Esteban Chirinoh. Nor Esteban llevaba hacha y machete y un pión, un güen indio'e nombre Ezequiel.

—Adioh, don Esteban. ¿Necesita otro pión?

Nor Esteban lo miró y lo miró...

—De verah. ¡Palabra que quiero ir! ¡Palabra! Quiero recordar mih tiempoh cuando hachaba...

—Hombre Florencio—jue la contesta'e Nor Esteban—hombre Florencio, ya veo que andah estrenando saco y demah... a mí no me cuadra tener un pión tan güen trajeao... Nosotros estamoh haciendoh una milpa en el cerro..., ¿Le parece?

—¡Claro! —jue la contesta'e Florencio—claro que me parece...

Nor Esteban se riyó con ganah.

—Lo mejor eh que no vaya, Florencio.

—Ugg, no hay nada que hacer, don Esteban.

—Buenoh, vamoh, hombre—dijo Nor Esteban—pero primero te quitah ese saco, losh calsoneh y la corbata. No olvideh que vamoh a trabajá.

Con gran gusto pa Nor Esteban, resultó que Florencio sabía ser güen hachador. El hacha'e Florencio se oiba ocho leguah a la redonda. ¡Qué güen brazo 'e muchacho! ¡Santo!

Cuando en la tardecita, Nor Esteban y loh otroh trabajadoreh se jueron 'e güelta al pueblo, Florencio dijo que se iba'e güelta despueh que echara una miradah al valle.

—Bueno, hombre—jue la contesta'e Nor Esteban—, pero no vah a ver nadita, mirá que está anochesiendo... ¡Soh hombre raro, Florencio!

Florencio, así que se vido en la soleá'el valle, se dió a caminar por lah haciendah vecinah.

Cuando asomó cerca'e la loma, se paró. La memoria le aclaró y se acordó, asegún lo que le áiba contao Nor Esteban, que el potrero'e la derecha era terreno'e Nor Teófilo Butierreh. Nor Teófilo era otro gran hacendao, 'e güena alma, güien hombre como Nor Esteban. Florencio era amigo, algo amigo'e Nor Teófilo. Pensó Florencio:

—El hacha que se oiba era el hacha'e Nor Teófilo—eh lo que me platicó Nor Esteban. Que el viejito estaba achando. Si lo encuentro me voy con él pa el pueblo. Pero, ya rato que no suena el hacha...

Así meramente pensaba Florencio. Pensar y hacer jue una, se metió en el potrero por ver si estaba el viejito adentro. Llamaba con toita su juerza: ¡Hooooy don Teófilóooo! ¡Hoooooooy don Teófilooooo! Llegó hasta mah arriba'el cerro. Naide contestaba, no se vía ni un cristiano pu todo aquelloh alrededoreh. Florencio gritaba: ¡Hoooy don Teófiloooo! Florencio créiba que ya Nor Teófilo estaba de güelta en el pueblo y se puso de regreso... caminó pa el lugar ande el viejito áiba trabajao. Cuando llegó al lugar encontró que ay mesmamente estaba don Teófilo, pero estaba muerto... ¡Ay, Señor Todopoderoso! El güen hombre que áiba síó toa su vida, estaba tendío, con la cara pa arriba, muerto... ¡En la frente tenía un hachazo, ipe qué hachazo tan sin piedá! Florencio —decía después— que se tapó la boca pa no gritar de puro horror, que le dió ver. La sangre entoavía caliente, le chorreaba pu la cara. ¡Dios mío qué barbaridá 'e matar a un güen hombre así! La hormigah le subían y loh cuteh daban güelta volando por sobre la cabeza'e Florencio. El susto'e Florencio no le daba tiempo'e ver lo que podía hacé. Dejó el hacha sobre el suelo y pulsó a levantá el cuerpo. Luego cambió la idea. Dejó al muerto y salió barajustando pa el pueblo a contar lo sucedío. Cuando llegó al pueblo tráiba el muchacho la cara tan blancah, loh ojoh un puro susto y el sombrero lo áiba perdío. Parecía que áiba perdío el juicio. Asegún su costumbre se jué pa la casa en que paraba, la casa'el finao Vicente Pinto.

Era la custumbre que la casa'el finao servía pa que loh araganeh se jueran a sentar en loh taguretes que el finao tenía en la sala. Así,pué,cuando Florencio se arrimó, ayí áiba gente.

Florencio entró enloquecío. Loh hombreh no atinaban nadita, quizah el muchacho se aiga güelto demente —pensaban loh hombreh.

—¿Qué te pasah, hombreh Florencio? Te miro como perro que ha perdío el amo y se pone a olfateá. ¿Qué te pasa, hombre? —le preguntó el finao Vicente Pinto.

Florencio hizo toita la referencia. Que detrah'e la loma en el potrero'e Nor Teófilo Butierrez se acababa'e topá con el dijunto, que a Nor Teófilo lo áiba encontrao asesinao.

—Santo Dioh—decía Florencio—le han clavao un hachazo mah grande que toita la cuarta'e mi mano derecha.

Uno'e loh presenteh era un empleao en la Comandancia local.

—Vamoh a ver al Coronel Ortega—dijo el fulano a Florencio.Pedro Ortega era el Comandante en aquella fecha. Comandante Local'e San Ignacio.

El Coronel Ortega tuvo su güen susto.

—Tan güen hombre'e bien que áiba sío Nor Teófilo —comentaba el Coronel Ortega—. Vamoh, instantemente:el Juez'e Paz, el Secretario, el Alcalde, síndicoh, alguacileh, el cura'e Santa Clara que vino a decir misa, asegún la costumbre, toita la autoridá.También loh mah prencipaleh'el pueblo: Nor Vicente Pinto, el finao, Nor Esteban, el otro finao Gonzalo, suegro'e Adolfo Ramireh.

Cuando llegaron al sucedío, la autoridá no quiso que movieran al muerto. La casa'el muerto sabía sé al otro lao'el cerro, al otro lao'el valle, mah allá'el río Chucha. El coronel dijo que la autoridáiba a reconoceh al muerto anteh que loh pariente. Todoh caminaban pa el sucedío, Florencio iba adelante'e chan. Entre tanto tooh loh vecinoh'el pueblo contaban a loh otroh vecinoh la muerte'el viejito Nor Teófilo. En un tuco' e tiempo la nueva dió güelta al pueblo.

Santo Dioh, tooh volvían al comento'e asesinato'edon Teófilo.

La noche—Santo Dioh—oscura, oscura como el mesmo enfierno. Pa podé alumbrá el camino cargaban hachoneh'e luh,pa poder alumbrá el rastrojal.

Nor Teófilo sabía está como Florencio lo vido.

El viejito tenía la boca arriba, too ensangrentao y mah prencipalmente en la cara.

El Comandante Local dió una orden: Ninguno se me arrime al muerto. Soo lah autoridá puede tocar el muerto.

Tooh caminaron pa atrah. El Comandante Local, el jueh y el cura tocaro el cadágüer'e Nor Teófilo. El Coronel Ortega registróloh bolsiyoh'el dijunto. Al momento'e levantó el brazo, se topó con una hacha...

—¡Diaglo! Aquí sabe estar la Facha conque le rajaron la cabeza al viejito—dijo el Coronel.

—Esa eh mi hacha—dijo uno.

Todoh no atinaban quien jué el que habló. Pe despueh vieron que Florencio jué el que habló.

—¿Esta hacha es suya? ¿Es de su pertenencia?

Entonces —¡Dioh Santo! —Florencio tráiba loh calsoneh llenoh'e sangre. Naide lo vido hasta entonceh, naide, ni él se vido la sangre.

—Eh mi hacha—dijo Florencio—la dejé mismamente cuando vide al muerto. Cuando barajusté al pueblo pa dá la nueva. Me amiedenté demasiao y no tuve memoria pa recordá la hacha, señó. La hacha que me prestó Nor Esteban, loh doh hachamoh el rastrojal esta mañana, señó.

—¿Qué me dice, luego de la sangre'e su pantaloneh?

—No lo vide, eh sangre'el muerto, jué alzando la cabeza 'el muerto.

El Coronel Ortega jué el que habló:

—Hermano, lo siento, pe loh hechoh están en su contra. Al viejo le rajaron con esta hacha y usted sabe ser el dueño'el hacha...

—¿Arrestar a un hombre honrao? —dijo Florencio—. Pe, ustedes están dementeh dende loh pieh hasta la cabeza. Yo no hei matao a Nor Teófilo. Güenoh amigoh sabimoh sé. Hombre honrao como él, nunca habido otro igual...

—¿Pe, cómo se explica la sangre? —habló el Jueh'e Pah.

Florencio sabía estar amiedentao:

—Yo no lo hei matao. Soy inocente. Soy hombre honrao. Me gusta el trabajo. A naide le robo, a naide le pido, con naide peleo. Aquí mesmo sabe está Nor Vicente Pinto. Estoy parando en casa'el Señó. El es la persona pa decirleh a ustedeh quién soy. Don Esteban también me conoce, con él mesmamente vine a hachá hoy.

—No se amiedente, no se amiedente—le dijo el finao Vicente Pinto—. Usté va a la cárcel, pe luego le dan la libertá, así como se descubra al mesmo criminal. No se amiedente, Florencio.

—Sí senoreh—dijo el finao a loh demah hombreh—lo que el joven Florencio dijo eh la verdá. Pe yo no contravengo lah ordeneh. Florencio pue'ir pa mientra se discubra el creminal.

Tan prontito jué reconocío el muerto por la autoridá, se dispuso la güelta al pueblo. Primeramente los soldadosh pusieron al muerto en una cama'e tijera pa llevarlo. Segundamente iba too la infiniá'e gente. El valle era una oscuridá que no se vía ni lah manoh. Nor Esteban dicía a Florencio:

—Se afiguran que voh mataste al amigo Teófilo. ¡Alabao a Dioh! Pe pu'hay ha d'andar el creminal. Lo maliseo que ande se aiga metío lo vamoh a encontrá, Florencio.

En el pueblo too el mundo créiba a Florencio el creminal'e Nor Teófilo. Dicía la gente:

—El forastero, el'e la corbata roja jué. Naide mah pudo ser. Elforastero, ese que nombran Florencio, ese que para ande Nor Vicente Pinto.

La verdá nunca habido otro hombre dende yo tengo ojoh, tan güeno como Nor Teófilo. Too la gente'el valle nunca vido hombre mah güeno.

En toito este valle tan largo, naide como el finao. Jué un alma'e Dioh toita su vida. Muchoh vecinoh'el pueblo, asegún la custumbre, jueron pu vé si sacaban al preso pa apalear elloh mesmamente.

Florencio que era namorao se afiguraba, que la Enriqueta lo áiba olvidao pur ser el creminal.

Florencio la áiba namorao dende la noche que llegó a pará en casa el finao Pinnto. Enriqueta era la hija'el finao Vicente Pinto.

La Enriqueta no créiba nadita'el cuento'el creminal era Florencio. Así como Florencio llegó a la cárcel, un soldao vino:

—Una mujé quié entrá.

—I diai, que entre.

La mujer entró:

—Dichosoh loh ojoh que te ven,Florencio.

—EnriquetalEntoavía me queréh?

—¿Pe de ande sacás eso? Mi corazón eh mah grande que toito el valle pa quererte entoavía y siempre. Pe Florencio, si no te juis'e la cárcel te pueden afusilar. El Coronel Pedro Ortega me ha namorao,pe io solo a voh quiero. Tiene seloh'e voh. Pe él sabe que te quiero y con su alma atravesada te pué causar daño. Te pué afusilar, él eh el Comandante Local, voh sabeh eso. Tié celoh'e voh, porque io te quiero.

—¿Celoh?¡Alabao a Dioh!

—Güeno, vamoh a juir. Io maliseo que Pancho noh pué ayudá.

—¿Pa en cuándo?

—Pa hoy mesmo.

Enriqueta salió con la idea'e juir esa mesma noche con Florencio. El remedio jué la evasión'e la cárcel. Enriqueta salió pa juera'e la cárcel porque se oíban voceh ajuerita.

Bien, como le iba contando, pu aquelloh añoh San Ignacio era pueblo con lah casah regadah pu toito el valle. Una casa larga pegada al potrero Nor Gonzalo Machao era ande vivía Lico Gómeh, el mah divertío en toito el pueblo.

Lico era güena persona a su modo. Con loh amigoh, güen amigo, con loh enemigoh, el mesmo diaglo.

Ese día mesmamente, Lico áiba enyugao la yunta pa tráir leña, un pa'e rastrah'e leña.

Bien, asegún la custumbre, Lico jué a platicá con loh amigoh'el pueblo en la nochesita. Lico no tenía ni idea'lo que áiba pasao, 'e la muerte Nor Teófilo.

—¿Qué hacen aquí hombreh? ¿Qué eh la conversación? Quisá Tomah "Zopilote" se ay casao con la tuerta Braulia y ustedes son loh padrinoh'el casorio.

—Lico—dijo uno—no eh tiempo pa rír, hombre. El compadre Teófilo lo mataron...

—¡Diaglo!

—Pe ya tenemoh al pájaro en la jaula. No pué juir el que lo mató.

—Entonces—dijo Lico—asegún la custumbre en el pueblo, vamoh a romper la cárcel pa sacar el creminal. Le vamoh a sobar el machete pu lah nalgah hasta que chiye como ternero. Que leyeh y que ná. Me cago en toitah lah leyeh. ¡Qué carajo!

—¡Amonoh, muchacho!

—Vamoh, vamoh, Lico eh el jefe —jué lo que dijeron loh muchachoh.

—¿Quién jué el creminal?

—El forastero, hombre, el forastero hombre Lico, ese catrin'e agua dulce. Ese que para ande Nor Vicente Pinto.

—¿Qué diagloh dicen? ¿El forastero? Mi güen amigo Florencio Aguilar. ¿Qué se han figurao ustedes? ¿Que el joven Florencio Aguilar mató a Nor Teófilo? ¿Qué se han figurao? ¡Mi alma!

Lah palabrah'e Lico amiedentaron a tooh. Pe el tuerto Chepe, primo'e Lico se acercó a hablá:

—Voh no sabé nadita hombre Lico. Te lo voy hacé toita la referencia. El forastero mató al viejito, no hay que hacé hombre Lico, no hay que hacé, hombre, el forastero ha sío, no hay que hacé hombre Lico.

—No me importa que créigan. Lo sé que no ay sío.

—Del mesmo moo como conozco un cabayo pu el pelo sé vé al hombre honrao. Mi güen amigo Florencio eh un hombre honrao. Usteh conocen a mi Tomasito, que no pué ni andá, pu la corneá que le ensartó el toro barsino. Pueh ayer mesmamente, mi güen amigo Florencio le ay referío istoriáh qui le dió doló'e barriga'e divertío qui sabían ser lah istoriah'e mi güen amigo Florencio. El eh toito un güen hombre. Naide le iguala in toito el valle.

No, mih amigoh. Too saben qui soy hombre, muy hombre. Soy hombre dispuesto, qui muere ande muere loh amigoh. Soy hombre, a naide le tengo miedo. A naide le alzo pelo. Si hay convite ay mesmamente está Lico Gómeh. Si hay convite pa peleá o pa celebrá ay mesmamente está Lico Gómeh.

¡Qué carajo! Io soy amigo'e verdá. El que quié se mi amigo me tié dispuesto. Mi enemigo también... Pe io no voy en contra mi amigo Florencio.

Too envainaron loh macheteh.

Lico, asegún la custumbre, se jué a visitá el compagre Nor Esteban.

—Vengo a vé qui sabe'e toito el cremin'e Nor Teófilo. Lo no creigo qui Florencio mató al viejito.

—Io no creigo—jué la contesta'e Nor Esteban—Florencio eh güen muchacho, honrao, güen amigo, naide ey visto tan juerte,t an honrao...

—Deme la mano, compagre. Eh lo que creigo io.

Florencio tiene dinero, no tié cara'el hombre malo. Se afiguran que eh el creminal, qui lo afusilan, pe io muero ande muere Florencio, Io muero ande muere mi güen amigo Florencio.

—Hombre Lico—dijo el compagre Esteban—vamoh a velá a Teófilo, jué mi güen amigo, lo maliseo qui el creminal ande el velorio está...

—Vamoh—jué la contesta'e Lico—. Vamoh ande la casa'el muerto

En la casa'el compagre Estcban áiba un cabayo chorreao y un cabayo bayo. El compagre Esteban montó uno y Lico montó el otro.

La casa'el finao sabía está arribita'el cerro.

Lico y Nor Esteban llegan en medio'el velorio.

Toita la gran familia, toito loh Butierrch, la famiia mah larga in toito el valle.

Ajuera se vía toito el valle una gran oscuridá.

Nor Esteban y Lico entraron ande sabía está el velorio. Toito eh Butierreh, hermanoh, tioh, primoh, nietoh, toitoh loh Butierreh.

Lico y Nor Esteban malisean qui loh Butierreh sabían estáenojaoh. Todoh loh Butierreh vían o Lico y Nor Esteban como enemigoh,gente qui no traiba güen agurio.

—No se apache, compagre. Estoh cren que Florencio mató al viejo, saben qui usté y io somos güenoh amigoh'e Florencio y noh echan la cara desabrida...

—No, hombre, vamoh'e güelta. Noh van a buscá pelea, Io no quié peleá—dijo Nor Esteban.

Loh doh hombreh salieron, jueron a montá, pe un desconocío salió al frente.

—Vengo a hablá con usté—dijo—. Me han referido adentro qui son lah mala intensioneh. Ustedeh son güenoh amigoh'el hombre qui mató mi tío Teófilo. Vamoh, qui diaglos vienen aquí...

Nor Esteban jué toito oyir y apiar'el cabayo.

Nor Esteban sabía está toito enojao. Dijo Nor Esteban al hombre:

—Güen hombre, io maliseo que usted anda trastornao'e la cabeza. Nor Teófilo Butierreh jué mi mejó amigo.

—Si io juera el muerto, Teófilo no áiba faltao a mi velorio. Alabao a Dioh y usted sabe vení a preguntá en qué ando? ¡Alabao a Dios! Güen hombre, io maliseo que usted anda trastornao. Teófilo jué mi güen amigo dende chigüineh. Loh doh dende chigüineh somoh juenoh amigos. Ande Tiofilo andaba ay mesmamente anda io. Ande Teófilo andaba ay mesmamente andaba Teófilo. Amigoh como loh dedoh'e una mesma mano. I usté güen hombre, ¿quié sabé en qué ando? ¡Alabao a Dioh! Usté cuenta qui Teófilo eh su tío, bien, Teófilo jué gran hombre, en toito el valle no encuentra mejó tío. Pe no güelga a dicir qui Florencio mató a Teófilo. ¡Mentira! Florencio no ay matao. Florencio eh honrao. No güelva a dicir qui Florencio lo ay matao. Vaya, diga qui Florencio no ay matao. ¡Alabao a Dioh! ¡Alabao a Dioh!

Nor Esteban montó en su cabayo, enojao. Lico áiba preparao algo qui dicir al desconocío, pe Nor Esteban dijo:

—Vamoh, deja este pobre hombre. Vamoh al pueblo. Deja este hombre, Lico.

El desconocío quedó muerto'e pánico. Tan prontito Lico y Nor Esteban bajaron el cerro, el desconocío salió juyendo cerro arriba, Juyendo, juyendo como un venao...

Lico—dijo a Nor Esteban...

—Compagre, hecho un güen descubrimiento. Este desconocío sabe ser el mesmo Crescencio Butierreh, sobrino'el finao Teófilo.Pe eh ladrón 'e vacas. Se me pone, compagre, este mató a Nor Teófilo.

—Hombre—jué la contesta'e Nor Esteban—. Hombre yo creyo mesmamente. El desconosío tenía cara'e asustao, cara'e miedento. Io creyo qui este eh creminal, el qui mató a mi güen amigo Teófilo.Vamoh ande el Coronel Ortega y ande Florencio pa referir tooel socedío y tranquilizá su alma. ¡Pobre Florencio! Io creyo qui este desconocío mnató pu robar a Teófilo. Teófilo andaba 50 pesoh pe nadita áiba en la bolsa'el muerto.

La noche era oscuridá nomáh. El valle, lo mesmo qui un mar.Lico y Nor Esteban llegan al pueblo.

Toita la gente en lah calleh. ¡Virgen Santa! ¿Qué ay pasao? ¿Qué áiba'e pasá? Florencio se áiba juido'e la cárcel esa mesma noche, Se áiba juido'e la cárcel con Enriqueta. El finao Vicente Pinto, padre'e la muchacha, el Comandante Local, Coronel Pedro Ortega, los dos busca qui busca a Florencio, pe Florencio iba juyendo con Enriqueta. Virgen Santa, naide atinaba pa el lugar iban juyendo. Naide malisea pa ande an juido.

Bien, agora sigue mi cuento. Al otro lao'e la montaña Chulape, arriba, arriba, treh o cuatro leguah, eh ande vivía en aquel tiempo un indio nombre Estanislao. El indio Estanislao nunca tuvo mujé, solo, como enojao con la mujereh. Un rancho viejo jué too lo necesario, treh gallinah y escopeta. El indio Estanislao pasaba solo en la montaña. No áiba camino, ni un cristiano que pasara por el rancho. Pe ese mesmo día el indio tuvo gente en su rancho.

Florencio y Enriqueta jueron derecho al rancho'el indio Estanislao. Duro trabajo sabía ser llegar ande el rancho. Florencio y Enriqueta badearon toito el cerro pa llegá ande el indio Estanislao. El indio se áiba asustao'e ver a Florencio y Enriqueta. Alabao a Dioh, ¿en qui andan, este no sabe sé camino real pa loh viajeroh? Yovía, pe qui modo'e yover. El indio viejo, junto'el fogón, platicando estaba con otro hombre.

—Florencio —jué lo qui dijo Enriqueta—tengo miedo'el hombre platicando con Estanislao, Io lo ei visto, sabe sér'e San Ignacio.

—Eh un güen hombre—jué la contesta'e Florencio. Vino pu el agua. Eh un güen hombre, lueguito va seguir el camino, esperando está qui escampe la yovedera nomás.

—¿Quié eh ese hombre?

—Nunca lo ei visto, nunca lo vide—jué la contesta'e Esta—nislao.

Florencio y Enriqueta entraron al rancho. Loh doh estaban cansaoh, seih leguah perdioh sin un bocao'e comida.

El indio Estanislao sacó tortiya con sal. Florencio y Enriqueta comieron con güen diente. Loh doh estaban comiendo. El indio Estanislao también dentró al rancho. Florencio jué el que oyó un correr'e cabayo. Loh casco'e cabayo corriendo en el llano, abajito'el rancho'el indio Estanislao.

—¿Santo Dioh, qui pasa?

Toitos, Florencio, Enriqueta, el indio Estanislao, jueron a ver a la puerta.

¡Santo Dios! Alabao a Dioh, el otro hombre áiba agarrao'el cabayo'e Florencio para juir a carrera abierta.

—Alabao a Dioh, ladrón'e cabayoh—dijo Florencio—. Eh ladrón'e cabayoh, se ay robao mi cabayo, mañoso, ladrón.

Pe el hombre corría juyendo, juyendo.

—Tome la escopeta, patrón—jué lo que dijo el indio Estanislao.

Florencio agarró la escopeta'el indio Estanislao. Florencio áiba aprendío a tirar, tenía un güen tiro.

—Me lo voy apiá—dijo Florencio.

Así mesmamente jué. El hombre cayó como muerto, cayó al suelo con un balazo'e la escopeta.

Toitoh, Florencio, Enriqueta y Estanislao, jueron a ver el muerto. Sabía tené un balazo en el pescuezo, el cabayo se áiba salvao.

Bien, como le iba contando, el hombre jué llevao adentro'el rancho.

Treh horah despuéh abrió loh ojoh. Tenía el conocimiento. La Enriqueta lavaba la herida con parche'e agua caliente.

—¡Estanislao!¡Estanislao! —llamó el hombre———; Estanislao!

—Que quié—jué la contesta'e Estanislao.

—Ande está el señó?

—Aquí mesmamente estoy—dijo Florencio.

—Necesito el cabayo pa juir... necesito llegá a la frontera'el Salvador.

—¿A qué va a la frontera?...

—Eh... eh qui me desgracié con un finao. Quedó boca arriba y eh'e mal agüero... Ando apurao, señó...

—¿Cómo eh el nombre'el muerto?

—Mi tío, señó, Teófilo Butierreh...

Florencio y Enriqueta jueron ese mesmo día a ver al cura pa el casorio, pe primero llevaron el hombre a la cárcel. Era Crescencio Butierreh, el mesmno sobrino'el muerto...

UN PADRE

En el pueblo de Santa Clara siempre predominaba el calor y el silencio. Solamente de vez en cuando se oía que un hombre ebrio gritaba:

—¡Que viva el General Reyes!... ¡Abajo el Gobierno!

Es un barrio humilde, frente a un terreno baldío vivía don Mateo Díaz con su mujer y su hijo Humberto, que era el Mayor de Plaza. Don Mateo era un viejo flaco, endeble, de pelo canoso y con setenta y cinco años a cuestas. Sufría de reumatismo, le daban terribles dolores de huesos y doña Juanita, la esposa, con sus cuarenta y ocho años, tenía que correr en busca de medicinas a la farmacia de don Lolo, muchas veces de noche. Doña Juanita, sin embargo, parecía hija de don Mateo, se había casado con él cuando tenía diez y ocho años y él tenía cuarenta y cinco. Era muy blanca, con cabello negro, con oyuelos en las mejillas y de pequeña estatura. Humberto, el hijo, era buen mozo, no se parecía a don Mateo. Humberto era tan blanco como la madre, mientras que don Mateo tenía el color cetrino de los mestizos. Humberto era además alto y atlético, muy cariñoso con su madre. Las mujeres volvían a ver a Humberto cuando pasaba por las calles con su uniforme de capitán. Ocupaba, como dijimos, el puesto de Mayor de Plaza, no obstante su juventud de veinte y nueve años.

Era el año de 1918. Toda la república se encontraba en tiempo de guerra. El período eleccionario se acercaba y había mucha agitación entre el1 pueblo. El partido en el poder trataba de imponer un candidato oficial y el partido/vencido trataba de quitar el poder al vencedor por medio de la fuerza. Los emigrados políticos del partido vencido habían cruzado la frontera, secretamente, de regreso. La verdad de la situación política se supo hasta el último momento. Esa misma noche de diciembre, los emigrados que estaban a tres leguas de la ciudad, entrarían a atacar la plaza. Humberto estaba dispuesto a morir en defensa del cuartel. Doña Juanita, la madre, lloraba mucho, ponía velas a los santos y le preguntaba a Humberto:

—Hijo, ¿quién es el jefe de los revolucionarios?

—Salvador Reyes, madre, el ¡sinvergüenza!...

—¡Salvador Reyes!... Ay, hijo, si pudieras evitar que te maten o que mates...

—Madre, ¿qué está diciendo, no comprende usted cuál es el deber del militar?

Esa noche principió el fuego encarnizado. Humberto con un retén de 20 soldados, defendía el cerro Coquimba, uno de los lugares estratégicos de la ciudad. Y el propio Comandante de Armas defendía el Cuartel General en unión de hombres de la buena clase social de Santa Clara, uniformados todos de soldados. La pelea la iniciaron los invasores en la oscuridad de la noche. Luego unos se desplegaron en guerrillas tratando de atacar a los cerros, mientras otros, protegidos por las sombras, se introducían en la ciudad. El fuego encarnizado fue subiendo lentamente hasta llegar a un instante de pavor en el cual el silbido de las balas se produjo con tanta sucesión que pareció una batería descargando sin misericordia sobre el blanco. Las pobres familias del pueblo tuvieron que meterse debajo de las camas, debajo de los muebles, huyendo de las puertas atravesadas por las balas de los invasores. Toda la gente del pueblo llegó a suponer que la plaza sería abandonada y que Salvador Reyes entraría a fuerza de ímpetu y osadía, a fuerza de acometidas y de cargas incesantes. Sin embargo, los invasores no lograron apoderarse de la plaza. El olor de la pólvora se mezcló en la atmósfera, pero en la madrugada, con miedo de que llegara la aurora y los descubriera en su derrota, empezaron a huir, primero unos, luego otros hasta que no quedó ninguno...

Cuando concluyó la batalla era todavía de noche. La luz del nuevo día alumbró las calles del pueblo llenas de cadáveres. Entonces se corrió el rumor de que el retén de Humberto, en Coquimba, había atacado por retaguardia y había capturado a algunos de los invasores. Una fuerte columna salió en persecución de los derrotados que huían por las serranías hacia la frontera. La gente del pueblo, después de sufrir horas de angustia, celebraba el triunfo del gobierno. Sobre las paredes de las casas, pintadas de blanco con cal, aparecían los agujeros de los balazos.

Se corrió la noticia de que entre los capturados por Humberto, se encontraba el jefe de los revolucionarios, don Salvador Reyes. El rumor se propagó con mayor insistencia y finalmente se comprobó que don Salvador Reyes era uno de los prisioneros. La noticia llegó a oídos de todo el pueblo que celebró con regocijo, especialmente aquellos que eran partidarios del Gobierno. Cuando Humberto se preparaba a interrogar a don Salvador Reyes, doña Juanita, dramáticamente y con sorpresa de todos, se presentó en el campamento:

—¡Hijo de mi alma, hijo!...

—¡Madre! ... ¿Cómo se expone?

—¡Te ruego que no vayas a fusilar a ese hombre!...

—¿Por qué, madre? Se le seguirá un consejo de guerra y se le fusilará.

—No quiero que te manches las manos...

—No seré yo quien va a disparar.

—¡Suéltalo, hijo!

—Pero madre, ¿qué pasa? ¿Por qué se interesa?

—¡Es tu padre! ¡Él es tu padre, Salvador Reyes!...

—Madre!...

—¡Ese hombre es tu padre!... Cuando Mateo estuvo emigrado, poco después de casarnos, ese hombre vino a mi casa y se burló de mí... ¡Es tu padre, hijo!...

La pobre mujer hizo la confesión ahogada entre lágrimas. Don Salvador Reyes bajó la vista. Humberto también bajó la vista con dolor, pero se dijo a sí mismo:

—No lo acepto como padre. No quiero ser un hijo de la deshonra. Mi padre es y seguirá siendo Mateo Díaz...

—Madre—le respondió—Los hechos ya no tienen remedio. Le voy a dar la libertad a ese hombre, pero yo voy a morir...

—¡Hijo de mi alma! ¿Por qué vas a morir?

—Porque si lo pongo en libertad, la vida de ese hombre será reemplazada con la mía. Yo voy a traicionar mi deber de militar...

Al oír estas palabras, doña Juanita, profundamente pálida, se desvaneció en los brazos de Humberto. Don Salvador Reyes manifestó que quería ser entregado a la justicia antes que comprometer a nadie. Pero que, si Humberto se decidía a ponerlo en libertad, también Humberto debería huir porque su traición a las leyes militares sería castigada con el fusilamiento.

—No, señor —le contestó Humberto— no quiero mantener deudas con la justicia... Mi decisión está hecha: lo pondré en libertad para que usted se presente solo a la justicia. Si usted no se presenta entonces mi traición será saldada con el pequeño precio de mi vida.

Este sacrificio no lo hago por usted, a usted no lo acepto como padre honrosamente... Mi padre es y seguirá siendo Mateo Díaz. Lo pongo en libertad porque me lo pide mi madre, de cuya debilidad se valió para deshonrarla y deshonrarme a mí...

El General Salvador Reyes era un hombre de 52 años. Alto, barbado, blanco, pero que infundía poca simpatía. En su vida de militar había algunas páginas bastante negras. Se le achacaba de que con el poder en las manos había cometido varios crímenes. Se hablaba mucho del origen de su fortuna y de su poca moral. Sin embargo, se le reconocía algún mérito entre sus partidarios como político sagaz e inteligente y como militar de una larguísima experiencia. Desde los 14 años, como soldado, se había iniciado en la vida militar. A los 20, bastante más joven que Humberto, había desempeñado el puesto que éste desempeñaba ahora y fue en esta época cuando, aprovechando la ausencia de don Mateo Díaz, había requerido de amores a doña Juanita...

Esa noche, cuando se supo que don Salvador había sido puesto en libertad, el pueblo indignado se preguntó el motivo. Don Salvador, en vez de presentarse a la justicia, huyó hacia la frontera. Humberto habló al pueblo y manifestó que él era el único responsable de la libertad de Reyes, pero que no diría el motivo. Entonces se hicieron varias conjeturas, se dijo que Reyes había pagado dinero en efectivo a Humberto; se dijo que Humberto era enemigo del Gobierno, etc. Cuando el Comandante de Armas tuvo conocimiento de lo que pasaba, se indignó mucho, destituyó a Humberto del puesto y lo puso preso.

Luego se dirigió al Ministro de la Guerra y de allá vino una contestación ordenando el pronto envío de Humberto para que lo juzgara un Consejo de Guerra. Humberto, con carácter de reo, fue enviado a la capital con grillos y esposas. Mientras tanto, doña Juanita, que no sospechó el delito de su hijo, cayó enferma gravemente. Sufrió una sucesión de ataques nerviosos, perdió el conocimiento y por fin muró sin haber hecho ninguna declaración. El reo, tan pronto como arribó a la capital, fue interpelado por el Consejo de Guerra. Humberto declaró lo que antes había dicho. El Consejo de Guerra lo condenó como traidor y le decretó la pena capital. Humberto fue fusilado un viernes por la mañana, pocas horas después de la muerte de doña Juanita. Esto, que para muchos no fue más que una noticia de alguna sensación, para don Mateo Díaz tuvo un carácter diferente. El dolor le torturó el corazón, pero ni su amor de "padre" tuvo benevolencia para el recuerdo de Humberto. Don Mateo se lamentaba únicamente de la muerte de doña Juanita. El creyó que el único responsable de su tragedia era Humberto y contra él lanzó sus blasfemias. Don Mateo, lo mismo que todo el pueblo, lo condenaba por la libertad de Reyes, pero también lo condenaba por la muerte de doña Juanita. Ni siquiera después del fusilamiento tuvo palabras de perdón para Humberto. Sobre un retrato de Humberto, escribió con grandes letras: TRAIDOR.

La casa de don Mateo estaba formada por una humilde salita de recibo, un pequeño dormitorio de él y doña Juanita y otro de Humberto. Además, había una cocina y un pequeño cuarto de la sirvienta. Era una humilde casa de tejas y adobe que, como dijimos, estaba situada en la orilla del pueblo. Aquí, en esta casa quedó viviendo don Mateo como un fantasma después de la muerte de Humberto y doña Juanita. La gente interrogaba a don Mateo sobre la actitud de Humberto al darle la libertad a Reyes. Don Mateo contestaba:

—Humberto nos resultó un traidor. De nada valieron mis consejos de padre... Mi mujer murió de vergüenza por la traición de Humberto...

Pero algunos años después, mientras don Mateo registraba los baúles de su difunta esposa, se encontró una carta de don Salvador Reyes para doña Juanita. Se sorprendió mucho al reconocer la firma de don Salvador Reyes. Le decía: "Te mando muchos besos para que los dividas con nuestro hijito. Espero en Dios que sabrá quién es su padre", etc.

Don Mateo nunca tuvo sospechas de doña Juanita, Siempre tuvo amor y respeto para ella. Sin embargo, la carta le intrigó. Esa noche no pudo dormir. Al día siguiente, después de meditar mucho, pensó que tenía que increpar a Reyes y averiguar la paternidad de aquella carta. Por fin, en medio de conjeturas, llegó a creer que la actitud de Humberto pudiese tener una explicación que no era la que él le atribuía. El General Salvador Reyes vivía ahora en la capital y don Mateo se dispuso ir a verlo personalmente, pero después pensó escribirle y finalmente no supo qué hacer. El pobre anciano se debatía entre diversas conjeturas. Sufría horriblemente cuando sospechaba que era víctima de una mentira y que había arado en el mar con sus ilusiones de honor, de amor y de dignidad. Todos sus sufrimientos giraban alrededor de la sospecha de haber sido engañado por la mujer que tanto idolatraba...

En esta desesperación se encontraba el pobre anciano, cuando llegó alguien de la capital y le confirmó la horrible verdad. Le dijo que en el sepulcro de Humberto aparecía sobre una lápida de mármol, esta leyenda: HUMILDE HOMENAJE DE GRATITUD Y CARIÑO A MI DESVENTURADO HIJO HUMBERTO.Y luego firmaba Salvador Reyes...

Don Mateo lo comprendió todo y le escribió a Reyes: "¡Un padre —sobre todo un militar— no huye para salvarse la vida y comprometer la de su hijo! ¡Eso no lo hace un padre sino un cobarde!"

Después el anciano borró la palabra: "traidor", que él había escrito en el retrato de Humberto y escribió: "Mi hijo, sigo siendo tu padre"...

EL CRIMEN DE LA SONÁMBULA

En La Sonámbula, junto a la hacienda en que don Pablo Ramírez venía a temporar largos meses, había varias casas de otros hacendados, pero ninguna era tan valiosa como la de don Pablo. Don Pablo era un hombre de aspecto vulgar y campechano, pero generoso y amigo de todo el mundo. Era de mediana estatura, delgado, blanco, narigudo y flaco. Tendría 50 años, que había empleado en amasar una regular fortuna, esclavizándose al trabajo. En La Sonámbula, tan pronto como llegaba a temporar con su familia, se le veía en mangas de camisa y con un hacha de mano tratando de arreglar algún desperfecto de la casa o de los alambrados. Con sus sirvientes siempre era generoso y tolerante. Doña Rosaura, la esposa de don Pablo, era bastante menor que él. Doña Rosaura, lo mismo que don Pablo, era muy generosa y querida por todos en La Sonámbula. Alta, cargada de carnes, blanca y de buena salud. No era realmente bonita, pero sí simpática y muy sociable.

Uno de los tres hijitos varones de don Pablo y doña Rosaura recibió —en la época a que nos referimos— un regalo del tío Francisco, hermano menor de don Pablo. El regalo consistía en un caballito tordillo con su montura, freno, espuelas, y sobrebotas. El caballito, muy atractivo, llamó mucho la atención. Antes de esto, Pepe, que así se llamaba el niño, había recibido otro regalo del mismo tío: una pistolita sin tiros, con mango de concha nácar y calibre niquelado. Y cuando Paco era una criatura de seis meses, el mismo tío Francisco le enviaba juguetes continuamente. Entre estos juguetes le mandó uno muy grande: una bicicleta, que lo mismo que el caballito, gustó mucho a la familia.

—Mamita —le decía Pepe a doña Rosaura— qué bueno es mi tío Pancho, yo lo quiero con toda mi alma.

—¡Julio, Julio! —gritaba afuera la sirvienta.

—¿Qué pasa? ¿Qué pasa? —preguntaba doña Rosaura.

—Que Julio le está quebrando la bicicleta a Pepe.

—Julio, hijo, ¡tenés un corazón tan negro! ¿Por qué le quieres destruir el juguete a tu hermanito menor?

—Porque todo lo bueno es para él. Mi tío Pancho nunca nos regala nada a Lencho ni a mí, todos los regalos son para el tullido...

—¡Hijo! ¿Tenés cara de molestar a tu hermanito por los regalos? El tío Pancho le regala juguetes a él porque es el menor. Es el más débil de todos.

—Sí...sí...pero...yo también quiero juguetes...

—Bueno, Julio, yo te lo voy a comprar. Pablo te lo va a comprar.

—Vea, mamita. Julio me le pandió la rueda.

—Sí, Pepito—respondía la madre—ya veo lo que te hizo tu hermano. Deja que venga el sirviente para que te lo arregle.

Esa misma tarde doña Rosaura escribió una larga carta al tío Francisco, que vivía en la ciudad. Le decía simplemente:

"Paco: Te escribo para pedirte un favor muy grande. Me vives comprometiendo, Paco. Imagínate que esta mañana Julio, que es muy celoso, trató de romper la bicicleta que le mandaste ayer a Pepe. ¿Qué crees que me respondió cuando lo regañé? Me contestó que tú eras un mal tío... porque ni a él ni a Lencho les mandas regalos. Como tú ves, eso nos compromete. Mi marido es demasiado bueno. Y yo no les puedo decir ni a él ni a mis hijos, la verdad...Te suplico que no vuelvas a mandar más regalos a Pepe. ¡Ay! Paco, por Dios, me comprometes mucho. Te suplico por el amor de Dios que no le vuelvas a hacer regalos a Pepe. Ya sé que lo quieres, eso es natural, pero ten lástima de esta pobre mujer que sufre tanto por tu culpa... ¡Por Dios no me comprometas más!

Acuérdate que mi marido es tu hermano, que es tan bueno—y te quiere tanto... Yo quiero que me veas y me quieras únicamente como una cunada... Lo demás es cosa de la historia que los dos debemos olvidar... Ven a pasear el domingo y si Pablo me da oportunidad, te hablaré largamente sobre esto mismo. R".

P. D. No te olvides de romper esta carta. Te esperamos a almorzar el domingo.

Se había aliñado un pavo, es decir, un jolote, como se dice allá. Don Pablo con su esposa, sus hijos y su hermano Francisco, se sentaron a la mesa.

—Hombre, Paco, vieras qué muchachos tan despechados son estos míos cuando algo les duele por dentro.

—¿Qué?

—El regalo, hombre, que le mandaste a Pepe. Los otros dos, Lencho y es... ¡este muchacho Julio! —dirigiéndose a Julio:

—Te voy a dar una bejuqueada con esa correa de la montura.

Dirigiéndose otra vea Francisco:

—Pues como te decía, este muchacho y Lencho se han llenado de celos por el juguete que le mandaste a Pepe. Dicen los otros que Pepe es el sobrino que más querés.

—¡Claro! —respondió Lencho, el hijo mayor de 12 años—. Cómo vamos a querer a mi tío Pancho si a nosotros no nos hace regalos?

—Oyes, oyes? Lo mismo que yo te estaba diciendo. —Francisco sonrió con las mejillas encarnadas. Doña Rosaura dejócaer la taza en el platillo.

—La próxima vez les mandaré regalos a todos —dijo Francisco, y no quiso seguir hablando porque comprendió que la voz le temblaba y la manifiesta nerviosidad de doña Rosaura lo podía comprometer. Francisco Ramírez era el menor y don Pablo el mayor de los cinco hermanos. Francisco tenía 30 años, alto, delgado, de color cetrino, era un pequeño aguilucho que escondía las garras. Enemigo del trabajo, enamorado de las mujeres y de la holganza.

En las épocas políticas de los países tropicales, siempre hay hombres que abandonan sus hogares y huyen como emigrados a las vecinas repúblicas. Esto había pasado con don Pablo Ramírez en 1914. Abandonó sus propiedades, su esposa, sus hijos y huyó. Él no había tomado parte en la política del país; sin embargo, se le amenazó por sospechas de que pertenecía al partido contrario. De allá le escribió don Pablo a Francisco diciéndole que se pasara a vivir a su casa de La Sonámbula para que le cuidara la familia y los bienes. En ese tiempo Francisco estaba muy joven. Como consecuencia de la estadía de Francisco en el hogar, nació Pepe...

Sin embargo, don Pablo creyó que Pepe era hijo suyo y jamás tuvo reproches ni sospechas para doña Rosaura, pero ella se sentía completamente desgraciada. La presencia de Pepe, que a todos infundía alegría, a doña Rosaura la molestaba como un dedo sobre su conciencia. En cambio, Francisco sentía un natural amor de padre para Pepe, que no lo ocultaba ni en presencia de don Pablo. Pero detrás de este amor descubierto estaba el amor secreto que él mantenía para doña Rosaura...

Mientras don Pablo almorzaba alegremente en unión de su hermano Francisco, su esposa y sus hijos, un sirviente le manifestó que los peones que había enviado a trabajar esa mañana, acababan de regresar. Don Pablo, que no los esperaba tan pronto, abandonó la mesa y salió a hablar con ellos. Eran cinco peones y todos traían las caras compungidas, en las manos traían rollos de alambre, clavos, martillos, hachas, machetes, etc. Don Pablo interrogó a los peones sobre el motivo de su regreso. Ellos refirieron entonces lo que les había sucedido con el vecino hacendado, don Esteban. Lo sucedido fue que don Esteban Orellana les había hecho tres disparos de Winchester mientras ellos cortaban la madera para edificar un puente. Este asalto de don Esteban, como de costumbre, se debió a que él sostenía que la tierra era suya. Don Pablo, después de oír el relato de los peones, se redujo a decir:

—Está bien. ¡Mañana iré a arreglar eso personalmente!

A la mañana siguiente, después de mandar unos peones hacia la "tapisca" y otros a "sabanear" unas bestias, don Pablo ensilló su mula y salió. Antes de esto, manifestó que iba a casa de su vecino para arreglar el incidente del día anterior. Don Pablo era un hombre de una actividad asombrosa, salía a caballo todos los días con el fin de inspeccionar sus trabajos. Esa vez, sin embargo, no volvió a la hora de costumbre. Doña Rosaura y sus hijitos quedaron esperándolo muy preocupados. Finalmente se acostaron antes de que él regresara. No volvió don Pablo, lo que volvió a medianoche fue su cuerpo exánime que dos vecinos encontraron en el camino de la ciudad. El dolor y la sorpresa de doña Rosaura fue espantoso cuando, creyendo encontrarse con su marido, se encontró con el cadáver...

Como es natural, todas las sospechas cayeron sobre don Esteban Orellana, el vecino. Doña Rosaura, a pesar de su dolor, fue a pedir que pusieran preso a don Esteban. Don Esteban Orellana, que se encontraba tranquilamente en su casa de La Sonámbula, fue conducido a la cárcel.

La Sonámbula es uno de los lugares más bellos y más pintorescos de la república. Está situado en el centro de un valle muy fértil, bañado por un caudaloso río que en el invierno solamente se atraviesa en canoas. Este río, según se ha comprobado, arrastra arenas auríferas. Sobre la superficie del extenso valle se dilatan las vacadas, los potreros, las pequeñas cabañas y la paz infinita y lugareña de la vida del campo. Acá, en una orilla del valle, está situada la hermosa casa de don Pablo Ramírez, y allá, sobre el cerro, está la casa de don Esteban Orellana. La distancia de las dos casas es solamente de tres kilómetros, pero los terrenos de ambos hacendados están colindantes. El camino hacia la ciudad pasa muy cerca de la casa de don Esteban, a una distancia de cien metros.

Tres días después del horrible crimen de don Pablo y cuando ya principiaba a desaparecer la primera sensación del asesinato, un vecino de La Sonámbula encontró en el propio lugar del crimen, el arma con que se había dado muerte a don Pablo. Era un revólver viejo que tenía las iniciales de Gualberto Reyes y según se comprobó después, con la opinión de los que conocían el arma, era el mismo revólver de Gualberto. Este individuo tenía una larga historia de robos y crímenes: repetidas veces había estado en la cárcel y aun en la penitenciaría de la capital. Como es natural, se ordenó la captura de Gualberto inmediatamente.

En La Sonámbula, la muerte de don Pablo había sido muy sentida. Con excepción de don Esteban, todos los vecinos querían mucho a don Pablo. El muerto era un hombre generoso y servicial. Su casa de La Sonámbula parecía ahora una tumba. Las puertas y ventanas permanecían cerradas y solamente allá adentro se oía sollozar a doña Rosaura. Todos los parientes de don Pablo se encontraban allí. Francisco, lo mismo que todos, trataba de consolar a la pobre viuda, pero doña Rosaura se sentía profundamente triste y no escuchaba las palabras de nadie. Todos los parientes y los vecinos de La Sonámbula se convencieron de que doña Rosaura había querido de verdad a su marido. Francisco se encontraba precisamente en la casa de La Sonámbula consolando a doña Rosaura, cuando llegó la noticia súbita de que se había capturado a Gualberto como autor del crimen.

Este hecho sorprendió a todos, pues siempre se había creído que don Esteban era el posible autor del asesinato. Francisco corrió a la ciudad con el fin de obtener noticias. Se presentó al juzgado en el preciso momento en que Gualberto, después de reconocer el arma, hacía declaraciones del crimen que él había cometido. Francisco escuchó la declaración fríamente hasta que Gualberto concluyó de hablar. Cuando Gualberto concluyó su declaración, Francisco se paró y dijo:

—Lo que Gualberto ha dicho es cierto. ¡Yo le pagué para que asesinara a mi hermano!...

—¿Por qué? —le preguntaron.

—No lo diré—respondió— Pónganme en la cárcel con Gualberto.

Poco después doña Rosaura vendió la hacienda de La Sonámbula y se fue a vivir a otra parte.

TOMÁS

En la ciudad de Santa Clara hubo una casa en donde salía a medianoche un hombre; caminaba sobre el techo de la casa, bajaba sobre un jardincillo y desaparecía por una puerta que daba hacia la calle. Tomás, un inquilino que se alimentaba con aguardiente y que había vivido muchos años en la casa, contaba que él lo había visto:

—Es un hombre alto —decía Tomás— que camina con espuelas y anda muy bien vestido. Lleva guantes blancos en las manos y al andar hace ruido con las espuelas. Para verlo mejor hay que dormir en la pieza que da para el jardín. Nunca hay que esperarlo temprano. Siempre aparece entre las dos y las tres de la mañana. Hay que tener el reloj en la mano y ver que nunca falta a esa hora. Lo que primero se oye son los pasos en el techo, después se oye el ruido cuando se baja por la pared y por fin se le puede ver en el jardín. Lo mejor es irse a parar en la puerta del cuarto que da para el jardín en cuanto se oyen los pasos, porque del techo baja por la pared como si caminara sobre el suelo y después se mete al jardín. Camina despacio sonando las espuelas, y se dirige hacia la puerta que da para la calle. Cuando llega a la puerta, la abre y sale, pero del lado de la calle lo han esperado a esa hora, y nadie lo ha visto salir...

Una vez llegó a la ciudad un "gringo". En ese tiempo la casa estaba, como de costumbre, abandonada. El único que vivía en la casa, como una reliquia, era Tomás. El "gringo" no pudo hospedarse en ninguna parte. Alguien le recomendó la casa, pero le advirtió que allí aparecían fantasmas. El "gringo" aseguró que él no le tenía miedo a los muertos y se hospedó en la casa, precisamente en el cuarto que daba hacia e jardín. Aquellos que creían que allí asustaban, quedaron admirando la valentía del forastero. Tarde de la noche, doña Rosa, una señora de la vecindad, oyó que le tocaban la puerta con fuerza. Doña Rosa, muy sorprendida, se levantó y fue a abrir la puerta. Cuando abrió se encontró con un hombre altísimo... Era el forastero que llegaba casi desnudo y con la ropa de cama en las manos. Venía —contaba doña Rosa—con una cara tan blanca como el papel. Traía una expresión en la cara que daba risa, pero también lástima. Se notaban las contracciones de los músculos de la cara y parecía que el pobre hombre sufría del baile de San Vito. Pero la comedia consistió en que el "gringo" no hablaba bien el castellano y cuando el "otro" le contestó, el forastero no le pudo entender. Quiso hablar entonces pero las pocas palabras que sabía del castellano, se le olvidaron y quedó mudo. Fue así como el hombre se confundió y llegó a sentir miedo. Era la primera vez —según decía él— que había sentido miedo en toda su vida...

Una vez le preguntaron a Tomás:

—¿Cuántas veces lo has visto?

—Muchas—respondió Tomás.

—No has hablado con él?

—¡Nunca! Ni que me dieran un millón...

—¿Pero, no te gustaría ser rico? Los muertos salen cuando tienen fortunas enterradas.

—Me gustaría tener dinero, pero no de esa manera...

—¿Por qué? —le preguntaron.

—Porque los que hablan con los muertos se mueren pronto y el dinero no dura mucho...

—¿Te gusta verlo? —le preguntaron.

—Claro, cuando lo oigo andar en el techo, me levanto para verlo...

—¿No le tienes miedo?

—Le tenía las primeras veces, pero ahora no...

—No hace algún intento para hablarte?

—Nunca. Si me habla no le respondo.

—No entra en tu cuarto?

—Nunca. No entra en los cuartos, camina en el techo de la casa, se baja al jardín y al llegar a la puerta de la calle... ¡parece que se vuelve humo!...

—¿No tienes arma en tu cuarto?

—¿Para qué? No se mete con los cristianos...

—¿Viste cuando el "gringo" habló con él?

—Sí. El "gringo" tuvo la culpa porque empezó a llamarlo y después no le entendió lo que decía...

—¿Y qué hizo el muerto?

—Nada. ¿Qué iba a hacer? Cuando el "gringo" no lo comprendió, siguió su camino y al llegar a la puerta, se perdió.

—¿Quién crees que es?

—¿Quién va a ser? Uno que anda penando...

—¿Duermes solo?

—¡Solo!...

Un anciano del pueblo, don Saturnino Meza, era de los que no le tenían miedo a los fantasmas. Le contaron lo que pasaba en la casa del finado Rosendo Bustillo, y no quiso creer. En ese tiempo la noticia se había propagado por todo el pueblo, pero todos se reían cuando se informaban que Tomás era el único que había visto al muerto. Tomás siempre vivía ebrio, todo el dinero que conseguía lo empleaba en aguardiente. Finalmente don Saturnino manifestó que para probar que no era cierto lo que Tomás y el "gringo" decían, él iría a dormir en el cuarto que daba al jardín. Por la pared de este cuarto se bajaba el muerto y don Saturnino dejó abierta la ventana para verlo...

Lo que pasó con don Saturnino fue algo tan terrible que llamó la atención de toda la ciudad. Don Saturnino amaneció muerto...El cuerpo no presentaba ninguna herida y el médico opinó que había muerto de un ataque nervioso. Tomás, el único inquilino, estuvo preso, pero poco después recobró la libertad. La gente en general se preocupó mucho de la misteriosa muerte de don Saturnino. Tomás declaró que él —como de costumbre— se había dormido ebrio y no había abierto los ojos en toda la noche. Tomás era popular en todo el pueblo; se le conocía como ebrio y mentiroso, pero no tenía instintos criminales. Al poco tiempo salió libre de la cárcel...

Joaquín Bustillo, dueño de la propiedad e hijo heredero del difunto, don Rosendo Bustillo, ofreció una recompensa al que descubriera lo que pasaba en la casa. Dos muchachos del pueblo, Patricio y Timoteo Funes, se ofrecieron para descubrir el secreto.

Los dos hermanos Funes prepararon una media botella de aguardiente y dos revólveres. No colocaron su cama en el cuarto, como hacían todos, prefirieron colocar la cama en el jardín. La noche era oscura y a eso de las 12 oyeron una voz en el cuarto más próximo:

—¿Quién es usted? —le preguntaron.

—Un alma en pena —contestó.

—¿Qué es lo que quiere?

—Que me ayuden...

—¿Cómo se llama usted?

—Rosendo Bustillo—contestó.

—¿Y qué desea?

—Tengo una fortuna enterrada...

—¿Dónde?

—En la puerta...

La extraña voz dejó de oírse. Los hermanos Funes no creyeron hacer uso ni del licor ni de las armas. Al día siguiente se negaron a contar lo que habían oído. Aseguraron que no había ocurrido ninguna novedad...

La casa en que tan extrañas cosas sucedían, era una casa vieja. Había pertenecido a varias generaciones de los Bustillo. Joaquín la heredó de su padre y éste del suyo. Era una casa muy grande, tenía muchas piezas, todas desocupadas. Joaquín vivía ahora en otra casa, había abandonado el antiguo hogar de sus padres. Tomás era el único que vivía allí porque no tenía otro lugar en donde dormir. Tomás, como dijimos, era un borracho y a pesar de su popularidad, nadie lo admitía en otra parte. Pasaron algunos meses. Creían todos que ya no ocurriría nada, pero en una horrible noche de invierno, doña Rosa, la vecina, oyó golpes de barra, de pico y de azadón. La señora se acercó a la puerta de la célebre casa y se convenció que adentro estaban trabajando. Aquel ruido nadie lo había oído antes. Doña Rosa fue a llamar a los otros vecinos. Todos vinieron y se pararon cerca de la puerta. Adentro había alguien trabajando a medianoche, parecía que estaban construyendo un sepulcro o un subterráneo. Los ruidos repercutían sordamente en el vacío...

Joaquín Bustillo, el dueño de la casa, entró y descubrió una fosa. Le preguntó a Tomás que quién trabajaba allí, durante la noche, y Tomás respondió que no sabía. Joaquín mandó un criado para que vigilara allí durante la noche. En ese tiempo lo que pasaba en la casa había vuelto a llamar la atención. Es verdad que muchos decían que no se podía creer lo que Tomás aseguraba, porque Tomás estaba trastornado. Pero la verdad fue que la muerte del anciano don Saturnino Meza y la fosa que se había encontrado, debían tener sus causas. Un día —con una nueva sorpresa de todo el mundo— el sirviente que Joaquín enviaba a dormir allí durante la noche, amaneció muerto. El sirviente, al contrario de don Saturnino que no presentaba heridas, tenía un horrible golpe en la sien... Tomás fue llevado a la cárcel nuevamente y esta vez se le acusó del crimen. Pero las apariencias estaban en favor de Tomás porque Tomás era un pobre hombre flaco, endeble, incapaz de asesinar al sirviente que era alto, joven y fuerte. Sin embargo, Tomás permaneció en la cárcel. Creyeron que mientras él estuviera allí, nada nuevo ocurriría...

La familia Bustillo había sido siempre una de las más adineradas en el pueblo. El primer Bustillo, don Adolfo, fue un inmigrante español. Llegó casado a trabajar como peón a la ciudad. Luego se levantó dejando algunos ahorros a su hijo Luis. Éste, tan trabajador como el padre, aumentó los haberes y cuando murió, su fortuna pasó a manos del padre de don Rosendo. El padre de don Rosendo tenía varios hijos, la fortuna se dividió; pero don Rosendo, que era trabajador como sus ascendientes, la aumentó y heredó un buen capital a Joaquín. Los Bustillo eran gente muy sobria, honrados, enemigos de la política y sumamente trabajadores. Joaquín, el último de los Bustillo, era dueño de una hacienda, una buena tienda y muchas casas de alquiler. Después que Tomás fue puesto en la cárcel, no se oyeron más ruidos. Toda la gente estaba convencida de que Tomás era el autor de los crímenes. La tranquilidad volvió a reinar en el barrio, pero una noche se oyó que volvían a cavar en la tierra. Doña Rosa fue la que primero escuchó. Corrió a contárselo a Joaquín y éste pidió que investigara la autoridad lo que realmente había. Varios soldados armados rodearon inmediatamente la casa. Después el mismo Joaquín, en unión de otros soldados, entró. Tan pronto como ellos entraron, se oyó un ruido de gente que huía: eran los hermanos Funes...

Los dos fueron puestos en la cárcel. Declararon, después de una larga interrogación, que ellos habían asesinado al sirviente porque él había rehusado mantener el secreto de la fortuna que buscaban. La Fortuna, según ellos, estaba allí, en donde ellos hacían la fosa: el espectro de don Rosendo Bustillo les había dicho que en ese lugar tenía una fortuna enterrada...

Joaquín Bustillo, como buen comerciante, era gran aprovechador de las oportunidades. Al día siguiente se puso él mismo a cavar la tierra. Creía Joaquín que él, como hijo de don Rosendo Bustillo y dueño de la casa, era quien tenía derecho a la fortuna enterrada. Pero cuando Tomás supo en la cárcel que Joaquín estaba cavando la tierra dijo:

—Yo soy el que le habló al finao don Saturnino, a los Funes y al "gringo"...

Se comprobó que, efectivamente, lo que decía era cierto y entonces lo enviaron a la penitenciaría. Lo condenaron por el crimen de los Funes y por la muerte de don Saturnino...

DON RAMÓN

El alcohol se arraigó en su organismo como un parásito. Su cara cubierta de pelos, se volvió húmeda como una esponja, roja como un tomate. Sus ojillos se volvieron lagrimosos y hundidos en las ojeras. Sus brazos aprendieron a accionar con la mímica torpe de los ebrios. Sus labios aprendieron un gesto nervioso que mostraban los dientes ennegrecidos por el uso del tabaco. El pie derecho aprendió a moverse golpeando sobre el piso al compás de la palabra. Todo daba la impresión de un organismo que no funcionaba bien, todo mostraba al hombre neurótico, al hombre cuya dolorosa tragedia nos cae en gracia y hasta nos arranca, sin quererlo, una sonrisa burlona... Sin embargo, don Ramón Maldonado se quería vengar conta la sociedad por creerla culpable de su situación. La poca salud corporal había mermado la salud del espíritu.

En su cuerpo ridículo se levantó la víbora de su espíritu envenenado, vengativo, impulsivo, sarcástico, cruel, hablantín y argumentador. Naturalmente, el hombre se volvió insociable, no había paciencia que lo aguantara, era insufrible. Hablar con él era oír un discurso de palabras apasionadas y sin sentido. Era oírlo hablar mal del mundo y de la sociedad en general. Pero si uno se ponía en desacuerdo, entonces don Ramón se enfurecía, sacaba el pecho, se limpiaba la boca pastosa y decía:

—¡Vea, usted no sabe tanto como yo! ¿Qué me va a enseñar usted a mí! ¿Es? Lo que yo le estoy contando es cierto y no me discuta.

Había que callar y seguir oyéndolo. Don Ramón tenía una dialéctica aplastadora, trituradora, como esas máquinas que deshacen todo lo que encuentran a su paso. Por fin se cansaba de hablar y de hablar. Su interlocutor no había levantado la palabra durante todo el discurso. Don Ramón, hombre pesimista—nunca se imaginaba lo bueno de una situación—. Cuando miraba a su interlocutor como una piedra, sin decirle si estaba de acuerdo o no, don Ramón suponía que estaba en desacuerdo y la cólera volvía a enrojecer sus orejas:

—Sí, ya sé; usted no está de acuerdo conmigo. Pero es que usted no conoce la vida como yo, amigo. Yo soy hombre de experiencia. ¡Cuando usted conozca mejor la vida, entonces!...

Don Ramón era insufrible, inepto y egoísta. Don Ramón era uno de esos hombres que sólo reaccionan bajo el estímulo brutal del alcohol, el odio y la política. Pero a pesar de todo esto, don Ramón no infundía odio ni cólera, no podía infundir ninguna de las dos cosas. Lo que infundía era lástima:

—¡Pobrecito! —comentaban muchas gentes que hablaban de él, pero cuando lo oían discutir con sus gestos y voz gritona, que llamaba la atención de los que pasaban por la calle, no podían menos que reírse en su propia cara. La familia sabía que la gente se reía de don Ramón. Hay que darse cuenta del dolor de la esposa, de las hijas, ya señoritas, casaderas, y de Rafaelito. Lo llamaban así por su tamaño, el sostenedor de la casa. Estos hombres se caracterizan por eso: se hacen ellos mismos, por su propia culpa, desgraciados y hacen desgraciados a los que viven cerca. ¡He aquí un gran problema social!...

Comúnmente el alcohol, el tabaco, la morfina, etc., se apuran para sobrellevar la monotonía de la vida, algún dolor físico o algún gran pesar. Pero don Ramón se había hecho vicioso sin tener que sobrellevar una vida monótona, ningún pesar que olvidar, nada. A don Ramón no se le había muerto ningún ser querido. No había perdido ninguna gran fortuna, no había fracasado en ningún gran ideal de muchacho puesto que nunca supo lo que era ideal ni ambición. En cambio, don Ramón destruyó su salud corporal, la salud de árbol vigoroso que Dios le había dado; corrompió la salud de sus ideas y de sus actos; anocheció el tranquilo crepúsculo de su buena esposa, doña Magdalena; nubló el claro sol de la mañana de sus hijos. En una palabra: fue un destructor. Estos hombres deben considerarse en la sociedad como criminales. Lo destruyen todo y no construyen nada. A don Ramón lo arruinó una ideología que corre por ahí entre la gente desordenada y que él tomó muy en serio. Desde joven él gustaba decirse: "¡La vida es corta y hay que gozar! El gozo para él era apurar los vicios hasta las heces. Los ricos son brutos, si yo tuviera todo el dinero que ellos tienen, bebería el mejor vino, viviría rodeado de mujeres. ¡Hay que gozar, la vida es corta!...".

Los hombres que viven la vida con tanta "impetuosidad", generalmente no viven demasiado. Y si viven es para sobrevivirse a sí mismos. Sobrevivirse a sí mismos es una de las cosas más tristes que le puedan suceder a un hombre. El caso de don Ramón era la tragicomedia de un hombre que apuró todos los excitantes de la vida por placer hasta que destruyó su salud física y espiritual y ahora tenía que seguir apurando excitantes para no verse a sí mismo. Era como el hombre a quien han adormecido con cloroformo y al despertar se le ocurre cerrar los ojos para no ver la pierna que le han amputado. Hombres que se proporcionan una realidad horrible y después le tienen horror a esa realidad.

Pero don Ramón no tenía valor moral para encarar dignamente su desgracia. En vez de pedir perdón por sus culpas, se vengaba contra la sociedad, contra sus amigos y contra su sufrida y desgraciada familia...

—Sí, ya sé que ustedes se avergüenzan de mí, ya sé eso, pero no me importa. Dicen que la gente se ríe de mí, pues déjenlos que se rían. Ellos creen que no son payasos. Ellos se creen perfectos y son más corrompidos que uno. No hay nadie perfecto en este mundo. ¡Todos somos unos sinvergüenzas! Lo que pasa es que unos aparentan; y yo, como soy pobre y humilde, creen que no valgo nada. ¡Qué se vayan al diablo! ¡Yo soy más orgulloso que todos ellos! ¡Yo también he tenido buenos amigos! ¡Les puedo probar que me he sentado a la mesa con buena gente! Ahora, como ya no tengo dinero, nadie me hace caso; pero a mí no me importa. Mi misma familia, ¡quién lo creyera!, se avergüenza de mí. ¡Qué se vayan al diablo! Ya me voy a morir para no servirles de estorbo.

—Por Dios, Ramón —le decía doña Magdalena—, ¿cómo se te ocurre decir que nos avergonzamos de vos? Lo que decimos es que hacés cosas que no se deben hacer.

—¿Qué no se deben hacer? ¿Y a mí quién me manda? Vaya, esto sí que está divertido, uno tiene que pedir permiso hasta para hablar...

—Si no es eso, Ramón. Oye, por Dios: tus hijas son jóvenes, se quieren casar bien, ¿comprendes? Pero los hombres se fijan en todo y no les gustaría tener un suegro tan... tan... discutidor, Ramón. Supongamos que una de las muchachas se case, tú vas a querer que tu yerno opine como vos y sino hasta le vas a querer pegar. Además, Ramón, tienes el defecto de hablar muy fuerte cuando andás en la calle y la gente se queda mirando... ¿Por qué hablás tan fuerte, Ramón? No puedes hablar suave, así como toda la gente? ¿Qué necesidad hay de gritar? Supongamos que Manuelita o Ernestina consigan un novio y vengan a visitarlas... ellas van a tener que llamarte para presentarte al novio. Le van a decir, éste es nuestro papá, Ramón Maldonado. Y vos que no te cambiás el cuello. ¿Te das cuenta? Pero no es eso lo importante, Ramón; lo importante es que, en vez de saludar y retirarte, te vas a aplastar a platicar con ellos y seguramente la discusión va a venir porque con vos nadie puede hablar sin discutir. Ellos no van a estar de acuerdo si les decís que la nieve es negra. ¿Quién va a estar de acuerdo? ¿Te das cuenta? Y lo peor de todo es que no van a volver a la casa... ¿Te das cuenta? Y ese es el porvenir que vos les ofrecés a tus hijas, hombre desgraciado, que no te da vergüenza. Aquí si no fuera por Rafaelito nosotras no comeríamos porque vos no sólo sos una carga, que nunca trae un centavo a la casa, sino que hasta has arruinado el porvenir de tus hijas, las pobrecitas. ¡Qué no te remuerde el alma, hombre desgraciado!...

—Magdalena, óyeme: Lo que pasa es que vos no pensás más que en casar a tus hijas. Y siempre con tus ideas de sociedad y grandeza, que nunca te faltan. Mis hijitas se van a casar con un dotor, ¿eh? ¿Qué le parece?... ¡Ja, ja, ja, ja... vieja de ideas atravesadas! ¡Vieja embustera que sólo piensa en la sociedad! ¿En la sociedad? ¿Eh? ¿Tener un yerno que sea dotor? ¿Eh?... Ja, ja,ja,ja...

En la noche, volvía muy tarde:

—¡Abran la puerta! ¡Hoooooy! ¡Abran la puerta!

La esposa o las muchachas se levantaban a abrirle la puerta. Entonces entraba don Ramón: ebrio, sin cuello, sin sombrero. Al abrir la puerta, don Ramón que estaba recostado en el lado de la calle, caía adentro:

—¡Virgen de Dios!, es mi marido. Qué facha, bebiendo con los amigotes. ¡Vea qué cara! Déjenlo allí acostado muchachas, váyanse a sus camas; déjenlo allí tirado que no merece otra cosa. —Tanto insistía la madre que las hijas se iban a acostar, y también ella, pero volvía al poco rato.

—Ramón, por Dios, ¿te has muerto? ¿Niño, estás muerto? ¡Ramón! ¡Ramón!

—¿Quí hay? ¿Quí hay? ¿Quién habló?

—¡Ramooón!, por Dios, venite a tu camita, te puedes morir aquí con el frío de la noche. ¡Virgen de Dios! ¡Cómo hago para curar este hombre! Ramón, te estoy hablando. ¡Vamos!...

Ella hacía un esfuerzo sobrehumano y por fin podía levantar el cuerpo del hombre que no prestaba ninguna ayuda. Le agarraba el brazo izquierdo y se lo echaba sobre los hombros; luego con el brazo derecho lo asía de la cintura, casi levantándolo haciendo un esfuerzo supremo lo conducía al dormitorio. Allí le quitaba los zapatos, le quitaba el saco, la camisa y lo dejaba dormido... Pero el hombre no dormía. Al momento, viéndose sin su ropa, se levantaba llamando:

—¿En dónde estoy? ¡Mi mujer me ha encerrado! ¡Mis zapatos!¡Quiero irme a la calle, mujer! ¡Dame mi sombrero! Y quiero plata para echarme un trago. Tengo la boca reseca. Necesito un trago para quitarme la "goma".

La mujer encendía la luz, esta vez enojada:

—Ramón, te callás o te callo. No te doy la ropa. Si querés andate desnudo para la calle.

Ella creía que él era incapaz de salir desnudo, pero un día salió sin ropa. Salió en calzoncillos a despertar a doña Leandra, la estanquera. Eran las 4:25 de la mañana. La pobre doña Leandra, víctima de su oficio, se había levantado cinco veces porque los ebrios nunca tienen hora fija para beber. Don Ramón fue el sexto parroquiano que llegó a golpear la puerta en el momento en que ella colocaba la cabeza sobre la almohada.

—¡Hoooy, doña Leandra! ¡abra la puerta, un traguito!...

—Mamá, no se levante—le contestó Rosita, la hija de doña Leandra.

—Un momento, señor por ay va—le contestó Rosita a don Ramón.

La muchacha se vistió, tomó una vela en la mano y se dirigió al cuarto de las bebidas.

—¿Cuánto va a querer, señor? —le preguntó la muchacha, sin abrir la puerta.

—Deme dos dobles de aguardiente que mañana se los pago, niña—contestó don Ramón.

—No fiamos, señor—contestó la muchacha.

—Soy don Ramón, dígale a mi comadre Leandra que soy don Ramón, que sólo espero que el Gobierno me pague el sueldo retrasado de mi hijo para pagarle. Dígale eso.

Tanto insistió el viejo que al fin consintieron las dos mujeres en darle a buena cuenta dos dobles.

—Si este viejo sucio no nos paga—dijo la estanquera—doña Magdalena nos paga porque es una mujer decente.

—Apúrese, por Dios, que hace frío y ando desabrigao—volvió a repetir don Ramón.

La muchacha sirvió el aguardiente en una copa de cristal y se dirigió a abrir la puerta para entregársela. Don Ramón, que tenía todo el pecho, los brazos y los hombros descubiertos, al empinarse para alcanzar el licor, dio la impresión de que estaba desnudo completamente, entonces la muchacha no pudo contener un susto de sorpresa:

—¡Madre! ...¡Dios mío!...

Con el susto, don Ramón se vertió encima el aguardiente, y entonces él—más preocupado por la pérdida del aguardiente que por el susto de la muchacha—se volvió a su casa. No le quedó más consuelo que oler el perfume del aguardiente derramado sobre su cuerpo...

Mientras tanto, doña Magdalena que había escondido la ropa de don Ramón, creyó que no saldría. Sin embargo, para estar segura que el hombre dormía, fue a observarlo y se encontró, con sorpresa, que había desaparecido.

Doña Magdalena, aunque robusta y de buena apariencia física vivía muy enferma. Constantemente sufría gripes y dolores de cabeza. Al contrario de su marido que era mestizo, ella era mujer blanca, hablaba con orgullo de su color blanco. Vivía agradecida con Dios por los hijos que le había dado, pero no se conformaba con los grandes defectos de su marido. No obstante, lo había querido mucho y lo seguía queriendo...

A la mañana siguiente, a consecuencia de la salida a la calle, en busca de don Ramón, doña Magdalena se había enfermado y permanecía en cama. Don Ramón legaba de la calle—como de costumbre—, ebrio y con un paquete bajo del brazo:

—Vieja, aquí te traigo, ¿cómo te sentís, vieja?

—Un poquito mejor, Ramón, el médico dice que me voy a mejorar. Dice que no es pulmonía. ¡Qué dicha!, ¿verdad?

—¿Qué dicha? Pues está claro que es una gran dicha.

Los dos viejos se habían reconciliado como sucedía siempre después de sus continuos enojos.

—Vieja, te vas a comer un pollo asado que te traigo. "El hombre abrió el paquete—. ¡Está de rechupete! —Se chupó los labios.

—No, Ramón, me muero de hambre, pero no puedo comer eso. El médico no quiere.

—¿El médico? ¿Quién les hace caso a los médicos?...

—Ja, ja, ja, ja, viejo estúpido, cómo se te ocurren esas cosas...

—Ajá, ya te rís, ya te rís, ya podés comer gallina. Oye, me la regaló Nemesia, la tuerta, para vos.

—Pues cómetela vos, Ramón, déjale su parte a Rafaelito y a las muchachas...

—¡No! ¡Es para vos! ¡Nemesia se puede enojar!...

El viejo quitó el mantelito que cubría el pollo asado y un delicioso olor llenó el recinto.

—Mirá para que no digás que soy hambriento. Sólo me como una pata. —El viejo empezó a masticar sabrosamente. Los dedos llenos de grasa se los limpiaba en la barba peluda. Se oía el ruido de los dientes masticando. Magdalena lo miraba muerta de hambre.

—Ramón, dame a probar a ver si me muero...

—¡Qué diablos! No te morís. Hay que comer para vivir...

La mujer alcanzó un pedacito de carne blanca, luego otro, luego otro y otro más.

—Tomá, comete esta pierna entera. —Y le alcanzó una pierna.

—No, Ramón, me dan ganas, pero...

La mujer acabó por comerse la pierna.

—Aquí está otra pierna. Lo que tenés es hambre. Los médicos no saben eso...

La mujer rehusó, pero tanto insistió él que ella acabó por comérsela. Cuando concluyeron ella había comido tanto como él.

Esa noche, como de costumbre, don Ramón salió "de parranda" con los amigotes. Tarde de la noche doña Magdalena sintió la temperatura muy subida, luego unos deseos de vomitar. El estómago se le había descompuesto... Llamaron al médico, éste dijo que además de la gripe, la mujer sufría de indigestión. Preparó una medicina para el estómago como medida preventiva.

Doña Magdalena se sintió mal, la temperatura era de 40 grados y subía. Los hijos, Rafaelito, Manuelita y Ernestina lloraban al borde de la cama. Doña Magdalena presentaba un aspecto de moribunda, estaba realmente grave:

—Mamita mía, ¿qué te pasa?;Qué sientes, mamita de mi corazón? Mamita, ¿dinos qué sientes? Oye, mamita de mi corazón, tu Manuelita te habla. Mamita, nos morimos de pena si no te mejorás... Ay, madre de mi corazón. Dios mío, si no se mueve. ¡Madre! ¡Madre! ¡Si hoy estabas casi buena! Ernestina, ¿qué hacemos? Por Dios, Señor Todopoderoso, ayúdanos, nuestra madrecita se nos está muriendo. Virgen de los Desamparados, ay...ya no puedo. Ay madre queridísima...¡ay ya no puedo! Ay madre queridísima... ¡ay!... ¡ay!... ¡ay!... ¡ay!... ¡ay! ... ¡ay! ... ¡ay! ...¡ay!... Si mamá no se compone yo me muero... Ay, Rafael, ¿qué tiene nuestra madre?, ha perdido el conocimiento... ¡Ay! ... ¡ay!... ¡ay!... Dios mío, por Dios, ¡qué tiene nuestra madre! ...Madrecita de todo mi corazón, tus hijos se mueren si tú nos abandonas... ¡Ay!... ¡ay!... ¡ay!... ¡Virgen!... ¡Ay!... ¿Qué te pasa, madre de todos mis amores?... ¡Madre!... ¡madre mía!... ¡madre mía!¡madre mía!...

Manuelita había sido siempre la hija más cariñosa y la que más quería la madre, probablemente por ser la menor. Tenía 14 años, ojos negros, cabello castaño y cutis tan blanco como el de la madre. Ernestina y Rafaelito eran trigueños, casi tanto como el padre. Ernestina tenía 16 años y Rafaelito 24. Era él un buen muchacho, serio, trabajador y honradísimo. Era, como dijimos, el que sostenía a la familia.

Tarde de la noche, cuando don Ramón regresó, la enferma se encontraba sola y el marido se dirigió a la cama de ella:

—Vieja, ¿no te has levantado? ¿Quieres otro pedazo de pollo asado? Hace mucho calor en este cuarto, te voy a abrir la puerta para que entre el aire. La enferma, sin conocimiento, estaba sudando y una fuerte racha de viento empezó a penetrar por la puerta que él abrió, y a remover las sábanas de la cama. El cuarto era grande y arreglado con extremada humildad. Una puerta daba para la calle y otra para un solar. En la pared colgaban cuadros de santos. Por la puerta que daba para el solar se veían gallinas, patos y cerdos. Parecía casa de campo. Al lado de la cama de la enferma había otra cama que era la de don

Ramón. El piso era de ladrillos, la pared de adobe y el techo de teja. Se veía la pobreza en las sillas deterioradas, y las cortinas, aunque limpias, parecían bastante usadas.

Algún rato después, el hijo volvió con el médico. En el otro cuarto se oía llorar lastimosamente a Ernestina y Manuelita. El médico, al ver la puerta que don Ramón había abierto, le dijo a Rafaelito:

—Amigo, ahora es difícil salvar a su madre, vea la corriente de aire sobre la cama...

La temperatura de la enferma había subido. Los ojos se le habían dilatado, la lenga pastosa yacía afuera de la boca. El médico comprendió al momento que la mujer empezaba a agonizar...

El hijo corrió a cerrar la puerta, luego descubrió en una esquina a don Ramón, parecía un atado de ropa negra:

—Viejo imbécil, ¡asesino! —le dijo—. ¿Por qué dejó la puerta abierta?

Don Ramón no contestó, parecía una piedra, todo él encogido en la silla, sin responder.

El médico y el hijo salieron a traer unas medicinas. El médico quería demostrar eficacia e interés, pero en el fondo sabía que la enferma se moría... Una inyección no podría acelerar ni retardar la agonía.

Después que el médico y Rafaelito salieron, alguien tocó a la puerta de la calle. Volvieron a tocar con fuerza y cuando don Ramón fue a abrir, apareció un hombre malicioso y mal vestido:

—Don Ramón —le dijo—, manda a decir doña Leandra, la estanquera, que usted le robó cinco pesos que dejó en el mostrador cuando usted entró y ella estaba atendiendo a los clientes...

—¿Me habrá mirao cara'e ladrón esa vieja usurera?

—Pues yo no sé, pero yo me lo voy a llevar porque ella me dijo que me lo llevara de cualquier modo.

Don Rafael dio un paso atrás, pero ya era tarde, el otro hombre más alto y con más fuerzas que él, lo aprehendió por detrás.

—Qué te has pensao —le dijo don Ramón— venir a atropellarme en mi propio hogar. Altanero y sinvergüenza, esperá a que llegue mi hijo...

El otro, sin hacer caso y con una maestría y prontitud admirables, sacó una cuerda y lo ató de los brazos por detrás. Luego se lo echó al hombro, como si hubiera sido un fardo, y se fue con él.

El médico y Rafaelito volvieron y encontraron nuevamente la puerta abierta. En el cuarto vecino, Ernestina y Manuelita continuaban llorando desesperadamente. Era un llanto lastimero y conmovedor. El médico hablaba poco, le intrigaba saber el motivo de la indigestión, quería interrogar a las hijas acerca de la alimentación que le habían dado a la enferma. Estas no salían del cuarto en que lloraban.

—Usted pregúnteles, amigo —le dijo a Rafaelito.

Este fue y volvió con la contestación:

—No le han dado nada, excepto lo que usted ha recomendado, líquidos.

—¡Qué caso tan extraño! ¡Qué caso!...

—Mi padre volvió a dejar la puerta abierta, doctor —le dijo Rafaelito cuando descubrió la corriente de aire.

El médico se levantó a tocar el pulso de la enferma, la mujer continuaba agonizando.

—Amigo, su madre se muere, es bueno que se lo diga a sus hermanitas...

Rafael hizo una triste mueca de dolor y cólera, se levantó y se volvió a sentar en la misma silla.

En ese momento empezaron a llegar mujeres en silencio, saludaron suavemente y se sentaron en unas sillas. Por fin una de las señoras se levantó y fue a hablarle en secreto a Rafaelito, éste contestó en voz baja y volvió a bajar la cabeza con dolor. Reinó un profundo, un lúgubre silencio. De repente, el silencio se interrumpía con los sollozos de Ernestina y Manuelita, en el cuarto vecino. En la orilla de la cama yacía el médico. Las señoras que habían entrado lo miraban con atención tratando de descubrir en sus gestos y ademanes, el significado de lo que pensaba. Lo que pensaba el médico era que la vida de doña Magdalena no duraría sino unos pocos minutos. Había perdido la voz. Rafelito hizo dos intentos para hablar con ella:

—¡Madre, madre! ¿Me conoces? ¡Madre!

La pobre señora era incapaz de reconocer a nadie. Llegaron más señoras. Rafelito las recibió, hablaron con él en silencio y se sentaron como habían hecho las primeras. Volvió a reinar el lúgubre silencio de antes, parecía que estaban velando un cadáver. Las personas estaban allí como piedras, como postes; se miraban las caras, pero no hablaban. Lo único que hacían todas las mujeres era ver la cabeza de Rafaelito, hundida entre las manos. Todos, inclusive el médico, sentían pesar por el pobre hijo.

En la tarde habían llegado más personas. Las hijas continuaban en el cuarto vecino, sin querer hablar con nadie, Los que llegaban tenían que sentarse sin esperar que los recibieran. Rafaelito continuaba en la misma posición.

A eso de las cuatro de la tarde, por fin, el médico que había continuado a un lado de la cama, se levantó al ver que la mujer se estremecía.

Nadie puso mayor atención al médico que observaba a la enferma. Después de algún momento, el médico se dirigió al lugar de Rafaelito:

—Acaba de morir—le dijo.

Un niño apareció en la puerta:

—¿Qué quiere? —le preguntó suavemente el médico.

Aquí manda don Ramón otro pedazo de pollo asado para doña Magdalena. Que se lo regaló Nemesia, la tuerta, y que con esto se va a mejorar.

—Dígale—dijo el médico con ironía—que doña Magdalena ya murió. Que venga a arreglar cuentas con el cadáver...

PILAR

Pilar era gallega y lavandera. Se había vuelto últimamente muy cargada de carnes, era blanca y pecosa, tenía expresión de humildad y resignación, ojos pardos y cabello negro. Con aspecto de buena salud. Era ante todo gallega, es decir, no tenía distintivos individuales, sino raciales.

Había nacido Pilar en una aldea, cerca de la ciudad de Pontevedra, capital de una de las cuatro provincias del antiguo reino de Galicia. En esta humilde aldea tuvo ella su primero y único amor. Allí vivía tranquilamente cuidando gallinas y cerdos o empleando el día en quehaceres domésticos, cuando conoció a su novio. Era éste, según relataba, alto, moreno, apuesto, gracioso. Ella se enamoró con locura. El le correspondió apasionadamente. Dispusieron, después de un amor impetuoso y juvenil, casarse. Pasaba esto a principio del invierno, concertaron el matrimonio para fines del otoño, pero en cuanto llegó el verano el novio se casó con otra mujer...

Es necesario tener la pureza o ingenuidad de una aldeana para imaginar siquiera el dolor de Pilar.

Ella tenía una fe ciega en la caballerosidad de su novio, jamás tuvo la menor sospecha de que él la abandonara. Tanta fe tenía que al principio dudó que él se hubiera casado, pero cuando estuvo segura, sintió que se le abría el corazón de dolor. Todo su castillo de ilusiones se vino al suelo. En medio de su dolor llegó a culparse por la fe que había puesto en él. Marcelino se había casado con la otra sin cariño, se había casado porque la otra era rica. Sin embargo, no bastó que Marcelino se hubiera casado sin cariño para que Pilar se conformase. Se sintió robada de un porvenir que ya no sería posible volver a acariciar con tanto entusiasmo. No creyó que volverían a renacer nunca las semillas de sus esperanzas. Tan grande fue el dolor y la desilusión de la pobre muchacha, humillada y descorazonada, que deseó casarse con cualquiera que se le presentara y venirse después a América. Esto que fue un simple deseo, resultó después una realidad. Un amante se le presentó poco después de la decepción. Se llamaba Macedonio y era gallego como ella. Lo aceptó, se casaron y después de casados se vinieron a América.

—Vamos a hacer dinero en América, Macedonio.

—Para mí es lo mismo estando cerca de usted, Pilar—le contestó el novio.

Se vinieron a "hacer la América". Pilar lo traía todo, pero dejaba su corazón en Pontevedra. Al buen Macedonio, que no tenía los atractivos de Marcelino, lo quería únicamente como instrumento de despecho. Este ardid, sin embargo, tuvo resultados: Marcelino sintió unos celos terribles cuando supo que Pilar se había casado y se había venido para la América. Esta actitud fue el resultado del orgullo, pero también del cariño que le seguía teniendo a Pilar... Se consideró, sin embargo, culpable él mismo y pudo entonces apaciguar su cólera y pesar...

—El dinero sin amor para nada sirve —le dijo su yo.

—Pero Pilar, sin dinero... tampoco sirve —le contestó el otro yo.

Luego descubrió en su larga meditación, no sin poco dolor, que en América habría tenido las dos cosas: dinero y el amor de Pilar. Entonces fue cuando se condenó a sí mismo y se arrepintió de haberse casado con una mujer rica a quien no amaba. La mujer con quien Marcelino se había casado era alta, flaca, de mal humor, reticente, dominante, egoísta, pero trabajadora y económica. De esta manera había conservado ella el capital heredado de su primer esposo. Doña Joaquina, que así se llamaba, era además diez años mayor que Marcelino. Es fácil deducir que no se casaron por amor. El abandonó a Pilar, su verdadero amor, por el dinero de doña Joaquina. Y ésta —sacrificando un poco su tranquilidad de espíritu y poniendo en peligro su fortuna— se casó con Marcelino no por amor sino por el atractivo que la juventud, el donaire y aspecto varonil le inspiraban.

Cuando Pilar y su marido Macedonio desembarcaron en Buenos Aires, las perspectivas de trabajo fueron abundantes. Pilar quiso darse a trabajar para olvidar así el recuerdo de Marcelino. Trabajó con mucho entusiasmo. Macedonio resultó un buen marido, trabajador, sufrido, económico y cariñoso con Pilar. En aquel tiempo los inmigrantes encontraban en Buenos Aires perspectivas de trabajo que no encuentran ahora. Pilar recibía un buen sueldo como lavandera, tiempo le hacía falta para cumplir con la abundancia de trabajo que se le ofrecía. Macedonio principió a devengar otro buen sueldo como empleado de la compañía inglesa de ferrocarriles. Pero Macedonio tenía que trabajar rudamente, a veces de noche, otras veces en el invierno, con poco abrigo, pues en ese tiempo todavía no habían comprado la suficiente ropa para protegerse del invierno. Un día Macedonio volvió del trabajo con un resfrío, Pilar le preparó una taza de leche caliente. A la mañana siguiente, bastante mejorado, se fue al trabajo. Ese mismo día, cuando volvió por la noche, tenía fiebre. Al cuarto día ya no pudo ir al trabajo. En la tarde mientras tosía constantemente, sintió un dolor en la espalda. Llamaron inmediatamente un médico, Pilar tuvo que deshacerse de sus primeros ahorros, los de su marido y adeudarse con el médico. Lo que Macedonio tenía era pulmonía. El médico le prodigó muchos cuidados, un día llegó con otro médico, los dos opinaron que el enfermo tenía pulmonía. Lo continuó asistiendo el primer médico, pero cinco días después murió Macedonio.

Pilar no le tenía amor sino gratitud, pero lloró. Lo enterró y mandó a decir una misa por el alma del muerto. Después, cuando su hija Teresa nació, le enseñó a venerar el nombre de Macedonio. La niñita era rubia, delgada, un poco pálida y enfermiza, pero Pilar con su cuidado materno, la hizo crecer hasta convertirla en la alegría del hogar. Pilar, que seguía dedicándose al oficio de lavandera, siempre andaba en la calle con Teresita. Era un cuadro familiar ver a Piar por la calle con una canasta muy grande en la cabeza, sosteniendo la canasta con la mano derecha y con la izquierda sosteniendo a Teresita.

Mientras Pilar, después de la muerte de Macedonio, trabajaba en silencio, pero con tranquilidad, Marcelino en Pontevedra se sentía cada día más desgraciado. El mal humor de doña Joaquina había llegado a hacerle la vida insoportable. No obstante, habían tenido un hijo varón, Román. Este hijo, en vez de unirlos, los había separado más. El hijo era motivo de discusiones:

—Puedes irte, pero Romancito se queda conmigo.

—El día que me vaya, me lo llevo —decía Marcelino.

—Yo le puedo dar carrera —decía ella—; tú eres un pelagatos.

Marcelino llegó a sentir un odio sordo para su esposa. Comprendió que ella lo aborrecía cada día más. Doña Joaquina era muy económica y Marcelino no podía, a pesar de su insistencia, divertirse con el dinero de ella. Fue tan grande el odio que se formó en el corazón de Marcelino, que un día decidió asesinarla. Creyendo él que nadie se podría dar cuenta de que él fuese el autor del crimen, compró un veneno y a la hora de comer se lo derramó en una taza de café. Ella no tenía herederos por parte de su familia y Marcelino creyó que él, y su hijo, podrían heredar la fortuna de ella y embarcarse después para América. Marcelino planeaba siempre el viaje a América por el deseo de ver a Pilar.

El envenenamiento de doña Joaquina se produjo instantáneamente. Marcelino hizo todo el aparato para convencer a los amigos y a las autoridades que su esposa había fallecido de muerte natural. Pero las autoridades del pueblo tuvieron sospechas y se acordó que se hiciese la autopsia del cadáver para encontrar la causa de la súbita muerte de doña Joaquina. Ante esta decisión, el marido se opuso terminantemente.

Las autoridades, ante la negativa del marido, fortalecieron su sospecha e insistieron en la autopsia del cadáver. Marcelino, viéndose descubierto en su horrible crimen, no tuvo más remedio que embarcarse para América. Romancito, el hijo, quedó en manos de los parientes. Fue tan súbita la huida de Marcelino que no pudo traerlo consigo.

Pilar se encontraba trabajando afanosamente, cuando se le presentó su antiguo novio:

—Dichosos los ojos que te ven, Pilar.

Pilar, al ver a su novio, se desvaneció, después dueña de sí, le respondió:

—Señor, ¿qué se le ofrece?

—Mujer, ¿ya no me conoces? ¿No te acuerdas de Marcelino, el de Pontevedra?

—Sí que me acuerdo, pero ahora no necesito de hombres como usted. Vivo de mi trabajo.

—Mujer, vengo a casarme. Mi esposa se murió, ¡soy viudo, Pilar!...

El apartamento en que vivía Pilar con su hijita en ese tiempo, estaba situado en el barrio Mataderos. Era una de esas casas llamadas conventillos en Buenos Aires. Como es costumbre en esos lugares, la gente hacía demasiado ruido y escándalo. Peleaban algunos matrimonios, otras veces unas familias con otras también discutían con mucho ruido. Algunas mujeres solteras metían hombres en sus cuartos. Pilar tenía fama en el conventillo por su tranquilidad, por su dedicación al trabajo de lavandera y por su amor a su hijita, Teresa.

Aquí a este lugar, después de muchos años, vino Marcelino. Con los parientes de Pilar en Pontevedra, había obtenido la dirección de ésta en Buenos Aires. Llegó Marcelino al conventillo sin dificultad. Tanto le suplicó, le rogó y le recordó el viejo amor de los dos en Pontevedra, que Pilar acabó por perdonarlo y arrojarse en los brazos del antiguo amante. Quedó convencida y satisfecha cuando supo de labios de Marcelino que doña Joaquina había muerto de muerte natural y que inmediatamente él se había acordado de Pilar y por eso venía. Su hijito, Román, lo había dejado con un tutor que le administraría la herencia de la madre. El, Marcelino, no necesitaba el dinero de la difunta. Venía pobre a trabajar y hacer fortuna en América. Pero, sobre todo, venía por el deseo de vivir al lado de Pilar. Ella creyó que todo lo que él le decía, especialmente la causa de la muerte de doña Joaquina, era verdad. Pilar, después con entusiasmo, le contó que también ella era viuda. Los dos, en compañía de Teresita, dieron principio a una nueva vida.

Aunque en Pontevedra se realizó la autopsia del cadáver y se verificó que doña Joaquina había muerto de un envenenamiento de estricnina, Marcelino se consideró en América más allá de las manos de la justicia. Cuando se buscó al marido, éste venía ya camino de América. En aquel tiempo no había tratados de extradición entre España y la República Argentina. De modo que en Buenos Aires pudo vivir tranquilamente en unión de Pilar y Teresita. Las autoridades de Pontevedra, viéndose impotentes para castigar al criminal, se conformaron con hacer un inventario de la fortuna de la muerta y designaron un tutor para que administrara los bienes de Romancito, el único heredero legítimo de doña Joaquina.

Marcelino encontró trabajo desde su llegada y vivió con Pilar y Teresita tranquilamente. Marcelino era hombre sin vicios, amigo del hogar, siempre volvía a la casa después del trabajo. Sin embargo, tenía momentos de meditación y silencio que no pasaban

desapercibidos para Pilar. Ya no era el Marcelino alegre que ella había amado con su alegría de muchacha, en Pontevedra. Aquel Marcelino, más que gallego, parecía andaluz, era tan dicharachero y jocoso.

—Te encuentro diferente, Marcelino—le decía ella

—¡Y… los años! —decía él.

También Pilar, lo mismo que Marcelino, trabajaba todo el día. Tenía la costumbre de dejar la casa dos veces por semana, en las mañanas. Se dedicaba ella, en compañía de Teresita, a entregar la ropa a todas sus patronas. También recogía ropa sucia. Empleaba casi todo el día, pues tenía que ir a diferentes barrios de la ciudad. Los días en que ella no hacía estas salidas, los empleaba en lavar ropa. Ya Teresa era una niña de diez y seis años y le prestaba mucha ayuda a su madre. Las dos mujeres trabajaban mucho, pero economizaban lo suficiente para vivir holgadamente. Además, Marcelino gastaba su sueldo con ellas, les hacía muchos obsequios.

Fue en una de estas salidas de Pilar y Teresita —que como dijimos hacían dos veces por semana— cuando vinieron al centro de la ciudad dejando en casa a Marcelino. Fue seguramente en uno de esos días en que Marcelino gozaba de día franco y lo empleaba leyendo el periódico y durmiendo en la casa todo el día. Después, en la tarde, invitaba a Pilar y Teresita a un cine que había cerca, en el barrio. Fue en uno de esos días en que —además— Pilar y Teresita volvieron muy temprano. Habían regresado temprano sin que ellas mismas supieran la causa. Pilar había sentido una nerviosidad y un deseo extraño de regresar pronto a la casa, sin que ella ni Teresa tuvieran mayor urgencia. Habían llevado la ropa a un cliente de la calle Carlos Pellegrini, después habían tomado el tranvía hacia la calle Viamonte y a igual altura de la dirección de Carlos Pellegrini, habían entregado muchas camisas, cuellos y camisetas de hombre. En la calle Piedras, cerca de Alsina, habían recogido ropa sucia de otras abonadas y luego habían tomado el tranvía de regreso para Mataderos.

Cuando llegaron a la casa, la puerta del apartamento estaba abierta. Supusieron que Marcelino estaría adentro. Pilar se dirigió al dormitorio y Teresa se dirigió a la cocina a preparar las bombillas de mate que tomaban en la tarde. Pilar llamó a Marcelino, pero no tuvo respuesta. La respuesta que tuvo fue de Teresa. Un grito horrible, lastimero y lleno de terror:

—¡Madre! ...¡Madre!... ¡Dios mío! ...¡Madre!...

Pilar no pudo ni siquiera contestar. Con el grito de Teresa le flaquearon las piernas y apenas pudo llegar a la cocina, deteniéndose con la mano el corazón que se le saltaba.

En el suelo, con dos horribles puñaladas en el pecho, yacía el cadáver de Marcelino. El cadáver yacía en medio de un río de sangre. En el departamento no había nadie. Reinaba el más profundo silencio. Se oía, tranquilamente conversando, la voz de algunos inquilinos en sus departamentos. Fue necesario que Pilar y Teresa empezaran a dar gritos y a llorar, para que principiara a arribar la gente. ¿Quién era el asesino? ¡Por dónde había huido! ¿Quién había asesinado a Marcelino? ¿Tenía enemigos Marcelino? Nada, nada se sabía. Marcelino era un hombre muy reservado. Los inquilinos no habían visto entrar en la casa a nadie. Se buscó el arma pero tampoco se encontró...

Sin embargo, en la Comisaría 42, de Mataderos, se presentó un joven con un puñal:

—Soy el autor del crimen—dijo—. Desde que tenía 7 años juré matarlo y he venido a cumplir mi promesa desde España.

—¿Cómo se llama? —le preguntaron.

—Román.

—¿Román qué?

—Román Pereira—contestó—. Es el apellido de mi madre...

HISTORIA DE UN GRAN AMOR

Esta historia me la contó doña Antonia, mi patrona. Doña Antonia, como buena andaluza, es jovial, alegre, chistosa y emprendedora. La conocí cuando vine como inquilino a su casa, me gustó su carácter comunicativo que no abunda entre la desconfianza cosmopolita de Buenos Aires. Hablaba de Andalucía con una graciosa exaltación. Después apareció su esposo y me lo presentó. Por hablar de todo, nos olvidamos del precio de la pieza. Ella me aseguró que el dinero era repugnante para los andaluces y rehusé hablar de dinero. Su esposo, un hombrecito pálido, bajo, delgado, sin barba ni bigote, resultó reticente, a pesar de ser también andaluz. Yo pensaba en Andalucía: tierra de encanto, provincia española, madre de América, que sabe hablar el castellano sin z como nosotros...

Hablé con el marido porque aún tenía asuntos que terminar durante el día. Me gustaba pensar que viviría aquí, en el sexto piso, aire, sol, el río: los barcos que llegan a Buenos Aires...

Le dije a don Manuel:

—Muy bonita la pieza. ¿Se puede saber el precio?

Resultó cara y hablamos de rebajar...

—No, no se puede rebajar —me contestó—. Es casi nueva, tiene comodidad. Por el mismo precio no encontrará otra igual.

Me gustó creer que así era y tomé la pieza. Doña Antonia me refería con vivacidad (en los días que siguieron) su vida en Andalucía y en la Argentina. Me contaba cómo fue la operación de su esposo, don Manuel. Tenía una úlcera en el estómago: ¡Ay!, ¡cómo sufría Manolo! Me contaba su lucha penosa en América al principio: casas de pensión, venta de mantones de manila a las inglesas y norteamericanas que viven en Belgrano, su buena sirvienta Rufina, su casa que tiene en la calle Venezuela, su dinero...

Un día le pedí que me contara sus recuerdos de la casa de pensión en la Avenida de Mayo. Se afanaba en cortar un disfraz de carnaval cerca de la máquina de coser y le dijo al marido:

—Cuéntale, Manolo, la historia de don Guillermo.

Y luego, dirigiéndose a mí:

—Viera, parece novela...

—No vemos a don Guillermo Moll desde hace tiempos —dijo don Manuel.

—Cuéntale, cuéntale —insistió ella.

—Don Guillermo —se precipitó ella a contar sin esperar que don Manuel diera principio a la historia—vivió en mi casa, era inquilino como usted. Llegó a nuestra casa herido en la cabeza de un golpe que se dio al bajar la escalerita del vapor. Venía de Holanda, su país. Era un hombrón, altísimo, rubio y muy blanco, buen tipo, era muy ingenuo y hablaba un castellano divertido. Decía:

—Doña Antonia, mi estar mucho caliente, señoga...

Pero primero le voy a hablar de Susana. Le voy a contar cómo conoció don Guillermo a Susana. Susana Álvarez era muchacha argentina, de madre alemana y padre español. Era no bella, pero tenía un no sé qué de atractivo. ¿Te acuerdas, Manolo? ¡Muy inteligente la muchacha! ¡Tenía una gracia para los chistes! ...Se educó en los colegios argentinos y como era despierta de naturaleza, pronto aprendió idiomas y empezó a frecuentar la sociedad alemana de Buenos Aires. De este modo, Susana conoció a un señor alemán, don Carlos Henderley, con quien contrajo matrimonio. También don Carlos, como todos los alemanes, era grandote pero diferente de don Guillermo, ya verá.

Don Carlos era gerente de una casa bancaria de Buenos Aires, pertenecía a una familia aristocrática de Berlín. El padre de don Carlos era un alto empleado de la corte del Kaiser Guillermo II y la madre era una camarera de la esposa del Kaiser. ¡Qué me dice! Pero lo mandaron a Buenos Aires porque de joven había sido calaverón.

Pues como le iba contando, don Carlos contrajo matrimonio con Susana, nacieron dos niños, un niño y una niña. Al poco tiempo de casados, ninguno de los dos era feliz, pero como ella era mujer inteligente, logró acomodarse a los gustos de él. Así pasaron doce años de matrimonio. Los padres de él, quisieron naturalmente conocer a su nuera: entonces él le propuso a su mujer hacer un viaje a Alemania. Un día se embarcaron con sus dos hijitos a bordo del vapor "Cap Polonio". Naturalmente los recibieron bien en Berlín, es decir, el padre, los hermanos y los tíos, pero a la suegra le chocó la vivacidad locuaz de Susana; acostumbrada a la etiqueta palaciega, la señora no pudo soportar el americanismo de Susana. Don Carlos lo comprendió, y entonces él dispuso irse a vivir con Susana a París. Esto sucedía en la primavera de 1914.

Al llegar a París estalló la guerra. ¡Qué me dice! ¿Se imagina aquella criatura con sus niños en París durante la guerra? Sabrá usted que durante la guerra lo primero que hicieron fue poner presos a los alemanes en París, confiscarles sus propiedades, etc. Pues esto fue lo que hicieron con Susana y don Carlos: los pusieron presos y les confiscaron todo cuanto tenían. ¡Qué me dice! Pero verá usted: Susana, como le dije, era de nacionalidad argentina. Era lista y recurrió al cónsul argentino en París. El cónsul, una buena persona, consiguió la libertad de ella con sus hijos. El equipaje, como le dije, fue confiscado en la concentración de los prisioneros. De manera que Susana no tenía más que el vestido que llevaba puesto y el dinero suficiente para pagar el primer barco a la Argentina. Se embarcó en un barco holandés, el "Gelria". Y, ¿quién cree usted que era el capitán de ese barco?... Pues don Guillermo, ya verá usted lo que pasó después.

Susana, como le dije, se embarcó sin equipajes, únicamente con el vestido que llevaban puesto ella y sus hijitos. Don Guillermo, con quien hizo amistad a bordo, sintió compasión por ella y le facilitó dinero. Los dos se hicieron buenos amigos. Él no hablaba castellano, pero ella, como le dije, hablaba alemán. Así vinieron los dos, buenos amigos, a Buenos Aires. El pobre don Guillermo no sabía lo que le esperaba: él traía a bordo un contrabando de salvarsán. Cuando este contrabando fue descubierto por los ingleses, el nombre de don Guillermo fue puesto en la "lista negra". El barco se volvió a Europa porque no era alemán sino holandés, pero don Guillermo tuvo que quedarse. Le pagaron el valor de lo confiscado, pero lo obligaron a permanecer aquí. En Buenos Aires no conocía más que a Susana. Ella le ayudaba como intérprete, fue ella la que vino a nuestra casa a alquilar una pieza para él. Vino él después, le gustó la pieza y se quedó a vivir en nuestra casa. Así fue cómo conocimos a don Guillermo. Nosotros sentimos una gran compasión por él, por no saber el idioma. Susana venía a visitarlo todos los días, le daba unas divertidas lecciones de castellano.

Nosotros los oíamos hablar: "Esto se llama pie, esto se llama nariz, esto se llama boca; repita... ¿Cómo dijimos que se llama esto?...

Y luego reían alegremente cuando él se equivocaba... Primero venía Susana con su muchachita, pero después venía sola. Me extrañó que viniera sola a la pieza de un hombre. De don Carlos no se sabía nada, todavía estaba preso en Francia, no escribía. Susana principió a sentir gran pasión por don Guillermo, lo quería más que a sus padres, que, a sus hijos, que a su esposo... Un día don Guillermo dejó nuestra casa sin motivo. Pero pronto supimos la causa: se había ido a vivir con ella a una casa que habían alquilado en la calle Uruguay. Empezó para don Guillermo una vida de felicidad que él nunca había conocido. Imagínese que a la edad de 12 años había entrado en un barco como grumete hasta ahora que tenía 40. ¡Qué me dice! Había conocido únicamente los amores pasajeros, los que conocen los marinos, amores de los puertos, etc. Poco después de vivir juntos, principió don Guillermo a dedicarse al comercio; Susana le servía de intérprete. Pero, ¿qué sabía el pobre hombre de negociar si toda su vida había sido marinero? Los pillos lo engañaron, le comieron los ahorros. Con lo que le quedaba compraron un Ford y se fueron a pasear a Rosario.

Pasaron angustias en el camino. Susana le decía a don Guillermo la mar de chistes:

—Willy, alemansote tonto, ¿quién te mandó meterte a chauffeur? ¿No ves que si los indios vienen nos van a robar?...

Don Guillermo, que era ingenuo, creía. Cuando se movía un árbol, le parecía que era una legión de indios. Pasaron dos paisanos a caballo, cetrinos y bigotudos. Don Guillermo estuvo a punto de huir. Pero se tranquilizó cuando los paisanos se ofrecieron a sacarle el automóvil del atolladero. Así, entre peripecias —nos contaba Susana— llegamos a Rosario. Al llegar vendimos el automóvil...

En Rosario don Guillermo recibió un cablegrama de Amsterdam, de la compañía de vapores de Holanda. Esto era después del armisticio, en 1918. Ya no existía la "lista negra", don Guillermo podía regresar a hacerse cargo de barcos mercantes. Primero volvieron los dos a Buenos Aires para preparar el viaje a Europa. Cuando don Guillermo preparó el viaje para irse él solo, para Europa, comprendió todo lo que quería a Susana. Un hombre tan grande y tan fuerte, acostumbrado a bregar con los elementos, se sintió tan débil que se desmayó al despedirse.

Por fin se embarcó, pero llegó hasta Montevideo. Allí bajó a tierra, y abandonó el barco en que viajaba. Cuando entró, de regreso, en la casa de Susana, ésta creyó morir:

—¡Willy! ¡Willy! ¿Qué te pasa?

Al día siguiente prepararon el viaje para irse los dos. No valieron ruegos de madre, ni lágrimas de hijo. Susana abandonó a todos para irse con don Guillermo. Se fue dejando a sus hijos, y a sus padres. Cuando llegaron a Holanda, la familia de él los recibió mal, estaban enterados de que Susana estaba casada en Buenos Aires.

Aquí empiezan los sufrimientos de él ante los desdenes de su familia para la mujer que él idolatraba. ¡Qué me dice! En vista de que la familia no la quería, la llevó a una casa de pensión. Allí quedó ella mientras él hizo el primer viaje.

Cuando volvió él, llena de tedio ella también quiso irse a bordo. Él estaba dominado por la simpatía de Susana, hizo como ella quería.

De esta manera violábanse las leyes marinas que no permiten a los marineros llevar mujeres a bordo.

Pero lograron vivir así cinco años. Recorrieron mares, conocieron países, visitaron las colonias holandesas, estuvieron en Canadá, en Francia, en España, en los países orientales; pero finalmente, un hermano delató a don Guillermo. Dijo que llevaba a bordo una mujer que no era su esposa. Al regresar del viaje, la compañía increpó a don Guillermo con este dilema: o la mujer o el barco. Don Guillermo prefirió la mujer. Entonces, viéndose sin empleo, sin más experiencias que las de marino, ella le propuso el regreso a Buenos Aires. Cuando regresaron a Buenos Aires, Susana se veía mucho más bella que nunca. Lo primero que hizo fue venir a nuestra casa. Refería mucho lo que había conocido, pero también contaba sus peripecias por el mar. El venía "chocho" con ella. Decía que, con la facilidad de ella para aprender idiomas, se había entendido hasta con los chinos... ¡Era un amorazo!

Contaba ella que él nunca la dejó hablar con los marinos, era muy celoso. El empezó otra vez a buscar trabajo, le costó encontrar, pero al fin se colocó. Se colocó en una compañía explotadora de grandes obras: caminos de hierro, puertos, canales, etc. La compañía estaba radicada en La Plata, allá se fueron. En una casita muy pequeña, muy cuca, vivieron. El amor en vez de disminuir, aumentaba. Con el pequeño sueldo de don Guillermo vivían ellos y además sostenían a los padres y a los hijos de ella. De don Carlos no se sabía nada, pero la causa porque no escribía se supo después. En el campo de concentración, el pobre don Carlos tuvo una horrible enfermedad mental. Estuvo sin poder razonar durante siete años.

Un día —mientras don Guillermo y Susana vivían en La Plata— don Carlos, inesperadamente, desembarcó en Buenos Aires. Venía de París, ya en libertad. En cuanto desembarcó tomó un coche y se dirigió directamente a casa de los suegros, es decir, los padres de Susana. Allí se encontró con sus hijitos. Luego supo la historia de Susana. Susana y don Guillermo, como le dije, vivían en La Plata. Supo también que don Guillermo soportaba a toda su familia.

Tal vez esto —por una parte—, además e1 poco cariño que don Carlos había tenido para Susana, es lo cierto que don Carlos no se enojó mayormente. Cosa rara: fue don Guillermo quien se sintió completamente desgraciado cuando supo que don Carlos había desembarcado en Buenos Aires. La vida se le volvió imposible. Decía con sentimiento que le daba dolor y vergüenza pensar que a pocos pasos estaba el marido de Susana...

Un día, ya no pudo más y preparó el viaje de regreso para Europa. Susana, en cambio, no dio mayor importancia a la súbita aparición de don Carlos.

Repetidas veces le decía Susana a don Guillermo que no se preocupara, que ella ya no se juntaría con don Carlos. Pero don Guillermo insistió en irse lejos, lejos. Abandonó su empleo, se embarcó y se fue dejando para siempre a Susana.

Cuando e1 pobre don Guillermo llegó a casa de su familia, en Holanda, lo recibieron mal.

Nos contaba él que se había hospedado en casa de una hermana viuda. La mujer estaba muy pobre; don Guillermo, sin dinero y sin trabajo, llegó a acrecentar la pobreza. Contaba él que vivía recordando a Susana en medio de su soledad. Por las noches se iba a vagar por la playa del mar para recordar a Susana. Por todos los correos recibía Susana cartas de don Guillermo. Ella tampoco podía vivir sin él. En todas las cartas que ella le escribía, lo llamaba. Por fin un día ella —sin consultárselo— le consiguió con sus amistades un empleo de gerente en un club náutico, en El Tigre. Entonces, loca de alegría, llamó a don Guillermo: "Willy, vente en seguida, tengo una gran colocación, no te importe lo demás".

Don Guillermo no pudo resistir, con la misma facilidad con que se había ido preparó el viaje de regreso. Decía, después, que fue tal la alegría que sintió, que se puso a saltar como un niño y pocos días después tomó el "Monte Olivia", el primer barco que salía. Decía que en el largo trayecto —sobre cubierta— contaba los días y las noches pensando volver a ver pronto a Susana. Venía gozoso y feliz, le parecía demasiado largo el viaje. Al llegar a Río de Janeiro le envió un telegrama. No sospechaba, el pobre, lo que le iba a suceder.

Al llegar a Montevideo, a un paso de Buenos Aires, ocurrió la coincidencia de que un viajero alemán, sentado adelante de don Guillermo, en el vapor, leyera un ejemplar de "Argentinisches Tageblatt", mientras el barco yacía atracado en el puerto. Decía don Guillermo que cuando él vio al hombre leyendo el diario, sintió una atracción muy grande, como si una mano misteriosa lo llamara allí. Y por encima del hombre, con descortesía leyó. Leyó la noticia de la muerte de Susana. El pobre don Guillermo le arrebató el diario al hombre, sin hablarle, quería estar seguro de lo que veían sus ojos. Después fue tan grande su dolor que intentó tirarse al mar, pero lo detuvieron. Los que lo conocían le preguntaban:

—Pero, ¿qué le pasa, don Guillermo? ¿Qué le pasa?

El pobre hombre, llorando como un niño, les ofrecía el diario. Todos los que venían a bordo se conmovieron. Susana había muerto esa misma mañana, había muerto de alegría, de un ataque murió, por el gozo de saber que regresaba don Guillermo...

¡Qué me dice!

RUPERTA

Entre los inmigrantes europeos que vienen a Buenos Aires, se producen dramas curiosos. Dramas que por temor a la sanción social no producen los inmigrantes en sus ciudades de origen. Los inmigrantes en América se sienten tan libres que dan rienda suelta a sus íntimos deseos. Desechan costumbres y leyes que rigen la vida social y se manifiestan tal como son, con audacia.

Ruperta Romero, una buena mujer, puso en práctica su secreta ambición después que se encontró en América. La pobre mujer, estimulada por el concepto que tenía del nuevo ambiente, sacó garras de su timidez. Su actitud de inmigrante no fue; sin embargo, un propósito premeditado. El esposo acababa de perder su empleo en la compañía ferroviaria de Málaga, en Andalucía. Tuvo desavenencias con el jefe inmediato y perdió su empleo. No pudiendo encontrar más trabajo en iguales condiciones y siendo él hombre orgulloso, se vino a América. Se embarcó con Ruperta y dejó atrás a Málaga, la ciudad nativa. Venían como vienen estas gentes, sin más fe que la de sus brazos ni mayor estímulo que la ambición y el espíritu aventurero.

—Lo que más me atrae en América es conocer los indios —le decía ella.

—¡Caray —le respondía él—, lo que importa es el dinero! ¡Vamos a volver ricos!

Se embarcaron a bordo del vapor "El Argentino", de la compañía Ford, que entonces hacía la travesía, y llegaron a Buenos Aires 25 días después. Lorenzo, que así se llamaba el hombre, desembarcó con tan buena suerte que pocos días después había recuperado en la Compañía de Ferrocarriles del Sud la misma ocupación que tenía en Málaga, pero con sueldo triplicado. El problema económico quedó de hecho resuelto. No son muchos los inmigrantes que desembarcan con tan buena suerte. Lo que primero hicieron fue instalarse decentemente. Pasaron los primeros meses y lograron economizar buena parte del sueldo de Lorenzo. Ruperta, después de pasear por la gran ciudad, comprar trajes y respirar aire de libertad, se sintió feliz. Además, se sintió en América exenta de los convencionalismos sociales. Fue entonces cuando pensó en Alejandro, el marido de su hermana:

—¡Ah, si Alejandro estuviera aquí, en esta ciudad en donde nadie nos conoce!...

Al día siguiente, después de pensar mucho sobre el mismo asunto, habló con su marido:

—Lorenzo —le dijo— falta una cosa...

—¿Qué cosa? —le preguntó el marido tranquilamente.

—Estoy triste de vivir sola, te vas al trabajo y yo no conozco a nadie.

—Con el tiempo te harás de amigas —le contestó él.

—No, Lorenzo, lo que yo pienso es otra cosa. Nosotros ya estamos arreglados, podemos traer a Alejandro y a mi hermana. Alejandro encontrará trabajo, le podemos ayudar...

—Mujer —le contestó Lorenzo— tienen seis hijos...

—No importa —respondió la mujer—. Nacha puede traer al nene y dejar el resto en Málaga, con mi madre, mientras Alejandro encuentra trabajo...

Tanto insistió ella que Lorenzo accedió a que Alejandro y Nacha vinieran. Le escribieron una carta a Alejandro. Le contaban la buena suerte que habían tenido en América y los buenos jornales que Lorenzo ganaba. Finalmente le proponían que se viniera con el nene y Nacha, que después, cuando encontrara trabajo, mandaría traer a los otros hijos. Esta carta la escribió Lorenzo urgido por la continua insistencia de Ruperta.

Lorenzo Linares era un hombrecillo callado, trabajador, amigo de complacer a su esposa para que ella lo complaciera a él. Ruperta era una mujer impetuosa e inconforme, pero siempre una buena mujer. Físicamente ella era más alta que él. Lorenzo era trigueño, acaso tenía sangre de gitano. Era delgado, acostumbraba a almorzar con su vaso de vino y terminaba siempre con su cigarro. No tenía mayores vicios. Era un hombre "casero" que no salía más que al trabajo. Ruperta, aunque parezca extraño en una persona impetuosa y disconforme, era tímida. Su timidez probablemente no pertenecía a su temperamento sino a su educación. En España vivían las niñas encerradas y el poco roce social que tenían, las volvía tímidas. Ruperta no consiguió ser dueña de su temperamento hasta que vino a América. Su educación la desechó como traje que ha pasado de moda. Físicamente, Ruperta no era bonita ni era hermosa. Era simplemente una mujerona, más alta y acaso más fuerte que su marido. Era muy blanca, tenía cabellos y ojos negros. Nunca había tenido hijos y este pesar inaudito de madre defraudada en sus mejores ilusiones, la hacía sufrir. Era su queja de todos los días, especialmente cuando se encontraba con niños bonitos en la calle. La culpa, según ella, era de su marido. El marido, cínicamente, contestaba que la vida resultaba más barata sin hijos. Ella se indignaba ante el argumento de su marido. El, aprovechando cualquier pretexto, se iba a la calle...

Cuando Alejandro y Nacha desembarcaron, Ruperta se puso muy contenta. Venían, como se había dispuesto, únicamente con el nene. Ruperta y Lorenzo fueron a recibirlos a la Dársena Norte. Las dos hermanas se abrazaron con risas y lágrimas:

—¡Qué tal! ¡Qué tal! ¿Cuéntanos cómo quedaron mamá y papá?...

Se dirigieron después a la casa de Lorenzo y Ruperta, cerca de la plaza Constitución. Ruperta, desde el siguiente día, se encargó de mostrar a Nacha lo que ella ya conocía de Buenos Aires. Alejandro las acompañaba y pasaban todos muy alegres conociendo a Buenos Aires. Alejandro no tuvo la buena suerte de Lorenzo, había crisis accidental en el ferrocarril y no lo admitieron. Pero Alejandro no perdió las esperanzas de emplearse. Se informaba con los amigos de Lorenzo sobre oportunidades de trabajo, visitaba agencias de empleos y se valía de avisos de periódicos. Ruperta se iba con Nacha a Palermo, al Parque Japonés y hasta El Tigre... Pero en las noches, Ruperta solamente paseaba con Alejandro. Nacha se ocupaba de dar leche y de acostar al nene. Lorenzo volvía muy tarde del trabajo o se ausentaba por varios días.

En la calle, cuando preferían caminar a pie, Alejandro agarraba fuertemente del brazo a Ruperta y ésta se recostaba sobre el fornido pecho de él. Después tomaban un tranvía y se sentaban con los cuerpos muy unidos. Generalmente regresaban muy tarde, cuando ya Nacha se había recogido en su cama. Pero un día Nacha notó, mientras comían los cuatro, que Ruperta se cruzaba miradas furtivas con Alejandro. Ella quedó muy sorprendida y le pareció que era una sospecha absurda. Después volvió a notar lo mismo, quedó convencida y en vez de hablar con ellos, se puso a llorar.

Alejandro consiguió por fin un empleo. Iba a trabajar como portero, en una casa de alquiler. Nacha quedó contenta, pero ese día y al día siguiente no volvió Alejandro. Lorenzo que se preocupó tanto como Nacha, salió a buscarlo, pero no lo encontró. Después fue a las comisarías de policía, pusieron un aviso en un diario, pero tampoco apareció. Al tercer día desapareció Ruperta. Entonces Nacha sospechó que se habían ido los dos juntos...

Alejandro Murillo era un hombre alto y fuerte. No tenía más defecto físico que una pequeña cicatriz en la cara. Cuando niño mientras jugaba con otros niños, cayó en una barranca y al resbalar sobre una roca, una piedra de cuarzo se le hundió en la mejilla. Tenía un tipo moreno y simpático de español. Reía con gracia, demostrando ingenuidad y buena salud. Tenía la gracia y vivacidad del andaluz, conversador, chistoso, y, además, buen tocador de guitarra. Aunque padre de seis niños, siempre mantenía buen carácter y los años pasaban sin que él envejeciera. Menos laborioso y trabajador que Lorenzo, había ganado dinero, sin embargo, toda su vida. Siempre había mantenido a su esposa y a sus hijos. Ignacia o Nacha, la esposa de Alejandro y hermana de Ruperta, era una mujer bonita, frágil y rubia. Tenía parecido con Ruperta en cierto gesto peculiar de la boca y en la forma ovalada de la cara. Pero la desemejanza de ellas era mayor que su parecido. Ruperta, como ya dijimos, ni era rubia como su hermana Nacha, ni frágil como ésta, sino una mujerona de cabellos negros. Un buen observador de fisonomías podría distinguir el parentesco, pero solamente un buen observador.

Nacha estuvo convencida desde el primer momento, que Ruperta y Alejandro habían huido juntos; se lo confió a Lorenzo. Lorenzo no quiso creerlo. El, sin la intuición de la mujer, jamás tuvo la menor sospecha de que Alejandro y Ruperta tenían relaciones amorosas. Entonces Nacha se dirigió a casa de doña Virginia Jiménez, una rica paisana de Málaga, en cuya casa trabajaba Ruperta como sirvienta. Ruperta se había empleado de sirvienta sin el consentimiento de la familia. Lorenzo la había reprendido mucho, le había dicho que esas no eran las costumbres de Málaga y todos en la familia se sorprendieron de que Ruperta fuese a trabajar de sirvienta. Lorenzo había pensado que siendo un capricho, su mujer abandonaría pronto el empleo y volvería al buen camino. Sin embargo, no fue así; desempeñó el empleo de sirvienta con tan buena eficacia e interés, que la misma doña Virginia se manifestaba sorprendida y satisfecha.

Cuando Nacha llegó a casa de la patrona de Ruperta, le dijo:

—¿Usted es doña Virginia Jiménez, la patrona de Ruperta?

—Yo soy —le contestó la señora—. A usted le hallo parecido con Ruperta...

—¡Cómo no nos vamos a parecer si tenemos los mismos padres! —le contestó con seriedad Nacha.

—¿Deseaba hablar con Ruperta? —le preguntó la señora.

—No, no, señora. Con quien deseo hablar es con usted. Quiero decirle que usted tiene aquí en su casa a una mala mujer, una pérfida mujer. Que esa mujer es tan mala que me ha robado mi marido, el marido de su hermana... ¡Me ha dejado sola con seis hijos, señora! ¿Se da cuenta? Me conquistó a mi marido, que siempre fue tan bueno conmigo. ¡Ay, señora, usted tal vez puede ayudarme...! Pueda convencerla... Señora...

—Pero, ¿es eso cierto? —le preguntó doña Virginia—. Pero si Ruperta me parece una buena mujer. Siempre la veo tan hacendosa, trabajadora y sobre todo con tan buenos sentimientos... ¡Ay, qué cosas tan feas las que pasan en estos tiempos!... Ruperta nunca me ha contado nada de eso. Lo único que me dijo fue que ella era casada, pero eso fue todo. Me dijo que tenía un marido. Yo misma muchas veces oía, después de la cena, que silbaban abajo, en la calle. Ruperta se ponía nerviosa y poco después se iba a la calle. Noté que un día salió con un paquete bajo del brazo y la interrogué. Es comida para mi marido, me respondió. Yo no soy tacaña con la comida y la dejé irse nomás. Luego, desde mi ventana, vi que salía con el hombre del brazo y esto pasó muchas, muchas veces...

—Ese hombre que usted vio es mi marido, señora, esa mujer infame me lo ha robado. Ay, señora...

—Pues yo le voy a hablar a Ruperta —agregó doña Virginia— cuando venga. Anda en la calle...

Esa misma noche, cuando Ruperta regresó, doña Virginia la llamó y le dijo...

—Ruperta, me has dicho que eres casada... Aquí estuvo tu hermana y me ha contado una cosa muy fea, muy fea que apenas se puede creer...

—Ay, doña Virginia de mi alma —le respondió Ruperta tirándose de rodillas en el suelo— haga conmigo lo que quiera, lo que quiera, pero no me pida que me separe de Alejandro... Yo comprendo que he hecho una cosa muy mala, pero es que ese hombre me tiene trastornada, doña Virginia, yo creo que me ha hecho un maleficio o me ha dado un brebaje, prefiero morirme antes que separarme de Alejandro... Los dos nos queremos mucho, doña Virginia, es imposible, es imposible, no nos separaremos ¡nunca, nunca, nunca! El vino de España porque me quería...

Doña Virginia no salía de su sorpresa. Le parecía mentira que aquella mujer reconociendo su falta insistiera en no repararla. "¿Quitarle el marido a la hermana, a la pobre hermana con seis hijos, en un país extraño?... ¡Qué egoísmo en no querer sacrificar su fea pasión en beneficio de la pobre hermana con hijos!... ¡Pero si Ruperta me pareció una mujer con un corazón de oro! —se decía doña Virginia llena de estupor. ¡Qué cosas se ven en este mundo! ..."

Como es natural, doña Virginia no perdió las esperanzas y aconsejó a Ruperta que su deber era separarse de Alejandro. Le habló de Dios, le habló de la religión, le habló de los deberes para nuestros semejantes, etc. Además, le hizo una pintura magnífica de cómo es el cielo y de cómo es el infierno, le habló elocuentemente del paraíso de los buenos y de los arrepentidos. Después le habló del purgatorio de los pecadores. Le habló con mucho sentimiento y con mucha elocuencia de la magnitud de su pecado. Le dijo que era una cosa horrible y criminal ante los ojos de Dios. Le habló elogiosamente de la bondad, del sacrificio y del perdón. Le dijo que su culpa aún tenía remedio. Le habló de la tentación y de los vicios de la carne como cosas indignas de las almas santas y puras.

—Ruperta —le dijo— tu pecado todavía tiene remedio. Yo sé que tú eres una muchacha de buenos sentimientos. Trata de no volver a ver a Alejandro. Con él nunca podrías ser feliz. Alejandro es el marido de tu hermana y Dios los habrá de castigar a donde quiera que vayan. Ruperta, hijita, por el amor de Dios, ten lástima de tu pobre hermana, y vuelve sobre tus pasos.

Ruperta escuchó el largo discurso de doña Virginia sin decir una palabra, pero cuando la buena señora concluyó de hablar, se paró y dijo:

—Gracias, señora, por sus consejos, pero no los necesito. Alejandro nunca ha querido a mi hermana, siempre me ha querido a mí, yo también lo quiero. Nos vamos a ir a vivir juntos y vamos a ser felices porque Dios no castiga a los que se aman de veras...

Los padres de las dos mujeres —al tener noticia de lo que pasaba—, se sorprendieron, les parecía imposible y estuvieron a punto de embarcarse para América, pero se conformaron con escribir cartas a Ruperta. Ruperta no contestó a los padres.

De manera que ni la intervención de doña Virginia, ni la intervención de los ancianos padres, pudieron hacer volver sobre sus pasos a Ruperta y Alejandro.

Poco después a Ruperta le nació un niño; el niño que echaba de menos en su matrimonio...

EL CHELE AMAYA Y OTROS CUENTOS (1936)

EL CHELE AMAYA

Guaro, frío, indios aguerridos, duraznos, todo eso hay en mi pueblo, y además de eso estoy yo. ¡Fama de bravo tengo en Santa Clara! Una vez me dijeron *gayo* ronco, saqué el 44, le di un tiro al que lo dijo y me eché a reír.

Otra vez a un indio que no me quiso prestar la escopeta para matar a un ladino con quien tenía un altercado, le di un sopapo que le hice manar dos caños de sangre por las ventanas de la nariz, y también me eché a reír.

—¡Soy muy hombre, hijos de su madre! ¡Quiero vérmelas con los liberales! ¡Que se vengan si son tan hombres!

Desgraciadamente un hombre tan bien conocido como yo me he hecho bandolero, me he cambiao el nombre y lleno los contornos de Santa Clara no sólo de leyendas sino de terror. Aquí mesmo en la capital me van a conocer lueguito. Decir El Chele por aquellos lugares es decir el diablo. Y me hice bandolero por mi carácter impetuoso, por mi deseo de la aventura, por mi espíritu de aventurero, aunque parezca mal. El Chele no puede estar quieto. Santa Clara no era lugar pa mí. ¡Los demás valientes de Santa Clara no se me paran! ¡Sólo yo, nadie más que yo!

—¡Y si hay alguien que se pique, que se venga!... ¡Que se venga, conmigo no echará cuatro! ¡Que se venga el más pintao!

Yo viví en Santa Clara hasta donde la pasencia me aguantó. Yo no había nacío pa chinear indisuelos. Yo no había nacio pa cuidar la mujer; yo no había nacío pa usar corbata. ¡Qué carajo! Tuve que dejar el pueblo porque también me tenían un pleito en el juzgado y tuve que abandonar los indisuelos y la mujer...

—Soy muy hombre y no necesito de mis paisanos! ¡El que se pique que se venga, si es tan hombre!...

Fui a la guerra, como todos en Santa Clara, mi pueblo de los indios bravos y de las tomas de cuartel...

Fui a la guerra y allá me encontré en mi elemento. Me divertí mucho y quedé agradecido con el General Benítez, que fue quien me inició en el arte de matar liberales. Cuando volví era insoportable. Yo, que siempre fui fanfarrón, amigo de hablar de mí mismo, cuando volví les referí a todos de cómo había avanzado aquella chafarota que llevaba heroicamente amarrada al cincho. Fue así, pero a usted le voy a contar lo que me pasó, que eso no les hei referío a mis paisanos. Lo que me pasó es una chuscada un poco embarazosa.

El General Gómez pidió un bravo que juera a divisar las juerzas del enemigo. Todos los miedentos dijeron que no iban. Yo me paré y dije:

—General Gómez, pa eso he venido a la guerra, pa pelear y pa obedecer al jefe como soldado y no como maricón. ¡Yo no me amarro fustanes, yo me amarro calzones! Aquí hemos venido los hombres, las mujeres las dejamos en las casas. Mi General, ordene y diga... Estoy a su disposición.

El General se me quedó viendo con admiración y dijo:

—Sargento Amaya, vaya usted a ver cuántos hombres trae el enemigo, cuántos son los de a pie y los de a caballo, y hacia dónde se dirigen.

Vi al General con respeto, le hice los honores y contesté:

—¡Su orden será cumplida, mi General!

Trepé al cerro que le nombran El Zapotal y de allá divisé la gran línea del ejército al mando del Cute Ordóñez que venía... ¡Virgen Santísima, que a tiempo me mandaron, casi en sobre la juerza nuestra, casi nos agarra a tiro de cañón!

Y digo yo: ¡patas pa qué te quiero!... y me aviento por un desfiladero y llego sin resueyo donde el General Gómez que estaba

—¡Como que nada! Fumando su güen cigarro y acostado en güena hamaca.

—Mi General —le digo—. El Cute Ordóñez nos agarra a tiro de escopeta. Allí nomás viene, detrás del portiyo y yo creyo que ya tiene noticias de que aquí estamos. Probablemente ha mandao un espía.

El General me mira y me mira como si no entendiera.

Luego me dice: Llámeme al General Benítez y al Coronel Bardales, inmediatamente. En seguida vuelve a gritarme: Llámeme al cometa pa que toque yamada general... Fui corriendo y a todo el que encontraba lo ajotaba diciéndole que por ay venía el Cute... ¿Lo ay de creer? En los mantiados de los jefes, los coroneles y sargentos y oficiales más prenciples sonaban una dulzaina y cantaban como confiando en la güena suerte.

—¡Arriba! Por ay viene el Cute Ordóñez y ya les va a hacer sonar el machete por las nalgas...

Luego corrí de un lado pa otro buscando al General Benítez que se había perdido. ¿Lo ay de creer dónde estaba? Lo encontré bajo de un ocote con el coronel Juárez, Adolfo Juárez, un cobardón, un gallina que si lo vuelvo a encontrar le voy a enseñar pa qué sirven los hombres. El mesmo que zampó la apaleada de que ya le voy a contar. ¿Y lo ay de creer de qué conversaban? El uno, Benítez, hablaba de que él iba a ser ministro de la Guerra, y el otro maricón hablaba de que los liberales lo habían liquidado y de que una aduana del puerto no le caiba mal pa poder darle de comer a la mujer... ¿lo ay de creer?

—Bien, pues, como le iba contando, el General Villanueva, Antonio Villanueva, fue comisionao pa que nos echara el discurso a los soldados porque había que darnos ánimo ante el peligro en que nos veíamos. ¡Ave María, lo que dijo el General Villanueva, montao en su cabayo tordío! ¡Aqueyo vino a la medida!

—Soldados dijo el General Villanueva —, vamos a salvar la patria y a salvar nuestro honor. ¿Queréis morir por estas dos nobles cosas? O causas... (no sé cuál).

—Siffff, jué una sola voz de todo el ejército. Todos los indios de Santa Clara reían del gusto de irse a beber la sangre del Cute Ordóñez. Luego siguió el General:

—Soldados, estamos en un peligro inminente. ¿Os dáis cuenta?...

—Síífíí. Sí, nos damos cuenta —decían los indios muertos del gusto de pelear.

—La patria os recompensará vuestro heroísmo, vuestra tradicional or... or... (no sé qué jué la palabra después de tradicional: origen... o pasado, algo como tradicional pasado). Y luego:

—Soldados, somos un puñado de héroes. La historia escribirá nuestros nombres…

(¡Tum!, me hizo el corazón; ya me parecía que tenía al Cute Ordóñez agarrado de los cachetes). Y luego uno de los cabeciyas, gritó:

—¡Que viva el valiente General Villanueva!

—¡Que vivaaaaaa! —gritamos todos.

—Échenle un grito al jefe dijo alguno.

—¡Que viva el General Gómez, el venidero mandatario de la República!

—¡Que vivaaaa! —dijeron todos.

Luego yo mesmo tuve la ocurrencia de echarle un muera al Cute Ordóñez.

—Que muera el Cute, el andrajoso y pedigüeño, el mañoso que nos ha robao el pisto.

Después, el General Villanueva, un poco inspirao, nos habló de cosas que nos llenaron de furia y de coraje contra los condenados liberales.

—Soldados —dijo—, si os disertáis en este momento histórico pa la patria, vuestras mujeres os echarán ajuera, como hacían en la antigüedad las valientes mujeres de... esp... Esparka o Esparra...

Luego siguió el General Villanueva:

—Vamos a morir o vencer…

—A eso meramente vamos —contestó un desalmao atracito de yo.

—Vamos —siguió el General— vamos a defender la soberanía, la libertad, el buen nombre del país en el extranjero.

Luego se quitó el sombrero, se paró en los estribos de la montura y preguntó con un gritazo:

—¿Todos listos?

¡Todos! —le respondimos desde el primero hasta el último del ejército.

—¡A eyos! —clamó Villanueva clavando las espuelas en la barriga del cabayo. En ese momento el sonido del corneta dejó oír un viva pa el General Gómez y los gritos de los muchachos...

Cojimos ladeando el cerro antes de dividirnos, pues ya se había instruido por donde se iba a tirar cada columna pa lograr emboscar al Cute Ordónez antes de bajar al río sin darle tiempo a subir El Zapotal. La columna del coronel Bustiyo era la que iba a atacar desde arriba de la punta del cerro.

Nosotros íbamos a rodear al Cute hasta que se diera por vencido como venao que lo arrinconan los perros y que no sabe por dónde escapar. Pues bien, ahora verá: los muchachos, era una de ver, todos querían beberse la sangre del mañoso Martín Ordóñez, que no era General sino aprendiz de boticario en la Farmacia del Dr. Werberr o Werba... un gringo de mala ley. Todos los muchachos, como le decía, iban deseosos de atrapar al Cute como garrobo en su cueva. Un tal Serapio Luna que iba conmigo, era de los más entusiasmaos. Le había caído en gracia el muera que le había echado yo al Cute.

—Que muera el Cute, el andrajoso y pedigueño, el mañoso que se ha robao el pisto...

Al tal Serapio Luna le había caído en gracia la ocurrencia de echarle un "muera" al pobre Ordóñez, cuando sólo eran "*vivas" los que se echaban.

—Que te valga que sos de Santa Clara decía el tal Serapio—y que aquí anda con vos un patacho de indios de tu pueblo que te pueden salvar cuando el Cute nos eche carrera, cerro arriba...

Luego otro más entusiasmao decía, mirando mi cabayo:

—Hombre Chele, lo que voy a hacer es sacarle el cuero al Cute pa ponerle una buena cincha a tu montura.

Otro le respondía:

—No, el cuero del Cute necesita que lo tuesten con el plano de mi machete pa que se ponga duro y pueda servir pa gamarrón de mi cabayo.

De pronto, en aquella broma que llevábamos, Virgen Santísima, de pronto ¡clarito!, como si hubiera sido ay no más, el cometa de la juerza enemiga... ¡Caracoles! Sentí una picazón en todo el cuerpo y no ayaba dónde rascarme. Todos los de la columna en que iba yo, al mando del coronel Machado, Isidoro Machado, nos quedamos un poco con duda, sólo oyendo la corneta enemiga que no cesaba...

¡Dios Santo! Lo oíamos como si oyera la serenata de mi pueblo.

Como si juera algo que había que oír. El mesmo cabayo del coronel Machado, como si juera un cristiano, paraba las dos orejas pa oír...

Taaaatariiiiiitada Ta, taríiiii Taaa tataritaa...

—Serapio -le dije, aquí como que no va a ver lugar pa sacar correas pa la cincha de mi cabayo.

—Vienen cerca, muchachos dijo el coronel—. ¡Vienen cerca! (Y el maldito corneto del enemigo pitando que no cesaba).

—Chele Amaya—llamó el coronel.

—¡coronel! respondí yo, haciendo las cruces pa que no se me diera una mala encomienda.

—Usted sabe el camino, póngase de avanzada. ¿Por dónde nos podemos tirar para llegar a la retaguardia, Chele? Ya las otras columnas deben estar rodeando el cerro.

—Por ay, montaña abajo —le dije yo, sin conocer, por echármelas de avesado. Pero, amigo, más vale que me hubiera quedado con la boca cerrada. ¡Qué camino! Si no había tal. Todo el pellejo lo íbamos dejando en la punta de las espinas. Los cabayos casi nos cáiban encima. Ni los cabros sabrían salir en aquel rastrojal. Y de pronto, oímos el primer tiro, y nosotros sin haber bajado ni a la orilla de la quebrada. ¡Virgencita de los Desamparados! Y ¿lo ay de creer? Me dio tanto susto que me persigné... Alabado sea Dios, me dije, ¿acaso no soy el fanfarrón de Santa Clara? ¿Acaso no soy el Chele Amaya, el gayo que sabe hacerles piruetas a las muchachas de mi pueblo? ¿Y lo ay de creer? No era sólo yo el miedento; desde el jefe pa abajo, todos teníamos la cara tan jalada como si hubiéramos tenido cuatro semanas de parranda... Y no había pa menos, mi amigo, no había pa menos, el traqueteo se había soltao como reguero de pulgas en el lomo de un perro sarnoso... ¡Ave María, si aque yo daba miedo! Lo que soy yo había terminao, usted me hubiera visto.

—Pen... ¡Pen!... ¡Pen!... ¡Pen!... ¡Ave María, qué traqueteo! Pero no era el traqueteo lo que nos daba miedo, pues a eso mesmamente habíamos venido. Lo que no daba miedo era que el maldito Cute no nos había dado tiempo de treparnos al cerro, ¿usted comprende?

Por la dirección del tiroteo, ya el Cute Ordóñez estaba arriba del cerro. Ya no había tiempo de que nosotros ocupáramos el cerro. Ya todo estaba terminao. ¿Lo ay de creer? Lo único que había que hacer... era ver cómo se podía salvar el peyejo, ¿Lo ay de creer? Y fue lo que hicimos. ¡Fue lo que hicimos! Pues si lo demás ya estaba perdido, ya no había pa qué... Nosotros éramos menos en número y ellos trepados en la punta del cerro nos aventaban bala, como palo que se mece pa que caiga la fruta madura... ¿Lo ay de creer? Y le digo a mi coronel Pacheco:

—Mi coronel, aquí no hay más remedio que tomar las de Viyadiego.

—Yo creo lo mesmo, Chele —me dice el coronel—. Pero hay que ver qué dicen los compañeros pa que no creigan que el jefe es un fustanes... Y en todo eso estábamos, entablada la discusión con los muchachos, ¡cuando ipen!, y vemos... amigo, una columna del Cute que nos hacía fuego ay nomás atracito de nosotros. Ave María, y decimos a buscar trincheras y nos agarramos a balazos, casi topando las caras uno con el otro. ¿Lo ay de creer? ; Pen!... ¡Pen!... ¡Pen!... Y de pronto aqueyo más seguido, como maíz tostándose en el comal: Pen, pen, pen, pen, pen, pen. Y veo a mis camaradas todos bien atrincherados y sin mucho peligro. Y oigo a mi compañero Serapio que me dice detrás de la piedra:

—Chele, sólo han quedado dos, fíjate.

Y era verdad. La columna que yegó a atacarnos era de seis y sólo habíamos dejado dos en pie. Y entonces le hago viaje a uno de eyos.

—¡Pen!, en la moyera.

Y me voy, amigo, sobre él. Entonces jue cuando avancé esta espada de que le hablo.

—¡Ay, hermano, no me acabes de matar! Y se me hinca aquel condenao suplicándome como una niña, que lo perdonara. ¿Lo ay de creer?

—¡Que te perdone tu madre, hijo de puerca! Le di un tiro en la boca pa que se cayara. Ay, amigo, celebrando estábamos el triunfo, cuando vemos el resto de nuestro ejército en retirada. Ay, amigo, ¿lo ay de creer? Y veo pa la punta del cerro y vemos todo el grueso del ejército enemigo, trepado en la punta del cerro. Ay, amigo, ¿lo ay de Creer? Y nos dice el coronel Pacheco:

—Amonós, que nos avanza el enemigo si abrimos más la jeta.

Era convenido desde antes del tiroteo que, en caso de derrota, el punto de reunión era elyano Redondo, cerca de las Campanas. Pa allá salimos. Ay, amigo, allá estaba ya reunido todo el ejército nuestro, pues todas las columnas iban llegando una por una. Y llegamos nosotros, y llego yo, que mejor no hubiera llegao. Ay, amigo, mejor me hubiera avanzao el enemigo, mejor me hubieran baliado. Ay, amigo. ¿Lo ay de creer?

Yo que llego y uno que me dice:

—Hay orden de captura pa vos.

Y otro que llega y me dice:

—¡Por orden del General Gómez, que se presente inmediatamente!

Y me presento con la conciencia tranquila, por supuesto. Y me dice el General Gómez:

—¡Sargento Amaya!

—Mi General.

—Usted va a morir ahorcado por traidor.

—¿Traidor, mi General?

—¡Traidor! ¡Como lo oye! El ejército acaba de sufrir la más Humillante derrota por el informe equivocado que usted nos dio. El enemigo estaba ya en el cerro y, según su informe, el enemigo se encontraba a media legua detrás del cerro.

—Señor, tal como le dije... pero los discursos, se tardó mucho mi General.

—Coronel Juárez (aquí es donde me apaleó el maldito Adolfo Juárez, el que quería la Aduana pa darle de comer a la mujer), mándele a dar cincuenta palos por traidor...

Ay, mejor no le contara este incidente, que nunca lo ei contao... ¡Las costigas que me quebraron! Mi suben en un palo de roble, mi amarran de los dedos gordos y se ponen cuatro soldados al mando del maldito Juárez a darme palos con cuatro garrotes de ocote. Ay, amigo, por eso es que me he vuelto liberal, porque me hicieron esa jugada los malditos cachurecos...

Y empiezan a darme, amigo: uno, dos, tres, cuatro, cinco, veinte, cuarenta, cincuenta... Abrí los ojos y estaba en la casa de un buen hombre, en los brazos de la mujer del hombre:

—¡Cómo se siente, señor? ¡Cómo le han estropeao! Mi marido lo halló colgao de un palo y lo trajo a la casa ya pa morir. Parecía un zarandajo colgao del palo, refiere mi marido.

—¡Lo ay de creer?

LA LECHUZA

—¡Simona! ¡Simona! ¡Hooooy Simonaaaaaá!

Hermenegildo se echó el mecapal, agarró el machete pando, se puso el roto sombrero de llama en la cabeza y salió. En ese momento una mujer apareció corriendo detrás del monte con una porción de huevos de gallina en el delantal. La mujer no habló hasta que llegó cerca de Hermenegildo.

—Bamo a be si venís borrachu. ¡Bamo a be! Ya se lo viá avisar al patrón.

—¿El patrón?

—¡Claro!

—¿El patrón?

—¡Dejuro...y pues! Andate por el caminito de la joya, por ay viene Nor Brígido montao en su caballo chalao.

—Ande viene?

—Abajo, asisito la tranca.

—¡Ah,y a lo vide! Viene borrachu.

—Andá, Menegildo, te digo. Te va a convidar con la botella. ¡Andate!

—¿Y quiay'? ¡Alabao mi madre! ¡Cómo si uno juera perro viejo! ¡Alabao!

Era una espléndida mañanita de primavera, los pájaros cantaban, húmedos con el rocío que cubría las hojas: el sol se iba levantando perezosamente detrás de una preciosa colina de pinos. Era una mañanita espléndida; las 7 de la mañana. Todo el monte estaba húmedo de rocío. Al rancho de Hermenegildo llegaba el rico perfume de unas hermosas flores sin nombre que nacen en esa región, en medio de la maleza. Pero para Hermenegildo y su mujer aquella mañana era simplemente una de tantas. Nada significaba para ellos el perfume de la flor, el canto de los zorzales y el sol que se levantaba perezosamente detrás de la colina.

—Andate, Menegildo, te digo.

—¡Bueno!

—Adió. Saludame a la Paula y que por ay voy el domingo.

Hermenegildo empezó a caminar por el deshecho que su mujer le había recomendado para que no se encontrara con don Brígido. Don

Brígido pasó cerca del rancho sin volver a ver. Iba completamente ebrio. Sobre el endeble y pequeño caballo se balanceaba para uno y otro lado como si el viento se lo llevara. De vez en cuando pujaba como los cerdos:

—Brg...brg...ug...ug...

Pasaron tres días más, y Hermenegildo no volvió. Un viajero llegó por fin a pedir agua, sudando bajo el calcinante sol del trópico. Le contó a Simona, mientras se bebía el agua, que, en el camino del pueblo, cerca de Santa Rita, habían encontrado un hombre muerto. Le refirió que cuando lo hallaron, ya los zopilotes le habían sacado los ojos. Simona se asustó mucho, le preguntó que cómo era el hombre, pensando que acaso sería su marido. Elle contó que el muerto era un ladino rico. Simona quedó satisfecha porque Hermenegildo no era ladino ni rico.

Esa noche, inesperadamente, oyó ella cantar la lechuza. Inmediatamente se bajó del tapesco y se puso a rezar en el suelo. Era la señal de que algo grave iba a suceder. Nuevamente volvió a pensar en que acaso Hermenegildo estaba muerto. Salió y le tiró piedras a la lechuza para que se fuera, pero la lechuza parecía inmóvil, parada en la rama más alta del árbol de pino, bajo cuya sombra estaba construido el pequeño rancho. Entonces, Simona, llena de terrible pánico, se puso a llorar y pasó llorando hasta que volvió a alumbrar la aurora. En la tarde de ese día llegó una escolta:

—¿Este es el rancho de Hermenegildo? —preguntaron.

—¿Y cuál ha de se pué? —respondió de mala gana Simona.

—¿Vos sos la mujer de Hermenegildo? —le preguntó el jefe.

—Y quién viá a ser, pué —contestó enojada nuevamente.

—Es que tu marido mató un hombre abajito del potrero de Nor Feliciano. Cerca del pueblo.

—¡Alabao! ¡Mi marido no ha matao a nadie!

—Cómo no, tenemos dos testigos de ojo. Mató a un forastero por robarle. ¿En dónde has escondido a tu marido?

Ella no respondió, los soldados entraron al rancho y estuvieron registrando. No encontraron nada y se fueron.

En la tarde del día siguiente, Simona descubrió que debajo de un pino, más allá de la milpa, estaba un soldado escondido. El soldado creía que Simona no lo había visto, pero ella le veía el uniforme y notaba los esfuerzos que él hacía por esconderse detrás de un arbolillo de guayabo. Y después, en la noche, en la profunda oscuridad de aquellas soledades, Simona oyó toser a los soldados escondidos. Ella les pidió a todos los santos que Hermenegildo no volviera. Prefirió que su marido quedara huyendo en el monte como un animal salvaje. Otra noche, sin embargo, oyó que su marido le silbaba, que volvía al rancho; ella salió nerviosa a encontrarlo; pero, antes de que abriera la puerta, oyó un disparo de rifle, luego otro y otro más. Después oyó la carrera de los soldados con "caites" subiendo el cerro en persecución de su marido. Eran más de 12 los que aparecieron entonces. Los soldados subían corriendo por el cerro, y algún tiempo después, bastante lejos, se oyeron dos disparos más. Simona, llena de miedo, se pasó rezando, sentía todavía en sus oídos el modo de silbar de Hermenegildo y les pedía a todos los santos que no lo fueran a fusilar.

En la mañana siguiente los soldados estaban en el mismo sitio, escondidos, y Simona se puso muy contenta, creyó que, en la oscuridad de la noche, Hermenegildo se habría ocultado en la selva y no lo habían encontrado. Pasó una semana, y por fin, los soldados desaparecieron del lugar. Entonces, Simona tuvo la seguridad de que alguna noche, sigilosamente, Hermenegildo iba a volver al rancho. Pasaron dos, tres semanas, luego más de un mes, y Hermenegildo no apareció.

Simona se introdujo en la selva, anduvo mucho para ver si lo encontraba en lugares donde sólo viven las fieras. Esperaba verlo subido en un árbol, o descansando en el fondo de un abismo o acaso metido en una cueva. Detrás del cerro de Quiala, bastante lejos, había guayabales silvestres, y Simona fue hasta allá, creyó que su marido estaría allí, alimentándose de frutas para poder vivir. Mientras caminaba por el corazón de la selva, miraba hacia arriba, creía poder verlo de pronto en una rama, como un gorila. Cuando oía algún ruido, en la soledad infinita de la espesa selva, volvía la vista y gritaba: ¡Soy Simona! ¡Menegildooooooo!

Pero siempre el que hacía ruido era un zorrillo que huía al oír las pisadas de Simona. En otras ocasiones, después de andar todo el día, se sentaba a descansar aguzando el oído para escuchar algún ruido. Otras veces, cuando encontraba un puñado de huesos, se ponía a observarlos y examinaba si eran huesos humanos. Sospechaba que las fieras se lo habían comido. Muchas veces encontró huesos que le parecieron humanos; entonces se dedicó a buscar allí cerca el viejo sombrero de llama con que se cubría la cabeza Hermenegildo. Tarde del día, en la paz infinita de aquellas soledades, Simona se volvía hacia el rancho. Regresaba siempre desconsolada y triste. Otras veces, a medianoche, se levantaba y llegaba hasta la orilla del cerro para ver si en la oscuridad observaba la sombra de Hermenegildo, andando por allí. Creía Simona que, si Hermenegildo vivía en la selva, probablemente trataría de bajar al rancho, de noche, para que no lo agarraran. Alguna vez, ella vio una sombra huir debajo de un árbol y entonces gritó:

—¡Menegildo! ¡Hooooy Menegildooooo!

Pero como no recibió contestación, sus rodillas se le aflojaron. Un pánico horrible la aturdió hasta el grado de que con mucha dificultad pudo volver, casi arrastrándose, al rancho. Era que ella también sospechaba que los soldados habrían fusilado a Hermenegildo y la sombra que ella habría visto era el espectro del muerto que andaba apareciendo...

Para colmo de su desgracia, habiendo tantos árboles en el bosque, la lechuza se venía a cantar, lúgubre y espantosamente, en la cumbre del árbol de pino a cuya sombra yacía el rancho.

Un día fue Simona a Santa Clara con el fin de averiguar la verdad sobre Hermenegildo. En el cuartel le refirieron con muchos detalles que a Hermenegildo lo habían fusilado. Simona volvió muy triste y desconsolada, pero segura de la verdad. Le dijeron que Hermenegildo había huido cuando lo iban a capturar y que, entonces, se vieron en la necesidad de disparar sus rifles. Aquélla fue la primera noche en que Simona ya no volvió a esperar a su marido. Lo único que hizo fue rezar lo poco que sabía por el alma de Hermenegildo. Luego se acostó, y como es costumbre entre los campesinos que no usan fósforos, dejó en el fogón algunas brasas encendidas para tener lumbre a la mañana. Cuando despertó, hizo lo que tenía que hacer sin esperar ayuda de nadie. Ahora el rancho era sólo de ella: las gallinas, el paisaje, todo le pertenecía a ella sola. Pero ella prefería su marido a toda la riqueza del mundo. Cada vez que se acordaba de Hermenegildo, especialmente cuando contemplaba la camisa de manta del muerto, no podía contener las lágrimas. Algunos días después, mientras dormía, oyó un silbido. Ella se despertó inmediatamente. El silbido se repitió tristemente en la oscuridad de la noche. Era un silbido agudo y largo, largo. Simona trató de oír mejor. Tanto miedo sintió, que se envolvió toda la cabeza y el cuerpo en la sábana con que dormía. El silbido había principiado muy lejos, demasiado lejos, y poco a poco se iba acercando. Simona trató de no oír más, le daba miedo y se tapaba los oídos, pero el silbido se oía cada vez más cerca. Por fin parecía que el hombre había llegado a la quebrada, luego que venía por el roble del camino, después que atravesaba la milpa.

Y por fin —Simona no pudo contener un grito de miedo— el silbido se acercó a la puerta del rancho. Por la hendidura de la puerta se oyó el silbido penetrar suavemente. Luego sintió los pasos de un hombre parado allí. Por fin oyó que el hombre empezaba a correr y correr por la milpa y luego subiendo el cerro. Después oyó un tiro de rifle y por último un profundo silencio hasta el otro día.

Tanto miedo sintió Simona, que aquélla fue la última noche que durmió en su rancho. Lo que hizo fue irse allá abajo, a la hacienda. Por las mañanas y por las tardes volvía a darle de comer a sus gallinas y patos, pero nunca se quedaba a dormir. En la hacienda les contó a todos en rueda que el finado Hermenegildo andaba apareciendo en el rancho. Les propuso a los peones que si querían dormir en su rancho.

—Ni regalao, ni pagao—contestó uno de ellos.

Una tarde llegó a la hacienda un desconocido que solicitaba trabajo:

—¡De dónde venís! —le preguntó el patrón.

—Vengo de ay, de la hacienda de don Manuel Felipe.

—¿Por qué dejaste a don Manuel Felipe?

—Pué la verdá, patrón, les maté una mula chúcara que me tiró en un pedregal corcobiando como un diablo. Me calenté y le zampé un tiro. La mula se murió.

—Hum, pues yo no quiero esa clase de bravos —le contestó el patrón.

El forastero insistió e insistió, pero el patrón, después de haber oído cómo le había matado la mula a don Manuel Felipe, no lo quiso emplear.

—Entonces, regáleme una peseta, patrón. No he comido dende el domingo.

—Tampoco regalo dinero. Andá a la cocina y dile a la criada que digo yo que te dé de comer.

En la cocina el forastero le contó sus peripecias a Simona. Tan sentimentalmente le habló, que Simona se sintió impresionada.

—Pué si no tié ande dormir —le dijo Simona— váyase a mi rancho; yo tengo un rancho allá arriba en el cerro. Yo no vivo allá porque el finao, mi marido, anda saliendo en la noche.

—Pues sepa, señora, que esos son los que a mí me gustan, esos que se mueren y quedan saliendo. Si su marido me sale, yo voy a conversar con él. Tal vez es que él sabe onde hay un entierro e plata. Esa tarde Simona llevó al nuevo inquilino a su rancho. Le preparó el tapesco, y después de recomendarle que no se asustara si oía silbar a su marido, se volvió a la hacienda.

El forastero, que era hombre de mundo, en vez de preocuparse, quedó satisfecho de encontrar en donde dormir; alimentaba también el propósito de matar un pollo en la mañana y comérselo antes de que Simona volviera...

Dos meses estuvo el forastero viviendo solo en el rancho, y el muerto no lo visitó ni una sola noche. Durante esos dos meses, Doroteo, que así se llamaba el hombre, se mantuvo con los pollos de Simona, pero también trabajó mucho, había doblado y tapiscado la milpa de Simona, hizo un nuevo techo para el rancho y le dio de comer a las gallinas. Mientras tanto, se vestía con la camisa de Hermenegildo porque la suya se había roto. También en esos dos meses tuvo relaciones amorosas con Simona. Un día ella, sin miedo de que su marido volviera a silbar, se vino al rancho a vivir públicamente con su nuevo compañero. Ella comprobó entonces que ya no se oían ruidos en la noche ni siquiera aparecía la lechuza.

—¿Hay lechuzas aquí? —le preguntó el hombre.

—¡De juro! ... ¡Y pues! —le contestó Susana.

—Ese bicho es malo—dijo el hombre— cuando chilla la lechuza es que hay desgracia.

—¡Claro! —contestó Simona—, a mi marido lo mataron cuando chilló ese animal condenao...

Doroteo, que según decía él con orgullo, había usado zapatos en otro tiempo, era indio puro como Hermenegildo y Simona. Lo mismo que éstos, era raquítico de carnes, nervioso, un poquito parlanchín, si se toma en cuenta que los indios son reticentes y taciturnos. Bajo, cetrino y silencioso para andar, como todos los indios. Los pómulos saltados del chino y los ojos oblicuos, también del oriental. Era, sin embargo, trabajador. Esperaba él que se quedaría a vivir con Simona para siempre y por eso cuidaba el rancho como si fuera suyo. Tenía una cualidad que Hermenegildo no la tuvo nunca: tenía iniciativa, o como Simona decía, entelegencia. Vivieron juntos cinco largos años. En ese tiempo le nacieron a Simona dos niños. Un varón que ahora tenía cuatro años y una niña de tres. Ella que nunca tuvo hijos con Hermenegildo, logró tenerlos con Doroteo. Todo marchaba bien hasta que un día, a medianoche, se volvió a oír el canto de la lechuza en la rama más alta del árbol. El hombre, como todos los indios, era supersticioso. A pesar de no tenerle miedo a los muertos, le tenía miedo a las lechuzas. Se levantó con Simona, se hincaron en el suelo los dos y se pusieron a rezar.

—Esa es la lechuza que vino cuando mi marido se murió —le dijo Simona.

—¡Claro! Una gran desgracia va a pasar. En cuanto amanezca nos vamos al pueblo. Pué ser que el médico nos salve la vida. Uno de los niños se va a morir o alguno de nosotros.

Efectivamente, en la mañana, los dos se pusieron a arreglar las cosas para el viaje.

—Algo va a pasar—decía él a cada momento.

Mientras arreglaban, uno de los niños vino a decir que un hombre estaba escondido detrás del guayabo; los padres no le hicieron caso, pero el niño volvió a repetir que allí había un hombre. Era probablemente uno de esos que transitan por allí, y a veces se sientan a descansar en las propiedades ajenas. Más tarde, mientras Doroteo hizo una salida, el niño volvió a decir que allí estaba un hombre escondido detrás del guayabo. Simona salió y vio que efectivamente, detrás del arbusto, había un hombre sentado. Creyó que estaría descansando, y no le hizo mayor caso. Un momento más tarde, vio que había caminado cerca de la casa. Que, en vez de estar debajo del guayabo, estaba metido y acostado en la milpa. Tampoco la madre se preocupó. Un rato más tarde, el niño, que no le quitaba la vista, vino a decir que el hombre estaba cortando las mazorcas de maíz. Simona creyó que abusaba demasiado y fue a llamar a Doroteo.

—¿Por qué me está cortando el maíz? —le gritó Doroteo.

—Porque es mío—le contestó el hombre, y siguió cortando.

—Sálgase de mi milpa le ordenó Doroteo.

—No me salgo—le contestó el otro.

Doroteo se puso muy enojado y entró al rancho, agarró la escopeta, la cargó y salió. El hombre seguía robándole el maíz, y entonces, Doroteo le hizo un disparo. Le descerrajó el balazo en un pie y el hombre cayó al suelo.

—Una gran desgracia—dijo Doroteo—, eso es lo que nos trajo la lechuza...

Fueron a ver al hombre y lo encontraron sin conocimiento. Era muy pálido, parecía enfermo, la cara la tenía cubierta con una cabellera de ermitaño, muy flaco el hombre, y era indio como ellos, descalzo. Lo trajeron y empezaron a curarle la herida. Después que lo acostaron en el tapesco, el herido volvió en sí. Simona se puso a lavarle la sangre que le manaba de la herida. El hombre, súbitamente le agarró una mano a Simona. Esta le sonrió, pero el forastero le apretó con más fuerza. Simona hizo un esfuerzo por evadirse, pero no pudo. Entonces, asustada, se le quedó viendo al hombre que la miraba fijamente.

Por fin ella gritó:

—¡Menegildo! ¡Es Menegildo!...

—¡Soy yo, Menegildo! —contestó el forastero.

Doroteo vino corriendo al oír los gritos de Simona. Todos se quedaron petrificados.

Hermnenegildo refirió brevemente su vida en la cárcel. No traía remordimiento contra Simona ni contra Doroteo.

—Traigo dos dados que compré en el presidio —le dijo a Doroteo—; si quiere, amigo, juguemos a ver quién se queda con el rancho, porque éste no es el rancho que yo hice...

—¿Y la Simona?

—La Simona es mi mujer por la ley—le contestó Hermenegildo.

—Pe los cachorros son míos—dijo Doroteo, señalando a los niños.

—¿Quiere jugar a los dados, amigo? Veya que no tengo rencor por el balazo.

—Acepto la jugada—le contestó Doroteo.

Jugaron a los dados, los dos sentados en el suelo. Los muchachitos corrieron a hacer rueda. Simona miraba correr los dados con la cara llena de angustia y desesperación. Por fin, los dados se detuvieron mostrándolos puntitos negros. Hermenegildo sonrió feliz:

—¡Le gané,amigo!¡Veya qué suerte!

Ese día, por la tarde, la pobre Simona, con el corazón traspasado de dolor, se preparó para despedir a sus hijitos que se irían con Doroteo al salir la aurora. Aquel día, el paisaje se volvió oscuro para los ojos de Simona. Toda la gracia y poesía de aquel bello lugar le pareció un campo árido, triste y desierto...

Cuando llegó el momento de partir, Simona se subió a una piedra muy grande que había allí, y desde ese lugar observó por mucho tiempo a Doroteo que se iba llevándole los hijos de sus entrañas...

—¡Adió, mamá! ¡Adió, mamá!

—¡Adió, Chilinga! ¡Adió, hijito!...

Sobre la piedra lloró la mujer hasta que el sol, rojo como la sangre, se perdió detrás del verde y radioso paisaje...

EL NOVIO

I

Una tarde, más o menos tres meses después de la entrevista, Bernabé sintió deseos de volver a ver a la hija de doña Inés. Transitaba a menudo por aquel caminito rehusando entrar, pero esta tarde su voluntad se doblegó y sintió un deseo profundo de llamar a la puerta. Observó que la casa parecía solitaria. Las gallinas comían al frente, un borrico viejo mascullaba la hierba de la explanada y un perrazo flaco tomaba el sol en el patio y miraba a los que se acercaban con cara de pocos amigos. Los picos silenciosos de las montañas se erguían, como jibosos dromedarios, en el azul horizonte.

Al contrario de lo que siempre había pasado, no fue doña Inés sino la misma Estefanía quien salió a recibirle vestida toda ella de negro.

—¿Y su mamá, Estefanía?

—Murió, don Bernabé. Va para dos meses...

Profundo silencio siguió. ¿Era posible que la muerte viniera de visita así? Manifestó adolorido su pesar y sentimiento... Ella nada comentó.

II

¡Bernabé!... ¡Bernabé!... Qué aturdido estaba; sin poder hablar. Era Bernabé más bien cetrino, alto y flaco, de risa contagiosa, de expresión cordial. Se dedicaba a comprar novillos y vacas viejas, incapaces ya de reproducción. Descuartizaba las reses y vendía el producto a la gente de Santa Clara. Tenía patente para explotar el negocio. Monopolizaba la venta de la carne que se vendía en el pueblo.

III

Recordó Bernabé la primera visita que en su vida hizo a aquella casa. Recordó que, en aquella lejana mañana, doña Inés se entretenía en darle de comer a las gallinas. Él, sin bajarse del caballo, había saludado con desenfado, pero en tono respetuoso.

—¿Cómo le va, señora Inés?

—Bien, Bernabé, aquí pasando —había contestado ella.

—Quiero entrar en arreglos; siempre prefiero negociar con los más ricos —había agregado en tono de adulación.

Doña Inés, que, a pesar de sus 200 reses, sabía que no era de las personas más ricas del lugar, se había pavoneado vanidosamente.

—Diga nomás. ¿De qué se trata?

Iba él a responder cuando en el rústico portal de la casa, con una canasta de huevos de gallina, apareció una joven, y en sus labios se dibujó un gesto de timidez y molestia. Él abrió la boca y calló. La sorpresa y la confusión también se manifestaron en su cara. Ella era una muchacha humildemente vestida, de 18 a 19 años, Bernabé se había detenido antes a contemplarla; el físico y la expresión simpática de aquel rostro le llamó la atención desde las primeras veces en que la había visto en el pueblo. Le gustaba pensar en ella, le gustaba creer que era una posibilidad ventajosa de matrimonio que él mismo había descubierto y, ahora, aprovechando el pretexto de la compra de novillos, visitaba la casa primordialmente con ese objeto. Pero Bernabé nunca había conseguido hablarle porque ella daba la impresión de timidez o de orgullo. Se cruzaron el saludo y ella se introdujo en las piezas interiores sin volver a salir. Toda la charla de Bernabé se concertó con la madre.

—¿Conque usted quiere comprarme novillos? —había interrogado la señora para disimular la sorpresa del hombre y hasta alguna turbación que le causaba la súbita aparición de su hija.

—Eso mismo, señora —contestó él.

—Muy bien, entre —volvió a decir ella—. Entre, va a tomar una tacita de café.

Él contestó:

—Si no es molestia, doña Inés.

—De ningún modo —respondió ella.

Doña Inés Paredes era una mujer ya avejentada, alta y sin carnes, la cara angulosa y los cabellos blancos. Se apreciaba, no obstante, la reserva de energía que manaba de su temperamento sanguíneo. Una oscura enfermedad, sin embargo, empezaba a minar su organismo.

Cosa curiosa. Ese mismo día, al regresar al pueblo, se sintió Bernabé convencido de la total indiferencia de la hija de doña Inés y acabó por perder la ilusión. Se decía a sí mismo que nunca podría conquistar su cariño, pues no había conseguido cruzar una sola palabra con ella. Pensando iba por el camino en su fracaso sentimental, cuando de pronto se encontró con Ramón Antúnez, su antiguo amigo. Se celebraba una fiesta en casa de los Antúnez, cuya hija Lola había sido abandonada por Bernabé precisamente para conquistar el cariño de la heredera de doña Inés Paredes.

Antúnez insistió en que el matarife lo acompañara. Bernabé recurrió a mil excusas, pero al final se decidió a visitar la casa y disfrutar de la fiesta de Lola con el fin de olvidar a Estefanía. Se encontró allí con muchas personas, inclusive el sacerdote y el alcalde del pueblo. Lejos estaba Bernabé de suponer que allí se tramaba contra él una celada para casarlo con Lola. Como de costumbre, una vez en el baile, bajo el efecto del licor, Bernabé fue de los más entusiastas. Se bailó con verdadero derroche de alegría, con profusa ostentación de pistolas al cinto y ritmos de acordeón y guitarra. Bernabé volvió a repetir a Lola sus promesas de matrimonio. La declaración se hizo pública y la familia de Antúnez, padres y hermanos, estimulados también por las bebidas, llamaron al novio y lo felicitaron cariñosamente por su intención de formar un hogar con Lola. Habló el novio con los cuatro hermanos Antúnez y les aseguró su seria intención de formar parte de la familia, siempre que mejoraran sus negocios.

Pero los perspicaces Antúnez no estaban dispuestos a permitir que tal oportunidad se les escapara, siendo como era que de antemano habían invitado, con ese solo objeto, al cura y al alcalde. La pareja fue casada esa misma noche, sin que Bernabé se diera mayor cuenta de lo que hacía...

Fue hasta un día después cuando tuvo conciencia de lo ocurrido. Los hermanos de la novia fueron a visitarlo. Le llamaron "cuñado" y le dijeron que la suegra y su mujer lo esperaban. Bernabé, cansado por el efecto del licor y el desvelo, se pasó las manos por los ojos. Los hermanos Antúnez, fuertes y grandotes, le refirieron lo ocurrido. El hombre hizo recuerdos y llegó a la conclusión de que efectivamente se había casado con Lola. Ante su nuevo estado, entre alegre y melancólico, reconoció que no había más solución que aceptar la broma que el destino le había deparado. Era una cosa consumada—manifestó—y aceptaba las consecuencias.

Cuando, días después, Bernabé volvió a visitar a doña Inés para terminar la compra de los novillos, mucho se guardó de no hablar de su matrimonio. Esto siguió siendo un secreto para todos sus conocidos. Le afligía que la gente se interiorizara de los pormenores...

Se cerró el negocio de los novillos y finalmente, entre cartas de venta y papel sellado, doña Inés, que se encontraba en un estado de alma profundamente decaído, insinuó una conversación de carácter confidencial e íntimo con Bernabé:

Principió a hablarle de su enfermedad. Le refirió en tono maternal cómo había empezado a resfriarse, la humedad del campo, etc., y le contó que los médicos eran pesimistas y que no esperaba vivir mucho tiempo...

—Lo que más me duele, Bernabé, es dejar a Estefanía sola...Me habría gustado verla casada antes de mi muerte. Me gustaría un hombre como usted, Bernabé, que entendiera cosas de campo, honrado y trabajador...

Bernabé escuchaba confundido. Por fin ella le insinuó:

—¿Por qué no se casa con mi hija, Bernabé?...

Al oír esto, el matarife, mostrando los dientes con una inocente sonrisa de timidez, se apretó la palma de la mano con las uñas, cambió la mirada y se puso a toser. Quería contestar a la señora, pero no supo qué decir. Quería manifestarle que su mejor ambición había sido ésa, casarse con Estefanía; que su visita anterior no había tenido otro objeto, pero tuvo intención también de manifestarle que Estefanía no le correspondía su cariño y que, por eso mismo, él ya se había casado...

Aquella tarde, al volver Bernabé al lado de Lola, una infinita tristeza embargaba todo su ser. Para consolarse se decía que, aunque era verdad que doña Inés estaba de su parte, posiblemente Estefanía no opinaría así. Caminaba bajo la terrible lucha de la duda y la conjetura, en medio de un laberinto de sentimientos encontrados. Se sentía agotado bajo la violencia de las emociones.

Era Lola, la esposa de Bernabé, una muchacha alta y fornida, pero sin ningún atractivo espiritual. Además, parecía dominante y de carácter terco. Tenía el cutis trigueño, los ojos negros y la boca grande y sensual. Pero Bernabé acató los dictados de la mala suerte y se resignó a vivir con ella.

IV

Mirando ahora a Estefanía, tres meses después, y sabedor de que la madre había muerto, él recordó aquella extraña propuesta de doña Inés, y, por espíritu maligno, se le ocurrió contarlo a Estefanía. Quería usar la declaración de doña Inés como arma de despecho y observar qué impresión le causaba a la indiferente muchacha que no le había correspondido.

—Sabrá usted, niña Estefanía, que su mamá, una vez...

Estefanía, que había permanecido completamente fría, levantó la cabeza, y sin dejarlo hablar más, contestó:

—Sí, lo sé, pero ella no sabía que usted estaba por casarse... ¡Don Bernabé!

El hombre se estremeció sin entender nada. Quiso asegurar que su matrimonio no había sido previsto, pero prefirió decir:

—Yo... éste...Usted fue mi primera idea, pero, como era tan esquiva...

Profundo silencio siguió a las palabras de él. Al cabo de un rato, volvió Bernabé a levantar la cabeza para observarla.

Ella permaneció ruborizada.

El la contempló sorprendido. Finalmente, lo miró y los cuatro ojos se encontraron... El no comprendió. Ella, todavía ruborizada, bajó la mirada y agregó:

—Quería verme mamá casada antes de morir...

Él, recordando con insistencia la extraña propuesta de matrimonio de doña Inés, contestó:

—Pero hacía muy mal su mamá, sin consultarla a usted...

Ella, riendo, respondió:

—Pero si mamá no lo quería, don Bernabé. Fui yo esa vez...le rogué que le propusiera... a usted...

Él se quedó mudo. Más aturdido y más preocupado que nunca, despidióse; montó a caballo y emprendió s regreso.

SEBASTIANA

Desde que se tuvo noticias de la muerte de Sebastiana. Macedonio se sentaba a la puerta de su rancho, colocaba los codos sobre las rodillas, entrelazaba los dedos de las manos y con la cabeza baja, permanecía sentado, arrojando saliva sobre el suelo.

—¿Por qué bebes tanto, Macedonio?

—Para olvidar, patrón.

—¿Para olvidar a Sebastiana?

—Eso...

Traté de consolarlo; me produjo profunda pena. Vivía solo desde la muerte de su mujer. Yo detenía mi caballo de regreso de mi casita de campo, únicamente para conversar frente a la puerta del rancho, y siempre lo encontraba solitario y borracho. Aquella tarde, al despedirme, le dije:

—Quiero, hombre, que me hagas un trabajo en el techo de mi casa, pues he descubierto goteras. Te voy a dar qué hacer para olvidar y te voy a pagar... Vino el indio a mi casita de campo, dos millas fuera de Santa Clara, ya con el machete y unos clavos preparados, por si había necesidad. Se sentó en el primer asiento que encontró a mano y estuvo largo rato en silencio, con la cabeza caída. Era muy temprano y le obsequié una taza de café mientras me preparaba a explicarle la labor que había que hacer.

Macedonio, sentado en aquella silla, se puso a mirar el suelo, y yo lo observé de reojo. En un mes había envejecido y había adquirido tal pesadumbre, como si hubiera estado agarrado de una roca y colgando en un precipicio. Los ojos presentaban no sólo tristeza, sino miedo. Me infundió profunda lástima. Tenía la cara desencajada, grandes ojeras surcaban sus ojos, y con el color pálido y cetrino del rostro, daba la apariencia de un enfermo.

—Te hace daño el aguardiente, hombre.

—Es el remedio, patrón.

—¿Remedio para qué?

—El que cura todo...

—No digas eso, Macedonio. Te puedes morir... El licor causa mucho daño, y lo que haces es destruir tu salud....

El hombre, metido en un lúgubre mutismo, no contestó.

Súbitamente, Sara, hermana de Sebastiana y también antigua sirvienta de mi casa en otro tiempo, apareció en la puerta. El borracho la volvió a ver. Hasta ese momento, observé que los ojos de Macedonio se encendían. Pero, cosa rara, también Sara miró a Macedonio con miedo. Pude ver que lo que Macedonio demostraba era odio hacia la mujer. Un odio sordo que se expresaba en el gesto de su cara desencajada.

—Mala cuñada —prorrumpió por fin con acento quejumbroso, pero con intención irónica— , ¿por qué no volviste a mi casa?

—Porque me da pesar recordar a Sebastiana, a tu mujer —respondió Sara—; bien sabés que me hace falta y que éramos hermanas. Y si llego, la voy a recordar. ¡Ay! —suspiró cómicamente—, las personas queridas nunca se olvidan...

—¿Querías a mi mujer?... ¡Qué vas a querer! ¿Y si la querías, Por qué no te acordáis de su marido? Ninguna de las parientas de la difunta me lleva una taza de café. Vivo solo, como perro sin dueño...

—No merecés buen trato, Macedonio. ¡Si te hubieras compuesto! ...Ahora te emborrachás más que en vida de Sebastiana. ¿No te da vergüenza? Siquiera por el recuerdo de ella debías abandonar la bebida. Ya Sebastiana debe estar a gusto en el cielo. ¿Qué consuelo puede encontrar una a tu lado? ... ¡Ah! ...Pocas hay como Sebastiana. ¡Aquélla era una mujer! ¡Bien sabés que ella se tiró al río para no vivir más con vos¡¡Cómo estaría de desesperada, aburrida de sufrir! A mí me lo dijo, que, si seguías en tu bebedera, se iba a tirar de cabeza y de pura verdad lo decía. Pero yo no lo creiba. Y lo que más me duele, es que sólo el vestido se encontró. Dicen que río abajo, sobre el arenal, tal vez la marea haiga echao ajuera el cadáguer... Vos tenés la culpa, Macedonio.

—Basta, perra.

Macedonio se puso de pie con los ojos inyectados. Creí entonces que se levantaba para pegarle a Sara. Pero lo que pasaba era que el pobre viudo se sentía enfermo y confundido con su propia conciencia.

Se colocó las manos en los oídos para no escucharla, y, volviéndose hacia mí, hizo un gesto de contrariedad, como diciéndome:

—Me basta con mi remordimiento. ¡Para amolar más! Lo miré con comprensión y simpatía humana. Macedonio era magro y macilento. El cabello lacio, el cutis amarillo, la boca levantada en las comisuras, los ojos como almendras, la voz chillaba en tono de blasfemia.

Ocurrió la casualidad que en ese momento abandoné la pintoresca pareja para atender una visita que con un golpe en la puerta se había anunciado en la pieza siguiente. Me levanté y me fui allí, dejando todo al parecer tranquilamente, Pero no era cierto. A1 entrar al siguiente cuarto, oí un grito y volví la cara.

—¿Qué pasa? ¿Qué pasa?

Macedonio estaba inclinado sobre Sara, que aún permanecía sentada, mejor dicho, acostada sobre la silla. Macedonio tenía los dedos pulgar e índice de ambas manos en arco. Dentro estaba la garganta de la pobre sirvienta. Los dedos hacían presión, como las esposas de los prisioneros. Sara no podía lamentarse de su dolor. La lengua asomaba sobre los labios. Toda su cólera se debió a que mientras hombre y mujer hablaban, Macedonio había descubierto el rosario de su difunta esposa en el cuello de Sara. Era exactamente el mismo que Macedonio había obsequiado a Sebastiana cuando se casaron. El creía que Sara se lo había quitado al cadáver, pues la difunta lo usaba el día de su muerte. No fue posible tranquilizar al marido hasta que Sara se lo devolvió. El collar era un objeto de poco valor, estaba compuesto por una sarta de cuentas: separadas de diez en diez por otras más gruesas y atadas por sus dos extremos a una cruz de marfil que se utiliza para hacer ordenadamente el rezo. Se logró apaciguar la cólera de mi accidental sirviente; con aspecto cómico, Macedonio había recuperado su asiento; el cabello le caía sobre la frente. Permanecía agitado, y su expresión era marcadamente cómica, tenía un gesto de cólera en la boca, las arrugas de la frente se habían delineado con protuberancias. El hombre estaba enojado, aun cuando no parecía demostrarlo. Y Sara —cosa curiosa— reía. La risa de Sara era lo que exasperaba a Macedonio.

Me llamaron nuevamente y abandoné, confiando en la situación, la pieza.

Una mujer descalza, embrujada en telas negras, con la cabeza hacia abajo, me buscaba. La observé con recelo. Me repugnó su mutismo. Noté con extrañeza que escondía la cara; fue entonces cuando le pregunté:

—¿Qué desea?

—No me conoce?...

Yo no la conocía.

—No, no —respondí con timidez.

Se descubrió la cara.

—¿Qué estoy viendo? ¡Sebastiana!... ¡Sebastiana!... ¿Usted? ¿Usted?... No se había muerto...

Sebastiana —tal cual descubrí hasta ese momento— se había fingido la muerta. Lo había hecho para curar o intentar curar al marido por arrepentimiento.

—¡Pero si dicen que usted se ahogó! La creen muerta.

Yo estaba realmente impresionado con lo que veía. Hice señas a la resucitada para que se escondiera. Volví nerviosamente...traía el corazón agitado, tan agitado como si realmente me hubiera encontrado con una muerta. Volví al lado de Macedonio y de Sara. Hasta ese momento recordé a Macedonio, el pobre hombre.

Al principio pensé decirle:

—Tu mujer te ha jugado una broma... Es inteligente. Cómo se le ocurrió para ver si el... borracho. Pero no dije eso. Sugerí que Sebastiana no había muerto. Sara sonrió. Macedonio no pudo soportar la sonrisa irrespetuosa, y esta vez estuvo a punto de pegarle. La miró con ojos de loco, y después se lanzó otra vez sobre Sara. Esta exclamó:

—¡A—y—y—y—y!

Sebastiana apareció en la puerta. Aquél fue un momento dramático. Nunca creí que el borracho se sintiera tan hondamente afectado. Todo el efecto del licor parecía que milagrosamente hubiese desaparecido. Macedonio retrocedió lleno de conmoción al ver a Sebastiana.

—¿Mi mujer? ... ¿Mi mujer?...

—Si, hombre. Es lo que estoy tratando de decirte. Es ella.

Se llenaron de lágrimas los ojos del borracho. Se agitó—como un motor—el emocionado corazón de los presentes.

¿Sabías que...que...estaba viva? —preguntó a Sara.

—¡Claro! Ha estado conmigo...

Todos guardamos respetuoso silencio.

EN UNA SILLA DE RUEDAS

Dos indios borrachos permanecían en la puerta del estanco de la Pantaliona. Era un cuarto sucísimo, en el mostrador se veían botellas de aguardiente y vasos también sucísimos. En el piso estaba un perro flaco, estirado en el suelo. De repente se mordía con nerviosidad en el cuerpo, luego volvía a poner la cabeza confortablemente en el suelo. ¡Y cerraba los ojos nuevamente! Las pulgas lo volvían a picar y el pobre y flaco animal volvía a hacer lo que antes había hecho.

La señora Pantaliona, flaca y pobre señora como el perro, permanecía sentada cerca de la puerta mirando para la sucia calle por donde algún cliente podría llegar. Clientela nunca le hacía falta porque la venta del guaro redunda en un negocio apetecible...

Una tos fuerte se oyó en el cuarto siguiente. La señora Pantaliona se acercó y les dijo a los dos indios:

—¡Ay, por Dios, el doctor se despierta!

—¿Qué doctor? Su hombre es doctor —preguntó un indio.

—El doctor Bulnes está allí dormido —contestó ella.

De pronto, del lado de la calle, aparecieron en la puerta un caballero de aspecto distinguido, y una joven señora, pálida, del brazo del caballero. El levantó el bastón y preguntó:

—¿Ha venido por aquí el doctor Julio M. Bulnes?

La estanquera abrió los ojos con miedo y respondió:

—Ese que tose es él, pero me dijo que no dijera.

Ellos entraron al siguiente cuarto, agarraron al hombre que tosía y lo levantaron con mucha molestia, y se lo llevaron con mayor dificultad por la calle... Toda la gente de Santa Clara salía a las puertas y ventanas para ver aquel espectáculo...

Con mucha dificultad pudieron conducirlo y llegar por fin a una hermosa casa, después acostaron al hombre en su cama y lo dejaron tranquilamente. El caballero se despidió de la pálida señora cariñosamente, y ella le contestó:

—Muchas gracias, don Ernesto, siento pena por sus continuas molestias.

El caballero sin decir nada, salió dejando a la señora sola.

Después ella se sentó en el corredor de la casa y principió a evocar su vida presente y su vida pasada; y, para olvidar su dolor, se puso detenidamente a observar las flores del jardín...

Es una vida muy triste la del doctor Bulnes: el doctor llora como un niño cuando no le dan un trago. La esposa, la pálida señora que mira las flores del jardín y que fue linda, hoy está agotada de sufrir dolores físicos y morales con su marido que ha acabado su buen dinero, buena salud y buena posición social.

Aquella casa que antes inspiraba envidia, hoy produce lástima. ¿Quién tuvo la culpa? Nadie lo sabe; el doctor lo único que quiere es beber y embrutecerse; la vida ya no le inspira ningún atractivo, se viste mal, duerme mal. Su belleza varonil ha concluido.

"Nena", su encanto y adoración de otro tiempo, ya no le llama la atención. La madre de él, señora Petrona, la personificación de la honradez y bondad, es otra. Alí, el viejo perro que papá trajo a "Nena" un día en que ella lloraba mucho y no se quería contentar, es todavía el mismo, un capullo de armiño, respetuoso y cariñoso con los demás y retozón con "Nena", su generosa dueña que no sólo juega con él sino que le da todo lo que ella no quiere comer. Alí, cuando el doctor ha caído, embriagado sobre el piso, ha llegado a lamerle la frente.

Pablo, el viejo criado, sigue siendo el mismo todavía. Pablo dice que siente mucho lo que le pasa al doctor. El quisiera que el doctor fuera hoy como era antes, cuando no bebía tragos.

Pablo recuerda con dolor aquellos tiempos. El doctor era tan bromista entonces, llegaba, le daba una palmada y le decía:

—Toma, hombre, para tus cigarros —y le daba una peseta.

—¡Ah!,qué tiempos aquéllos —piensa Pablo— y suspira. La familia que oye hablar a Pablo, no puede contener las lágrimas.

—Es verdad, Pablo —le dice la señora Petrona—. ¡Ya tu patrón no nos quiere, Pablo! Se ha olvidado de nosotros. Ya no es lo que era antes.

La señora Petrona —como la llama Pablo— no puede seguir, porque un sollozo le embarga la garganta.

Doña Emma, que ha oído aquello, se ha puesto a llorar de codos sobre la mesa. "Nena", sentada en el suelo, jugando con Alí, también comprende la gran tragedia; mira a Pablo, respetuosamente con el sombrero en la mano, mira a su abuelita y a su mamá llorando y dice:

—Dios es bueno y va a componer a papaíto...

En el ambiente reina un profundo silencio, todo lo que pasa en la calle carece de importancia para aquella familia que ya no tiene más interés desde que perdieron al que era la alegría, el piloto y la vida de la casa.

Si el doctor se hubiese muerto, aquella familia no sufriría tanto como sufre viéndolo arruinado por la bebida del alcohol.

Margarita, la sirvienta, llega con temor y respeto y con mucho sigilo, dice:

—Doña Emma, ya está el almuerzo en la mesa.

Hoy están todos sentados a la mesa, pero ¡qué diferente! aquel puesto vacío... Doña Emma es la última que llega a sentarse.

—¿Está dormido? —le pregunta la señora Petrona.

—Por fin se ha quedado dormido. Ojalá que esas pastillas hagan efecto y nos deje dormir esta noche.

Todos comen, pero nadie habla. "Nena" se aburre de aquel silencio y le dice a la mamá:

—Mamá, me das permiso para ir a jugar con Alí al patio.

—¿Ya acabaste de almorzar, muchachita? —le preguntó la mamá.

—Sí —le contesta "Nena".

Entonces la mamá se quita una peineta de su cabeza y con ella le arregla el cabello a "Nena" y le deja la peineta allí puesta.

—Vaya—le dice.

"Nena" quiere llevarse a Alí a jugar; pero Alí insiste en quedarse porque Pablo, que entra muy respetuoso, llevando y trayendo platos, todavía no se ha llevado algunos sabrosos manjares que él ha visto que Pablo ha colocado en la mesa. Además, la señora Petrona, como de costumbre, le puede dar un pedazo de picadillo metido en dos panes, como sandwich.

—Vamos a jugar Alí, tonto —le dice "Nena", pero el perro insiste en quedarse. Entonces la mamá, que hace más de nueve meses que no se la ha visto sonreír, deja ver su preciosa dentadura con una suave sonrisa.

—"Nena" —le dice— deja al pobre perrito, ¿no ves que él no está tan interesado como vos en ir a jugar? ¿No ves que quiere comer? Alí es muy comilón y no quiere perder su comida por nada de este mundo.

"Nena" que vio sonreír a la mamá, se sintió feliz por un momento, a ella le aflige aquella atmósfera que se ha formado alrededor de su padre. Aquel silencio, aquel modo de hablar por señas, aquella manera de andar en puntillas. A ella le gusta la risa, la alegría. Por eso, cuando vio sonreír a su mamá —el ser que más quiere en la tierra— ella también gozó mucho.

—Lo voy a esperar —le dijo.

—Alí, ¿tenés hambre, mi hijito?

El perro ladró como diciéndole:

—Sí, tengo hambre. Doña Emma volvió a sonreír y para ocultar la sonrisa se puso a preparar una buena comida para Alí.

"Nena" gozaba con la comida de Alí, como el mismo Alí que esperaba impaciente...

A consecuencia del continuo beber, el doctor tenía ya atrofiados la inteligencia y la vista. Por la misma razón tenía alucinaciones e ideas llenas de ridiculeces. Por ejemplo, se le había metido que doña Emma ya no lo quería y, lo que es peor, que clandestinamente le hacía el amor a Ernesto Cálix, un verdadero amigo, casi un hermano de la familia. Esto llegó a tal grado que don Ernesto Cálix tuvo que abandonar la casa para que el doctor no martirizara a doña Emma, por celos.

Cuando doña Emma, en vez de irse a acostar, se quedaba sola, en la sala, pensando en su vida de dolor y martirio, el doctor la esperaba en el dormitorio, colérico:

—¿Dónde has estado, Emma? Ya sé, has estado con Ernesto, con Ernesto. Ya sé, ustedes dos me traicionan. Acostate, te quiero ver cerca, ya sé que me traicionas... ¡Dios mío!... ¡Dios mío! ... ¡mi mujer me traiciona!... ¡Dios mío! (Y se sentaba en la cama y empezaba a llorar como un niño. Era un cuadro lastimoso. De repente levantaba la vista de entre las piernas y se quedaba viendo para un rincón del cuarto).

—Emma, ¿quién está allí en la esquina? Allí, en ese rincón hay un hombre. Emma, te pregunto ¿quién está en ese rincón? Alumbra, que salga ese traidor. Ya sé, es Ernesto, lo estoy viendo, Emma; hablále allí está Ernesto, dile que salga a ese traidor... ¡Dios mío!... ¡en el mismo dormitorio del marido!... ¡Dios mío!... ¡Ernesto, el que se llamaba mi mejor amigo, Dios mío!... ¡Emma y Ernesto!... ¡Qué vergüenza! ¿Emma?, dile a Ernesto que salga, dile que salga, allí está, escondido en ese rincón... ¡Dios mío!... ¡qué traidor!, ¡Dios mío! ¡qué traidor!... ¡Dios mío!

Y se ponía a llorar otra vez lo mismo que un niño.

Tarde de la noche, se oía ruido, despertaba generalmente a las tres de la mañana, metía la mano debajo de la cama, pues había que dejarle la botella allí, de lo contrario se iba a esas horas a la calle. También había allí un vaso, pero el doctor no hacía uso de él. Tomaba simplemente la botella y se la empinaba.

Doña Emma se despertaba y oía todos los ruidos que él hacía hasta que él se volvía a quedar dormido. Entonces ella, sin poder dormir más, con el corazón atribulado todo el resto de la noche, dejaba caer muchas lágrimas en silencio, sobre la almohada. Ella no podía evitarlo, se ponía a recordar su vida, ¡qué dolor!, cuando el doctor era un cultísimo caballero, un esposo y padre amantísimo, un modelo de virtudes en la sociedad, un médico notable, amigo de los ricos tanto como de los pobres. Y el hogar, ¡su hogar!, como él decía, un nido de dicha y felicidad.

Y ahora ¡ella no lo podía evitar! ¿Y mañana? ...Ya no había esperanzas; el doctor Escobar lo había dicho en público, que ya no había esperanza... Entonces doña Emma rezaba en silencio, se le llenaba la almohada de lágrimas y tenía que darle vueltas.

—Dios Misericordioso, Señor de los desamparados, ¡será posible que ya todo haya concluido! Oh, no, Dios mío, no, no, no, no, no, no, no puede ser así. No podría resignarme de ningún modo. Yo quiero, te lo pido, Señor Misericordioso, que Julio vuelva a ser el mismo de antes. Yo quiero que mi hogar vuelva a ser un nido de alegría. Yo quiero tener otra vez aquellos días en que hallaba tanto interés en mi hogar. Yo quiero que vuelva aquella vida. Dios mío, te lo pido de rodillas. Yo quiero poder vivir otra vez con Julio y mi muchachita, como vivía antes. Sólo eso te pido, Dios Santo. Seré buena, buena, buena, buena, buena, haré cualquier sacrificio que me impongas, haré penitencias, daré limosnas a los pobres, iré de rodillas hasta la iglesia. ¡Ay, Dios mío!, te lo pide una desventurada esposa en medio de su desolación. Concédeme este favor: que Julio se componga, que Julio se componga, que Julio se componga, que Julio se compon... Señor, si eso no es posible, mejor quiero la muerte. Dios mío, perdóname si soy avara de mi propia felicidad, pero era tan dichosa y tan agradecida contigo, que no puedo vivir en este sacrificio espantoso a que me sometes. Dios Todopoderoso, escucha mi ruego, tengo varios años de lucha y ya no puedo más. Tengo fuerzas físicas, pero me faltan las fuerzas morales para vivir... Ay, ay, ay, que Julio se componga, que Julio se componga, no puedo verlo en ese estado, quisiera estar con los ojos cerrados mientras él esté así...

—¡Emma! —le gritaba el doctor (Ella se quedaba en un temblor). Levántate y háblamele a Pablo.

—Pablo está durmiendo. ¿Qué quieres, Julio?

—Que vaya a traerme un trago de coñac, esto que me ha puesto aquí es cerveza...

Cuando por fin al cabo de muchos años dejó de beber, fue para llenarse de una profunda melancolía que daba compasión verlo. Se llenó, sin embargo, de un cariño inmenso para su esposa y para su "Nena", como él llamaba a su muchachita; esto lo hacía él como arrepentido de los sufrimientos que les había proporcionado. El comprendía eso porque era un hombre muy inteligente. Pero, fuera de las frases cariñosas, volvía a quedar en una melancolía horrible.

Parecía un imbécil cuando se quedaba sobre el que antes había sido su escritorio. Había veces que lo encontraban con lágrimas en la cara, se comprendía que había estado llorando. No le gustaba leer, ni conversar, ni vestirse bien. Ya la vida no tenía ningún encanto para él. Quería estar solo, solo, solo solo, decía él.

—Tráiganme a la "Nena" para darle un beso.

Luego que la besaba con apasionamiento, le decía:

—Vaya, "Nena", déjame solo. Tráiganme a Emma para darle otro beso. Doña Emma llegaba conteniendo su pena infinita.

—Vamos, dame un beso, negra —le decía— dame un beso que ya no voy a estar mucho tiempo en la tierra con ustedes. Vamos, negra, ¿por qué lloras?; no seas tonta, no llores. ¡Piensa en los días alegres en que pasamos juntos, negra! ¡Piensa cuando éramos novios, cuando yo era un gran médico y tú te sentías alegre y orgullosa de ser mi novia! ¡Piensa en aquellos tiempos, negra! ¿Por qué sufres, si la felicidad tiene que acabarse algún día? Hemos gozado mucho, ahora ya no sirvo, negra; no seas egoísta, ya gozamos bastante, ahora hay que descansar. ¡No llores, negra! Piensa en el hogar que te hice, en esta casa tan bonita. Todavía queda dinero, puedes gastarlo con la "Nena". Todavía puedes vivir con ella, tú estás joven. No llores. No puedes acusarme a mí de ingrato. Los días más alegres de tu vida te los dio este negro, este tu Julio que todavía te quiere. ¿Verdad que fuimos felices, negra? Qué tiempos aquellos, ¿te acuerdas? ¿Te acuerdas cuando éramos novios? ¿Cuándo tú te sentías orgullosa de mí? Cuando la sociedad de Santa Clara nos miraba pasar con envidia. ¡Verdad que fuimos una pareja elegante! Yo era un gran médico, ¿verdad, Emma? Me tenían envidia y no era feo, ¿verdad, negra? Mira ese retrato que tienes allí, verdad que Julio era un negro simpático. ¡Ah, Emma, por algo te enamoraste de mí!...

—Déjame, Julio, ya no hables, ¡qué horrible!, ¡qué horrible!, me deshaces el corazón. Dios mío, qué horrible...

Había veces que le suplicaba que bebiera un vasito de vino, pero él había jurado que no volvería a beber nunca. ¡Jamás!

Doña Emma misma, para sacarlo de aquel mutismo espantoso, le decía:

—Mira, yo voy a beber contigo, Julito de mi alma, esposo de mi vida, te quiero todavía, te quiero como antes, eres el único amor desde que era una muchacha de escuela. Te adoro mucho, esposo de mi alma, pero quiero que te alegres, quiero que te rías como antes; acuérdate de tu Emma que te tocaba el piano. Ahora ya no me pides que te toque el piano, Julio de mi vida, me da miedo verte así tan triste, es horrible, es espantoso, no soporto...

Y se ponía a llorar doña Emma sobre una silla.

El doctor le decía:

—Retírate, Emma, no bebo, no volveré a beber nunca, aborrezco el licor, tú sabes todo el mal que me ha hecho...

Lo dejaban solo y cuando doña Emma lo iba a observar en puntillas, lo encontraba en aquel mutismo espantoso, como un imbécil. Se le quedaba viendo y al rato miraba que una lágrima le corría por la mejilla. Probablemente él estaba recordando sus buenos tiempos. De pronto se oía la voz de la muchachita:

—Papaíto, papaíto, vieras cómo aprendí esta mañana en la escuela. Papaíto, para que te alegres vas a jugar conmigo, ¿verdad?

—Dame un besito, "Nena" —le decía el doctor, y la besaba. Luego añadía:

—"Nena", ¿qué has hecho del perrito?, ya hace días que no te lo veo...

—¿Quiere ¿verlo?—le preguntaba la muchachita muy alegre. Se iba a la puerta y gritaba para la cocina:

—Alí, Alí, vení: papaíto te quiere ver.

Al momento el perrito llegaba a toda carrera, dando saltos y lamiendo las manos de la "Nena".

—Papaíto te quiere ver. Vaya, lámele la mano a papaíto.

El doctor le ponía la mano. El perrito, muy bien mandado, le lamía la mano.

—Vaya, ahora se van ustedes dos a jugar y dejen solo a papaíto —les decía el doctor.

—Papaíto, vos nunca quieres que esté contigo. Nunca quieres platicarme como antes cuando venías de la calle y preguntabas:

—Dónde está mi "Nena". Aquí le traigo una muñeca. Y había veces que los tres, con Alí, íbamos al llano a jugar. ¿Te acuerdas, papaíto? Tú te quitabas el saco, llamabas a Alí y empezabas a correr para que Alí te alcanzara, yo me moría de risa, mirándolos correr a los dos.

En eso salía doña Emma:

—"Nena" —le decía— su papaíto quiere estar solo, no lo moleste. ¿No ve que a él siempre le gusta estar solo? Vaya al patio a jugar con Alí.

La muchachita, con un gesto de enojo, se iba refunfuñando.

—¿Julio, quieres que nos vayamos a vivir al campo? —le decía doña Emma—. Yo creo que el campo te compondrá; pasas muy triste. Ya no te gusta nada. Pareces uno de esos viejos aburridos de la vida. Si tú estás joven, Julio. ¿A que no sabes cuántos años tienes, Julio? En este m es de abril cumpliste 48; estás bien joven, ¿verdad?

—Déjame, Emma, yo ya no estoy bueno para nada. Quiero morirme en esta silla...

En ese momento entraba Ernesto Cálix:

—Hombre, Julio, te encuentro galán esta mañana. Ya vas a volver a ser el mismo, ¿verdad? Aquel muchacho guapo y amigo de la broma. Ya voy a ser yo tu víctima otra vez, ¿te acuerdas? (don Ernesto le guiñaba el ojo a doña Emma, con sonrisa maliciosa). ¿Te acuerdas,

Julio? —le seguía preguntando— te acuerdas cuando me tomabas el pelo?

—Es verdad, Ernesto, me acuerdo, pero ahora tú eres el que me puedes tomar el pelo; ya no tengo gracia.

Luego le preguntaba:

—Cuéntame ¿qué hay de nuevo en la calle? ¿Qué dicen los viejos amigos?

—Nada, todos me preguntan siempre por ti y quieren saber cuándo te llegas por allá para que jueguen. ¿Sabes? Allá viven recordando tus bromas todo el tiempo. Dicen que les haces mucha falta. Dicen que, si tú no vas donde ellos, que ellos van a venir donde ti. Quieren venir aquí para que jueguen naipes y conversen contigo. Yo les he dicho que esperen que te mejores un poco, que ya tú vas a llegar allá a contarles más chistes de aquellos que te sabes.

Pero el doctor sabía que los chistes se habían acabado. La necesidad y la sed del licor lo estaban acabando, por un lado, pero había jurado no beber y lo cumpliría. Quería morir con dignidad, era su único y último propósito. Estaba arrepentido de sus años de bebedor. Sentía que la vida se le iba, sentía también que adoraba a su mujer y a su "Nena" y no quería dejarles una herencia de vergüenza.

Se acordaba de los años en que brilló como hombre modelo y se inspiraba en aquellos años para morir con dignidad.

—No te aflijas, Emma, todos tenemos que morir; soy médico y todavía me acuerdo algo de la medicina, a pesar de la memoria, que ya la he perdido por completo. Llámame a mi mamá, ¿qué hace la pobre viejecita? (doña Petrona llegaba con dificultad, porque su hijo la había acabado de envejecer).

—Hijito, ¿por qué te nos has hecho tan malo? Ya no quieres comer, no quieres conversar... ¡Nada!

—Estoy muy mal, mamaíta, pero si me consigues una tacita de leche me la voy a tomar porque tú me la traes.

La pobre viejecita salía con dificultad a la cocina a calentar la taza de leche para su hijo. Aquello le parecía a ella un privilegio y gozaba haciendo aquel trabajo que no se lo hubiera cedido a nadie. Luego volvía con la taza de leche...

El doctor yacía profundamente dormido sobre la silla de ruedas. Lo miraba un rato con cariño de madre y después se volvía a llevar la taza para la cocina. Mientras caminaba para la cocina se paraba, sollozaba y decía con un suspiro:

—¡Ah!, ¡mi hijito!...

Una tarde, inesperadamente, circuló una tarjeta que decía:

"Señor:

Ayer a la una de la mañana murió nuestro queridísimo y adorado esposo, padre e hijo, respectivamente:

Doctor Julio M. Bulnes.

Para la conducción de sus restos al Cementerio General de esta ciudad, le suplicamos su piadosa asistencia, por cuya deferencia le quedarán altamente agradecidos:

Emma V. de Bulnes Emmita "Nena" Bulnes

Petrona v. de Bulnes".

En el cementerio, un inesperado orador se paró profundamente emocionado e improvisó estas palabras:

Señores:

Ha muerto Julio M. Bulnes, el médico de los pobres, el amigo de los desventurados, el hermano de todos nosotros, sus amigos, el esposo cariñosísimo, el hijo modelo, el padre incomparable.

El facultativo notable, el hombre divinamente dotado con belleza varonil y con inteligencia despejada.

Ha muerto el doctor Bulnes y lo llora nuestra sociedad que lo llamó su ídolo. Nadie como él para las bromas simpáticas, nadie como él para la conversación amena y chispeante. Nadie como él fue un elegante de nuestros bailes y un modelo del buen vestir.

Ha muerto Julio M. Bulnes porque el microbio de un vicio horrible hizo presa de su voluntad y lo hundió en la noche del desastre.

El, que había combatido los males del organismo humano, fue incapaz para combatir el flagelo social más grande de nuestro pueblo.

¡Descanse en paz!"

MI MADRE

Una tendencia amatoria hizo de nuestra madre —a pesar de su cariño para nosotros— un pobre ser desgraciado. Y desgraciados tuvimos que ser nosotros. Adelaida y yo.

Las vidas de estos tres seres, que por 25 años hemos vivido aquí, en este techo, con ese árbol de naranjo a la derecha, corren paralelamente bajo el control y sensibilidad atormentada de mi hermana... Tenemos que considerar, sobre todo, las pasiones diferentes que se incuban en nuestro hogar para poder apreciar la vida que hemos hecho un poco lejos del mundo, en esta casa en que vivimos desde hace ya varios años.

Mi hermana María Adelaida —poseída de un temperamento ardoroso, anémica y débil (llena de un deseo de amar con locura que se estimulaba en ella con la condición desesperante de sus nervios)— desde muy niña principió a alimentar secreta envidia de la gallardía, buena salud, gracia y esplendor de mi madre, que aún estaba llena de juventud... La vida mía es diferente. El secreto resentimiento que tuve para con mi madre, lo habré de manifestar después en el desarrollo de esta historia. El de mi hermana también. A mi padre no lo conocí, pues sólo tenía un año cuando murió. Mi madre probó sus cualidades de esposa, viniéndose a vivir aquí conmigo, de un año, y mi hermana de cuatro, ella (mi madre), llena de vida, hermosa, que bien se pudo volver a casar... Allí, sólo con negros nos asociábamos. Y, sin embargo, ella no perdió su antiguo esplendor ni sus gracias que la hacían irresistible...

Corría el año de 1903 y estábamos muy próximos a la entrada de la primavera cuando ocurrió la súbita muerte de mi padre, joven aún, según aseguran que era; murió de una enfermedad espantosa, que no me atrevo a citar aquí. Se llamaba, lo mismo que yo, Eduardo; pero él firmaba José Eduardo. Cuando murió, mi madre que lo quería con lástima por su debilidad y características femeninas, nos propuso a María Adelaida y a mí, venirnos a vivir al campo para toda la vida. Y fue así como compramos una casa, alejándonos del mundo con todas sus alegrías. Mi hermana, no obstante, las brisas del mar, siempre con su anemia. Mi madre, en cambio, hermosa. Yo, finalmente, sin mejorar mi mala apariencia física que a veces me hacía llorar en secreto. Por otro lado, no cambié tampoco mis excentricidades. Era yo por ese tiempo un muchacho egocéntrico, avaro, egoísta, tremendamente interesado en mí mismo y sumamente frío, probablemente con el grado de emoción de un animal inferior. Uno de mis peregrinos deseos era asesinar un niño, sólo por el placer de ver correr en mis manos la sangre caliente de un ser humano. Otra de mis peculiaridades era estarme junto al mar, en las noches. Me gustaba la soledad, pero creo que tal cosa se debía a mi antipatía para con las mujeres y, desgraciadamente, era el único sexo con quien me rozaba en casa.

Al hablar de mi madre, no sé si me es posible describirla fielmente: en los disgustos con mi hermana, era resignada. A mí me tenía cariño, indudablemente, pero también lástima... Le quedaba bien el traje negro de luto y su sonrisa triste con los dos hoyuelos en las mejillas. Había colocado —con toda satisfacción— el retrato de mi padre en la sala y yo me encargaba, jueves y domingo, de poner allí una corona de flores silvestres.

En los días calurosos del mes de marzo, sobre aquel arenal en que vivíamos, mirábamos muy lejos el mar y los barcos de viaje, muy lejos, como puntitos negros. La arena relumbraba y cuando yo hundía mis pies en ella, inmediatamente tenía que dar un salto, porque adentro parecía que tenía brasas. A las dos de la tarde, bajo aquel sol de fuego, sólo dos negros se veían pasar con algún perro o montados en algún pequeño burro andando despacio. A las cinco, cuando el sol calma un poco, me iba a pescar descalzo y con un sombrerón en la cabeza. Mi madre se ponía a leer en el corredor y mi hermana, como de costumbre, enferma, acostada en la cama. Después, en las noches, me iba a pescar yo solo junto al mar. Mi hermana le decía a mi madre: "¡Deje que se vaya ese idiota para que se lo coman los lobos!"...

La carretera pasaba a cuarenta millas de ahí.

Una mañana de octubre, cuando los días allá son oscuros, vimos llegar un viajero a la puerta de la casa. Preguntó por mi madre y comprendí por la expresión de la cara que él la conocía bien. Mi madre salió un poco nerviosa, tratando de ocultar el placer que le producía. El, sin embargo, pareció franco y afectuoso para con ella. Nos presentó a María Adelaida y a mí. A mi hermana la saludó con muchísimo afecto y a mí me bromeó como persona conocida.

Después, dirigiéndose a nuestra madre, principió a elogiar la vista de la casa, el mar que quedaba a pocos pasos de allí, las brisas y el natural placer de vivir en la tranquilidad mirando el mar. Oí de labios de mi madre que se llamaba Ángel María. Era joven aún, atlético, y aunque bastante mal vestido y barbudo, a mí me pareció muy simpático y afectuoso, pero comprendí que mejor efecto había hecho en mi hermana, que era muy sociable con los hombres. Mi hermana principió a mostrarle retratos de nuestra familia y a contarle cosas de su anemia; él entonces se puso a bromear diciéndole que también él estaba enfermo, pero que ya se compondría tirándose de cabeza en el mar todas las mañanas.

"¿Entonces usted va a estar algún tiempo con nosotros?", le preguntó mi hermana, y oí que él le decía: "Sí, si ustedes aceptan mi compañía". Mi hermana pareció alegrarse, y con mi natural timidez, viendo que no me dirigían la palabra, me fui reculando hasta salir de la casa. Mi madre supongo que estaría preparando la comida para el visitante. Yo me fui al mar ese día y regresé muy tarde. Por la noche tuvimos horas muy alegres. El señor Ángel María tenía un juego de naipes y él mismo era un gran jugador. Nos propuso pasar hasta tarde de la noche jugando naipes. Mi madre sabía jugar bastante bien, pero mi hermana y yo no. Recuerdo que cuando mi madre nos ganaba a María Adelaida y a mí, él, haciéndole de ojos a mi madre, nos alentaba y nos proponía estar de parte de nosotros. Mi hermana y yo reíamos y le mostrábamos las cartas escondidamente para poder recoger el beneficio de sus conocimientos en nuestra ardua empresa. Como él se había afeitado y se había puesto un traje mejor, se veía bien y noté que mi hermana lo contemplaba de cierto modo que a mí me daba cólera.

Debajo de la mesa le daba pisadas para que tuviera juicio, pero ella no parecía hacer caso, pues jamás me respetaba y parecía ver con desprecio lo que yo decía. El señor Ángel María no ponía atención a las cosas de Adelaida, y vi a mi madre con un bello traje que se había puesto, mirando a los dos con mucha atención. Nos retiramos muy tarde de la noche. A mí me preguntó él si podríamos ir a tomar un baño de mar por la mañana; yo le respondí que sí; y fuimos al día siguiente, muy temprano, antes de que mi madre y mi hermana se levantaran. Cuando regresamos, ellas ya habían preparado el desayuno y entonces le oí por la segunda vez hablar y elogiar nuestra casa. El baño de mar le había caído muy bien y se sentía con deseos de bromear, pero pude notar que mientras mi madre y yo nos moríamos de risa, mi hermana lo contemplaba con ternura. Ese día salimos por la tarde a andar por la orilla del mar y a contemplar los barcos viajeros. Él se puso a contarnos cuentos que a mí me parecían maravillosos y noté que la conversación del señor Ángel María me producía un interior encanto. Usaba un bigote largo y negro y recuerdo que nos refería un cuento muy chistoso probándonos por qué no se quitaba el bigote...

Oí darle las gracias a mi hermana, me acerqué y vi que ella le había puesto una flor en el ojal de la solapa, mi madre la miró con cólera y pude ver que a él lo miró de reojo... Ese día, para aclarar mi inteligencia, para saber cómo obrar, me fui al mar. Efectivamente, en mí principiaba a levantarse la pasión de los celos. Mi hermana seguramente a esta hora se principiaba a enamorar de él. De mi madre no podría afirmar nada, pero me preocupaba aquella mirada inteligente que se había cruzado entre ella y él. Otra tarde pasó algo parecido. Él se había ido por todo el día a cazar en la parte montañosa de la zona que está al lado derecho de la casa y bastante retirado, según creo, pues nunca me he introducido allí. Recuerdo que al regreso, el señor Ángel María trajo dos flores de fuego muy hermosas. De lejos, mucho antes de llegar a la casa, nos hizo señas con el rifle en una mano y las flores en la otra para que saliéramos a su encuentro. Yo me quedé sentado, pero mi madre y mi hermana corrieron adonde él y recuerdo que María Adelaida se le abalanzó a quitarle las flores, pero él rehusó dárselas; después, cuando entramos, escondidamente, se las dio a mi madre. Mi hermana lo vio y pude notar que se había ido a llorar a su cuarto y, como ella tenía mal genio, no quiso salir durante todo ese día. Por la noche, mi madre fue a contentar a María Adelaida con palabras dulces, pero seguramente mi hermana le respondió con poco respeto, pues oí a las dos mujeres poco más o menos hablar así:

—Adelaida —dijo mi madre con dureza— eres una loca, una coqueta, simplemente coqueta. ¿Qué razón tienes para llorar...?

No sé qué contestó mi hermana, pero observé que tarde de la noche le decía a mi madre:

—¿Por qué te arreglas tanto y por qué me prohíbes que me arregle yo, mamá? Eso no hace una madre digna, tú no eres una madre digna, una madre que desea un buen porvenir para su hija; una madre que debe aprovechar las oportunidades para su hija. Oye, no le quisiste, allí te está viendo... (y le señalaba con el dedo el retrato de mi difunto padre).

Mi madre llena de cólera, sobrecogida de tremenda rabia, se dirigió a la cama de mi hermana, donde ésta ya se había desnudado, y la cogió por los hombros con su energía natural; estuvo a punto de golpearla. Mi hermana, sin miedo alguno, le dijo: "¡Lo que tú tienes es celos, mamá! Pero a mí me quiere más...Ya sé que tú tienes un rollo de cartas de él; pero era cuando tú estabas joven...". (Mi madre no contestó. Yo desde el cuarto vecino no había recogido en mis oídos, casi todas las palabras de mi madre y de mi hermana; sin embargo, todavía no podía entender el significado de ellas... Desde la mañana del día siguiente noté en mis continuas observaciones, que mi hermana no hacía más que corresponder las atenciones que a hurtadillas recibía del señor Angel María. Esto más: mi madre llegó a comprenderlo, como yo lo noté, que aquello la hería profundamente. Pero se quedó en silencio. Desde esa vez el carácter de mi madre cambió mucho. A mi hermana la vi más alegre que nunca... Al señor Angel María, atento con mi hermana, pero preocupado. A mi madre la noté muy triste. (Y yo sentía una ternura de hijo para ella).

Así pasaba el tiempo; ellos, los actores, y yo, el espectador, de quien no se acordaban; (mi madre y mi hermana siempre me vieron con lástima más que con cariño; pero, tenían motivos: a todo el que me trataba le pasaba lo mismo).

Por todas mis observaciones, por todo lo que había oído a mi hermana, llegué a comprender que el señor Angel María había sido amigo muy cercano o novio de mi madre por mucho tiempo, según un rollo de cartas que efectivamente guardaba ésta, pero que nos escondía a mi hermana y a mí. Llegué a comprender que el señor Angel María había llegado al lugar después de recibir carta de mi madre. Que en nuestra casa había conocido a mi hermana y que ésta (ignorando las relaciones de él para con mi madre y con su propensión amatoria) fácilmente se había sentido atraído por él y que éste, con buenas o malas intenciones, parecía también ser atraído por ella...

Mi madre —como dije antes—principió a cambiar de carácter y luego después comenzó a enflaquecer. Yo me sentía en una condición difícil; pude al fin tomar una resolución y principié reprendiendo a mi madre por el abandono del luto. Esta, con naturalidad, me contestó que no usaría más luto, porque no quería perder ni su salud ni su juventud...

Por lo que a mí se refiere, creo que mi madre era más atractiva que mi hermana, pues ésta era enferma y pálida. Mi madre era hermosa. Por este motivo creo que el señor Angel María le daría preferencia a mi madre, y seguramente no hacía más que pasar el tiempo con mi hermana, pero ninguna de las dos mujeres entendía esto así. Por esta época, al menos, ambas creían que el señor Angel María estaba enamorado de mi hermana, pues así lo prueba la pasión de ésta y los celos de mi madre...

Mi hermana volvió otra vez a reprender a mi madre por el luto que ella había abandonado, y entonces yo me hice eco y hablé así: "Madre, lo que tú estás haciendo es únicamente demostrar el poco cariño y respeto que tienes para tu esposo que está muerto y, más aún, para tus hijos que aún vivimos. Estás mancillando la memoria de nuestro adorado padre: olvidándote del cariño de tus hijos que te queremos como hijos, y a quienes debes respetar como digna madre". Le hablé después de su tendencia a vestirse bien desde que el señor Angel María había llegado a nuestra casa...

Desgraciadamente, la vida tranquila que habíamos llevado principiaba por fin a concluir. Todos en la casa (inclusive el señor Angel María) sufríamos los efectos de la pasión en nuestros corazones; por lo que a mí corresponde diré que sentía celos y odio. Mi madre: amor y celos. Mi hermana: amor y celos...

Las noches caían sobre la inmensa playa arenosa y bajo el cielo lleno de nubes reinaba esa solemnidad de los crepúsculos, tan propios en el Océano Atlántico, cerca del puerto pequeño de Trujillo, en las costas de Honduras.

La tierra ensangrentada a trechos por las últimas llamaradas del sol se confundía en el horizonte con las nubes. Y la humedad del atardecer subrayaba la tristeza de los árboles solos, de los caminos pobres, de nuestra casa desierta por las noches donde sólo se oía el siniestro retumbo del cercano mar.

Todos nos recogíamos en nuestros respectivos lechos muy temprano. Mi vida de observador permanecía atenta hasta en las largas horas de la noche. Gustaba arrimar el oído al ojo de la llave del dormitorio de mi madre y de mi hermana, y así pasaba el tiempo. En aquella casa no dormía nadie. Si una persona hubiese ido a mi lechó a levantar el colchón de mi cama, en la parte izquierda, escondida, hubiese hallado una pequeña pistola que parecía esperar la caricia de mis manos. Así pasaban días y noches. Los barcos parecían huir de nuestras playas; con frecuencia los miraba viajar muy lejos. Yo sé que allí hacen travesías buques de gran calado, pero tan grande sería la distancia, que mis ojos los veían pequeños; más bien parecían esquifes o lanchas de pescadores, luego la noche llegaba desoladora y yo sentía en mi interior una natural tristeza, mientras aquella gran playa de arena empezaba a llenarse de sombras. ¡Qué fuertemente golpeaba el mar, después en el largo transcurso de la noche, mientras nosotros—a la misma hora y en igual cantidad— sosteníamos el golpe continuo de nuestros corazones, dolorosamente, en aquellas dilatadas y oscuras noches!

Por fin, una tarde el señor Ángel María me llamó. Luego me confesó todo, con dignidad y franqueza. Después de haberlo oído por la primera vez, me resolví dar fin a aquella vida de tormentos y preocupaciones: "Adelaida, le dije a mi hermana, nuestra madre está muy joven. Ella, tanto como tú, tiene derecho a gozar de la vida. Yo sé que nuestro huésped ha venido a nuestra casa, no por ti, sino por mamá, con quien ha tenido relaciones viejas desde hace mucho tiempo, y esto lo puedes ver claramente por medio de un rollo de cartas que ella guarda de él. El señor Ángel María me ha buscado a mí como tabla de salvación; ha llegado aquí con dignas y buenas intenciones de contraer matrimonio con nuestra madre. Los dos se aman mucho y no desean más que el consentimiento tuyo y mío. Pero como él se ha visto súbitamente asaltado por las atenciones tuyas (que éstas han llegado al colmo), le ha sido por completo imposible decidirse a hablarnos a ti y a mí—como él y mamá pensaban—a pedir nuestro consentimiento.

Mientras tanto nuestra madre ha sufrido moralmente hasta donde te será imposible creerlo, y ahora sé que está inmensamente resentida con él por su falta de seriedad para contigo, por su dificultad en hablarte claramente. Esto, sobre todo, porque te quiere, Adelaida, porque te quiere mucho y no ha querido herirte muy duro, conociendo que tú estás enamorada de él... Y por lo mismo que nos quiere mucho y nos respeta, no ha querido hablarnos del señor Angel María, con quien tuvo relaciones amorosas desde antes de casarse con nuestro padre. Estas relaciones, pues, son viejas; nuestra madre está llena de vida y buena salud; nosotros queremos la felicidad de ella como la nuestra; además, ambos se quieren mucho y no desean más que nuestro consentimiento (como hijos queridos) para contraer matrimonio".

Muy pocas veces habré sentido la ternura infinita, la ternura de niño al ver los brazos de mi pobre hermanita, que llena de lágrimas, avergonzada, me rogó que fuéramos a donde nuestra madre, quien, emocionada, palpitante, llena de esa pasión amantísima que sólo una madre puede guardar para un hijo, y luego ese agradecimiento infinito que temblaba como un pájaro herido en su corazón emocionado; así, temblando, con las lágrimas en las mejillas, nos dio las gracias, le dio el perdón a mi hermana y los tres fuimos a ver al señor Angel María que, a pesar de ser todo un hombre, lloró con nosotros y todos cuatro nos juramos amor eterno, en un cuadro emocionado, apretados con los brazos palpitantes y el corazón lleno de gozo.

EL MONSTRUO

El renacimiento social y económico de Santa Clara tuvo lugar cuando se estableció la escuela profesional. Era una Escuela Normal para estudiar magisterio.

¡Los normalistas! ¡Qué románticas y simpáticas sonaban aquellas palabras! Pasaban los grupos de muchachos por las calles.

¡Los normalistas! Muchos de ellos, con caras desconocidas, pues habían venido de los pueblos vecinos a estudiar a la escuela que se acababa de fundar en nuestra pequeña ciudad. Qué orgullo interior sentíamos los del pueblo al ver que a nuestra ciudad venían los jóvenes a ilustrarse, porque ya Santa Clara era una ciudad de ambiente académico. Y mayor placer y esperanza encontraban todos los padres de familia con el porvenir de sus hijos.

La Escuela Normal de Occidente se llamaba. Pero más romántico resultó nuestro centro de educación cuando se volvió mixto: jóvenes y señoritas. Parecía mentira realmente para aquellos tiempos y para aquel ambiente tener un centro de coeducación. ¿Había razones para no sentirnos orgullosos de nuestra pequeña ciudad? Por eso fue que nos pusimos a profetizar las grandezas futuras. Y para ello hicimos uso de dos fuertes argumentos:

Siempre nos hemos sentido orgullosos del clima, el agua y la topografía de nuestra pequeña ciudad, pero ahora había otro argumento: el centro de educación.

Las ciudades sin escuelas son como las jaulas sin aves. Los jóvenes tienen el privilegio de disfrutar de la alegría. Al contacto de la alegría de los muchachos se contagió el espíritu decaído del pequeño pueblo. Pero no sólo por el contagio de espíritu, sino por la ventaja material que los vecinos recibían: casas para alquilar a los normalistas, pensiones para darles la mesa, como se dice allá. Más dinero que el Gobierno suministraba para pagar al profesorado y dinero que los padres enviaban a sus hijos.

Todo ese dinero quedaba en los bolsillos de la gente de Santa Clara. Por eso en las vacaciones todo el pueblo sentía la ausencia de los muchachos. Sobre todo se notaba en las retretas, las noches de concierto.

Mi primer deseo —al volver ahora después de tantos años al pueblo— fue visitar la "Normal". Fui. Ya sabía yo que la "Normal" había concluido para siempre. Que en el viejo edificio de la "Normal" estaba ahora la Escuela Primaria de la ciudad. Pero no sabía la pena que se me tenía reservada. ¡Qué dolor infinito sentí al ver la casa, nada más que la casa, de aquel centro en que viví cuatro años...!

—¿Y los libros? ¿Y los mapas? ¿Y el museo? ¿Y los pizarrones?

Todo se lo llevó la guerra. Es decir, las revoluciones...

—Sí, la guerra de nosotros...

Durante las últimas revoluciones en el país, la "Normal" había servido de cuartel. Un día, después de mucho tiempo de permanecer cerrada, la habían abierto para que entraran indios sanguinarios, descalzos y analfabetas, pero metidos en un uniforme de soldados. Nadie pudo protestar porque estábamos en tiempo de guerra...

Pero la guerra no sólo destruyó nuestra "Normal"; también se llevó a uno de nosotros, al pobre Alberto Cabarga...

Lo agarraron y lo hicieron soldado. Tampoco él pudo protestar, porque estábamos en tiempo de guerra... Para Alberto fue una ironía: odiaba la guerra...

—¿Qué piensan hacer cuando terminen, muchachos? ¿Piensan seguir estudiando?

—Sí —le contestábamos—los maestros ganan poco...

—No importa, yo voy a ser maestro. Y cuando ustedes vuelvan, yo voy a ser el director de la "Normal". ¿Y saben lo que más voy a predicar? ¡El odio a la guerra! Nuestro país no progresará mientras no terminan las revoluciones...

Alberto Cabarga era un muchacho de tanta energía, que la derramaba por los ojos. Siempre lo vi ocupado, y siempre contento.

derramó una lágrima. Se conformó con pasar observando de cerca a los oficiales fanfarrones y a los soldados analfabetas. Pero no pudo contener su indignación cuando contempló al centinela parado con un riflón al hombro en la puerta de su escuela. Sintió más pena cuando se convenció que ya no era escuela sino cuartel. Pensó en su país, en su país que absorbía el germen de la revolución en la malsana atmósfera de la ignorancia. Y pensó en su escuela, que era el medicamento para curar la enfermedad...

Pero mientras pensaba no pudo menos que pararse ante la súbita sorpresa:

—¡Dios mío!;Alberto Cabarga, el centinela!...

Era verdad, Alberto Cabarga, vestido de soldado y con su arma al hombro, permanecía inmóvil en su puesto de centinela... ¿Alberto? Aquel normalista compañero de ella, que se había graduado con ella el mismo día. ¡Alberto! Era el mismo, pero de verdad no era el mismo. Una infinita mirada de tristeza se asomaba a sus ojos. Entonces su cólera se tornó en lástima. Comprendió la tragedia y comedia de Alberto, ridículamente parado allí con aquella mirada de angustia.

Pero se alegró de encontrar un compañero que también sufría un dolor más grande. Ni siquiera se daba él cuenta de que ella estaba allí. ¿Qué hacer? Decirle:

—Pero, Alberto, ¿qué se ha puesto a hacer usted allí?

Un cariño de hermana con hermano, un gran deseo sintió de hablarle, y si hubiera sido posible, de consolarle.

Pero recordó que la severa ley militar manda que a un centinela no se le hable.

Entonces se desarrolló una crisis en su cerebro, pensando si seguía su camino sin decirle adiós a Alberto. Decidió no hablarle y siguió su camino, pero súbitamente él volvió la vista y los dos se miraron. Una sonrisa con dolor se dibujó en la cara de él. No le habló. Ella tampoco le dirigió la palabra. Volvió a alzar la vista, y ella lo miró y él la miró. Tampoco le dijo nada, pero la profunda mirada de él le comunicó entonces todo lo que su corazón sentía. La profunda ironía del destino en hacerlo cuidar con un rifle aquel puesto en donde él pasó largos ratos con un libro en la mano. Pero sobre todo a él, el enemigo irreconciliable de las revoluciones cotidianas de nuestro país...

Ella comprendió lo que los ojos de él querían decir. Entonces siguió su camino...

Un grupo de viejos normalistas, por casualidad, nos volvimos a reunir en el pueblo, y entonces pudimos oír la historia verídica de labios de ella. Decía que cuando la soldadesca analfabeta abandonó el pueblo después de haberse librado allí una guerra sangrienta, entonces la ciudad quedó casi en ruinas. Había cuadras que las habían dado fuego. Los revolucionarios habían entrado descaradamente a robar a todas las casas. Lo que ellos no se podían robar lo destruían con la culata de los rifles. Las boticas, las tiendas quedaron en manos de ellos...

La gran tragedia pasó y la pobre gente del pueblo despertó como de una pesadilla. Los muebles de unas casas que no se habían destruido, aparecieron en otras casas. Y hubo pobre gente que saliera a vender artículos de uso personal a personas que eran sus propios dueños...

Y nos contó lo que ella misma encontró en la "Normal":

No había nada, nada, y lo que aún quedaba estaba convertido en ruinas. Los pizarrones portátiles habían servido para que durmieran allí los soldados. Los mapas, de colchones o petates sobre los pizarrones. Todos los aparatos de cristal en donde se hacían experimentos de física y química, se habían utilizado para que bebiera agua aquella soldadesca compuesta en su mayoría de indios sanguinarios. Los pupitres habían servido para colocar allí los rifles. Sobre las paredes se habían prendido enormes estacas para colgar allí la mochila de los soldados. Afuera, bajo de un trapecio para hacer ejercicios de gimnasia, encontró una porción de uniformes de soldados. Eran, seguramente, de los soldados que habían muerto en el combate, pues todos estaban ensangrentados. Ella levantó el de más arriba y notó que tenía un agujero en el costado izquierdo por donde la bala había penetrado, y seguramente perforado el corazón del soldado que lo llevaba.

Se puso a observar detenidamente todos los detalles del uniforme. Y encontró —por unos papeles que estaban adentro— que era el propio uniforme de Alberto Cabarga...

EL PERRO

A don Alberto Lima se le consideraba como un hombre realmente tímido. Y como en una ciudad pequeña se conocen las excentricidades de cada uno, la gente comentaba la manera de ser de don Alberto, irónicamente. Se decía que no pasaba por una calle cuando miraba una muchacha bonita parada en alguna puerta. Se decía que durante el tiempo en que fue alcalde municipal de la ciudad, muchas veces intentó hablar en público, pero a menudo tuvo que acortar su discurso porque su excesiva timidez le hacía imposible encarar la presencia del auditorio. Incapaz de lanzar o recibir una broma, la timidez era en don Alberto una terrible enfermedad. Don Alberto era alto de cuerpo, de cutis muy blanco y, además, muy bien parecido, a pesar de que ya frisaba entre los 55 y los 60 años. Era calvo y aquellos cuatro cabellos que le quedaban, se los echaba sobre la frente con cuidado y con dolor, porque era el resto de una hermosa cabellera que en otro tiempo había lucido. Lo que a él le faltaba de despreocupado y sociable, lo suplantaba con sus dotes de caballerosidad, sus buenas maneras, su bondad de corazón, el acicalamiento de su persona y, especialmente, su antipatía para el licor...

Era dueño de un hogar respetabilísimo y padre de dos bellísimas hijas, la una de 18 años y la otra de 19. Acababa de perder, sin embargo, la que más quería él. Clara, una bella niña de 10 años. Con este motivo se susurraba con insistente rumor que don Alberto había enloquecido por algún tiempo.

Lo que sí se supo de verdad fue que, al retornar de la capital, dejando allá enterrada a su pequeña hija, don Alberto se encerró herméticamente en su casa y con él toda su familia. Dos largos años habían pasado cuando por fin se le volvió a ver paseando por las calles. ¿Qué envejecido estaba, qué pálido, qué callado y ahora más huraño que nunca! Las gentes, como sucede en las ciudades pequeñas, principiaron a tejer leyendas alrededor de don Alberto...

Fue en un baile, en casa de doña Lola Melgar, en donde todos pudieron conversar con él. Entre muchos cambios que se podían notar en don Alberto, ninguno como la demacrada presencia de su rostro y la excesiva nerviosidad de sus dedos. Había llegado sin invitación. Ni su esposa, ni sus bellas hijas se encontraban allí y en cambio, él, hombre hostil a las reuniones sociales, había concurrido al baile...

Fue aquella la primera vez en que don Alberto se embriagó públicamente. Como hemos dicho desde un principio, su antipatía para el alcohol era proverbial. Decir que don Alberto tomaba alcohol resultaba una calumnia demasiado grande para que pasara inadvertida. Pero aquella noche, curiosamente, él mismo solicitó algunas copas de licor, manifestando que deseaba estar alegre y olvidar por un momento a su hijita...

Desde hacía mucho tiempo, la gente sinceramente aseguraba que don Alberto Lima era un modelo de hombre:

—Hay que ver a don Alberto; nunca hace un mal papel, nunca toma licores, como ésos...

(Cuando la gente decía "ésos" insinuaba los hombres de su generación, casi todas magníficas personas, pero partidarias del licor).

Esta pequeña observación prueba rotundamente el aprecio moral con que hasta ese momento se juzgaba a don Alberto Lima.

El motivo de aquel baile en casa de doña Lola era el de la celebración de su cumpleaños. Y el pobre señor parecía que había aprovechado aquella oportunidad para echarse a perder él mismo y echar a perder el baile de doña Lola. Toda la buena sociedad que allí estaba presente, tuvo que cerrar los ojos al ver a don Alberto ladrando como un perro... Todos conocían la timidez proverbial de don Alberto, todos conocían su seriedad, su antipatía para las bromas, su antipatía para la gente alegre, de manera que aquella súbita actitud resultaba de todo punto de vista inexplicable. Siendo, como hemos dicho que era, tímido y serio, cuando más alegre estaba el baile, muy inesperadamente, anunció él mismo que iba a ladrar como perro...

La sala del baile era una larga pieza sobre cuyos ladrillos se había colocado una blanca rusia y sobre ésta pequeñas partículas de esperma para que los pies de los bailadores deslizaran sin tropiezos. La pieza tenía únicamente 6 metros de longitud por 6 metros de ancho. En la pared se veía una colección de retratos y en el piso, recostadas sobre el muro, una sucesión de sillas uniformadas en tamaño, construcción y color. El número de caballeros y señoritas llenaba completamente el espacio de la sala de baile. El baile empezaba precisamente en el momento en que don Alberto levantó la voz para manifestar públicamente su desafortunado y extraño pensamiento. Sería muy difícil explicar aquí la sorpresa que causó la súbita e interesante propuesta de don Alberto. ¿Era él efectivamente quien hablaba? ¿Era que la gente no entendía lo que decía? Estas preguntas quedaron torturando las cabezas de varias señoritas y varios caballeros. Federico Ferrera, chistoso como pocos y acaso el único que muy bien sabía lo que le pasaba a don Alberto, levantó la voz para decir:

—Un momento, por favor, todo el mundo a sentarse, don Alberto va a ladrar como perro...

Inmediatamente todos se sentaron, unos riéndose, todos sorprendidos, todos tratando de leer en la expresión de Federico, el significado de sus palabras...

Don Alberto apareció entonces. Apareció despreocupadamente, pero con aspecto trágico cómico. Caminó hacia el centro de la sala en cuatro patas —tal como los perros— y a continuación empezó a ladrar:

—¡Guau!¡Guauuuuuuuuuuu!

La gente, ante semejante espectáculo, no pudo menos que reír y reír y reír estrepitosamente. La cabeza calva de don Alberto se bajaba y se levantaba para aullar a la luna, como hacen los perros.

Era un espectáculo lleno de comedia y tragedia.

Infundía lástima, infundía risa. Todo el mundo pudo ofrecer aquel espectáculo en un momento de humor, menos don Alberto: el hombre tímido y serio por excelencia...

No tardó mucho aquello, no podía tardar demasiado, los hombres más serios corrieron a levantarlo e inquirir la causa de la exaltada e increíble comicidad de don Alberto. Tal como sospecharon algunas personas, uno de los hombres, médico, manifestó que don Alberto estaba trastornado, loco, completamente loco. Fue hasta ese momento cuando todos dejaron de reír, muchos parecían avergonzados. De lo que se creía una simple comedia, se pasó a una espantosa tragedia. Don Alberto Lima se había enloquecido...

Primero corrieron a llamar a la familia de don Alberto. El baile, como natural consecuencia, terminó abruptamente. Don Alberto yacía en cama, con las piernas extendidas y los brazos abandonados a los lados; acababa de perder el conocimiento, estaba verdaderamente enfermo. Los invitados, particularmente las señoras, creyeron muy conveniente y oportuno retirarse antes de que la pobre familia arribara, y evitar así la natural molestia. Pocos hombres permanecieron allí y fueron éstos quienes ayudaron a la esposa a conducir el enfermo a su propio hogar. Parece que don Alberto ya había recuperado el uso de la palabra cuando llegó a su casa, pero su estado era de trastorno y lo que hablaba era incoherente y sin sentido. Lo que más se comentaba era el hecho de que don Alberto se hubiese embriagado. Hemos dicho que don Alberto era un hombre sobrio y enemigo de las bebidas excitantes. Sin embargo, se supo allí mismo, con sorpresa de todos, que su encierro de dos años se debió, no tanto al prolongado luto, cuanto, a un período de engace, como se dice allá... Esto, como sucede con las cosas de la vida íntima en los hogares, se supo por medio de la sirvienta. La sirvienta contó a las otras sirvientas y éstas contaron a sus patronas. De manera que antes de que ocurriera este desagradable suceso, ya muchas personas estaban en posesión de los antecedentes. Se supo también que la bebida del licor siempre enloquecía a don Alberto y que la pobre esposa e hijas, para evitar que saliera a la calle en su doloroso estado de trastorno, lo encerraban en un cuarto y así tenían que sobrellevar la vida durante largos meses... Se supo, además, que algunos viajeros habían encontrado a don Alberto y su señora, durante la noche, en camino hacia una aldea vecina. Y que un sirviente halaba la bestia en que viajaba don Alberto, que otro lo iba deteniendo del brazo izquierdo y un tercer sirviente lo asía del brazo derecho. Y que todos caminaban muy despacio deteniendo el cuerpo autómata de don Alberto. Decían que no parecía un ser humano sino un muñeco de trapo que se movía para uno y para otro lado.

Probablemente la pobre señora viajaba de noche para no exhibir a su marido en tan lamentable estado.

Como decíamos, la señora, en unión de algunos amigos, condujo a su marido al hogar. Doña Lola, muy quejosa por el abrupto final de una fiesta que se anunciaba con tanta alegría y tan animada satisfacción, ¡tuvo que concretarse a despedir a los invitados y sonreír un afectuoso "¡Buenas noches!" Sin embargo, faltaba mucho que ver. Recuerdo que fue un amigo de nosotros quien, temprano de la mañana y antes de que abriéramos la puerta de nuestra casa, vino a llamar con insistencia. Después que entró, 10que primero nos dijo fue...

—¿Ya saben que se suicidó don Alberto Lima?...

Fue tan duro aquello que se apretó en nuestro corazón y en nuestra garganta, que nadie pudo responder: don Alberto se mató por lo de anoche. Sin embargo, el pobre señor no se suicidó voluntariamente, es decir, no se suicidó por lo del baile. Lo que pasó fue consecuencia de su trastorno: al llegar a su casa, sin saber lo que hacía y sin que nadie lo notara en ese momento, encontró su revólver en el escritorio y se descerrajó un tiro...

Lo de la noche anterior y su suicidio fueron cosas propias de un hombre trastornado. Pero la causa del suicidio se siguió atribuyendo maliciosamente a lo del baile...

LA NEGRA TORIBIA

Dos semanas hacía que el enemigo estaba fortificado en el cerro. Oportunamente bajaría a atacar la ciudad; se había bloqueado la plaza con trincheras. Había mucha agitación: las mujeres y niños se alojaban en casas de aquellas familias con mayor garantía; los hombres se aprestaban a la defensa.

El ayudante del jefe militar era el señor Juan Torres, reservado y excéntrico; sentía miedo, desempeñaba su puesto en lucha consigo mismo, pero ocultaba secretamente su preocupación. Desempeñaba el puesto de ayudante por exigencias de su esposa. Todos los hombres de la buena clase social se aprestaban a la defensa y la mujer del señor Torres no quiso que se echara de menos a su consorte. Era ella, por temperamento, vanidosa; mantenía hegemonía despótica sobre su marido.

—¡Presentación! —le dijo al hermano, jefe militar—: Quiero que Juan sea tu ayudante en la batalla. Todos los hombres de la sociedad tomarán parte. No quiero que mi esposo ocupe un segundo lugar y mañana se le ridiculice.

El jefe de la plaza que, además de valiente militar, era hombre de buen humor, contestó:

—¡Mónica!... ¿te propones que el enemigo nos derrote?

—¿Por qué?

—Tú lo sabes... tu marido es un excelente hombre, una bella persona, buen esposo, pero... ¡nunca ha disparado un tirito!

—Quiero que ahora aproveche...

—¿Mónica?, ¿Piensas acaso que un combate es un baile de máscaras?

—Todo lo contrario, pero quiero que te coloques en mi situación: mi marido goza de fama de "miedoso" y esa es una afrenta terrible contra su familia...

—¡Ja, ja, ja!

—Para ti es una comedia, pero para mí es una horrible tragedia. Te repito que te pongas en mi lugar, por Dios, hermano. Ayer mismo me contó la sirvienta que le preguntaron:

—Isabel, ¿y si hay guerra qué piensa hacer tu patrona con el señor Torres?

Ella contestó:

—No entiendo, fulana...

—Pues... (la otra modulando la voz) ¿cómo la gente anda diciendo que tu patrona lo va a vestir de mujer?...

—¡Ja, ja,ja!

—Ponte en mi lugar y dime si será consolador para nosotras las mujeres que lo que más amamos en los hombres es el arrojo, la temeridad, el valor, la osadía, el heroísmo. ¡Ay, hermano, es horrible, es espantosamente horrible! Tú que eres hombre no podrás comprender...

Tanta era la humillación de la esposa, que el hermano se sintió conmovido y le contestó...

—Mónica, voy a acceder a tus deseos, ya comprendo. Significa un sacrificio lo que me pides; sin embargo, lo voy a hacer. Voy a mandar de que en la "orden del día" se haga constar el nombramiento de tu marido como mi primer ayudante. Me privaré del que ahora tengo y que es un experto y valiente militar, pero lo voy a hacer por ti, Mónica. Dile a tu marido que se presente a mi despacho.

—Gracias, hermanito. Te lo agradeceré toda mi vida.

Por esa época vivía en la ciudad una curiosa paisana, una vieja muy popular que vendía loras, a quien llamaban "la negra Toribia", por su color y origen netamente africano. Cuando doña Toribia se cruzaba por las calles, la gente le gritaba:

—¡Adiós, Toribia! ¿Qué tal con las loras?

(La mujer caminaba por las calles conversando con los animales, enseñándoles a hablar).

Contestaba:

—¡Adiós! ¿No me quieren comprar una?

—No, hasta que aprenda mi nombre.

—Cómo se llama?

—Fulano de tal.

—Cuente conmigo, la próxima vez una de mis loritas lo llamará por su nombre. Y era verdad, les enseñaba a pronunciar el nombre de todas las personas. Doña Toribia era una mujer altay flaca, parecía gitana. Llevaba el cabello suelto y el traje sucio y deteriorado. Por atender la salud y alimentación de sus animales, se olvidaba de su indumentaria. Las loras las conducía en un palo que ella apoyaba en el hombro verticalmente.

Durante el combate, aun en los momentos más críticos, la negra Toribia pasó por las calles conversando entretenidamente con sus loras. Era la nota cómica que se entremezclaba con la circulante tragedia.

En el cuartel en donde estaba el General Presentación Moya, en unión de su ayudante y otras personas, se preparó un verdadero baluarte inexpugnable. Había, además, oportunos centros de concentración en casas particulares desde donde se defendía la plaza. Pero el General Moya, con la responsabilidad que asumía, no se concretó a permanecer en un solo lugar, atravesaba de una trinchera a otra, daba órdenes aquí y allá, entraba a una fortaleza y volvía nuevamente al cuartel general. Naturalmente, su ayudante lo acompañaba en todas estas idas y salidas; el ayudante, como se sabe, corre el mismo peligro que su jefe y está obligado a morir en donde éste muere. Semejante situación preocupó sobremanera al señor Torres, que, en honor de la verdad, era persona honorable, con responsabilidad moral y siempre dispuesto al sacrificio cuando el bien de los demás se lo exigía. Sin embargo, su voluntad y su deseo por hacer honor a su nombre y al de su familia, de nada le sirvieron. El combate dio principio con una carga de baterías silbantes, despiadadas. El General Moya, ante semejante ofensiva por parte del enemigo y que él no esperaba, creyó que se jugaba su propia vida y la de miles de personas. Entonces, con un atrevimiento y valentía que rayaba en heroísmo, salía aquí, iba allá, volvía, tomaba el arma nuevamente y peleaba al lado de sus soldados con ímpetu y desesperación. En semejante momento, poco caso había hecho de Torres que, no obstante, lo había seguido sin pronunciar una palabra.

Pero el pánico del señor Torres caía sobre sus miembros como una plancha de hierro. Su voluntad había concluido, el respeto por su nombre y el de su familia también habían terminado. Ya no era él: era una sombra de su ser, era un muñeco automático que mecánicamente caminaba detrás del General Moya sin tener conciencia de sus actos. Si el General Moya se hubiese dignado observarle, no lo hubiese reconocido. El hombre, pálido, se mantenía en una tensión nerviosa, y era incapaz de articular palabra. Precisamente seguía al General

Moya porque el miedo espantoso a la muerte, que silbaba sobre su cabeza, lo instaba a seguir a su jefe, como náufrago que llega a agarrarse al palo más fuerte del buque que se hunde...

—Vaya, Torres, por Dios, salte sobre ese paredón; lleve una bandera para que nuestros hombres lo reconozcan y llegue al cuartel del Coronel Cárcamo. Dígale que digo yo que haga un recorrido por el otro lado del río para que ataque sobre retaguardia...

—Muy bien.

—Entendió?

—Eg...sí, sí.

—Apúrese, no olvide la bandera.

El señor Torres no había oído nada, su nerviosidad le impedía concentrar su atención. No oía, era incapaz de escuchar o de coordinar una frase. Tenía miedo, los dientes le castañeaban, llegó a perder la fe en el General Moya y los demás hombres que defendían la plaza. Pero pudo al fin coordinar sus ideas y pensó entonces en salvar a toda costa su propia vida. Deseó, con delirio, que la tierra se abriese para ocultarse allí mientras la batalla persistía. Se olvidó de su esposa, de la obligación con que lo investía su puesto militar, del prestigio de su nombre y el de su responsabilidad social, de la causa que en unión de todos los hombres defendía; de todo se olvidó en aquel acceso de pánico y pensó única y exclusivamente en salvar su propia vida...

Cuando partió a cumplir la orden de su jefe, no llevaba más intención que buscar albergue, que huir lejos y ver si sobre la tierra quedaba todavía un lugar inmune. Ya no era hombre—él lo sabía—su propia moral lo había abandonado.

Cuando por fin terminó la batalla y el General Moya pudo derrotar al enemigo, halló el uniforme del ayudante Torres, pero el cadáver no se pudo encontrar. Se creyó que el enemigo, como un acto de represalia, tratándose del ayudante del jefe militar, habría secuestrado el cuerpo y abandonado las ropas para que se le buscara inútilmente. La esposa del señor Torres lo lloró en unión de todas las viudas. Se metió en un ataúd las ropas del marido y se preparó de esta manera el entierro del señor Torres en unión de los otros ataúdes.

Corría la tarde lúgubre. Todo era ruinas y desolación. De todas las casas salían llantos. El cortejo fúnebre, con gran pompa militar, atravesó las calles principales y llegó al cementerio. Allí se enterró entre los treinta ataúdes, el que llevaba el uniforme del señor Torres, al son de una descarga. Un silencio acompañó después, y en medio de lágrimas regresaron dejando los muertos en paz. Pero mientras tanto el señor Torres, que estaba vivo, había sufrido hasta lo indescriptible. Quería a toda costa salvar su vida. No estaba seguro de que lo perdonarían. El pánico lo mantenía en una tensión nerviosa, y se negaba hasta a abrir los ojos para no descubrir los de algún soldado que lo auscultaría con el rifle en puntería. Las piernas le pesaban como plomo. El eco de los disparos llegaba hasta los últimos confines. Pensó en que acaso los derrotados pasarían por allí y lo descubrirían.

Aquella misma tarde, la esposa del capitán Torres, en medio de su dolor, no pudo menos que sonreír al ver que entraba en su casa la negra Toribia.

—Pero, ¿está usted loca? En medio del combate, la han visto caminar entre las balas.

—¡Scht! ¡Scht! —gritó la vieja—. Soy tu marido...

—¿Cómo? ¿Mi marido?... ¡Ay, qué cobarde! ¡Pero si esta mañana encontraron tu uniforme atravesado por un balazo!

—Soy tu marido —le contestó—, y al deshacerse del vestido y pañolón, apareció don Juan Torres en cuerpo y alma, con la cara pintada con hollín y carbón.

—Soy yo. Me vestí con el traje de la negra Toribia para salvarme...

—¡Mi marido! ... ¡Qué vergüenza!...

—¿Por qué, mujer?

—Ya te hicieron los honores fúnebres. Debes convencerlos ahora de que realmente estás muerto. Esta mañana se ha enterrado tu uniforme. Tu uniforme fue encontrado y todos te creen muerto. ¡Qué vergüenza!

—Pero, Mónica, ¿no te alegras de que esté vivo?

—¿Para qué quiero tu vida sin gloria?...

—¿Sin gloria?

—Te has escondido después de asesinar a la negra Toribia para ponerte su vestido y salvar tu vida.

—Te juro de rodillas que la mujer la encontré muerta y por eso le quité el vestido y abandoné mi uniforme.

—¡Eso no te lo creerán! Es preferible muerto con gloria que vivo deshonrado.

—Pero, ¿por qué estoy deshonrado?

—El hecho de que vivas es una desgracia para los tuyos. Ya se enterró tu uniforme y se te hicieron honores militares. ¡Te repito que es cierto!

—Pero si la culpa no es mía. Yo no estoy muerto, estoy vivo...

—Se te acusará por la muerte de doña Toribia, se te llamará cobarde y el recuerdo de tu nombre y el de tu familia quedará manchado para siempre...

Aquella fue la última vez que se vio en la ciudad al ayudante Torres. No se sabe hacia qué país se fugó sin volver más. Pero en el sepulcro que guarda su uniforme de militar, la esposa coloca cada año una corona de flores y aún hoy hay una lápida que dice: "Aquí yacen los restos del Capitán Torres, muerto heroicamente en defensa de la Patria...".

VOCABULARIO

Me abiento. De arrojarse, tirarse.

Ajotar. Azuzar, hostigar.

Amonós. Deformación de vámonos.

Asisito. Cercano a.

Bejuqueada. Golpear o castigar (inicialmente golpear con un tallo de bejuco, pero puede ser con otra cosa).

Catrín. Elegante, bien vestido.

Comal. Disco de barro que se utiliza para calentar las "tortillas" en el trópico.

Crucitas. Diminutivo de cruz, expresión utilizada para jurar, se acompaña con los dedos en cruz.

Cute. Nombre vulgar de zopilote; usado en este caso como apodo.

Chafarote. Espada de militar.

Chele. Hombre de cutis rosado.

Chiripazo. Acertar una cosa por casualidad (hondureñismo).

Deshecho. Camino que acorta la ruta.

Enmancuernados. Amancebados.

Estanco. Cantina.

Gamarrón. Cabezada de caballo (hondureñismo).

Guaro. Aguardiente o "caña".

Guayabo. Arbusto de la guayaba.

Jalada. Demacrada.

Matorral. Monterral, hierbal.

Miedento. Miedoso.

Milpa. Sembrado de maíz.

Moral. Conjunto de arbustos de moras (familia de las móreas).

Ocote. Nombre vulgar del pino.

Patacho. Tropilla de bestias.

Pisto. Dinero.

Sacadera. Fábrica de aguardiente.

Tombilla. Canasta, cesto de mimbre sin asas.

Veru. Deformación del lenguaje indio de "muy".

Yegua. Rodilla, trapo protector en la cabeza para soportar recipientes con agua.

Zanate. Pájaro del trópico.

QUINIENTOS PESOS

Desde la mesa en que apoyaba sus codos, el comensal sofocó la respiración y abatió la cabeza al ver en el local aquellos sujetos. Mal podía siquiera imaginarse que después de una hora y veinte minutos, él y sus presuntos verdugos y perseguidores permutarían por aquel proyecto de asesinato contra su persona otro de amistad. (Pese a lo dicho, el encuentro se manifestó en la forma más risueña). Canales y Borja venían, como queda insinuado, a ultimar a Carlos López por cuenta ajena que remuneraba sus servicios con cinco billetes de cien pesos. Entre paréntesis, el "negro" Canales sujetaba la suma en el bolsillo. Abrieron la puerta del negocio y avanzaron, Canales el primero, y Borja detrás, con familiaridad de típicos parroquianos. Filippi (Manuel Filippi), propietario, los observó, escoltándolos con aviesa mirada, mientras recorrían el local mordido uno y otro por una ansia disimulada, con un aire canturreado por el delantero. En el silencio crujió el piso con los pasos.

Avanzaron y torcieron sobre sus pies hasta volverse grupas y sentarse frente a una mesita vecina a la puerta y desde la cual (ésta intencionalmente la dejaron abierta) se apreciaba la callejuela pintoresca con viandantes ensombrerados de paja y desnudos de pies a la local usanza. Su piel cetrina exprimía transpiración acuosa bajo el látigo de luz tropical. Uno de los sujetos (Canales, el delantero) era menudo, enjuto; el otro (Borja) era flaco, espigado, pero de expresión recelosa, delatora. La traza de uno y otro desmerecía a ojos vistas. ¿Qué quieren comer, muchachos? (entre la edad del uno y otro no sumaban 50 años) les interrogó Manolo Filippi, que no demoró en acercárseles como dueño del restaurante. Manolo tamborileaba su propia pierna contra la pata de la mesa ocupada por los verdugos. Alzaron la cabeza y toparon con la máscara palúdica que fingía benevolencia mientras el antebrazo suspendía una servilleta. Cada uno recogió una hoja de papel manuscrito que remedaba el "menú" y sobre la escritura angulosa abatieron la mirada.

—No sé qué comer —replicó uno de ellos—. ¿Qué se te ocurre, Marcelino? (Marcelino era el nombre de Luis Borja).

—Ni yo sé —respondió Borga, el espigado—. No tengo hambre. Y prorrumpió en comentario obsceno. Enceguecía la masa de luz cayendo a plomo y con fuerza; se metían los filos de sol en canales blancos por puertas y ventanas y en esta blancura espolvoreada rielaban en persecución animosas moscas. Manolo gesticulaba y de su parsimonia surgió un Manolo contundente de palabra y un Manolo dinámico de movimiento. Su testa, empero, conjeturaba sobre el advenimiento de este agorero episodio, para luego proseguir la búsqueda de una cuchara. Uno y otro sujeto deslizaban sus ojos y recogían la mirada alerta debajo de sendos mechones de cabello indómito. Manolo volvía a escoltarlos con el rabo de los suyos. Allá lejos, en el extremo del local, Carlos López perduraba; Carlos, sin embargo, había dado al diablo su merienda. Esta función la sustituyó por algún apremio que cumplió al punto...Sólo de tarde en tarde recordaba el hilo roto de la conversación mantenida con el propietario al momento de la irrupción.

—Pediré huevos y ensalada, después una cerveza —se decidió el enjuto y menudo.

Ahora la mirada de Carlos, desde la distancia oculta, era aviesa como la de un tigre acosado, pero de pronto se humanizaba (el tigre) y se volvía buenamente burlona. Perseguía los ademanes y al retirar la vista, ésta caía sobre su revólver, que palpó rápidamente. ¿Sospechaban ellos?

Lejos, visto por la puerta abierta, pasó un jinete en su burro. Luego asomó su mujer en elegante caballo que desentonaba de cabalgadura.

—¿Umg? éstos son pesquisas y Manolo no lo sospecha — sentenció en su alma larvada de recelo. Los escrúpulos de Carlos López habían menudeado y palpó nuevamente el arma.

En la próxima molienda de "La Loma" los precios se "habían venido al suelo" por la competencia que con mejor artículo "de batalla" y superior obraje les hacía guerra de mercado Carlos López. La cizaña había rebalsado con una gota de cinco centavos de pérdidas en cada unidad. Esto había resultado del negocio terminado ayer entre Carlos y el "gringo" que bajó al pueblo. Con este motivo, las paredes oían, pues el asunto estaba mezclado a la política del país... Carlos apartó los ojos de sus presuntos verdugos y empezó a lucubrar bastante perplejo, sacudiendo la cara como una campana. No cuadraba a su carácter reposado indisponerse con gente de mal vivir. Su amigo Manolo reclamaría su cooperación, su cooperación para expulsarlos. Aunque de mala gana, no eludiría la camorra. Arremetería con juego de brazos y piernas si podía disimular el arma de fuego. Caviló, no obstante, acerca de un expediente hábil para desembarazarse de estos traficantes que profesaban en malas artes. No, no había evasiva. Uno de los cuatro o los cuatro, se desplomarían como fruto de la aspereza. Manolo Filippi acostumbraba recibir familiarmente (motejándolos por el apodo) a sus clientes. Señaladamente era él entre el gremio quien acogía con espíritu de amigo. Sabedor de esta disposición de ánimo, Carlos no se extrañaba de la conducta del dueño del restaurante. Se dispuso, mientras dilataba la mirada, a buscar el pretexto adecuado con qué abordar el cisma. Por consiguiente, llamó:

—¡Manolo!

El otro contestó fríamente. Carlos entonces con voz convulsiva:

—¡Manolo, mira lo que haces!

Lo que era mar de bonanza se trocó en mar rizada. Carlos creyó descorrer la cortina y descubrir en el naufragio a su amigo con su vida sofocada entre las olas de la pasión. Manolo se arrimó. Carlos le musitó:

—¿Quiénes son?

Le repuso el otro:

—¡Clientes!

—¿Clientes decís?

—¡Eso digo!

—Son demasiados mal encarados.

—¡Bah!, ¡qué me importa si pagan! Déjales con la cara que tengan, me basta su dinero. Uno de ellos me acaba de mostrar cinco billetes de cien, guiñándole el ojo al otro.

—Pero es que yo sospecho.

—Ah, eso es otra cosa. ¿Por qué sospechas?

—Sospecho que me buscan. Recibí aviso notificándome que Braulio pagó 500 pesos por mi cabeza.

—¡Ah! (Manolo vio todo claro). Sofocó un suspiro y la entera escala de emociones recorrió su corazón.

—Oye, Manolo —le interrumpió Carlos—, siempre a la sordina yo tengo el revólver cargado en el cajón de esta mesita, pero me gustaría que averiguases algo... sacarles algo ¿eh? ... (En ese instante sobrevino lo providencial. A Borja se le antojó sepultar la cabeza en la solapa como una gallina que duerme, luego se encaminó hacia el mostrador sin imaginarse que Manolo le interrumpiría el paso. Los sujetos acababan de beberse la botella entera y reclamaban otra. (El otro, Canales, se irguió feroz).

—¿Qué piensa usted, patrón? ¿cree que mi compañero le va a robar la bebida? ¿Se imagina que estamos "pelados"? ¿Qué le parece este "billetito" de cien y más cien y más cien? (Y le mostró los cinco). Claro que todavía tendremos que rendir cuentas, pero lo haremos con ayuda suya. Para eso hemos venido. Dígame, patrón, ¿Ud. conoce a un tal Carlos López?

Los dos verdugos frenaron sendos discursos alusivos, luego Canales sonrió con malicia, después, caviloso, añadió:

—Dígame la verdad, patrón, ese "tipo" visita su negocio, ¿eh?...

Manolo Filippi ofreció una bebida a Canales, luego familiarmente, lo tomó del brazo, diciéndole:

—Uno no debe "desgraciarse" por tan poca plata, hombres...Don Braulio no los va a sacar de la cárcel... Luego, un prójimo es un prójimo, pesa en la conciencia... Hay un infierno y ustedes corren un riesgo... Todo hay que pagarlo en la otra vida...

Flotó una expectativa ante el temor de purgar el crimen.

—Algo me dice que tiene razón, patrón—comentó Canales, sintiendo un interior alivio—. Uno no puede escapar a la guardia...y entre "juir" y volver a "juir" los pesos se van... (volvió la mirada al compañero). Reinó silencio. No sabían qué hacer en su ignorancia.

Manolo midió el conflicto del hombre. Con reservas mentales lo miraban en medio de pestañeos.

A Manolo le brilló una idea:

—Si yo les hiciera un... préstamo... digamos los 500 pesos...

después algún día me devuelven, ¿eh?

Sonrieron. Luego se miraron las caras titubeando.

—¿Quieren? —volvió a preguntarles Manolo.

La propuesta no les pareció onerosa, pero la palabra no salía. Manolo lo sabía.

Bajó el tono en sordina:

—Aquél es Carlos López, hombre rico, los puede ayudar; además, decente... (les señaló).

Canales y Borja se sobresaltaron. palparon el arma oculta. Ante la insólita revelación (¡Allí estaba el individuo que buscaban!) permanecieron en acecho.

—La verdad, como no tenemos nada en contra —confesó apuradamente Canales— si nos da la plata, mi compañero se la lleva a D. Braulio y yo tomaré un trago a la salud de D. Carlos. Mi compañero y yo le devolveremos el préstamo, patrón.

EL PECADOR:
(1956)

EL PECADOR

—Cómo te llamas?

Le contesté. Me miró, le miré.

Mientras tomábamos posesión de nuestros nombres, nos sentimos azorados sin saber por qué. Un pensamiento de desasosiego me asaltó al observar su mirada fija y su horror sardónico. Pensé que podría ser un espíritu: que no era un sujeto como nosotros.

—¿Qué edad tienes?

—Dieciocho cumplidos. ¿Y usted?

—Cincuenta.

—Hace frío —dije. Me miró, lo miré.

Ninguno tenía reposo. Había calma, pero desesperada.

—Si al menos—pensé—no palpitara mi mejilla derecha.

—¿A dónde va? —Esta vez fui yo quien preguntó.

—A Northwestern. ¿Y tú?

Se lo dije. En tanto él no me quitaba la mirada de encima.

La noche ya nos había cubierto y él demostraba que no pensaba desprenderse del automóvil.

—¿Has tenido alguna novia... en tu vida? —inquirió.

Lo que sospechaba. Él, con su pregunta, quiso saltar las páginas más aburridas de un capítulo largo y llegar a las conclusiones... Lo desafié con la mirada, pero el sujeto reafirmó su pregunta.

No sabía qué contestarle.

—No. ¿Y tú? (Empecé a tutearlo).

Se limitó a sacudir como caballo de tiro su larga columna vertebral. Pero su semblante se había vuelto dulce.

—No. Primero cuenta tú. Amar no es ninguna vergüenza... —farfulló.

—¿Yo? ...

Y comprendí que no podía, aunque lo intentara. No podía subir aquella montaña de años y de recelo que nos separaba y me afirmé en no querer confesar. El volvió a insistir, y era un continuo regateo.

Dos horas después, invitado yo a su casa, sentados uno frente al otro en su habitación, asomó de pronto en el edificio frontero, separado del nuestro por la amplia calle y luego por el vidrio de su ventana, una joven tentadora... (quitarse el sombrero, darse unos leves toques en el cabello y luego echárselo sobre sus hombros denudos como una esclavina de oro)... No pude sino desgarrar mi secreto como quien rompe de prisa un sobre y confesarle mi apremiante ansia de amor. El hombre, impensadamente, me había contagiado con el poder envolvente de su singular idiosincrasia. Nos despedimos muy tarde. Mis nervios no me permitieron conciliar el sueño esa noche, ni el hambre, y ni siquiera el dominio moral para apoderarme del volante...

Recuerdo que manejé el automóvil durante todo el día siguiente, las sienes latiéndome febrilmente con el sueño de su promesa...Mi estado moral era de delirio cuando imaginaba que ya no pasaría las noches excluido de la confianza ajena. Que en vez de permanecer aislado conduciendo el automóvil o sentado en mi pieza, intercambiaría contactos humanos y naturales. Recuerdo que mi cuerpo y mi alma, como dos antenas; vibraban; como dos cómplices, no del pecado incumplido, sino de la promesa del hombre.

Y me preguntaba el tiempo que habría de transcurrir esperando. El ansia en vez de disminuir, ante lo delineado y previsto, había acelerado. Estallaría mi corazón? Y surgió mi timidez como estorbo para mi auto liberación. Por su culpa me encontraría en el suplicio de dar manotadas al aire en la inminente posibilidad de tener que dar cumplimiento al más pudoroso a fuer de presunto amor físico. Me tomó de sorpresa un nudo en la garganta. No era temor de "ella" sino recelo mío. Deduje que hasta ahora que no tuviera medios económicos propios no aplacaría mis sentidos desencadenados, en un medio social desconocido y extranjero como sólo se consigue hacerlo dentro de la vida normal del matrimonio. Comparé el asfixiante presente con el futuro previsto.

Al llegar la noche mis ojos resbalaron sobre la ilusión que él me había despertado. Dos horas después permanecía en vigilia en gran estado de vela, con las rodillas tocándome la barba y rodeándolas con los brazos abiertos en actitud cavilosa.

Yo era súbdito extranjero. Durante las vacaciones de verano interrumpía mis estudios y economizaba conduciendo un taxi como chauffeur. Chicago, sin duda, para mis ojos constituía un jubiloso colmenar ajeno. El pecado y la alegría disipada se descargaban en el desenfreno del placer. Siendo mero espectador, me sentía con el pudor exterior lastimado. Mi escaso dominio de la lengua local espaciaba mi soledad. Mis únicos interlocutores, mis pasajeros, me aludían socarronamente por mi ignorancia de las calles y el oficio. Rodaba mi corazón que era una máquina, como "mi" taxi de uno al otro extremo del día y de la ciudad. De noche me recogía y adormecía con la blandura de la almohada mis pesares otra vez despiertos al empezar el día. Mujeres, rotundas mujeres entraban y descendían de "mi" taxi. Absorbía al abandonarlo el perfume de sus cuerpos como los pordioseros aspiran el de las comidas inaccesibles detrás de una vitrina protectora. Eran prohibitivas para mi amor humano y corrompido. Yo era un muchacho callado y huraño, delgado, con ojos muy tristes.

La mirada de musulmán y la voz vacilante. Casi nunca era comunicativo, pero me denunciaban los ojos. Los tenía brillantes al principio, pero luego comenzaron a inhibirse con las limitaciones y auto menosprecio impuesto por la vida. Me acosaban por todas partes la brutalidad y el aislamiento. Un médico me diagnosticó hipocondría, o sea lo que sobrevino con el sistema nervioso sensibilizado y su cortejo de pesadumbre al llegar la noche. Mundo de humanos animales rubios y jubilosos que me apartaban de su compañía. Entonces descubrí que mi designio no era para tener apetitos como los hombres sino para imprimir revoluciones sincronizadas como las máquinas. Y me sometí. Pero como la calle forma un tejido en que se encuentran miradas de deseo, de envidia, de desdén, de compasión, de amor, de odio, pensamientos, anhelos, toda la tela que envuelve a los que por allí pasan, desde "mi" taxi podía contemplar el desfile carnavalesco de mis propias emociones reprimidas.

Sin embargo, acababa de descorrerse una cortina ante mi mirada para que apareciera un plato suculento. Iba a tener una aventura. Retomaba el camino de la naturaleza que había desertado. Baldado, me iba a reconstruir. No sería más espectador sino actor jubiloso. Esto me decía recordando que por su intermedio la oquedad mía habría de llenarse con una mujer.

Al día siguiente fui a ver a mi amigo. El saloncito estaba atestado de adornos de porcelana y de fotografías en marcos de plata. Una mesa de caoba, un sofá tapizado de terciopelo, sillas de respaldos arqueados y asientos de pana. Alfombra. Venía a recoger datos acerca de la mujer que él me había diseñado y que era lo que habría de abrazar y apagar mis sentidos como función no suprimida aún de los usos establecidos. Hasta ese momento, según mi conocimiento, leyes locales y vigentes prohibían alternar con gente del otro sexo, salvo de común acuerdo... Una mujer, por ejemplo, entregaba al gendarme al transgresor o profanador de la disposición, éste al juez, este último a la correccional. Aquí uno se estancaba. Con la sordidez del ambiente se rebajaba el alma: trabajos forzados, cabello al rape, tórax y extremidades enfundan en un traje a cuadros... Queda uno así encasillado.

Bien. Me vio acercarme y yo juzgué que era de natural bueno.

—¿Qué tienes?

Revoloteaba los ojos chispeantes y echaba a hurtadillas un visaje a mi uniforme desaseado. Sonreí para adentro, luego desvié la mirada, pero al punto me detuvo desafiándome con la suya.

—Lo que anoche le confié... (Asomó una expresión de agonía en mi cara).

Sonrió él y sonreí yo. Desarrugamos el ceño y disipamos el recelo.

—Bueno —balbuceó— no es...mujer joven geh? Pero es una... dama. De cuerpo fuerte y mucha distinción de clase. Una señora de la sociedad...

Intercambiamos una mirada; yo abatí la mía.

Reparé que él estaba turbado. Su pómulo izquierdo aparecía encarnado.

—Le prometí con gran reserva buscarle un hombre de tu edad... —dijo.

El deleite me retozaba en el cuerpo. Mientras tanto daba vueltas a la gorra de chauffeur junto al estómago. Mi espíritu de pronto vaciló. Las manos con torpeza no me permitían desabrocharme el uniforme para poder sentarme cómodamente. Las mejillas me ardían. Me latían las sienes.

—Uno así... serio... reservado... aseado... para tener amores ocultos, ¿eh?

Asentí con la cabeza, temeroso él de mi uniforme desprolijo. Se deslizó entonces su mirada por sobre mis hombros y sobre mis piernas. Me pareció una mirada pecaminosa por la luz y brillo recatado, pero al tiempo que yo reparaba que él era de fisonomía movible, que venitas azules surcaban su nariz, la voz atiplada e infantil, su pañuelo de hilo, sahumado de fino perfume francés; el bigotito erizándose sobre sus finos labios; en fin, que tenía hermosas manos blancas y suaves, dedos de pianista, uno de ellos adornado con una turquesa... frente de alabastro y acusada expresión de caballero distinguido. En tanto él advertía, desanimado, la poca prolijidad de mi ropa...

—Una llanta desinflada —dije—. Me unté el uniforme de aceite y gasolina. Estoy de servicio, abajo está "mi" taxi. Apenas conseguí la ayuda de un pordiosero con nariz de tomate... disculpa.

Se incorporó, ridículamente enjugó con su pañuelo de hilo el sudor de mi frente y me estampó un beso intempestivamente. Reparé por vez primera que sus salientes pómulos, mejillas sumidas y ojos grises, delataban un alma apasionada. Abatí la mirada, trémulo. No sabía qué pensar, pero él extrajo la "foto" de ella y ante el alborozo de poder finalmente conocerla, olvidé mi turbación y el infortunado incidente...Era, como pensé, espléndida, estaba escotada, de hombros anchos, noblemente moldeados y ardientes, aunque cansa—dos ojos azules. Alta y formada como una diosa.

—No siempre escapamos a la tentación de una mujer así… —dijo—. También yo siento algo por la señora en cuestión... —añadió. (Su tensión de nervios se deshizo en rubor que a su vez le provocó una lágrima y me auscultó de reojo).

—No hay motivos de preocupación —observé.

Yo, sin embargo, estaba lastimado por las emociones de ese día.

Vimos avanzar desde arriba sobre el asfalto de la calle, una fina silueta de mujer que levantaba el cuello del impermeable para protegerse de la nieve que caía.

—Ella tuvo un amante —farfulló.

(Aludía a la del retrato).

—¿Qué se hizo? —pregunté.

—Contrajo matrimonio con otro. Pero el amante la amenazó con delatar el secreto si se negaba a continuar el amor con él... después de casada.

—¿Qué sucedió entonces? —pregunté.

—Ante el peligro de interrumpir la vida del matrimonio, accedió...

—¿Y después qué ocurrió?

—Después el marido los descubrió haciéndose el amor...

—¿Qué ocurrió entonces?

Revoloteó la mirada con un vuelo indeciso antes de contestar.

—Se disolvió el matrimonio, ella culpó al amante y lo apartó de su lado. Quedó sola.

—¿Quedó sola?

—Sí.

—¿Hace mucho tiempo?

—Dos años. Para conjurar una nueva y triste experiencia, espera casarse, pero antes de que se efectúe la boda, busca por mi intermedio otro amante que no pertenezca a su clase social ni a su círculo...Evitará así interrupciones y contratiempos con el próximo marido.

—Pero tú lo sabes todo —repuse, pensando "todo esto lo tomaré en cuenta para mi escarmiento".

—Yo también soy pecador. Fui sacerdote en mi país y también aquí. Ella vino al confesionario. Lo supe entonces todo... Luego yo mismo pequé...

—¿Con ella?

—No. Dios nos asista... Colgué la sotana y por haber sido su confesor entonces, soy su sólo confidente ahora.

Tragué saliva. Luego nos despedimos.

—Buenas noches, Mr.... aquí está mi mano.

—Buenas noches, Mr. y aquí la mía.

Cerró la puerta y seguramente se repantigó junto al fuego de la chimenea a fumar y meditar. Pues mi amigo ocasional continuaba viviendo su vida y me la ocultaba. Solía hablar consigo mismo en pleno día y en voz baja para que yo no le oyera. Su trance era más funesto que el mío. Cuando en esa penúltima entrevista me acerqué, él por primera vez experimentó una visible turbación y se diría que se esforzaba en ocultar su corazón ante mí. En momentos así lo juzgaba un conspirador desvergonzado. Lo curioso es que auscultaba con ojos suplicantes y al propio tiempo culpables. No me cabía duda que cruzaba por una oculta crisis y le daba vergüenza o miedo decírmelo. Después supe que turbaba su ánimo el conflicto entre su conciencia del pecado carnal y la abstracción mental que exige suprimir aquella conciencia. Esta vez lo descubrí no lejos de un viejo manzano en la plaza de enfrente, paseándose sin ruido como un espectro; vestía de riguroso negro, con sus hermosísimas manos reluciendo la turquesa sobre el fondo oscuro; andaba y desandaba un corto trecho, con los ojos bajos y parecía sumido en honda preocupación. Lo descubrí gracias a la aparición a mi espalda, de la luz de unos faros delanteros de un automóvil que cruzaba. El rostro teñido de palidez, la cabeza descubierta y sus cabellos húmedos cayéndole en mechones sobre la frente. Como cayera un fruto del árbol cercano, se estremeció al oír el ruido, se detuvo y se oprimió con ambas manos la cabeza, con su mirada extraviada.

Me acerqué de puntillas.

Permaneció mirándome con su mano izquierda debajo de la barba y el codo apoyándose sobre la mano derecha, cuyo antebrazo cruzaba sobre el vientre. Una gran ternura lo invadió luego. Me abrazó, me estrechó contra su pecho, alabó mi limpio uniforme de chauffeur y luego me apartó con irritación...

—¿Qué te pasa?

Estuve a punto de designarle por su denominación eclesiástica.

—¿Qué te pasa? —repetía.

Enmudeció como para hacer un acopio de fuerzas. Estaba turbado. Mi corazón entonces se ensombreció de tristeza. Presentí algo funesto al verme excluido de su confianza, pero no se lo quise insinuar.

Al día siguiente, mientras me anudaba la corbata frente al espejo, me sorprendí de mí mismo ante el afán de volver a verlo. La ansiedad de que se cumpliera su promesa me hacía volver a visitarlo. Esta vez (que fue la última) barajamos temas de mucha utilidad para mis estudios en el próximo año del colegio. Era hombre culto y de él podía yo aprender. Luego me puse a recorrer su semblante sereno con mi escrupulosa mirada. Él no se daba cuenta. Afuera las ramas agitaban sus hojas; el viento soplaba con furia, un perro ladraba en un piso cercano. Ni siquiera en la vía férrea que pasaba a corta distancia, se veía luz. Él había dicho que esa noche iba a caer nieve. Reinó silencio. De pronto improvisó una idea delatando su repulsión del sexo femenino con su gran poder de persuasión. "La mujer no es nada —empezó diciendo— el hombre lo es todo. El construye; ella destruye. Su principal función es una lenta corrupción masculina hasta que lo suplanta en la dirección de los intereses morales". Me aconsejó apartarme de ellas para siempre: "¡Fuera las mujeres!" —debía ser para mi futura conducta un grito de guerra.

—Entonces... ¿no existió "ella"? —vociferé intrigado.

Desvió la expresión. Me percaté de que era un enmascarado misógino.

Quise apreciar su descaro y le levanté la barba como fantoche de trapo.

—¿Entonces...? —volví a preguntar.

—No, no... —contestó.

—¿Es que estuvo nuestra relación bajo tan pocos escrupulosos auspicios? —le pregunté.

Calló, acosado.

—Entonces, ¿eres tú...ella?

Y confesó con voz atiplada, su añagaza.

Pero la verdad es que al final todo se olvida. Está tan lejos de mí que apenas lo veo ya; y coloco a veces un fantasma en el lugar donde lo presiento. Disipé la rechifla del dañado pudor como pude. Por causas similares se convierte la vida en un tormento. Mi conciencia conocía mis subterfugios y eso era harto suficiente para mi acusación. Muchas veces me pareció verlo asomar en cada pasajero parado sobre el estribo del automóvil, acomodarse con inescrupulosidad y hacer emerger las emanaciones retenidas en los pliegues de su fino pañuelo sahumando totalmente el recinto.

LA CORTINA

Sin que ella lo notara, detrás de aquella cortina transparente él reparó el parecido con su esposa todavía viva. Desde la fecha de tal observación en que era profesor auxiliar, habían transcurrido años inacabables y hoy, viudo inconsolable, retornaba a la cátedra tras de rendir exámenes por competencia y optar como titular y con plena satisfacción del decanato. La docencia llenaba sus tardes, podría haber llenado su vida y, sin embargo, no era así. Como era joven todavía y una autoridad, las discípulas, seducidas por el magnetismo personal, la prerrogativa de ser su superior y dictar con interés la debida asignatura, gustaban de él. Alto, delgado, canoso y metido de lleno en el ámbito de sus recuerdos, hablaba para sí recorriendo las galerías o leyendo un libro o como haciendo memorias de este, de aquel o del otro detalle insignificante, de esos que componen la trama misma de la existencia.

Estudiaba ella por aquel entonces en torno de un conjunto de muchachas despreocupadas, retozonas, maliciosas y curiosas por descubrir la vida del profesor. Era la época en que se le fomentó a Matilde aquel curioso complejo del novio por funesto proceder de la madre y la hermana casada, empeñadas una y otra en descifrar el supuesto enigma que con 25 años bien cumplidos careciera de candidato, festejante o, al menos pasatiempo conocido. La madre se sentía apenada, desconfiada la hermana. Esta idea absurda del novio nunca deseado la desmoralizó y del herido amor propio se convirtióen desasosegada. Era alta, fría, cavilosa, hacía esfuerzos para pasar inadvertida, doblaba la cabeza y mente sobre textos de química, fisiología, filosofía, matemáticas y lo que menos relación ofrece con el espíritu femenino. Sin gusto por los deleites sentimentales, salvo lo hogareño, vivía para la reflexión, aunque tenía un encanto y gracia cuidadosamente ocultos. Después de la fuerte tormenta por la mañana, pues estábamos en abril, el sol había salido. Se reflejaba por el contraste de la pared blanca del edificio de enfrente con luz dorada en el interior de las aulas, dando a los muebles, ordinariamente vulgares y gastados, un brillo excepcional, como si fuera el sol cayendo sobre la nieve...

Pero ella sentía que el complejo extraño, a pesar de su aire sereno, la sacudía como si fuera el edificio de enfrente movido en sus cimientos por una tempestad. Tal borrasca le arrancó ira, celos, amargura y despertó lo que permanecía dormido, tanto carnal como moral, el alma y el cuerpo con su apremiosa necesidad de expresarse. Adentro de ella nació así otra. La tarde del miércoles, pues esto ocurría un jueves, tuvieron lugar dos cosas que la pusieron en el límite de la desesperación. Como decimos, su vida amorosa nunca fue su problema, pero cuando los de la casa intervenían, quizás obligación suya era resolverlo. No obstante, siendo novicia, temió ser una víctima muda y resignada de un extraño. Era tímida hasta el apocamiento, reconcentrada, parecía sombra para deslizarse, se le veía y no se le oía. De consiguiente, era dable esperar otra conducta y no la que tomó. Solamente un acto de locura pudo expulsar de adentro de su ser lo que estaba reñido con su temperamento. Pero no era que había perdido la cabeza, sino que la vida exterior entraba por primera vez en su ser. Los episodios culpables fueron así. Ese día miércoles de tarde regresó a su hogar y sin quererlo recogió en sus oídos el diálogo de su madre con su hermana.

—Mamá, Matilde debe aceptar a don Carlos Urquieta, rico y comerciante.

—Pero, ¿Carlos le ha propuesto?

—No, pero se puede intentar, mamá.

—¿Cómo?

—Que ella le coquetee —(y se echó a reír).

—Tu hermana es sensata, hija.

—Lo hará si le hago creer que está chiflado por ella.

—Pero si Urquieta nole interesa, muchacha.

—Ya lo sé, ni ella a don Carlos.

—¿Y entonces?

—Hay matrimonios que se hicieron así, por un tercero. Ya verás... ¿Qué más quiere él? Una chica virtuosa, con profesión, tímida, justamente para un solterón rico...

Maldita la gracia que le hizo a Matilde, escuchó y tragó saliva. Luego cayó aterrada en una silla próxima. Tenía demasiado carácter para someterse y, sin embargo, la hizo vacilar... No obstante, lo que oyó le produjo náuseas. ¿Qué podía hacer? Se desvaneció su delgada silueta, lanzándose a la calle en busca de alivio y consejo. Adentro de sí misma se mantuvo en el viaje tensa y a la defensiva.

No podía ella arrojarse en brazos de un sujeto repudiado por instinto. Como de costumbre, se encaminó hacia la Facultad. Al día siguiente (jueves) otra contrariedad apareció.

Si lo anterior comenzaba a adormecerse, despertó ante la cháchara amorosa de las compañeras. Hacían acudir la voz de sus enamorados al teléfono vecino al aula, separado por una cortina detrás de la cual asomaban ciertas cabezas de profesores entregados a la lectura. Esta nueva crisis le penetró hasta en sus entrañas, urgiéndola a solucionar su caso y la impulsó a una decisión, agitándola como hace el viento con los tallos de las flores. De pronto se había operado la revolución del espíritu. Tales dos episodios desencadenaron lo que finalmente decidió. Empuñó el teléfono como un arma de fuego y cuando esperaban que cumpliera el rito de conversar con la madre (era el número que acababa de marcar) se le oyó, rascándose la nariz, lo que sigue (con sonrisa cálida e infantil):

—La cátedra que dicta es la más interesante...

—(¿...?)

—Lo mismo opinan las chicas...

—(¿...?)

—¡Ja, ja! Siendo usted nuevo, como profesor, me agradaría examinar en su com...pa... ñía... la lección...

—(¿...?)

—No importa, iré...

(Las amigas quedaron perplejas como si fuera la aparición de un fantasma. ¿Sería el viudo?)

—No importa, iré. Estaré entonces en el bar a las 19. Gracias. Seré puntual.

Colocó el auricular en la horquilla y no continuó porque el profesor de turno, aunque dando la espalda, aparecía detrás de la cortina. Vale decir, ella había simulado a pesar suyo. Y el semblante reflejaba descompostura y un conflicto de emociones encontradas como las aguas revueltas del río. Los latidos de las sienes y el escozor de la conciencia la fatigaban. Y decidió separarse sin explicaciones. Se lanzó a la calle, desesperada, a consultar con su conciencia lo que le pasaba; su primer impulso fue llorar a escondidas y aturdirse. Las compañeras no atinaban a salir de su sorpresa y menos impresión hubiese causado la aparición de un marciano que aquel viudo codiciado hablándole a ella por teléfono. Todas ellas y cada una era presa de viva ansiedad, pues, se comprendía que algo había de cierto.

—Bueno... lo veré entonces en el bar, tal y cual a las 19. Gracias. Seré puntual (y no siguió, como decimos, porque se entremezcló un profesor sentado detrás de la cortina).

La madre, deteniendo el tubo en el otro extremo del alambre, creyó que su hija había enloquecido. Embargada Matilde por los latidos de las sienes y el escozor de la conciencia se habría detenido en la plaza a no ser porque "las crédulas" la seguían intrigadas. Empujada sin timón o fuerza motriz avanzaba no sabiendo cómo justificar la mentira, desvaneciéndose en su alma las esperanzas de repararla. Envidia, preocupación, resentimiento, celos, remordimientos, la desazonaban. Era enferma emocional, sufriendo la repetición monótona de múltiples sentimientos minúsculos que acaban por producir ansiedad, frustración, desánimo y miedo.

Así caminó perseguida por el siseo de las amigas. De pronto se sintió sujetada por un brazo masculino, dándole renovadas esperanzas a su cuerpo, que amenazaba desmayarse y caer en el asfalto. No obstante, reparó en las campanadas del reloj de la catedral, aunque no las contó. El aire era transparente y su silueta agobiada por el peso interior le demostraba que lo que había hecho era una aberración. Se paró frente al vidrio de un escaparate como ante un espejo y examinó su semblante, abotagado y su vestido desaliñado. Luego reanudó la marcha entre bocinas, olor a petróleo, soplidos del viento, vidrieras de tentadoras tiendas, e interrupciones de automóviles y peatones.

Se paró en seco y atónita cuando descubrió que aquello que había urdido con malicia se convertía en realidad, no en el imaginario bar sino en plena calle central.

¿Era la providencia o el misterio quien intervenía? Impúdicamente él la volvía a sujetar como quien protege a un niño extraviado, cada vez con más fuerza, del brazo y con vigor masculino, diciéndole:

—Veo que me comprende y será algo más que mi discípula...

Las compañeras, perplejas y detenidas a pocos pasos, menos se habrían sorprendido con la aparición del fantasma o de los marcianos descendiendo en la tierra, que del brazo sujetándola. No quedaba duda, era el nuevo profesor viudo en un encuentro imprevisto con Matilde.

No fueron ellas solas las aterrorizadas. Matilde, ella misma, sus ojos arrasados de lágrimas veían y no creían. Estaba embargada de emoción. Enrojeció hasta la raíz del pelo, la sangre se paralizó en sus venas y, entretanto, había perdido toda compostura y lo miraba a él con ojos extraviados. Naturalmente que no era sueño rosado saber que porque se parecía a su esposa muerta gustaba de ella, pero añadir como añadió, que en la Facultad y en todas partes había requerido informes como virtuosa, enamorada como él de iguales materias de enseñanza, físicamente y espiritualmente tal como era su tipo de mujer, etc.... ya era prueba de verdadero motivo para enamorarse. Pasó el tiempo y el idilio se materializó. Pero había conquistado otro triunfo: para el resto era una heroína de novela, todo el mundo suplió a la anterior Matilde por otra, que seducía a los hombres a pesar suyo. Creyeron que había mantenido en secreto su noviazgo y que por modestia no hacía ostentación del don para seducir.

Una callada admiración cundió. Sin recurrir a la coquetería, hacía conquistas y ello hizo que acerca de ella todos modificaran sus conceptos. Pero mientras pasaba el tiempo, tanto en ella como en los demás, carecían de coherencia los sucesos ocurridos en aquel jueves. A solas reconocía que jamás se había interesado en novios, menos en maridos y, sin embargo, uno había aparecido que luego se había convertido en esposo. ¿Qué misterio había? En su cara serena no asomaban las huellas de las grandes emociones del amor. La mentira del teléfono por mucho tiempo la ocultó. Entretanto, despertó ante la confianza del amor masculino y la oscura fuerza de sus sentimientos tanto tiempo reprimido, despertó. Estaba convencida que ofrecía a su esposo lo que él buscaba, vida recoleta, amor, intimidad y paz para el estudio en común. Era la de él y la suya una culminación de destino inevitable.

Él, por su parte, encaró con dedicación la formación de la cultura intelectual de su esposa, mientras saboreaba el recuerdo de haber abierto la compuerta de donde habían brotado como gotas cristalinas, emociones retenidas desde hacía 25 años.

Las dudas, sin embargo, continuaron en la mente de ella hasta que cierto día, convencida del amor de él tras de mil ideas y mil suposiciones de su imaginación, quiso saber por qué se había decidido a revelarlo en aquel determinado momento y lugar y no en otro.

—¿Por qué la coincidencia del encuentro... en la calle y tan...abruptamente? —le preguntó suficientemente intrigada ella cuando estuvieron casados.

La oprimió entre tierno y pícaramente divertido.

—Porque yo... —le replicó mirándola fijamente.

Ella le clavó los ojos enamorada, y él calló para añadir:

—Era... el profesor... que aquella tarde del jueves... me ocultaba detrás de la cortina.

EL INTRUSO

Abrió la puerta el obrero y en el vano apareció Beber; lo acogió confundiéndolo con el abogado, persona que dijo tampoco conocía y, sin embargo, esperaba en ese preciso momento para ultimar la acción judicial justamente contra el propio Beber, a quien manifestó conocer sólo de nombre por haberse reinstalado él una semana atrás en el pueblo. Aceptó Beber todo como natural confusión, tanto de persona como de hora. Cierto es que pudo desvanecerla, pero optó por callar astutamente a fin de poder sacar partido del error. Entraron y después de sentarse el dueño de casa expuso al presunto abogado la naturaleza de su demanda contra Beber...

—Mi deber era visitarlo, pero ya que ha venido...

Beber se contrajo sobre sí mismo; la sangre afluyó a su semblante y los ojos relampaguearon. Temió ser descubierto, pero como la confusión resultó buena como estratagema para su defensa, disipó escrúpulos, cuidándose nada más que de las respuestas. Calmó sus ojos encendidos de sospecha extrayendo un pomito de coraminas y después de pedir un vaso de agua, giró la cara hacia el techo y tragó. Entre tos y tos sintió que el corazón se le aliviaba. Imitando la aparatosidad de Beber, el dueño de casa optó por manipular algo distinto por su cuenta y organizar así sus ideas. Montó la pierna derecha sobre la izquierda, retiró de la boca el cigarrillo y por algún tiempo contempló la brasa en la punta. Beber, medrosamente intrigado, le lanzaba tímidas ojeadas, recordó que minutos antes un papel lo trajo y ahora representaba otro, que mientras apoyaba los nudillos de la mano derecha para llamar a la puerta, su actitud correspondía a la del padre ofendido que en demanda de reparaciones acude a pedir cuentas por su conducta de galán, quien, en el caso específico, aunque soltero, peina canas desde hace un lustro. Eso era su papel. Motivo exclusivo de su visita. Otro distinto se le atravesó al llegar y ser confundido con el abogado.

Esta incongruencia le hizo fruncir el ceño. En vez de acusar al dueño de casa como se proponía, su avidez se proyectaba ahora en descubrir por qué el dueño de casa esperaba a un abogado para iniciar juicio justamente contra él. Su inesperado papel de víctima en vez de victimario le parecía insólito. Debido a esto permitió que se mantuviese la confusión de tomársele a él como el abogado que escucha las culpas del demandado por boca del cliente.

—Usted dirá—exigió Beber como presunto abogado.

—Muy sencillo. Reclamo que me devuelvan mi mujer y mi hija. El que las tiene acaparadas es un extranjero de nombre Beber... que usted lo debe conocer. Se apropió de Camila, que le pertenece sólo por la ley, pero de corazón... Ah, mejor no hablar; todo fue por la familia de ella, eran pobres como yo y él tenía dinero. Esa es la historia, doctor.

Cuando terminó, Beber ya no tenía una sola pierna sobre la cual se pudiera mantener quieto. Quedó sin aliento y sintió que el suelo iba a desplomarse debajo de sus pies. En quince años de casados era la primera vez que oía esto. Quedaron empantanados en sus reflexiones y el dueño de casa aclaró:

—Pedro Delio Beber... ¡Usted lo debe conocer, doctor!

Despertó el visitante al oírse llamar por quien lo atribulaba y su apellido lo escuchó como martillazo en el cráneo.

—Sí...sí, sí...lo conozco.

—Bien, hace cosa de quince años dejó el pueblo. ¿Me comprende? La Camila de Beber era mía, estaba dispuesta a casarse conmigo y además iba a ser madre...

—¿De hijo suyo? —prorrumpió con tono estremecido, asustado.

—Sí.

—Eso mismo, Luisita es mi hija. ¿Sabe? No le dije, doctor, que antes de cumplir esos nueve meses nos íbamos a casar... y al irme, apareció él. Cuando lo supe ya no quiso volver al pueblo. Que si vuelve lo mato; ¡como que una y dos son tres!

El dueño de casa infló las mejillas y sopló.

—¡Le oigo! —musitó sin conciencia de lo que decía.

Habría preferido que el otro en vez de hablar, cerrando los ojos no leyera tantas emociones en el libro abierto de su semblante descompuesto.

Por eso dijo con grito aterrador:

—¡Siga, le escucho!

—No hay más qué decir!...

Beber se estableció con una fábrica y en menos de un mes negoció a Camila con sus padres. Como ahora me dice, por infeliz me casé con él. Bien, esto no puede seguir, son dos mujeres y las dos me pertenecen, la Camila y mi hija. Si él supiera todo lo que ignora, ya sabría lo que hay que hacer... Sin dignidad la vida no es vida y él tiene plata para conseguir otra que al menos le cerrará los ojos cuando muera... Me da pena quitárselas, pero uno pide lo que es de uno y sufrir, lo mismo que yo he sufrido. ¡Para eso uno es hombre! No queda otra solución. Él ha de ser caballero y verdadero macho; que Dios lo bendiga. No soy más que del pueblo, no le puedo ofrecer a la Camila nada, pero eso sí, cariño que ella necesita... Para no verla con lujo y sin alegría, preferí irme, ¡pero hoy finalmente aquí estoy y a pelear lo mío... ¡Nada más!...

Una sensación de pérdida espantaba a Beber y sus ojos vagaron sin esperanza por el cuarto, ora sobre los muebles, después por el techo y finalmente cayeron rendidos sobre sus manos. Allí se quedaron, quietos, con una especie de cansada obediencia. De pronto, despertando de una pesadilla:

—¡Hable, amigo, que le escucho! —ordenó.

Sentía una conmoción nerviosa, "Luisa no es mi hija y Camila me ha engañado", pensó. Plegóse el labio superior con los dedos y se puso a meditar. Camila había sido fácil de reducir a la obediencia. Su confianza en sí misma amenguó siempre. Otros tenían que pensar por ella, por eso se vino con él y por eso se iba de su lado. Lástima haber perdido tantos años... Caviló y al reparar que no era esclavo de prejuicios, se animó y preguntó:

—Nunca quiso Camila a Beber?

—¿Que si lo quiso? (Hubo una pausa embarazosa).

—Sí, ¿sí lo quiso?

—Es hombre difícil. Unos dicen que es de este modo y otros de tal otro. Yo que no soy más que obrero, acabo de llegar y no lo conozco. Pero mis amigos me dicen que es rubio, ancho de espaldas, así como usted. De mediana estatura, igualito que usted. Pero en lo más alto, tiene un montecito de pelo. Mire que hasta en eso se le parece y también otro poco en círculo, arriba de las orejas. Lleva buena ropa y un poco afectado con el sombrero en la mano camina en la calle quizás para que le nazca el pelo... Yo le nombro el Intruso, je, je, je...

El otro permanecía lívido, creyó que le había reconocido. Su duda se calmó cuando le oyó decir:

—Más que como abogado necesito su consejo como hombre respetado en el pueblo. Si me consigue la familia, me la llevo afuera y le dejo esta casa como honorarios. La casa es pobre, pero hay una manzana de tierra, un buen lote, calle asfaltada. Es herencia de mi vieja que falleció en julio, ¿sabe?

Beber respiró con alivio. Fruncía el ceño a medida que un nuevo pensamiento comenzaba a insinuarse en su mente. De súbito sonrió ante la idea que le había asaltado. Su vida era suficientemente complicada, pensó, sin la carga adicional de una mujer que fuera de no quererlo tenía una hija de otro. El obrero era alto, espigado, huesudo y de contagiosa y comunicativa sonrisa. Tendría diez años menos. Él, Beber, no tendría mayor preparación, pero mucho más roce social y experiencia. De niño había vendido periódicos en Hamburgo, luego empleado de almacén y como el motivo dominante de su vida fue escapar a la pobreza, amasó un capitalito que absorbía las enteras energías de su alma. No por avaricia, sino por orden y prevención.

Visualizaba a primera vista el rendimiento de un determinado negocio. De una ojeada por una puerta abierta hacia adentro descubrió que allí instalaría el anexo de su fábrica. Esta decisión le pareció humillante para su orgullo, pero ante la vacía sensación que se apoderaba de él con un hogar disuelto, sólo el trabajo y afán de lujo podría aplacarle. La vileza de su interés mercenario lo inclinó ante la imposibilidad de darse a conocer y negociar sin la intervención del presunto abogado. Aunque la decisión ya estaba tomada, miró como consultando con ojo de hielo sus dedos crispados. Era hombre de instinto egoísta que colocaba a los seres humanos por debajo de las operaciones. Es la manera de humillar, decía, a quienes nos humillan. Y en el caso específico le aliviaba que la diferencia económica le diera ventaja. Su ventaja radicaba en que Camila compartiera la miseria del obrero.

—Lo que puedo decirle es que tengo carta de Camila, que le voy a mostrar. En una me habla de que ha nacido el fruto de nuestro amor, aquí la tiene, lea usted este párrafo... Pero hay, doctor, algo pintoresco. Beber descubrió ayer que mi Luisita me visita por pedido de la madre.

Cree que yo ando en amores con ella... Yo peino canas, pero bien, todo puede suceder si hago de viejo verde, ¿eh? El chiste es que él vendrá esta tarde a pedirme cuenta de mi conducta. Qué cosas hay en la vida, je, je, je... El conoce la letra de su mujer, pues si viene le mostraré justamente esa carta... Ya va a tener su merecido, no...

—Prosiga—replicó el otro turbado hasta el paroxismo y empantanado en cavilaciones de cómo orientarse. ¿Regresaría al hogar? ¿Dormiría en un hotel?

—Así siguió todo. Yo pobre, ella llevando mejor vida, pero sin amor. Conociendo mi carácter no sé cómo me aguanté. Y sin casarme y casi sin tener mujer. No podía querer a otra mientras tuviera esperanza. De algún modo nos íbamos a arreglar. Hasta que un día me dije, vamos a ver qué pasa. Aquí estoy. ¿Cómo iba a ser de otro modo, si de niños nos criamos juntos? Qué quiere, doctor...no se puede cambiar los sentimientos. Que no vengan, que por dinero... no señor... Se quiere o no se quiere, sobre todo entre gente del pueblo. Arriba, en las clases de arriba, tal vez... Nosotros los del pueblo, no.

Beber lo escuchaba casi con admiración y envidia. Envidiaba las memorias plácidas. En su vida no hubo romance de novelas. Por eso le preguntó:

—Pues bien, ¿qué?

—Quizás le canso...

—No, no me cansas. Te voy a preguntar,

—Usted dirá.

—¿Cómo le hacías el amor...era, vamos, apasionada?

Calló sin contestar el otro.

—Te ama ahora?

—No; yo sí.

—Me extraña...

—Dice que está casada. Que le pertenece a Beber... El deber, ella es así.

—Estaban seguros de casarse?

El dueño de casa respondió que sí.

¿Por qué no le había vuelto a escribir al lugar donde él residía?

Dijo la razón por qué no.

Uno miró al otro y este segundo sostuvo la mirada.

Volvieron a las preguntas y el segundo volvió a las respuestas.

Había en otra mesita un plato de comida con moho encima. Cerca de la puerta revoloteaban moscas en un rayo de luz que se filtraba por la rendija.

Había un viejo espejo con marco festoneado. Aparecía una repisa quebrada.

Beber por primera vez descubrió que afuera había empezado a llover. El agua azotaba el techo. Mañana, deshabitada su casa, viviría con la vieja sirvienta. Luego reparó que era posible espiar esta calle por las rendijas de la puerta del sur y espiar el jardín por las claraboyas del norte.

La pintura de la pared se desprendía en escamas. Cayeron en un mutismo. Siguió a esto una pausa embarazosa. El dueño de casa pensó que el otro reflexionaba en una solución astuta. Para no distraerlo fingió palpar las patas de la silla próxima. Celebró que se frunciera el ceño de Beber como trabajando por el esfuerzo reflexivo. Las sienes le habían latido quince años con la imagen de Camila; era ya hora que fuese suya. Si había solución legal. en buena hora; de lo contrario, la violencia. De nada servía libertad y vida sin Camila y su hija. Cuando así pensaba temblaba parte de su mente en los límites de la locura. Empezó a filtrarse la luz eléctrica que llegaba con la noche desde la calle. El dueño de casa prefirió que permaneciesen en tinieblas para no verse las caras.

—¿Qué piensa hacer? —preguntó.

—Que vengan Camila y Luisa a mi lado.

—Desde luego como esposa.

—Eso se entiende.

—¿Y el divorcio?

—Si hay que pagar, algo tengo.

—Beber sufre una afección cardíaca. Para evitar violencias pagará las tramitaciones judiciales del divorcio...

—Mejor entonces.

—Pero ¿qué opinará Camila?

—Como opinar, dice que como padre y esposo es un modelo. Ella dijo que él hará la separación si sabe que Luisa no es su hija, pero que no se merece tanto castigo. Que Luisa sabe que no es su padre y perdona a la madre porque comprende que la casaron. Pero Camila siempre dice, si vivo con él no soy mujer, soy un mueble, pero si me separo tampoco seré feliz con la desgracia ajena.

—¿Eso dijo?

—Eso. Yo le pregunté: ¿entonces no me quieres?

—¿Qué respondió?

—Lloró. Así somos los pobres, pura lágrima cuando no hay remedio. ¿Qué otra cosa puedo hacer?

—¿Y qué harás?

—Yo lo tengo pensado. Oiga, le diré. No es cosa que una hija venga por razones inmorales a ver al padre. Sepa usted que es mi hija y aquí tiene una carta de Camila. De manera que... resuelva. La culpa no es mía ni de ella, sino suya por obligarla al casamiento. Creyó que, porque tenía dinero y ella era joven y bonita, ¿pero pobre?...

—Cállate, hombre.

El otro se incorporó, se sentó de nuevo, golpeó la mesa y con disimulada suspicacia dijo:

—Trato hecho, hijo mío. Pero para convencerlo, antes tienes que extenderme un poder con tu firma en que diga tu voluntad de ceder esta propiedad a él, si permite su separación de su mujer e hija.

El dueño de casa como si hubiese estado preparado, extrajo un pliego de papel sellado y sonriendo replicó:

—Dicte que yo escribo.

El otro dictó.

"Yo, Matías Lanza, hijo, mayor de edad... en uso de mis facultades, ofrezco por la presente a Pedro Delio Beber, mi propiedad, según consta en la escritura pública, sita en la calle tal, entre tales y tales, etc., en pago de la disolución del matrimonio con Camila Gómez y su renuncia a su pretendida, aunque legalizada paternidad sobre Luisa, quien, por testimonio de la madre, es hija habida con el suscripto. También Beber se compromete a no obstaculizar el divorcio y antes bien cooperar y sufragar los gastos para que pueda de nuevo casarse Camila con el suscripto y la hija habida de un amor ilícito, vivir legalmente al lado de sus legítimos padres casados de acuerdo con la ley y la religión".

—¿Cree que aceptará? —interrumpió el dueño de casa.

—Convencido, tengo mis razones.

—¿Se puede saber...?

—Pues, yo lo haría. No hay otra solución... hijo.

Calló y luego añadió:

—Es una sensación de vacío vivir así.

Hay que empezar de nuevo... con otra.

El vínculo legal nada vale si falta el moral. Qué haría yo: ¿matarte? Si tú no tienes la culpa. ¿Matarla? Ella, la pobre, fue llevada al matrimonio. No hay más. Esa carta prueba la verdad. Eso sí, que él las abandone a ellas. Y nada de dinero, nada, nada. Pero él debe recibir esta hermosa propiedad. Una manzana de tierra, calle asfaltada, sin hipoteca. Eh. ¿Tienes la escritura? Yo como abogado nada recibo.

—¿Lo haría usted, doctor?

—Con los ojos cerrados.

—¡Hágalo entonces, vamos! Firme diciendo que acepta lo que arriba se le ofrece.

—¿Yo...? ¿Pero estás loco...? ¡Yo no soy Beber!

Matías desenfundó un revólver que no supo de dónde lo extrajo.

Beber se desplomó física y moralmente; empezó a firmar. Permanecía perplejo, como bestia acosada. El otro, volviéndose a la puertecita que antes tanto atraía su atención, llamó:

—¡Entre, doctor, entre! (Apareció un sujeto bajo y malicioso. Era el abogado).

—¡Es una extorsión! —gritó Beber al ver al auténtico abogado. Inyectados en sangre sus ojos y en esta forma se concentraron en una mirada fija: gesticuló, profirió exclamaciones, tuvo un espasmo y se desplomó de nuevo en un acceso.

—Nada de eso—replicó el auténtico hombre de leyes—nada de eso, amigo Beber. Firme lo que ha dictado y que indecentemente, sin ponerme en evidencia, escuché, pero su proceder no es menos indecente. Tómeme como testigo, amigo Beber. El documento es válido.

Beber terminó y el abogado recogió el testamento y comentó entre dientes:

—¡Sucedió tal como se había planeado! ...Je, je, je.

LA ESCAPADA

Por esa época flotaba en el ambiente físico y moral una sensación opresiva de recelo. No obstante, se sucedían las fiestas públicas destinadas a conmemorar los triunfos oficialmente proclamados por las armas paraguayas en el frente. Era el año 1868 y la derrota del enemigo se descontaba para el primer semestre.

El día jueves, 20 de octubre, agonizaba suavemente y Pancho Cuevas vino a la capital por asuntos de servicio y visitó de paso a su hermano menor que se inclinó a las confidencias. Estaba poseído de una sensación de ansiedad que le resultaba incluso agradable y miraba a Pancho con una intensidad tal que lo obligó a fruncir el ceño. Allá abajo aparecía el centro de la ciudad de Asunción del Paraguay, con su amasijo de casas y calles caracoleantes entre altos árboles que ocultaban la tierra rojiza.

—Regreso a reunirme con el ejército —le confió Pancho Cuevas a su hermano menor, reteniendo el aliento.

Pollos, patos, perros y cerdos vagaban buscando entre los desperdicios de la casa algo que comer. En el fresco de la tarde mortecina, el aire tenía una limpidez traslúcida. Los lapachos alcanzaban enorme altura y se oía el arrullo de las golondrinas revoloteando sobre el techo de la vetusta casa. Bandadas de loros atravesaban arriba con procedencia del Chaco y parecían balas lanzadas a través del aire límpido y sereno. Iban a despojar los árboles de sus frutas en las quintas del oriente y de nuevo regresarían a dormir en sus nidos en el Chaco. Pancho, desde su llegada, sentía una sensación de bienestar. Su imaginación se entregaba gozosa, aunque sin cansarse, a la tarea de recordar dulces imágenes de su infancia, y era que flotaba en aquel instante un hábito de sensualidad material.

Los rayos del sol poniente habían logrado filtrarse a través de las ramas de los altos lapachos y derramábanse sobre el follaje haciendo brillar, como cobre bruñido, su denso y opulento color verde. Súbitamente Pancho Cuevas y su hermano menor se sorprendieron al escuchar que un ser humano respiraba detrás de la ventana.

—¿Qué haces allí, Simona? —barbotó. Pero como no le oyó repitió con un grito el hermano menor, dirigiendo a la mujer una mirada de cólera impotente.

—Nada, niño Raúl. —La vieja parecía absorta por sus pensamientos, aunque embarazada por la súbita pregunta.

—Vete a tu casa, nadie te necesita—gritó de nuevo y enarcó las cejas.

—Como no, niño Raúl.

La vieja de cutis bronceado se alejó a regañadientes, pero detrás suyo dejó en el ánimo de los dos una estela de ansiedad. La vieja, de la cual no se conocía sino el nombre, acaso solía escuchar comentarios y transmitirlos a las autoridades. El hermano menor de Pancho estuvo temeroso que éste fuese delatado. La actitud de la vieja no parecía obedecer a la confianza que pudiera sentir en sí misma, sino a una tranquila indiferencia por el destino ajeno. Por todo vestido llevaba prendido de los hombros un raído y sucio typoi que le caía hasta los tobillos. Iba descalza. Fuera de la leve sonrisa que se dibujaba en sus labios, la única señal de que había reparado en aquellos dos hombres fue un pequeño movimiento de cabeza casi involuntario, con el fin de soltarse el cabello y un instintivo ademán para apretarlo; lo tenía muy largo y desgreñado. En fin, era una mujer delgada; tenía la cadera estrecha de un muchacho y las piernas cortas. Sin embargo, en su semblante picaresco asomaba una expresión de malicia y los había estado observando con el rabillo del ojo.

—Pero veremos, ¿qué es lo que hemos dicho? —interrogó Pancho Cuevas a su hermano menor, desanimado y perplejo.

—Primero —repuso el otro— yo te formulé una pregunta: ¿cómo va la guerra?

—¡Cierto!...

—Bien, Tú me contestaste la pregunta.

—La guerra está perdida completamente —respondiste.

—Aquí nosotros opinamos todo lo contrario —te observé.

—Eso es falso, me contestaste. Y luego añadiste: los bailes se proponen disimular la derrota inevitable. Se nos terminó el material de guerra, tuvimos bajas y hay noticias de que los aliados se proponen someternos por hambre.

—¿Y qué se persigue con el engaño? —te volví a preguntar.

—Prolongar la guerra —me contestaste.

—¿Con qué objeto? —pregunté de nuevo.

—Nosotros los soldados del frente no lo sabemos y si el alto comando oculta la idea que se persigue, nosotros la ignoramos.

—Pero ¿por qué el gobierno celebra el triunfo inexistente de nuestras armas? —volví a preguntarte.

—Para ocultar la verdad—me repusiste de nuevo. Los dos bajamos el tono, pues sabíamos que alguien nos escuchaba. Mi voz se quebró como para echarme a llorar. No obstante, traté de dominar mi agitación, pero no pude reprimir el violento temblor que tu observaste" ...

Pancho sospechó que Simona había partido a delatarlo; los dos hermanos exteriorizaron el sentimiento de sus almas con una mirada sombría. Ignoraban hasta allí, que minutos después, Pancho dando grandes zancadas desvanecería su fina silueta entre los negros árboles definitivamente como un prófugo. La emoción que embargaba a uno y otro hermano hacía temblar sus labios. Uno vio en los ojos del otro una llama de amor. Se amaban con la energía de su inteligencia consciente. El hermano menor sintió adentro de sí una prematura madurez, pero ésta desapareció de pronto y volvió a ser el niño de antes que se sobrecoge de miedo. Pancho había partido y recordaba su consejo.

—Pancho —le había dicho—, estamos perdidos y no queda otro remedio que yo te delate como traidor. Mientras tanto huye hacia la selva, quizás ganes la frontera de Bolivia y salves tu vida. Yo iré a delatarte hoy mismo y de este modo acaso salvemos la vida del resto de la familia.

—Me parece bien—contestó Pancho. Se abrazaron, se dijeron adiós y se separaron. El hermano menor hizo la denuncia. Se presentó al alto comando y delató a Pancho Cuevas como un traidor. En la declaración firmada con su puño y letra se confesó que la madre y los hijos habían arrojado a Pancho Cuevas del hogar por difundir ideas que conspiraban con el éxito de la guerra llevada a cabo con tanto sacrificio. Esta fue publicada y difundida en el boletín de guerra y se pedía la captura (vivo o muerto) de Pancho Cuevas, "denunciado por el propio hermano menor", merecedor del más alto reconocimiento por la ayuda prestada a la patria. La noticia publicada de Pancho Cuevas llevaba añadido el adjetivo "traidor". La familia rezó esa noche en torno de la venerada imagen de Nuestra Señora de la

Asunción. El rostro contraído de los presentes tenía un gesto duro; las estrellas brillaban tan intensamente que la silueta de la figura de Pancho se dibujaba en la memoria del hermano menor con toda claridad en el momento de desvanecerse entre los árboles.

Luego deliberaron. Lloraron y pidieron al cielo la salvación del prófugo. Después se retiraron resignados cada uno a su casa.

Había transcurrido mucho tiempo y la guerra acababa de terminar en 1870.

Raúl Cuevas, el hermano menor de Pancho, confesó al viejo cura de la parroquia lo que gravitando sobre su corazón, noche y día, constituía desde hacía dos años un peso abrumador.

—No es verdad —respondió el cura fuera del confesionario para no profanar el sitio— que Simona pudiera delatar a nadie siendo de una ignorancia supina. Además, estaba sorda como una tapia debido a que el tímpano fue destruido por la descarga de un rayo. —El joven lo miró fijamente y luego preguntó:

—Entonces la huida de mi hermano fue innecesaria y estéril?

—Así creo —repuso el señor cura— y si es verdad que la guerra estuvo perdida antes que se hiciera pública, el autor de aquella versión no pudo rehabilitarse del cargo de traidor, pues se lo tragó la selva, ¿no es así?

El joven que lo escuchaba con un nudo en la garganta bajó la mirada y no respondió a la pregunta del cura.

LA ARREPENTIDA

Le hacés el amor, le entregás este regalo (le descubrió un paquete liviano con artículos femeninos). ¿También podés proponerle casamiento para el Día de Reyes... Entendés? (Palpó la piel morena y transpirada de la mano derecha del muchacho).

Él desunió los brazos y puso las manos en los respectivos bolsillos del pantalón.

—¿Cuán—to me ofrece en pa—go—Do—ña—ma—ri—na? —replicó con malicioso y taimado gesto. Ella, de mediana estatura, no menos astuta, delgada, la piel curtida, socarrona y doblándole en edad, respondióle:

—Eso depende, Rosendo. Qué te parece... ésto... (extrajo algo de la blusa por entre los senos y él siguió con la mirada el movimiento de las manos de ella) para comprar unas vacas lecheras, hijo... Así diciendo descubrió el contenido.

El peón, de cuerpo espigado como junco, su epidermis parecida al café tostado, ágil como mono y de 24 años apenas, infantilmente sonrió y aguzó el oído. Oía y observaba billetes de banco, endurecidos por no haber todavía circulado, envueltos en fajo de papel, resonando al sacudirlos con el roce del dedo pulgar femenino desplegándolos como si barajara cartas, asomando el número cien en vertiginoso desfile, uno tras otro...

Levantó la vista divertido. Ella había graduado la emoción del peón y nuevamente guardado aquello en la blusa con que cubría los senos. Al principio él había notado que ella se había quedado espiándole ansiosamente la cara, pero al levantarla él, como si celebrasen un pacto, posaron en sus respectivos ojos las miradas. Respiró él, trémulo, ante la tentación del dinero. Perpetua y nerviosa
sonrisa, vagaba en sus labios. Medió entre los dos una pausa de silencio. Nubes grandes y desflecadas resbalaban lentamente por el cielo.

—¿Hacerlo...? Va—ya que lo ha—go... ¡Pe—ro si el pa—trón... me dis—pa—ra un ti—ro...! ¡qué puntería...! ¿Pa qué me sirve... el di—ne—ro...?

—¡Cobarde...! ¿No te da vergüenza...? Mi marido la echará a la calle... (los ojos de ella no cesaban de guiñar nerviosamente y en los labios gruesos vagaba igualmente una sonrisa maliciosa). De pronto endureció el semblante:

—¡No te pido matarlo...! ¡Dios me libre de semejante...Quitarle la Natalia y nada más! ¡Para que él entre en razones...! ¿Entendés?

—Sí, como comprender... (El paisano ladeó la cara, desconfiado. En ese momento se interrumpió el silencio por un ruido de hojas secas agitadas por una ráfaga de viento).

—Además, te quedarás con la muchacha... propia para tu edad. El anda alzado, metido con una mocosa descarada. Dejará de servir de risa... ¡Viejo como es!

—Que sí Do—ña Ma—ri—na... Ya le di—je...

—¡Mentiroso...!;Nada me dijiste...!

—Ji, ji, ji...Es que es co—sa que hay que pen—sar—la... mucho Do—ña Ma—ri—na. (Otra sonrisa abrió los labios finos del peón. Calló y comenzó a dibujar con el pie en la tierra. Ella sacudió su cabeza fastidiada).

—Un trago fuerte de alcohol te dará coraje. ¡Vamos al rancho! — e hizo un movimiento, sin incorporarse.

Conversaban, él de pie y ella reposando en un tronco de árbol seco, sobre una altiplanicie cubierta de maleza, bajo un ramaje de algarrobo, junto al cual una joven encina extendía sus ramas. La mujer apoyada sobre el tronco caído y como el peón callara, ella le observaba. Tenía ella las manos bajo las piernas y movía un pie después de otro, mostrando pantalones de cuero. Las cimas de los árboles proyectaban sombras verdosas sobre su cara. Fastidiada ella del silencio, se puso a contemplar el juego de las hojas al entrecruzarse con movimiento suave sobre el fondo inmóvil del cielo. De pronto, como animándose, una maliciosa y dulzona sonrisa entreabrió su boca, entornando sus ojos.

Cerca de ellos, por detrás de un bosquecito de algarrobos de verde oscuro que los anegaba, asomó gris terroso del techo de paja donde un perro barcino ladraba atado a un poste. Pequeñas planicies blancas en el suelo como calvicies salpicaban el lugar exuberante, salvo el declive hasta donde la mirada alcanzaba, allí se extendía la dilatada llanura y en ángulo remoto al extremo izquierdo, se divisaba apenas como mancha blanquizca, la casa grande donde vivía Celso Linares, dueño de la hacienda y el campo. Esposo de la despechada que maquinaba un plan de venganza. De noche se divisaba la lucecita de la casa brillando entre las tinieblas en que quedaba sepultada la llanura. Tres meses atrás, vivía ella allá abandonando para refugiarse en compañía de su antigua sirvienta, Sebastiana, en este rancho. Sin embargo. no se sentía él dueño de sí desde entonces.

Por los acometedores ladridos del perro enfurecido, descubrió Sebastiana que la patrona se aventuraba, acercándose, con el peón. Venían conversando por un caminito que serpenteaba entre árboles y magníficos efectos de luz filtrados entre las hojas. Para disimular la curiosidad, por más que era sólo confidente de doña Marina, empuñó una escoba simulando barrer el lugar por donde pasaban, mientras estiraba la oreja.

La paró en seco, la patrona, preguntándole:

—Es posible... ¡con yerba este mate desde la hora que lo usó Linares?

—Voy a vaciarlo, ahorita, señora—replicó diligente la paisana.

Entraron. En la humilde salita emergió una mesa de pino, con mantel blanco de lino, sillas de paja en torno y la imagen de la Virgen en un rincón. Una sola vela colocada en el cuello de una botella, iluminaba la efigie del santo. El visitante se desplomó en un asiento por indicación de la señora. Usaba alpargatas y chiripá, una camisa blanca, abierta y un pañuelo rojo envuelto en el cuello. En la mano conducía el sombrero. Al sentarse, un gato negro con la cola levantada como un índice apuntando al techo, se acercó y se refregó familiarmente en la pierna de Rosendo, ronroneando. La mujer arrastró otro asiento cerca del peón y se acomodó a su lado. No había más piso que tierra polvorienta. Había sido la antigua vivienda de un "puestero" de Linares. Ella no tenía en el mundo más que a Linares. Venida de remota provincia del Norte, se había olvidado de los suyos. Entre tanto juzgaba que la deficiencia material del rancho compensaba su alivio moral castigando a Linares con su alejamiento.

—Aquí aparece mi marido, de mañana, y se sienta a tomar mate que yo le cebo. Desde afuera traba conversación con los forasteros que pasan. No saben que estamos peleados por cuestión de las mujeres...

—Entonces... siguen de amigos? —preguntó el peón con recelo. Ella celebró la pregunta y comentó:

—¡El diablo sabe no por diablo! ... —y le relampaguearon los ojos, animándose. Luego refirió, desdeñosa, apoyándose en cada sílaba:

—Allí está Sebastiana que no me dejará mentir. Cuando nos mudamos de casa lo primero, me dije, no perderlo para no quedarme en la calle. Somos casados por la Iglesia. ¡Quedarme sin nada, eso sí que no! Cómo salirme había que salirme por dignidad. Pero yo sabía que el viejo nada resuelve sin mi opinión. Él y no yo era quien tenía que reconciliarse. Pasamos unos meses mudos. Un día le mandé un plato de comida que él sabe que sólo yo sé cocinar. La Sebastiana me lo estuvo adoctrinando... Que vea don Celso, ni usted ni la patrona está bien que hagan locuras... No hay que dar pie que la gente hable... Que si verdad es que ninguno se puede decir que están viejos, también es verdad que... bueno... ya jóvenes no son...Que (lo que ella contaba salía de su cabeza... que el plato de locro no era la patrona sino ella quien lo había cocinado, que la patrona estaba tan ofendida, etc., etc....) y se vino la Sebastiana. Pero él, como perro viejo que es, dijo al rato:

—Voy a acercarme por unos mates... La vieja es lista y tengo que consultarle del ganado y del campo...

—Es lo que debe hacer, don Celso —le retrucó Sebastiana y se despidió.

—Vino él un día. Vino otro. Agarró como su costumbre aparecer por las mañanas. Eso sí, nada de amores y tonterías, nada de eso, toda cuestión de intereses. Que si convenía apartar el ganado; que si a Juan había que pagarle indemnización por culpa del caballo que en la doma le estropeó la pierna. Se quedaba hasta la hora del almuerzo...Pero ya me estaba jugando una mala pasada... Un día la Sebastiana, que la mandaba a espiar, volvió atolondrada: "¡Doña Marina!" y salí a ver qué pasaba. ¿Qué iba a pasar...? Que la Natalia estaba amancebada con Linares...en mi...casa...".

La mujer se vio forzada a tomar aliento y el peón aprovechó para limpiarse la saliva de la boca con el dorso de la mano derecha. El avasallador impulso con que se exteriorizaba ella, inquietaba al hombre.

—Soy astuta —continuó— pero eso se me había pasado por alto. ¡Llevar una mujer... ¡habráse visto...! Y dije: ¡Guerra querés, guerra tendrás...! Ojo por ojo, diente por diente...

Al siguiente día aquí apareció el descarado. Yo como si nada...; Callada la boca! Para indagar si yo sabía: "Marina, ¿cuándo vas a volver a casa...?" Así tal como lo estoy contando... ¡con iguales palabras...! Se me subió la mostaza a la cabeza y retruqué:

—¿Oiga, don... señor... ¿para qué servimos las viejas? ¿No tiene usted una joven? Callamos los dos, sin vernos las caras. Al rato...

—¡Ah!... ya caigo. ¿Te referís a Natalia...que me aplancha las camisas? —dijo—. ¿Y qué barre la salita...? Te referís...

—Basta —le contesté—. Qué tanta mentira. —No le crucé palabra toda la mañana y tuvo que irse. Pasó mucho tiempo sin venir. Pero cuando regresó... me alivió verlo. Mientras lo tengo cerca, no hay peligro. Umgg... el que se atreva conmigo todavía no ha nacido. Bien, pero ya no quiero seguir esta vida... He dispuesto que me puedas ayudar, Rosendo. La Natalia te ha querido desde antes y este dinero les va a ser útil para poner casa alejados de aquí. ¿Sabés? Donde él no sepa; para el lado de don Gumersindo Sierra. ¿Entendés...?

—Y si, pues. Por hacerme de unos pesos y por el deseo de ayudarla, doña. (El rostro de él cobró expresión de contento).

—¡Así te quería oír, muchacho! ¡Bravo! ¡Que no se diga que un criollo!... Pero mañana mismo, ¿eh? (Se le iluminaron los ojos a ella, más su fisonomía aparecía perversa. Delataba su sed de venganza). Añadió:

—Sólo una vez le pregunté: "¿Celso, tenés todavía esa mujer?" ... "¿Y por qué te preocupa?", me contestó, "es una buena chica que a nadie hace mal"... —respondió al rato.

—Así que no hace mal —le retruqué—. Así que... esas tenemos, ¿no? ¡Hace bien! —Y me acordé que un forastero al nomás verla, dijo: "¡Cáspita!, tiene ondulaciones de ola", y prorrumpió en una risotada... ¡el sinvergüenza!

—Linares decía: "Se soportan mejor las desgracias de uno que los comentarios que hacen de esas desgracias los vecinos". Pero en este caso no había comentarios... pensaba él. Lo que yo sé es que con Natalia no va a comerse lo que amasó conmigo. Treinta años de

mi vida, pelagatos como era, no espera que ahora me quede en la vía...
Sí señor (el semblante se le tiñó de carmín).

—Hoy mismo, tomá el regalo y dale unos pesos... para comprar muebles... le decís y bueno... qué puedo yo, vieja como soy, ¡darte consejos de hacer el amor! Esa es cosa tuya, andate, muchacho y buena suerte. Mañana a las diez, Linares asoma por aquí... ¿Entendés? A las diez él viene y vos aprovechás y te acercás allá. ¡Sin miedo, vamos, vamos!

Y alejóse el peón. Al otro día emergió plomizo, cielo ceniciento, intermitentes truenos amenazando agua. Se preparaba un espeso cortinado de nubes atravesadas por súbitos relámpagos y una leve brisa ondulando las frondas, Estaba consciente Linares de que un cambio se había operado, también en su propia atmósfera moral. Una serie de problemas y un naciente dolor de ciática le habían desvelado sin que Natalia le aplicase friegas y fomentos. El perpetuo silencio de la cautiva le tenía desazonado; peor era la ninguna confidencia para tratar la economía doméstica y la hacendaria sin la experiencia de su legítima mujer. Llegada la hora de la diaria visita, tomó papeles y partió.

Lo que en su cabeza bullía ya no eran pensamientos alegres. Pensaba proponer una reconciliación con su esposa, hartado de la conducta reticente de Natalia, la despediría del hogar y luego buscaría la forma de aplicar un castigo físico a Rosendo. No era ajeno a sus sospechas, lo vio un día pasar y observó que su perro, en vez de acometerle como acostumbraba, acudía a olfatearle los pies, moviendo la cola. Rosendo, intuyendo que este detalle le comprometía, lanzó piedras al animal, para alejarlo, pero todo fue en balde y apuró el paso sin siquiera saludar a Linares que lo observaba.

Como si estas vicisitudes fuesen pocas, a sus 60 años, aunque bien mantenidos, esa mañana se acumularon dos episodios que desplomaron los cimientos de su moral. De la depresión de la mañana pasó a la febril alarma. La causa obedeció a que, al estirar la pierna para montar su cabalgadura, el animal tironeó la cuerda, que lo mantenía sujeto, espantado ante su presencia. Jamás le había ocurrido esto. Entró en tensión de nuevo la cuerda. Linares reparó que los escalofríos del bruto presagiaban lo mismo que sucede cuando olfatean la muerte. El caballo, animal manso, estaba espantado. Fue un presentimiento y su rostro palideció. Parecidos sucesos agoreros habían servido en el campo para leer el destino de las gentes. Su experiencia le aconsejó que había que esperar que la bestia se calmara. Pero ya la superstición le corría por la médula. Al final montó tomándosela con la cabalgadura y hartándola a latigazos, mas cuando salió al tranco, otra contrariedad descubrió al divisar contra el cerco a Natalia con Rosendo. La pareja lo hizo permanecer perplejo. La sorpresa que se pintó en sus facciones desconcertadas, movía a risa. No sabía qué hacer y la sangre sintió que se le agolpaba en la cabeza. Verlos y poner las manos sobre el arma de fuego, fue una misma cosa. Ella aparecía sentada sobre un travesaño, la cabeza agachada y la expresión de inquietud, temerosa sin duda de ser descubierta. De su mano distraída se deslizaba un ramo de flores silvestres y algunos pétalos caían sobre su falda a cuadros. Doble collar recaía sobre su camisa blanca. Sus negros cabellos, atados con cinta roja, circundaban su fresca cara morena.

Algo gruesa la nariz, aunque no por eso perdiese armonía el semblante que revelaba la tristeza de la ingenua que aún no sabe sufrir. La conversación entre ellos languidecía mientras ella, desatendiendo los requiebros, arreglaba los pliegues de su falda sobre su rodilla. Bajo del embarazo, Linares creyó que Rosendo lo atacaría. Cuando se convenció de lo contrario y siendo que su voluntad estaba movida por impulsos supersticiosos se redujo a echarles a hurtadillas una mirada y cambiando el rumbo se desvaneció su figura ecuestre sin ser vista. Torció hacia el monte, desbrozando la maraña con el cuchillo y luego ciñendo las corvas del bruto o rozando los ijares con la espuela, la bestia apuró los macizos remos y al poco rato alcanzó el llano, galopando.

Antes de dirigirse al rancho de su mujer, creyó prudente cubrir la distancia de su casa al galpón y corral en donde lo esperaban con la hacienda reunida para principiar la yerra. No había cambiado la luna y empezaba a soplar el fatídico viento norte. De nuevo fue una sola cosa aparecer Celso Linares y espantarse los animales del corral. A tal grado que se lanzaron contra la puerta de salida y como la encontraron infranqueable, fueron a forcejear otros contra el cerco y éstos rompieron fuerte boquete, sin temor a los peones, escapando por allí y dispersándose unos y otros por la llanura. Nadie se explicaba lo que pasaba. Asomaban preguntas a aquellas mentes primitivas, pero no las respuestas. Sin embargo, presentimientos hubo al ver que huían los animales como centellas. Repararon en la indefinible expresión fatídica de Linares. Su rostro afilado aparecía cadavérico, duro. El episodio agorero del caballo y ahora la escapada siniestra del ganado habían distendido su rostro. Convencido estuvo que un sombrío presagio lo amenazaba. Recogió las riendas en silencio, perplejo y sacudiendo un pencazo al bruto, fuese, espantado, mientras su cabeza divagaba y el pecho bañábase de sudor frío. Había que ir a confiarlo todo a su mujer. Atendía él sus consejos, pero esta vez, ella le tapó la boca con la mano. Nada quería saber de él; ella tenía—dijo—algo más importante que confiar...Estaba él sumido en sus reflexiones y no protestó. Lo arrastró cerca de un árbol, simulando que ocultaba el secreto, de Sebastiana.

—Un... peón...te...te...roba la, bueno, la chica que tenés... —díjole deteniéndose en cada sílaba.

—Qué demonios me importa —estalló el otro con gesto de fastidio.

Cerró sus labios, sus ojos brillaron, arqueándose sus cejas.

—No te importa? ¿Dejártela quitar? —ella tenía la respiración anhelante por primera vez él dulcificó la expresión, fijándose en su mujer con cariño. Esbozó entonces una sonrisa, pero no tenía ánimo y se convirtió en mueca. Dijo:

—Será porque quiero a otra... —y fulguraron apenas sus ojos cansados. Ella entendió. Lágrimas de gozo asomaron. Pero Linares no gustaba del sentimentalismo y replicó:

—Estoy por morirme... Voy a prepararte el testamento con el escribano.

Iba ella a replicar, pero él se escurrió. Sobrellevaba la opresión de quien asiste a su propio funeral. Fuese al tranco...

Nunca más habló con él. Removida hasta el fondo de su ser, como un muro de piedra que tambalea quedó clavada en el mismo sitio desde donde lo vio partir. Se sentía vencida por el presentimiento de que por su culpa algo le habría de suceder. El testamento en que Linares la declara heredera universal le fue entregado tres días más tarde. Pero en ese corto tiempo ella sobrellevó verdadero conflicto humano. La razón nunca dio razones de lo que el corazón presagiaba.

Abrigó la esperanza de que, si retornaba, vivirían para el amor y la dicha juntos. Mas, aquel presentimiento de superstición la había contagiado. Un miedo se apoderó de ella. Sea por el influjo de la soledad o sea por la sugestión de aquellos espacios deshabitados, es lo cierto que el espíritu se inclina hacia la credulidad de los musulmanes. Y de cuantas supersticiones existen, ninguna como la del ganado que se espanta. Ese pensamiento la despertó toda la noche de la despedida. A las cuatro y diez y seis minutos de la madrugada, percibió ella, vagamente, un ruido lejano. Ya no pudo conciliar el sueño. Había una masa de obscuridad, por más que la noche era tibia y sin viento. Perdida en el vacío profundo del cielo pestañeaba una que otra estrella débilmente. Alguien corría y corría con extraordinaria velocidad por el camino. Se incorporó en la cama. Primero ansiosa, luego helada de espanto. Desolada antes, con mirada de júbilo después. Era que el tropel de los cascos le recordaba al caballo de Linares. Se acercaba. Llegó finalmente, desmontaba, luego ataba la bestia. Iguales calmosos pasos y hasta la tos continua de Celso Linares...Ya no tuvo dudas y encendió la luz. Lo esperaba ansiosa.

—Linares viene a pasar aquí la noche —pensó. Esperó. Sólo se oía el rítmico latido del péndulo monótono del reloj de la mesa. No volvió a escuchar y se desvanecieron en su alma las postreras esperanzas. Al amanecer se perfilaron en su mente los recuerdos extraños de la noche. ¿Qué pasó...? Ya no soportó su impaciencia y se encaminó hacia la casa grande con los primeros raudales de luz, convencida de encontrar alguna irreparable catástrofe, pues los difuntos asisten al lugar donde últimamente han pisado. Poco a poco salía la aurora, acumulábase la masa de luz contra los barrancos. Ella caminaba, caminaba. El espanto escrito en el corazón oprimido y en los ojos dilatados, la poseían. Al llegar lo supo todo. Linares había dado muerte a Rosendo y Natalia en el momento en que sigilosamente escapaban a las cuatro y diez y seis minutos (la hora de su presentimiento) y tras de vaciar cuatro fogonazos de escopeta, se desplomó víctima de un síncope...

Igual que el badajo de la campana, la sacudió el remordimiento. Ni siquiera el alivio de la esperanza. Él se vengaba condenándola al arrepentimiento eterno...

Sus manos crispadas lo tocaron una y otra vez. Los peones evitaban mirarse; altivos en su humildad con expresión de dolorosa dureza.

Afuera, arrojados sobre cuatro tablas y husmeados por el perro barcino que les hacía compañía, estaban los cadáveres de él y de ella. De los balazos, uno atravesó el plexo solar del peón con orificio de salida debajo de la base pulmonar izquierda. La sangre vertíase por allí en un diminuto hilo que, en vez de disiparse, había impreso rastros coagulados sobre la tabla...

LA MUERTE DEL PERRO

Acababa la señora de Loisel de extender el mantel sobre la mesa, de depositar la platería, colocar los cristales y poner los candelabros para la cena en honor de los Johnson que fatídicamente se postergó. Había distribuido flores y designados asientos. Sonó el teléfono en ese momento, descolgó el tubo y dio una ojeada para examinar si la mesa estaba bien o si merecía corregir algún detalle. Radiante de expresión, cultivaba un modo especial de imprimir una gran intensidad de sentimientos a sus conversaciones telefónicas. Esta vez, sin embargo, cerró el diálogo tensa y trémula, colocó el auricular en la orquilla. El invitado de honor, Mr. Johnson y señora, presentaban disculpas por un inconveniente imprevisto y para corregir la falta solicitaban autorización para asistir la noche siguiente. Ella recibió la noticia del contratiempo como un impacto.

Todo había cambiado. En vez de la animosidad con que antes abría su bolso, empolvaba su nariz, retocaba sus labios con el lápiz y alisaba el vestido, ahora retiraba la vajilla de la mesa o prevenía por teléfono a los invitados de la postergación de la cena. La contrariedad tiñó de palidez su rostro regordete. Su motivo dominante había sido el lucimiento de sus reuniones y el brillo de sus invitados. Esta vez, Mr. Robertson, de paso por el país, daría lustre a la cena, cuyo advenimiento subrayado con ansiedad minutos antes, de pronto se disipó. Examinó entonces, como hace el General de Estado Mayor, en compañía del mucamo y la cocinera, la situación creada y la postergación para la noche siguiente. Surgió una nueva dificultad imprevista. Era la siguiente: por su naturaleza delicada uno de los platos se exponía a descomponerse con la acción del calor reinante. Comentó la cocinera:

—Los langostinos son muy delicados, señora.

—No entiendo.

—Mañana estarán descompuestos —añadió.

La señora de Loisel se inclinó hacia adelante. Advertíase la preocupación en la voz de la cocinera.

—Guardados no estarán a punto, ciertamente —dijo.

La señora reflexionó turbada, acababa de sorprender el pie roto de una copa disimuladamente oculta cerca de un florero. En un cubo próximo, la humedad cubría las botellas moteándolas de gotas perladas.

—Dios mío —pensó la señora Loisel—tendré nuevos gastos. ¡No es así...! Con sus comidas nutría su vanidad y calmaba sus sobresaltos económicos, pero aumentaba el motivo de los mismos.

Calló para dar entrada a la fantasía. A través de la ventana abierta observó en la calle que un sujeto alto permanecía en la esquina próxima al momento de arrancar el ómnibus y que otro después de saltar al estribo del vehículo, se despedía con la mano. Cuando se desvaneció en la distancia, Madame Loisel reconoció su abstracción y repuso el juego de imaginación con la presencia de su cocinera que la retaba con la mirada. Ésta sonrió con disimulo recordando las preocupaciones económicas de su patrona.

—Qué poca suerte —dijo y avanzó hasta ubicarse de espaldas en la banqueta junto al piano.

La sirvienta escondió las manos debajo del delantal y continuó observando. Finalmente, como la patrona nada añadiera, observó:

—Los depositaremos en la frigidaire, señora.

—¿No se descompondrán? —preguntó la patrona.

—Veremos —replicó Adela.

Hubo un momento de silencio.

—Veremos —añadió la patrona.

La muchacha permaneció con su actitud obediente.

—En todo caso —se le ocurrió decir a la señora de Loisel— antes le daremos a probar al perro.

—¿Al perro? —preguntó con la cabeza.

—Sí, hija a Bob —terminó retirando la mirada.

—Y si se muere, pobrecito.

—Peor es que sean los invitados.

—Qué gracioso.

—¿Gracioso?... No veo la gracia, hija.

Divertida, escapó.

—Pierda cuidado —dijo al momento de desvanecerse detrás de la puerta.

Llegó el día siguiente. Amaneció claro y brillante y tomó la patrona el café con leche y bizcochos cuando regaban las calles. Conservaba de su antiguo esplendor un amplio salón de recepciones adornado con cortinados de seda antigua; delicados muebles, no envejecidos, y cuadros traídos de Europa. En la cálida claridad de la calle, la señora alzó la vista a la cima de los árboles batidos por el viento.

Era una señora de contextura sólida, alta, disimuladamente obesa, pero muy expresiva de gestos y palabra. Tenía el hábito de cerrar sus observaciones con una risita jadeante. Hablaba siempre, pero siempre aprobaba lo que los otros decían, aunque rebatieran lo que dijera ella. La soledad le aterraba desde la muerte de su esposo. Como no permitía que una sirvienta durmiera en su dormitorio, hacía que el perro la acompañara. Era de pelo castaño y piel blanquísima. La sociedad era el vino con que aturdía su preocupación de la soledad y el futuro. Su marido le dejó una renta que no bastaba, pero que hacía lucir. Sin hijos ni parientes carnales, ahuyentaba a los parientes políticos y preservaba de cualquier modo las amistades de figuración. Inclusive provocaba desaires que resignadamente disimulaba.

Esta cena era para retribuir la comida de los esposos Johnson en Europa. Después de conocerlos en París, visitaron su casa en Londres, y más que retribuir ansiaba ser elevada con la presencia de Mr. Johnson ante sus demás invitados. Después del desayuno ordenó la compra, como de costumbre, de dos billetes de lotería. Aparecía en su semblante un flujo constante de emoción. Se hallaba animada y estaba dispuesta a decir que Europa era maravillosa. París espléndido. Había una gran temporada de teatro en la época en que ella estuvo.

—¿Usted conoce Europa, querida? —preguntó a la amiga con quien compartía ideas sobre el arreglo de la mesa. Hablaban por teléfono.

—No —contestó la otra.

—Ah, qué pena. Qué pena, María Luisa.

Y añadió:

—Debe ir allá con el producto de sus rentas. Debe hacer lucir su dinero, convenza usted a Matías, querida.

Callaba jadeante y volvía a decir:

—París, París. Londres me gusta. Londres es maravilloso. Ah, pero París, será porque llevo sangre francesa, mi padre nació en Biarritz.

—Usted tiene que hacer dinero para volver —le aconsejó la otra.

—Ay, Dios mío.

—Invierta, invierta, la gente bien hoy especula.

Y luego:

—Fue una gran comida la que nos ofreció Mr. Johnson y su esposa.

Pollo, caviar, paté, un rico pastel, pastas y frutas recogidas, vinos franceses. Todo muy sabroso. ¿Comprende? Y yo apenas con langostinos, pavo relleno, un buen postre y vino de lo mejor, ¿no? Ay, querida mía, deje que le cuente. No pudimos ir al campo por... no me acuerdo y nos dedicamos a recorrer París. No había día de Dios que nos quedáramos quietos. En esa cena de los Johnson, él me tomó del brazo para conducirme al comedor. Había mucha gente de lo mejor. Caminamos juntos. Lo recuerdo como si fuera ayer. Cuando me dejó sentada, preparó —pidiendo disculpas— un cocktail. Era algo riquísimo, una copa para mí, la otra para mi esposo, la tercera para él. Yo estaba fascinada y hasta me sentía fuera de ambiente...¿Entiende? Era todo tan... no sé cómo decirle.

—¿Le gusta? —preguntó con la copa en la mano.

—Encantado —respondió Mauricio, mi esposo.

—Es como un sueño —dije yo, emocionada.

—¿Quiere fumar? —me preguntó.

Yo me apoderé de un cigarrillo.

—Gracias —dije.

Pensé que serían cigarrillos ingleses, pero él dijo:

—Me gusta este tabaco de Virginia.

—Vamos a cortar, querida. No vengas tarde. Te recordaremos esa cena con los Johnson. Ay, cuántas cosas... Bueno, adiós.

Llegó la noche y con ella la cena. La dueña de casa estuvo radiante y feliz. El señor Robertson divertido y contento. Los demás, interesados en comer y escuchar. Había un señor gordo que hablaba en su lengua extranjera con Mr. Robertson, y lo hacía con exhibicionismo.

—Tomen otra copita —decía una dama de pelo ceniciento y tez rojiza.

—Jaime —llamó la dueña de casa—, vino el hombre con smoking blanco.

—Averigüe si le ocurre algo al perrito —le musitó al oído.

Jaime regresó y dijo que Bob dormía a pata suelta.

—¿En dónde duerme?

—Tumbado contra la puerta de la cocina—replicó el sirviente.

Era el momento de los langostinos. En ese instante un señor comentaba:

—Obtengo más valor importando vinos franceses que recorriendo las calles de París. En Buenos Aires no echo de menos otra cosa de Europa.

Se habló más allí de caballos ý la opinión de Mr. Johnson fue consultada.

—Ya no hay caballos —comentó otro—, éstos podrán ser cualquier cosa, menos caballos. Tampoco el espíritu del público ni el del jockey. Todo ha cambiado, Europa tampoco es Europa. Saben lo que se ha perdido? El espíritu del juego.

—Jaime —llamó de nuevo la señora. Suavemente se deslizó el hombre y regresó para decir que había espiado el sueño del perro.

—¿Respira bien? —preguntó la señora con alarmante mirada.

—Bien —respondió el hombre.

Se habló animadamente. De pronto y en forma intempestiva, ya no fue Jaime sino la mucama quien se acercó y confió algo a la patrona que produjo gran rcvuelo. Lo primero que hizo fue endurecer el semblante y mirar a cada uno sin saber qué decir. La muchacha se había retirado y un aire de tragedia se cernió para los que habían presenciado la escena. Finalmente, la dueña de casa se incorporó y dijo en público:

—El perrito murió.

Ninguno pareció entender el significado de tales palabras, la señora vaciló, miró su propio plato con los langostinos servidos y entonces se decidió a hablar.

—La comida está intoxicada, señores.

La gente aguzó el oído. Ella se sentó, volvió la cara desolada en busca de algún sirviente y al ver que la habían abandonado, repitió:

—Es una desgracia para todos. La comida está intoxicada.

—¿Cómo? —preguntó una removiendo con el tenedor. Y luego alarmada:

—Señora de Loisel, ¿Está usted en su sano juicio?

—Sí. El perrito comió langostinos y ha muerto.

Todo el mundo se incorporó entonces. Una sensación helada recorrió el estómago de cada comensal, con los ojos preguntaban a la dueña de la casa y ésta, bajo la conmoción nerviosa, permanecía muda, apoyándose con la mano en el espaldar de la silla, llorando...

Un pánico general se produjo. O la señora había enloquecido o, había invitado para envenenar a sus propios invitados. Esperaban que hablara y ella permanecía muda, sollozando. Hombres y mujeres tenían su espíritu entre extrañado y amedrentado, sin que una u otra cosa predominara. La servidumbre había desaparecido por completo. Finalmente un pensamiento cruzó.

—¿Es por equivocación o por crimen premeditado de los sirvientes? —preguntó uno.

—Equivocación —replicó la señora a punto de des—mayarse.

—Señores —ordenó el que había hablado—. Aunque demos un espectáculo... hay que hacerse un lavaje del estómago.

Se produjo un rumor de voces aprobando y en forma desordenada avanzaron todos hacia la puerta con las caras congestionadas. La dueña de casa permanecía abatida, como pidiendo clemencia, apretando la cruz veneciana que colgaba de un regio collar en el pecho.

—Mi automóvil está a la puerta —dijo— Y con miradas de súplica hizo señas para que la siguieran.

—Yo también llevaré a algunos.

Y los demás dijeron lo mismo.

Partieron, en el trayecto se sentían extrañados, burlados, aunque nada sentían de un modo físico, sino moral. Las manos temblaban y los ojos amenazaban saltar de las órbitas. Recorrieron desordenadamente varias cuadras y se detuvieron frente al edificio de un sanatorio. La dueña de casa sollozaba y las otras damas vigilaban las sensaciones del estómago. Iban unos detrás de los otros como en un funeral. Bajaron y penetraron al edificio. Como era urgente el objeto de la visita, los médicos y enfermeras los atendieron de inmediato. Cada uno se desprendió de determinadas prendas de vestir y sustituyeron aquéllas por túnicas blancas. Adoptaron posturas aconsejadas por los médicos y simultáneamente empezó la faena de expulsar los alimentos del tubo digestivo por medio de revulsivos y sondas. Había personas más exageradas en sus gritos guturales; por otra parte, también se diferenciaban en que algunos, tras breves contracciones estomacales, arrojaban lo ingerido, mientras otras, desesperadas con ojos inyectados, no expulsaban sino líquidos impregnados de saliva y apenas unos diminutos trozos de comida. Desde los pasillos se escuchaba adentro forcejeos para arrojar los residuos por medio del movimiento y ruidos guturales. Así pasó mucho tiempo.

—No se ponga nervioso que los músculos se contraen —ordenaba alguna enfermera.

La palabra fatídica estaba en cada cabeza.

—Intoxicados! ¡Intoxicados!

Habían ingerido buena dosis de contravenenos y aún así, la faena era dificultosa. Sólo unos pocos habían tenido éxito.

—Otra vez. Otra vez —decía el médico—. ¡Vamos, ensaye otra vez!

Desde luego que no había más compostura de modales ni de aliño. Parecían gente dedicada a cumplir un pugilato. La palabra fatídica volvía al recuerdo:

¡Intoxicados! Intoxicados sin remedio.

Finalmente y cuando ya era muy tarde de la noche, apareció la consigna médica:

El pulso es normal, no hay fiebre ni signos de alarma. Salvo la agitación del esfuerzo. Podrían cada uno regresar a casa por sus propios medios.

Aparecían demacrados. Parecían náufragos recogidos después de la tempestad. El único reconcentrado en sí mismo era Mr. Johnson, pero su rostro estaba congestionado y su mirada brillaba como quien sufrió un estado tenso de agitación.

—Podemos regresar a casa?

—Pueden retirarse —ordenó el médico.

Todos vacilaron. Habrían preferido no alejarse del médico. Finalmente se despidieron casi sin decirse adiós, en la puerta. Las ceremonias habían desaparecido. Solamente la señora de Loisel presentó de nuevo sus disculpas. Esta vez con aplomo. Temía perder definitivamente el crédito social.

—Ya me informaré de la salud de cada uno —dijo.

Nadie le contestó. Salvo los esposos Johnson, quienes le dieron la mano y le sonrieron. Todos se dispersaron y la señora de Loisel, sola en su automóvil, regresó a su casa en compañía del chofer.

Se sintió anhelosa y con esta ansiedad se bajó y entró. Todo estaba en orden. La cocinera, único sirviente con quien había dispuesto el ensayo de dar langostinos a Bob, ya se había recogido. Lo mismo el mucamo de comedor. En cambio, la mucama, ajena por completo a la cuestión de los alimentos intoxicados, permanecía alerta a la espera del regreso de la señora de Loisel.

—¡Mabel, nos hemos salvado, Mabel!—díjole.

—¿De qué, señora?

La señora calló contrariada ante la ignorancia de Mabel.

—¿Dónde está Bob? —preguntó de pronto, como despertando de un sueño.

Fueron a ver el cadáver del animalito. Aparecía el vientre peludo y blancuzco arrojado contra el patio; tieso y helado. Parecía un globo desinflado. La cabeza deshecha y todavía sangrante...

Al descubrir este detalle, la señora:

—¿El envenenamiento? —preguntó como hablando consigo misma.

La mucama, trémula, mirándola. No sabía lo que le pasaba a la patrona.

—Sin duda las convulsiones—comentó la señora.

Todavía no sabía qué decir la mucama.

—La rueda, señora—gritó por fin.

La señora se irguió. Ojos y oídos dilatados.

—¿Quéeeeee?

—La rueda —respondió la muchacha examinando con curiosidad la cara congestionada de la señora.

—¿Qué rueda?

—La rueda del automóvil, señora. ¿Comprende...? Pasó como exhalación y el perrito sin poder escapar quedó atrapado debajo. ¿Comprende...? Murió con la cabeza aplastada.

EL PADRE ADOPTIVO

Después que Mónica murió, todavía joven, creyó el viudo que por celarla había provocado un adulterio.

"No sé —se dijo él en soliloquio— si podría evitarlo nuevamente. Mónica era una artista; conocía hombres y tenía un carácter alegre. Había en mí una tentación. Dejar de quererla y desearla no podría; ella a su vez se interesó en mi persona. La unión era irremediable, pero irremediables fueron los celos..." El marido se llamaba Raúl Lozano y era modista. Tomamos la pareja en un momento en que ya Mónica estaba bajo tierra y él se hacía reflexiones. Eran o habían sido los suyos unos terribles celos carnales. Colocarse frente al retrato de Mónica, muerta a los 24 años, y escuchar los pasos de don Pascual, oficial operario de Raúl, era encender la memoria de aquellos sepultados celos brotando instantáneamente. Esto tenía su razón de ser, pues curiosamente, don Pascual, viejo como era, había sido tildado amante de Mónica.

Ella, que había actuado en el teatro entre hombres de todo género, se dijo que se refugió en los brazos de don Pascual. Raúl creía, y sin embargo no podía explicárselo, que por su culpa Mónica misma llevase a don Pascual a una extraña aventura amorosa para castigar —se decía Raúl— al marido de una pasión morbosa. Para castigar y curar. Pero lo singular de todo el asunto es que, de soltero, Raúl temía inconscientemente a la infidelidad. En cada mujer creía encontrarla. Una vez casado, descubrió el fantasma de la infidelidad cada vez que Mónica, tras de besarlo, cerraba, dejando la puerta con su máscara pintada. La mente de Raúl era un perpetuo razonar sobre un tema dado.

Muerta Mónica, se operó en el marido la extrañeza del descubrimiento. Como don Pascual, perseguido por las posibles consecuencias de aquel cuento, huyó del taller de modista, el marido lo buscó y lo retuvo a su lado. Vivía odiándolos al uno en el retrato y al otro en carne viva. Y esta noche, al oír los pasos de su oficial y rival, crujía su espíritu. Matarlo era perder la evocación cotidiana. Cierto es que vivía para la imaginación; necesitaba que la cosa física le trajera el recuerdo vivo al pensamiento. Por otra parte, sin don Pascual desmejoraba el negocio: había en el hombre una erudición y un estilo personal de confección. Teoría y objetividad. Lo necesitaba para su soliloquio y para su oficio. Ayer Mónica era su obsesión y hoy don Pascual lo intrigaba.

Don Pascual —temeroso de las suposiciones de Raúl— daba gracias al cielo de tener un día más de vida. En las tijeras grandes veía el arma de su suplicio. Aquella obsesión extraña de una posible venganza también volvía a asomar en la imaginación de Raúl. Mas, ¿qué interés podría tener la vida sin don Pascual? Pero Raúl sospechaba que su interés estuviese no sólo en la experiencia sino en la personalidad de su oficial. ¿Lo había hecho ella por despecho o por atracción de un hombre sin atractivos? He allí otra curiosidad. Luego su furia morbosa calmábase mirando la poca seducción física de don Pascual. Su destino era cortar telas con una tijerota, observar diseños y acompañar el ruidito del instrumento con aquel otro silencioso batir del alma que se desvanecía en unos ojos al desplomarse desolados sobre la pared desnuda. Cuando así meditaba, parecía que realmente razonaba; pesaba las consecuencias de una decisión terrible.

Mónica había sido siempre una especie de bailarina insinuante. Raúl, al conocerla curiosamente por una visita que había hecho al propio don Pascual, sin arrancarle a éste el misterioso secreto de aquella amistad, temió enamorarse. Raúl no quería casarse, pero, la persiguió movido por una fuerza instintiva que ella misma no comprendía. Este se casó con ella para sufrir la pasión de los celos carnales. Mónica le era fiel porque lo amaba. Pero él desconfió de ella. Para aliviar este tenso agobio de inestabilidad del alma, pensó que don Pascual, por quien ella demostraba hasta sentimientos filiales, contrariamente a lo que se decía, podría ser una especie de sustituto exterior. La verdad, don Pascual aceptó abandonar los hábitos de fijar desde los ojos carnales hasta el alma en una tela de confección.

Todo aquel mundo de trapos, figurines, aguja e hilo fue olvidado. Cuando Raúl descubrió que don Pascual salía acompañando a Mónica, respiró. Se puso entonces a atender menesteres que incluía la caja, el restante personal del taller y hasta la administración de ciertos inmuebles. Mientras fuese don Pascual el sustituto y no otro, el marido descansó. Estaría a cubierto de aquellos galanes y compañeros de trabajo. Pero don Pascual había empleado tantos años como los veinticuatro de Mónica, dedicado a conocerla y obedecerla en sus más extremados caprichos de mujer frívola y tozuda. Toda su vida de viudo envejecido y sin hijos había distraído su vista de modista para apoyarla en aquella pequeña que después se había convertido en bailarina de teatro.

Hombre extremadamente pusilánime, apocado, tímido y callado hasta la mudez, escuchaba pero no respondía. Mónica aceptó y don Pascual la seguía como un perro fiel. Ella, entretanto, volvía los ojos hacia un horizonte espiritual vacío.

Mónica era bonita, con cabello castaño, recortado como bebé, fuertes brazos torneados y una frente amplia y nívea como nieve. Pero en su boca había madurez e intrigaba más que el resto de su cuerpo. Cuando se casó con Raúl Lozano creyó abandonar su carrera de bailarina de teatro y vivir tranquila, aunque acaso monótonamente. Sin embargo, cuando descubrió los celos malsanos de Raúl, primero experimentó un conflicto de emociones, rencor, duda, simultáneamente, y hasta una tendencia hacia la devoción religiosa.

Él, en cambio, sobrellevó una ansiedad inexpresiva con un penoso complejo de ternura y furioso descontento. Ella, en vez de combatir sus celos, juzgó que eran una ofensa y sintió enojo. Raúl había renovado su vida de aventuras, libre de nuevo. Recordó que miedo y tentación se habían apoderado de él al conocerla. Recordó que le aterraban las consecuencias de una decisión afirmativa. De ella se hablaba mañosamente, por pasatiempo y malignidad. Finalmente, a sabiendas cerró los ojos y se casó. Mónica había surgido del misterio: nunca le preguntó Raúl Lozano de dónde procedía. Le bastaba saber que era huérfana, y cuando le quiso explicar a su marido quién la había recogido como hija adoptiva, Raúl le había tapado la boca diciéndole:

—Prométeme que nunca abrirás ese capítulo.

Ese mismo día, Mónica se lo había confesado así a don Pascual, y los dos abrazados habían llorado con el amor propio herido.

Pues bien, este día (años después), muerta ella casi a los siete meses de casados, caía la lluvia en finas cortinas de cristal barridas por el viento y cruzadas por rayos de un sol enfermizo. Esta lluvia se desprendía de unas islas oscuras que se deslizaban dejando detrás claros de cielo limpios como vidrios. En ese día él recordaba el pasado. Ella al casarse entró pensando en un mundo de paz, alejándose de la inseguridad teatral, sin la apoyatura de un marido. Él, en cambio, temió topar con la ansiedad y el deliquio, y en efecto, se encontró con una tempestad de conflicto de emociones. Ya ambos estaban predispuestos a la poca armonía doméstica.

Buenos Aires es grande hasta para ocultar aquellos conflictos de los rostros vecinos. Él había disimulado su angustia con otros cuidados inexistentes. Luego había vuelto a buscar sus antiguas amigas; pero aburrido, se acercó de nuevo a Mónica y ella leyó al momento en los ojos de su marido.

—¿Celos de mí? —preguntó.

—Vives entre artistas, tu carrera...

—Mi carrera? Eso sólo es cierto en apariencia. Las mujeres liberales están en todos los ambientes y carreras. Mejor será que olvides tu prevención y seamos felices...

Unos días más tarde le aseguró él que no podría.

—Separémonos —le propuso ella.

—No puedo.

—¿Por qué?

—Porque te quiero.

—Amor con celos no me interesa. Si me quieres debes tenerme confianza.

—Permanece en casa.

—No puedo. Necesito ir al teatro. Acompáñame.

—No puedo yo tampoco y, además, ¿quién me inspiraría suficiente confianza para que te acompañe? Si la acompañante es mujer, será tu aliada; si es hombre... ¿Quién? Confianza sólo la tengo en don Pascual, amigo de muchos años, servidor fiel, honrado hasta la exageración. En fin...

—Todo está dicho —gritó Mónica—. Desde mañana vendrá otro oficial a sustituir a don Pascual. Para tranquilidad tuya. Don Pascual saldrá conmigo a todas partes.

Y empezó: la artista y don Pascual iban y venían. Tomaban la merienda juntos y solamente él entraba en el camarín para los arreglos de presentación de escenario en gracia de sus conocimientos de modista. El tocaba su piel desnuda, él la llevaba y la traía.

De todas estas cosas surgió la novedad: Mónica, decía la gente, tenía amores con don Pascual, y a oídos del marido solamente llegó la noticia cuando Mónica había muerto. Don Pascual, que no pudo desmentir al público, huyó temeroso de Raúl.

En realidad, la promiscuidad de la vida de los dos contribuyó a la especie. Se decía que lo hacía para curar al marido de los celos. Esa fue, pues, la curiosa experiencia de la mujer de Raúl Lozano y don Pascual, el oficial modista. Al menos así corrió la noticia, y finalmente llegó a oídos del esposo cuando ya era viudo.

Hoy, meses después de casado, Mónica estaba muerta. Y tiempo más tarde, al descubrir, aparece el nuevo sesgo de la moral de Raúl. De muchas fuentes le llegó al viudo el cuento de la infidelidad de Mónica.

Don Pascual, como dijimos, huyó revestido de horror. Escondió el recuerdo de Mónica en un pliegue de su alma y en un lugar apartado de su propio cuerpo. Pero Raúl, que lo había olvidado, tuvo entonces curiosidad morbosa por verle de nuevo la cara. Lo buscó con insistencia. Lo buscó de nuevo y al final dio con él. Luego, sin decirle nada, lo trajo a su lado. Ninguno de los dos habló más de Mónica. Entre el hombre joven y el viejo, la muerte aparecía separándolos en silencio. El trabajo los absorbió. Ambos sospechaban que el uno sabía el secreto del otro.

Un día Raúl no pudo más, y con el efecto de un licor que ambos habían ingerido, el viudo le espetó a la cara:

—Viejo tunante... ¿cree que ignoro que fue mi rival?...

Don Pascual se encendió de pudor herido, tanto que empezó a sollozar como un niño, vomitando su pena inaudita.

Cuando Raúl lo acometió a preguntas, dijo arrastrando las sílabas, como si mintiera:

—La niña lo quiso...

—Ya sé, viejo —le contestó el otro como divertido—. Alguno tenía que hacerlo, estaba en la ley de...

Y se calló.

—Vamos, apúrese que estamos atrasados en un par de blusas...¡Vamos, vamos! Pero de los exangües labios de don Pascual —y pocos meses después— Raúl Lozano escuchó la entera verdad que había cumplido un ruego de Mónica y nada más. Nunca había existido tal aventura amorosa. Y suficientemente castigado, Raúl Lozano se reconcilió con la paz de su alma al saber que sin sospecharlo había trabajado veinte años con el auténtico padre adoptivo de su mujer.

EL PATRÓN

Subió también él al estribo del tranvía tirado por una yegua y una mula; el armatoste, sacudiéndose, se dirigía lentamente hacia la Av. Colón. Descendía él con los pasajeros y ocupaba su lugar entre las "puesteras" divertidas ante su aire envejecido, enfundado en un jaquet, con el belfo caído y el rostro regordete.

—Voy en busca de un caño de desagüe —confesó esa vez al primer pasajero—. Me olvido así de mi hijo con la construcción de la casita. Es una distracción para tener la mente ocupada y hacerme la ilusión de que la habitará conmigo. Mandé a Cosme, el peón, a comprarlo al centro. Para estimularlo le regalé ayer dos billetes de diez pesos arrolladitos, por cierto manchados con tinta de escribir, pero los signos perceptibles conservaban su valor circulante...

El pasajero escuchó, reparando en los 18 años transcurridos desde la muerte del hijo, pues esto ocurría en 1888 y la guerra había terminado en el 70.

—Vive esta humilde gente en la miseria —dijo—. La guerra nos ha empobrecido y hay que ayudarlos —añadió.

—¿No le parece? —volvió a preguntar.

—En la miseria es cuando somos hermanos —observó el desconocido. Habló luego de la mañana calurosa y levantó finalmente su sombrero de copa con hidalguía y manifestó que bajaría en la próxima parada del tranvía. Mutuamente se cambiaron sus nombres, por más que el forastero conocía de sobra, como todo el mundo, a su interlocutor y se preparó a descender. Infortunadamente algo ocurrió en ese instante porque abruptamente perdió el pie y cayó sobre el piso, mientras el público se asió fuertemente con lo primero que encontró a mano, inclusive la persona que se hallaba a su lado y así evitar que el sacudón los tumbase contra el suelo a todos. Aquellos que enderezaron la vista hacia el frente, notaron que la mula, más respingona que la yegua, se alzó encabritada ante algún impedimento y la yegua reculaba. Nadie supo lo que sucedía, más la ansiedad se reflejó en las miradas.

Era durante el verano. Poco trabajo, poco dinero, casi ninguna diversión. Se mantenía todo el mundo a la espera de algo; la imaginación se excitaba escuchando anécdotas, episodios y escenas de la guerra grande. Generalmente quien refería aseguraba haber sido actor de lo que contaba. Ala gente le parecía contemplar la figura ecuestre de tal general, la osadía y temeridad de tal soldado anónimo introduciéndose de noche entre las fuerzas del enemigo o entre los camalotes del agua para escalar algún barco. En el relato aparecían estrellas, ciénagas, lagartos, disparos de armas de fuego y el sueño interrumpido para ir en busca del enemigo y sorprenderlo. Todo, todo ello se oía en los relatos de la guerra desde hacía 18 años.

Pero la realidad inmediata era otra, invitaba al derrotismo; nadie se hacía ilusiones y sólo se atendía meras necesidades materiales. Poco interesaba el lujo, la ambición, placeres y figuración en sociedad o los negocios. La vida de la ciudad terminaba con las últimas luces del día. En suma, después de 18 años, las cicatrices de la guerra no se restañaban.

—¿Qué sucede? —preguntó el señor del jaquet, creyéndose facultado para decidir, interrogar, aconsejar o intervenir entre la gente.

Ninguno contestó; traían en peso el cuerpo de una pobre mujer del pueblo, recogida por desvanecimiento de entre las patas de los animales. La sentaron en el primer asiento; su rostro de palidez de cera recobró la sangre y ella misma sonrió al verse al lado de otra "puestera" que se llamaba Felipa. El tranvía, anunciado por la corneta, reanudó la marcha.

—¿Qué te pasó? —le preguntó la amiga, que tenía la piel también olivácea.

—Nada, un susto...

—Las penas —replicó Felipa—. ¡Las penas te tienen así!...

Pero mientras Felipa conversaba, la convaleciente descubrió con gran susto que había extraviado las monedas para su pasaje. Recordó que en otra parte ocultaba dinero de su marido para determinada compra, pero su espíritu de respeto, mantenido tradicionalmente hacia el esposo, no le permitía gastarlo, como tampoco pedir prestado. Conservaba orgullo, soberbia y reticencia de la raza, acentuado últimamente con la reserva del muerto, fijo en la memoria la guiaba; llevaba a cuestas su pesar; había sido su última razón de amor en la vida, y por eso caminaba en la ciudad como una sonámbula.

—¿Oíste? —prorrumpió Felipa.

—¿Qué? ¿Qué?

—Que también tiene un hijo muerto en la guerra —replicó Felipa en idioma guaraní.

Al oír eso, la dolorida olvidó su dificultad en no poder abonar su pasaje y se irguió:

—¡Qué importa!, ¿Acaso es paraguayo? Ese habrá muerto peleando en contra de mi hijo... (Los músculos de sus mejillas se movían por la presión convulsa de sus mandíbulas).

—¡Qué importa!

Y al darse cuenta que también podría haber sido quien disparó la bala mortal, una lágrima como una gota de plomo derretido sobre su corazón rodó. Empezó a gimotear cubriéndose la cara mientras la amiga, respetuosamente, apartaba la mirada.

Se sentía cansada por los magullones recibidos con los cascos de las bestias que tiraban el tranvía, pero más con el conflicto de emociones producidas por el recuerdo de su hijo muerto en la guerra. Permaneció con la mirada tensa, pero con los ojos hablaba. Algo le preguntó Felipa, pero no contestó. Sin que ninguna de ellas advirtiera, el anciano del jaquet la venía observando en secreto; contemplaba ella hacia una especie de vacío espiritual sólo divisado por ella en el horizonte. Los demás proyectaban sus ojos hacia igual dirección, pero en vano... Era la suya una mirada desprovista de emoción, de apetencia, placer, aburrimiento, desesperación. El anciano del jaquet conversaba para no atraer sobre sí sus ojos. En puridad, lo que hacía era vigilarla, como si la viese con un arma peligrosa en la mano. Entre Felipa y el alma de su amiga mediaba una incompatibilidad. La amiga de Felipa parecía pesar las consecuencias de una secreta decisión. Otras veces, lo que allí asomaba era ansiedad estúpida.

—¿Qué haré para pagar el pasaje? —se preguntó. Esta duda no se la confió a Felipa, quien le confió que él podía ayudarla.

—¿Quién? —preguntó sobresaltada, como descubierta en sus pensamientos.

—El viejo. Ese viejo.

—¿Y no dices que el hijo era extranjero y murió en la guerra?

—Sí.

—Es nuestro enemigo. Enemigo de los paraguayos.

—Pero ayuda con dinero a la gente del pueblo —terminó Felipa, y acto seguido, inconsciente ante la dificultad de su amiga, se incorporó para luego descender del tranvía. La otra permaneció tiesa como un alambre. Se separaron, y al abandonar Felipa el asiento, la amartelada decidió pagar el pasaje con el dinero del esposo y resolver así su dificultad. De nuevo, anunciado por la corneta, reanudó la marcha el tranvía.

El viejo, no obstante, observó que al despedirse de Felipa, ésta hízole caer algo y era un billete que él se había inclinado para recogerlo y devolverlo a su dueña. Pero al examinarlo resolvió sustituirlo por otro de mayor suma, haciéndole creer que era el mismo.

No consiguió hacerlo, infortunadamente, pues la mujer recibió al señor con una mirada agresiva y desafiante. Arroga ante en su provocación y confiada en su rencor contenido, surgió, empero, una segunda dificultad. Esta se debió a que cuando para afirmarse en su propósito de abonar su pasaje, buscó el billete de su esposo, no lo encontró tampoco. Lo había perdido. Este nuevo conflicto de emociones acabó por debilitarla. No tenía dinero para viajar ni cómo regresar hasta la "curva de San Miguel", en cuyos aledaños vivía con Cosme, su marido, dedicada a prender una vela al Santo encargado de cuidar el alma del muerto en la guerra.

Odio y duda, luego desesperación la invadió, pero también una devoción religiosa con el recuerdo de su hijo. Todo esto lo adivinaba el anciano señor del asiento. Y al tropezar mutuamente con la mirada, ella reconoció que él era el padre de un hijo muerto en la guerra, por más que fuese soldado enemigo, otro sentimiento la hipnotizaba, inundándole sus ojos, ordinariamente inexpresivos, con un penoso complejo de ternura y celos. Ahora sentía respeto por el dolor ajeno, inclusive por el del enemigo. Este hombre era un argentino y había perdido un hijo en la guerra grande y en las filas contrarias. El dolor era igual, uno cada uno y los dos eran padres. Cerró sus ojos.

No alcanzaba a comprender que un vencedor tuviese que sufrir como un vencido. Que una guerra castigara a gentes de ambos bandos y que la victoria no traía a ninguno la alegría. Miedo y tentación con una especie de excitación y coraje llenaban y vaciaban sus ojos. Revoloteó la mirada y adivinó lo que unificaba el alma de los paraguayos, el desamor por la alegría en la cara. Únicamente este anciano y padre de un hijo fallecido en la guerra atraía su atención, puesto que siempre estaba en uso de la palabra. Sin duda, pensó, la gente aquí, para olvidar, callaba; y la de allá, para no recordar, hablaba. Hablaba siempre.

—Oiga—le dijo una vecina que en ese instante se incorporaba para descender del tranvía. Giró la mirada y sin tiempo para pedir nuevas explicaciones, descubrió un dedo que le señalaba un billete arrollado y arrojado al suelo. Recogió el papel, recobrando el ánimo entero, suspiró llena de alivio, pero cuando minutos más tarde lo revisó para comprobar que era suyo, descubrió una tercera decepción: no era ni la suma ni el billete que había extraviado. Posiblemente alguien lo había dejado caer y ella debería devolverlo.

De nuevo, tras el anuncio de la corneta, reanudó su marcha el tranvía. El calor era húmedo, tormentoso. En lucha consigo misma, se pasó la mano por la cara con ansiedad. Una angustia le quemaba por dentro y por fuera, la temperatura le abrasaba la piel. Tendría 60años y representaba más; era delgada, fina de caderas, desprovista de músculos y el color ceniciento.

—Hace calor—comentó la nueva vecina, ubicándose a su lado.

Pero ella no la escuchó porque pensaba en la incompatibilidad de la dignidad y el dinero. Para ser decente se requiere dinero, pensó. Ahora mismo podría planear un robo, pero con tal pecado su hijo no se salvaría del purgatorio y ella prefería el sufrimiento terrestre antes que vivir abrasado por las llamas. Su sonrisa era expresiva, mas no comunicativa.

De su cuerpo lo movible eran sus manos. Se desplazaban continuamente, y a quien la observaba como lo hacía el anciano del belfo caído, atraían porque dejaba caer las cosas como un niño. Naturalmente que en ello la voluntad estaba ajena; era la tensión constante recibida del ambiente creado por la guerra. Y, sin embargo, sus ojos miraban adentro de los demás con una ansiedad propia de aquellos que por naturaleza viven decepcionados. Comía poco, dormía menos, suspiraba mucho y estaba sometida hasta el servilismo a su marido. De noche pedía la salvación del hijo muerto por la patria. Abajo, en el silencio de su corazón, se alzaba como un altar su amor para el hijo. De este fuego vivía su alma. Lo más significativo era que las "puesteras" la respetaban, envidiaban que un hijo muerto en la guerra produjera tanto dolor. Ninguno les parecía más santificado y ninguna entre ellas, por eso mismo, inspiraba tanta consideración. El propio esposo la admiraba, se entendían con signos y miradas. Le emocionaba que otras "puesteras" cuchichearan con alabanzas, y si un parroquiano demandaba "chipá", ellas permitían que ella vendiese su artículo primero que ninguna. Entretanto, permanecía sumisa y erecta como una persona muda: vivía en un silencio de muerte y gustaba dar rienda suelta a oscuros pensamientos.

Negras nubes de tormenta corrieron llevadas por un viento refrescante e impregnado de un fardo con perfume del campo. Algunos pasajeros intentaron sacar la cabeza del tranvía para contemplar el cielo.

—¡Qué vida, qué vida! —comentaba una pasajera—. Es como para desesperar a cualquiera. Trabaja, pasa las noches sin dormir, se preocupa y luego no encuentra cómo vender, porque la gente o no tiene dinero o no le interesa comprar. Si nada se compra, entonces nada se produce y todo anda mal. Pero, ¿podremos salir así de apuros? No me parece; no pienso eso porque soy emprendedora...—Y retó a la concurrencia con una mirada.

Iba a continuar su discurso cuando se paró en seco el tranvía.

Era el final y empezó a expulsar todo género de pasajeros: mujeres del pueblo con su "chipá", limones, naranjas, verduras, frutas tropicales; también niños, hombres y algunas gentes de buena clase social, y en medio de todo el viejo del jaquet dirigiéndose a la "puestera"; ésta hablaba, diciéndole al mayoral:

—Esto no es mío, lo encontré allí. Y voy a pagarle mi pasaje con "chipá", porque no tengo otra cosa...

—¿Pero y ésto? —preguntó el hombre mostrándole el billete arrugado.

—No es mío, ya le dije.

Irrumpió el anciano en la disputa y le miraron alarmados.

—Este billete es suyo —dijo devolviéndole los dos billetes arrollados de diez pesos cada uno.

Ella lo contempló profundamente, reconociéndolos por las manchas de la tinta.

—Hija mía —le dijo—. Los descubrí caídos, y en vez de devolvérselos los sustituí por otro de cien pesos para colocar velas a la Virgen que protege a tu hijo. Yo también esperaba el mío, sucio y desarrapado, pero con el pecho cubierto de condecoraciones... Así le suelo decir a Cosme, tu marido, y así lo soñaba en mis delirios.

La mujer temblaba, no sabía qué decir y el "mayoral", ajeno al asombro, protestó:

—Bueno, ustedes se arreglan, pero me pagan el pasaje.

De inmediato el anciano abonó la suma adeudada. La mujer quedó confundida.

Cuatro "puesteras" con pañuelos en la cabeza, como gitanas, se aproximaron hablándole en guaraní:

—Él te lo regala, mujer: él ayuda a los pobres.

—Estos veinte pesos se los regalé a Cosme, tu marido. ¿No es así?

Ella estaba tan conmovida que no replicó.

—Díganle en guaraní —ordenó.

—Vamos —volvió a agregar—. Voy a explicarle. Este billete se lo regalé a Cosme, que es peón mío y marido tuyo. Reconocí los dos billetes enrollados por las manchas de tinta. Además, porque Cosme me hablaba de su mujer y el hijo que murió en la guerra. Cuando oí hablar adiviné que debería ser ella; luego lo confirmó los dos billetes arrugados, que eran los mismos.

Todos lanzaron una mirada y a la aludida se le iluminaron los ojos.

—¿También usted perdió un hijo? —se animó a preguntarle.

—Así es, hija. Así es... Estaba en las filas del enemigo, pero eso no importa; muerto está el tuyo como el mío... óyeme bien...los dos; tú como madre y yo como padre, condenemos la guerra... Ella es la sola culpable. Ella mata a los hijos de sus padres... El tuyo no murió por culpa de los aliados, ni el mío por culpa de los paraguayos... A los dos los mató la guerra. Comprendes? ¡Los mató la guerra!

La vendedora tenía los ojos humedecidos y la piel encendida; se le echó en brazos como una hija. Las mandíbulas, convulsas, castañeaban.

—Dame ese billete que me hizo descubrirte, hija.

Ella se lo devolvió.

—Toma este para que le compren flores —dijo él, y calló. Lloraban. Una corriente eléctrica de comprensión les atravesó.

Y ella ya no reparó en enemigos; los tenía de sobra y entre ellos la vida y el destino. Bastábale, como paraguaya, su obediencia al marido y, de consiguiente, al amo del marido.

—¿Sabes quién es? (Rei cua—á maba pá co caraí?)

—¡El patrón! —replicó orgullosa.

—Coa jahé peteí "caraí" ... —le replicó otra—. (Es un "señor") ...

—¿Sabes cómo se llama? (Rei cua—á picó mba—eicha pa jera?).

Nada sabía. Le bastaba reconocerlo como el amo.

Un sujeto que contemplaba la escena le aclaró.

—Fue Presidente de la Argentina.

—¿Cómo se llama? —preguntó esta vez.

—Domingo Faustino Sarmiento —replicó.

Era el patrón y con eso bastaba.

LA MADRE

Leticia se trasladó diez años atrás y retrotrajo a la memoria la tarde en que emergió, por entre la verja, una pálida cara, encuadrada en una cofia de género negro descolorido, recelosa, auscultando una y otra vez hacia el interior donde Leticia, ajena a tal presencia, se apoyaba en el columpio, se hamacaba sujetándose de las cuerdas bajo los naranjos que cabeceaban impulsados por el vaivén. No era la primera vez que esta escena se producía. Asomaba así la cara de María Cleofé cada fin de mes, escudriñando y, al descubrir a Leticia, se animaba, apergaminada, y le sonreía, desde afuera, con guiños, tiernamente, que ella le retribuía, dichosa, aunque extrañamente cohibida. Luego, el ánimo se le alteraba a la pequeña ante la avidez de aquella mirada. La luz de las pupilas de María Cleofé desfallecían y se adivinaba, sin embargo, que si su piel manteníase arrugada como manzana de invierno, detrás su figura delgada parecía la de una criatura de quince.

—Schit... —musitaba suavemente, para que sólo Leticia la oyera. Flotaba en el ambiente perfume de azahares y se escuchaba el chirrido del tranvía en la próxima esquina, confundido con un zumbido de voces venidas de la calle. De noche, el cielo aparecía de un verde pálido, salpicado de estrellas, y la madre y la niña lo presenciaban siempre solas.

—¿Qué querés, María Cleofé?

La niña elevaba la voz jubilosa, con la pregunta, y la madre (convencida de quien debía ser por ocurrir a fin de mes) desde adentro, terciaba con curiosidad excitada.

—¿Quién es? ¿Quién es?

Y antes de oír la respuesta, comentaba:

—Presumo que María Cleofé.

—Sí, mamá. Es María Cleofé —replicaba Leticia.

Guardaban entonces (la mujer y la pequeña) compostura, a la espera de que, transcurrida una pausa larga, la tácita orden de la madre se escucharía. En efecto, como la madre había despertado sobresaltada, interrumpía su siesta, se desperezaba antes de ordenar, perdida en sus cavilaciones sobre la indiscreta costumbre de María Cleofé, sin saber lo que correspondía decir. Hundía su vista hasta la extremidad del patio y luego lanzaba la orden:

—Ven aquí, hija, acércate.

Leticia abandonaba el columpio sin poder desembarazarse de la escolta, que era la mirada de María Cleofé. Sabía cómo treparse, pero descender era una complicada tarea. Y María Cleofé atisbaba acompañando, desde lejos, la maniobra de la pequeña con voces de alarma y movimientos de precaución. Entretanto retenía la respiración. Luego de tocar suelo aquélla y de sacudir la cabeza y saltar, deslizóse, dando unos pasos de baile, hacia el interior, en donde, tras de subir la escalinata. franqueó el dormitorio. Recibió orden entonces de abrir de par en par las ventanas para cambiar el aire y disipar la oscuridad, ya que los objetos, sin alcanzar el contorno, tenían una informe tonalidad; sólo una luz, tenue y fría se filtró hasta entonces por el cristal.

Las cortinas de voile se escapaban ahora por la ventana abierta, flotantes. De la calle continuaba llegando un redoblar de voces. Era una alcoba atestada de retratos de familia, muertos y vivos, y muebles finos y tapices. Había unas prendas de ropa de mujer, dobladas sobre el respaldo de una silla. La niña se acercó, se sentó en la orilla de la cama, pellizcó un sucio, que resultó ser un insecto huidizo, mientras la madre le desató la cinta del cabello y le soltó los rubios rizos. Ceñuda, díjole con dura y severa mirada:

—¡Dale esos cien pesos y que se vaya!...

La pequeña partió, y mientras se desvanecía blandiendo en el aire el sobre, la señora se quitaba los anteojos, les echaba el aliento y, finalmente, los frotaba con un pañuelito de seda de color rosado, guardado en la mesa de luz. Pero, al hacer esto, otro pensamiento vino a endurecerle el ánimo. La aparición inquisitiva de María Cleofé, la desazonaba. Se formulaba preguntas sin encontrar respuestas. ¿Por qué ese proceder solapado con su hija y no con ella?... El ceño se le arrugó, y en las comisuras caídas se advertía que una perturbación permanente había borrado la sonrisa de sus labios como fuente sin agua.

Pertenecía a una antiquísima familia singularmente peculiar y por eso mismo conocida por sus excentricidades. Temperamentalmente celosos y desconfiados hasta el ridículo. Nada tan suyo como su reserva. Físicamente, ella era descarnada, surcada de arrugas su piel y encrespada de canas; sin ser alta, así la revelaba su delgadez.

Taciturna y grave, no era una grata compañía. Aunque no pasaba de los 40, había envejecido y todo ello era el fruto de sus desavenencias conyugales; a tal grado, que espiaba los movimientos de la pordiosera María Cleofé, como lo acostumbraba hacer de igual modo con los actos del marido. Clavaba en ella, al igual que en su esposo (pero en uno y otro por distinta razón), toda su escrutadora curiosidad y el secreto de aquellos celos, celos de madre para una y celos de esposa para el otro, pues de una y otra condición se le quería despojar, tal creía, lo sepultaba ocultamente para no comentarlo sino consigo misma. Esa era su vida. Proyectaba, por eso mismo, una atmósfera de opresiva melancolía, saturando no sólo los muebles, sino el espíritu de su hija, alejando al marido, entristeciéndolo todo.

Leticia corrió a cumplir las órdenes. Alzó la cabeza y tropezó con la mirada de María Cleofé, atisbando y frunciendo los ojos, como el perro que husmea la merienda del amo. Y en tanto que una y otra tomaban posesión de sus respectivas miradas, le entregó el sobre con el dinero y, desviando vertiginosamente la cara, se apartó, desvaneciéndose en el aire, como libélula. Esto a María Cleofé, todos los meses, le causaba perplejidad. A veces la consternaba y sólo atinaba a retorcerse las manos. No alcanzaba a comprender que, para la pequeña, no era otra cosa que extraña e impulsiva mujer. Entonces, como no podía hacer otra cosa, rozándole los dedos, se reducía a descubrir encías y dientes de la mandíbula superior, en una forzada sonrisa...

Al momento estaba dispuesta para eclipsarse entre la muchedumbre de la calle. Al siguiente mes, y como si sufriera de demencia, repetía la escena sin guardar la más mínima compostura. Fue entonces cuando los padres, la madre desde luego, en vez de irse a otro país (tan grande les pareció el peligro), se mudaron de casa. María Cleofé no debió saber hacia dónde se habían trasladado. Antes de que esto ocurriera, comenzó la madre por discutir acerbamente con ella misma; bajo de una crisis emocional. No era que temiese la extraña conducta de María Cleofé. En realidad, lo que ocurría es que María Cleofé había hecho desbordar la gota de la perturbación hasta el grado que la madre llegó a preguntarse si era posible sentir temor a pesar de uno mismo. Esta pregunta acabó por obsesionarla. ¿Qué iba a pasar si se dejaba vencer? Fue entonces cuando se acordó de su posición social, de su apellido...

—María Cleofé debe ser gitana —pensó la señora. (Extraviaba la vista si se le hablaba, o desviaba los temas si no eran de su agrado. ¡Daba en qué pensar! Hasta podría secuestrar a la niña...).

—Nos mudamos, y aunque éste sea mi hogar y el de los míos...

Cuando después de conferencias acaloradas con el marido la solución se produjo, ella atestiguó:

—Germán, mi "santo" marido, se queda... Leticia y yo y la servidumbre nos mudamos... (El marido, en efecto, quedó alojado allí, solo, y su esposa confió su pensamiento secreto):

—Quiere la casa para sus diabluras. ¡Allá él! —lanzó una de sus carcajadas sombrías... y se esponjó el cabello delante del espejo.

De hecho, el matrimonio quedó disuelto. Dueña absoluta de la propiedad y demás recursos, le permitió a él satisfacer su capricho de soltero, usar el inmueble y arreglarse, por lo demás, como pudiera. No la dominó otra idea para más adelante que educar el corazón y la mente de su adorada Leticia. Sería su heredera universal, la depositaria de sus bienes materiales y el relicario de su memoria. Cuando así pensó deslizó la caja de cigarrillos sobre la mesa, empuñó uno sin prenderlo (en una mano reteníalo y en la otra el encendedor y los ojos en el vacío). Solía vérsele en esta postura, con su cerebro entumecido, sin articular una nueva idea. Una sombría influencia emanaba de ella un no sé qué de lúgubre y helado que se exhalaba y ponía sobre los demás una especie de velo enlutado. Leticia se preguntaba la causa. También la pequeña había notado que había algo en la gente (en las mujeres, sobre todo) de curiosidad al verla, y de lástima. Tenía Leticia carácter y orgullo; pero se sentía herida con la intromisión ajena.

Un día (todavía antes de producirse la separación del matrimonio), él asomó. Ella estaba ausente. Tranqueando con un portafolio de cuero bajo el brazo, y sin que nadie le recibiera, entró. Regresó en ese momento la esposa. Leticia quiso penetrar el diálogo y se ocultó. Fue el tema de siempre; terminado el dinero, recurría a su mujer. A ésta el corazón se le contrajo en un espasmo, inmovilizándose por la emoción.

—¡Germán, tienes cara!...

—¡Qué quieres, necesito!

—¿Qué necesitas?

El la miró, ella le miró.

—Eres muy poco hombre... Mendigas como María Cleofé.

Discutieron. Se oyó el tintineo del teléfono y nadie lo atendió. Las sombras de la noche borraron todas las formas y esparciéronse fuera como una mancha invadiendo las últimas luces del día. En la oscuridad, quiso él acariciarla, pero de manera tan liviana, tan remota, que a ella le produjo malestar. Entonces, por orgullo de hombre derrotado, le dirigió una especie de sonrisa incierta. Sus ojos chispeaban, el cabello sobre la frente y su respiración jadeante. Cayeron unas hojas desparramadas de su portafolio sobre la alfombra de color rojo vivo con anchos arabescos blancos. Era él de 45 años, rentista, por delegación de su mujer, mundano, erguido con pomposidad, delgado, de nariz aguileña, pómulos salientes y ojos grisáceos. No usaba sombrero y su cabellera lacia y castaña.

Como de costumbre, fastidiado del silencio, abandonó la casa con cajas destempladas.

De pronto con el rostro congestionado, dilatados sus ojos, se le oyó gruñir como bestia irritada. Pero antes de desaparecer, estalló:

—¡Juro que me vengaré!

Descendió su voz como un latigazo.

La señora apaciguó a Leticia. No tenía importancia. Bastaba considerar su olor a vino.

Pero los secretos pensamientos de ella se bifurcaban entre alcanzar reposo o buscar el modo de escapar de María Cleofé y de su marido.

El cumplimiento de la venganza se produjo. Leticia fue utilizada por él. A ésta le parecía aún ahora tener encima su mirada socarrona. No precisamente la que pertenecía a su condición de padre. No, la máscara de otro que ha dejado aquella condición para convertirse en amante de su hija...

En la desolación de su vida de criatura, una u otra vez se preguntó si sus padres la adoraban como adorno de su fortuna o fruto de su sangre. Instintivamente se hizo esta pregunta. De aquí nació, también instintivamente, un temor del amor de su padre. Y hubo veces, en el conflicto de sentimientos, que hasta llegó a dudar de aquellos padres.

En uno y otro faltó confianza y entrega de almas. Cambiábase de ropa esa vez para acudir a un baile, Mientras se enfundaba en un vestido escotado, sin ayuda de nadie, nada le ocurrió. Pero, cuando se arreglaba el peto de encaje, asomó él, quien la espiaba, sofocando la respiración, desde la puerta. La aguja de un reloj no se hubiese movido con igual cautela que sus pasos. Ya por esa fecha tenía ella 19 años, exuberante, cimbreante y rotunda de carnes, la cintura delgada y turgentes los senos. Escoltaba con su figura miradas masculinas, y nada tan señalado como los hoyuelos de las mejillas y un gracioso remolino en la frente bordeando la copiosa mata de cabello rubio.

—¡Mira lo que te traigo! —exclamó él con jovialidad.

Era un collar de perlas oportuno para su cuello, en ese instante desnudo.

—Te lo colocaré yo mismo.

Ella vacilaba entre agradecida y temerosa.

Iba ella a retribuirle con un beso, pero él le explicó:

—Déjame que te bese primero y debes saber que nada tienes que agradecerme.

Ella relataba del siguiente modo a su madre:

—Sentí su boca en la mejilla. Sus manos temblaban al principio. Después había recuperado el dominio de sí mismo. Pero de nuevo decidió besarme. Yo me limitaba a reparar que él continuaba mirándome...mirándome...

—Quédate quieta. Tengo que seguir mirándote. Te han recortado bien el cabello. Estás... cada vez... más linda. Así, escotada...

Luego una inspiración honda, anhelante. Y se inclinó, movido por tensión nerviosa. Como si no hubiera aire, estaba sofocado. La mano trémula.

—¿Qué te sucede? —le pregunté.

—¡Nada! ¡Que me estoy enamorando de ti!...

—¿Qué sucede? —volví a preguntar, mirándole a los ojos, azorada.

El bajó la vista, arrojando la mirada más distraída del mundo ante el temor que le sacudía, mientras, por la puerta entornada, se filtraban voces.

A él le temblaban las manos y nada de ello (se confesaba ella a sí misma) le pareció emoción de padre, sino otra cosa, impulso erótico de una fea condición, ya que se trataba de su hija... Pero, Leticia se alarmó hasta el paroxismo cuando, bajando él la boca de las mejillas hacia el seno, de pronto, le oyó jadear, como bestia en celo. Ella sintió sus dedos agarrotados, mientras los ojos de él permanecían chispeantes, encendidos...

—¡Mia!... —articuló con una queja de súplica, enloquecido. ¡Fuera de sí!

Entonces Leticia decidió gritar para pedir socorro, pero la puerta se abrió.

—¡Germán!...¡tu hija!

Había esperado la madre el momento para irrumpir. Pero, extrañamente, con una calma imperturbable, él, sin perder la compostura, le replicó:

—¿De veras?... ¿Tanto como eso?... ¡No me obligues a confesar!...

Vibraban acompasadamente las respiraciones de las dos mujeres.

—¡Válgame Dios! —añadió el hombre y se deslizó... (la mano sobre el nudo de la corbata encarnada... como quien, desaparecido el efecto del licor, toma de inmediato conciencia de su monstruosidad...),

Entraron los rayos de una bombilla eléctrica, más fuerte que la luz reinante, por la puerta que él había dejado abierta al salir... y se reflejaban sobre el espejo en el cual, con ayuda ahora de la madre, en silencio, terminaba Leticia su toilette.

Seguían calladas ellas; pero Leticia presentía a su madre con el pensamiento fríamente activo, la respiración desigual y fuerte; mirándole los roces sanguinolentos del cuello desnudo. Cuando habló fue para justificar, con cándida hipocresía, que su marido estaba ebrio. Era su comentario de siempre...

Lo que había ocurrido era lo siguiente. Al ver él a su esposa, había dado un parpadeo nervioso y fingió no haberla visto, por más que ella permanecía boquiabierta. Del drama se trasladaron a la comedia, y Leticia con sus dedos tamborileando sobre el marco del espejo, se preguntaba si era más comprensible el disimulo de él o el de su madre...

Pero ésta, la madre, tosió para no perder aplomo y, ya que perdía fe en su fingimiento, proclamó su decisión:

—¡Basta de sufrir! ¡El divorcio!... —fue todo lo que dijo.

Sus cabellos, de un gris de acero, enmarcaban su rostro duro, mientras Leticia sahumaba el suyo con el ánimo entristecido...

Por cierto que todo se cumplió; la separación legal fue definitivamente sancionada... Pero al año justo, la fatiga de un corazón cansado estalló. Luego, consumidas las últimas energías físicas y morales, se detuvo, y esa tarde (23 de abril de 19...) la muerte llevósela. Demasiado aprisa viene (la muerte) a reclamar lo que se le debe. Leticia era lo que dejaba como depositaria de su patrimonio moral y material, que no era poco. La había hecho lucir como alhaja y apresar también, dentro de una jaula, por más que fuera de oro.

Y, ahora que Leticia avivaba la memoria, como atizando las brasas de un antiguo fuego, de aquel vejamen (ya disipada la punzante alarma) escuchaba a su lado una respiración agitada, de unas facciones convulsas, unos ojos petrificados y para colmo, un retrato de ella (de Leticia) en un medallón sobre el pecho que subía y bajaba impulsado por la respiración...

Fue en ese instante cuando reprimió su loca fantasía evocadora y prefirió ocupar su cabeza con la confesión que acababa de escuchar de labios de la moribunda. Confesión parecida a una nube negra, fragmento de la noche del alma, destinada a evaporarse como toda nube al morir la enferma.

—Hija...—fue lo único que musitó— ni Germán Zelaya ni yo... fuimos tus padres. No eres nuestra hija de sangre...

—Lo sabía, "mamá" —replicó la otra.

La moribunda alzó el cuello:

—¿Lo presumías?... ¿Cómo? ¿Quién?...

—Una mirada... me lo reveló, "mamá" —dijo.

—Con cien pesos mensuales te adquirí, hijita; pero el amor de madre no se compra...

Estaba María Cleofé, en efecto, con su cuello flaco, su cofia de tela desteñida y la restituida cabeza de su hija Leticia sobre el pecho, debajo del cual, aceleradamente, latíale sin parar nunca...

LOS HERMANOS

¿Qué te sucede, Ernestina? —le pregunté impulsado por la última luz de la tarde, a cinco meses más o menos, de su retorno al hogar.

Me miró ella turbada. Vaciló y replicó finalmente:

—Lo sabrás alguna vez, José María —dicho esto con tono de desesperanza.

—¿Por qué no me lo cuentas ahora? —insistí en preguntarle.

—Pronto lo sabrás —respondió ella a su vez. Y añadió sonriendo: "Tiempo al tiempo", y otra vez sonrió, pero desprovista por completo de alegría. Parecía querer renunciar a todo, salvo al vacío del mundo al cual se adhería de manera intensa y absoluta.Reflejaba como característica suya,prematura madurez, impropia de sus pocos años.

—Mañana me ausento —terminó diciendo— a San Jorge, a pasar un tiempo con tía Eulalia. Me hará bien estar allí. A San Jorge, sin embargo, iba (quién podría preverlo) a consumar el acto infortunadamente realizable y que creía solucionar su íntimo problema.

—¿Sola? —le pregunté presa mi alma de inesperada ansiedad.

Calló. Endureció las facciones y exclamó mirándome a los ojos:

—Sola no —respondió—me acompañará Rogelio.

Cogí al vuelo el significado de sus palabras como alfilerazo producido por este nombre que primero me trajo asombro, luego tormento, pues la confesión despertó en mí el suplicio de los celos...Yo era entonces un niño apenas. Rogelio casi un hombre, además presunto festejante suyo. Ernestina tenía por aquel tiempo diez y seis años cumplidos, dos más que yo y aunque era mi prima por parte de padre, Rogelio disfrutaba en la casa de ella, el mismo afecto y consideración de uno de la familia. Sin embargo (confesión que me permito hacer), ella había despertado mi temprana pasión... En un principio me pareció íntima la necesidad de acompañarla; adquirió luego carácter febril, más tarde deseo inocente, aunque apremiante, y al final sensación de angustia cada vez que ella, descontenta conscientemente de mi pasión, escapaba de mi presencia...

—¿Volverás? —le volví a preguntar. De los dos el que soportaba la peor parte era yo, y ella bastante luchaba para disimular el todavía no descubierto secreto que la embargaba. Me acibaró la idea del viaje en compañía de Rogelio. De pronto, sentíame invadido por una gran turbación. Mis ojos se llenaron de lágrimas, pero no eran las lágrimas de una inmotivada exaltación, lo que sentía era la emoción confusa de los indecisos anhelos... De aquel tiempo a esta parte he pensado que las tribulaciones secretas del niño constituyen las penas soberanas en la vida del hombre.

—No sé —me contestó.

En los círculos sociales ya se operaba un cambio moral con respecto a Rogelio. Se le juzgaba disoluto y "atentatorio" para con las jóvenes solteras y hasta las casadas... A la mañana siguiente no acudí con tranquilo corazón al visitar a mis tías, hogar de Ernestina, que era huérfana. Haría dos horas que esperábamos la partida de los viajeros, con los dueños de casa. Durante ese tiempo casi nada había alternado Ernestina con ninguno de los presentes. Pero yo había descubierto, con alivio para tranquilidad mía, que Simona, la antigua sirvienta, acompañaba a los supuestos novios, y digo "supuestos" porque tía Josefa preguntó por los amores de Rogelio y su vecina Rosaura, demostrando que estaba ajena a las intenciones de Rogelio para con mi prima. Era yo un niño excesivamente curioso y me intrigaron preguntas como éstas:

—Has visto, María Zoraida, cosa más idéntica que los ojos de Ernestina y Rogelio? También se parecen en el óvalo de la cara —añadió.

La solterona María Zoraida celebró como una broma. Pero tejió un comentario más desconcertante:

—Si Rogelio se casa con Rosaura —dijo y calló al ver que yo me iba acercando para escuchar mejor. Recuerdo todavía sus ojos sonrientes y burlones...

Apareció en ese momento Rogelio con su equipaje y su indumentaria de viajero. Erguido, delgado, rubio y con el sombrero en la mano, pero sin renunciar al característico aire furtivo, como el felino que sorprende así su víctima. No hablaba al parecer, prefiriendo reducirse a contestar el saludo. Brillaba su prendedor de oro en la corbata, inconciliable por cierto con el género de indumentaria. Tía Josefa lo besó en la frente, le formuló él promesas de atender debidamente a Ernestina y más que todo, añadió, comportarse como un caballero. Me parece —aún ahora— estar frente a Ernestina, mirar ella lastimosamente en torno suyo y despedirse una por una de sus tías, llegar mi turno (repito que no tenía sino catorce años y, sin embargo, nos encontramos los dos en una larga mirada). Cuando quiso hablar fue un sollozo lo que escuché, más delgado que el aire, nubláronse como el cielo, de lágrimas, sus ojos y la vi irse sin volver la cabeza, pero su espalda iba escoltada por mi mirada. Era Ernestina espigada, alta, con sustanciada de ternura la expresión, un lunar como gota de tinta en la barbilla, tan blanca era; el cabello castaño, el rostro ovalado y la nariz que podría haber sido defectuosa, más en ella, siendo corta, resultaba graciosa y por eso la llamaban "la ñata", como elogio. Nada se parecía tanto a sus mejillas encendidas como aquellos duraznos de la huerta, subiendo el camino escarpado a contar paso sobre paso de la esquina de nuestra casa.

Partieron. Él, sujetándola. Él, alto, con el cuello del impermeable levantado y el ala del ancho sombrero caída. Un misterio sopló en ella y yo solo lo reparé.

Los ojos suyos habían escapado de los de todo el mundo... No disimuló su tristeza. ¿Era acaso un presagio siniestro? ¿Era síntoma agorero de lo que después habría de suceder? Se desvanecieron en mí tan tristes reflexiones y regresé con una esperanza indeterminada. ¿Me amaría acaso? —fue lo que me pregunté al despertar a la mañana siguiente.

Su imagen se había grabado en mi espíritu, de donde no se borraría más. Todo el día me acompañó su recuerdo. Ernestina, pensaba, se mantendrá atrayente y sencilla durante el viaje. Rogelio la contemplará jubiloso.

Dos días después estaba yo tumbado bajo la sombra del viejo naranjo de casa, evocando antiguas escenas de lecturas de revistas ilustradas con Ernestina allí y todavía más atrás, juegos realizados debajo del árbol. Todos aquellos recuerdos me enloquecían y aún se me antojaba oírla murmurar: SOY TUYA. Meditaba también en el misterio que rodeaba a las extrañas relaciones de Rogelio y Ernestina.

No me acompañaba nadie, salvo mis recuerdos y pensamientos. Don Domingo Besares, el cura, asomó sigiloso, descubrió que nadie más estaba en casa; había penetrado por la puerta del fondo, recorrido el lugar y finalmente se dirigía a donde yo me encontraba ocioso.

Nuestro perro faldero, Alí, lo acometió con saña y al reconocerlo, cambió de un sentimiento de enojo a otro de dulzura, le lamió con humildad la mano hasta obligarlo a limpiársela con el pañuelo de seda, pero el animal continuó olfateándolo cariñosamente, acompañado de placentero movimiento de la cola arqueada como anzuelo.

—¿Sabes, José María, la noticia? —tartamudeó.

No me gustó ni el tono alarmante ni el rostro demudado.

—¿Qué noticia? —respondí a mi vez. Un ramalazo de ansiedad me cubrió el rostro.

—¿Cómo? ¿No sabes? Que Rogelio dio muerte a Ernestina ayer en San Jorge —replicó mirándome trémulo.

—¿Muerte? —pregunté turbado con el impacto que acababa de recibir. Una expresión de consternación bajó como un telón entre nosotros y el cura se refugió tras él con sus preocupaciones personales.

—La verdad, hijo mío... ¡la verdad!... nadie la sabe. Otros dicen que ella es la que se ha envenenado.

Tragué saliva; no hice ningún comentario.

—El mundo está corrompido —dijo ácidamente; miró lastimeramente en torno y desapareció.

Me incorporé, me acerqué a la puerta de calle, desolado, y eché una mirada hasta donde mi vista alcanzaba. Ni un alma cruzaba por allí. La vida parecía detenida; las casas cerradas; la calle abandonada. El señor cura se me había escapado. No lo vi irse. Debió comprender que yo no le hacía falta.

Lleno de desesperación, me llevé las manos a la cabeza. ¿Iba a morir un sentimiento que comenzaba a abrirse y al que el destino no da tiempo para que florezca?

Cerré los ojos e hice memoria del pueblo de San Jorge. Estaba bordeado por salvaje e imponente paisaje en cuyo horizonte asomaban las ondulantes siluetas de las montañas. Aquí cerca encerrado en tres sectores de grandes desfiladeros, un anfiteatro de alta y tupida vegetación, descendiendo suavemente por la cima de otro precipicio desde el que se dominaba el valle.

Era, indudablemente, el sitio más indicado para fundar un hogar, si hubiera estado Ernestina destinada a disfrutar tranquilamente de existencia pacífica.

Mi padre, asaltado por agorera idea, consciente del peligro que se cernía sobre el prestigio de nuestra larga familia, partió inmediatamente para San Jorge. Debo establecer que siendo yo nada más que un niño, hasta el momento de la noticia del cura, ninguno de los ocultos hilos que manejaban estos aparentemente simples hechos era de mi conocimiento. Reconstruí mis juicios después que mi padre me puso en contacto de muchas cosas de nuestra familia que hasta ese momento yo ignoraba.

Aquella misma noche, mientras preparaba lecciones de aritmética sin sofocar por completo la tensión, asomó en mi pieza la figura de Rogelio. Fue un embarazo verlo cara a cara. Estuve virtualmente a punto de arrojarle un mueble. Advirtió lo que me sucedía. Pensé que el demonio había hecho su obra. ¿Se sentiría descargado de su veneno?

—Ya sé lo que te han contado —dijo (mi alma presa de alarma no deseaba escucharle).

Entre Rogelio y yo surgía una tensión que no era dable disimular. Sin embargo, mis ojos se proyectaron sobre los de él.

Había llovido. La lluvia lavaba el suelo entre las piedras de la calle. La familia entre tanto continuaba con el alma helada y un nudo en el corazón.

—¿Qué le sucedió a Ernestina? —le pregunté a pesar mío y nada dispuesto a oír cualquier comentario que pudiera tejer.

—Se envenenó—contestó—. Estuve detenido y me han concedido la libertad bajo fianza, necesito que las tías declaren como testigos... (Hechos posteriores, a pesar de lo que se afirmó, han probado que Rogelio, como autor material, fue inocente).

Entre tanto se había repantigado en el sillón y entrecerrado los ojos. El viento afuera erraba y dejaba una marca húmeda en el vidrio de la ventana, a través de la cual la plaza aparecía jaspeada de

hombres descansando en los viejos bancos de madera. Un indio cubierto con andrajos llamaba a la puerta, ofreciendo por unas monedas un haz de leña que le doblaba sus espaldas.

—¿La amabas, Rogelio? —pregunté con infantil inocencia, pero también con la sublime curiosidad de un niño enloquecido de amor.

—Eso a nadie le importa. Era asunto nuestro —replicó, pisoteando mi alma con su respuesta.

Como su contestación la juzgué una impudicia, le miré y él me sostuvo la mirada.

—¡Al juez le importa!... ¡y a mí! —prorrumpí enloquecido y con los labios cárdenos de ira. Rogelio ante mi extrañeza, lanzó una carcajada.

—Ja, ja, ja. Ernestina me contó todo. ¡Qué mocoso enamorado! Ernestina era una señorita y tú un niño, hombre. ¡Qué mocoso enamorado! ¡Qué disparate!

El corazón se me subió a la boca. Sentí una depresión intolerable. Tragué saliva a duras penas y en esta disposición de ánimo, en la cual, careciendo de su desarrollo físico, me encontraba impotente para medirme con él y hacerle besar el suelo o desenmascararlo con el más vil insulto, apenas logré decir:

—¡Fuera... de mi casa, asesino... asesino!... y me desplomé, pero sin perder de vista algún objeto determinado que sirviera de arma para defenderme si me atacaba...

El, en vez de alterarse, sonrió sacudiendo la ceniza del cigarrillo, mirándome con torpe hilaridad para después lanzar bocanadas de hilos ondulados de humo. Lo hacía despacio para extremar su cínica perversidad.

—Yo también tuve tu edad y un amor así —dijo por fin—. Oye, José María —continuó— te he ofendido, discúlpame...Ernestina te quería... Claro que no tomó veneno ni por ti ni por mí. Las mujeres no hacen eso por ningún hombre... Sufría de anemia perniciosa...falta de glóbulos rojos... ¿Comprendes?... ¡Locuras!...

—¿Era tu novia? —le pregunté desolado y a punto de estallar en sollozos histéricos.

Me confesó Rogelio que sí, pero sólo después de desalojarme a mí como rival suyo. De pronto se había vuelto afectuoso y yo extrañamente me sentí aliviado con sus confidencias.

Esa misma noche, 7 de julio, año ya remoto en mis recuerdos, se celebraba una fiesta popular en la Gobernación. Se oía una música medio alegre, medio triste que el aire disipaba hasta desvanecerla por completo en mis oídos y de nuevo la acercaba hasta hacerse perceptible en sus matices de melodía.

Me figuré parejas bailando bajo la mirada de curiosos que hormigueaban en la puerta y en la calle empedrada. Tenía por otra parte urgencia de descargar mi angustia por efectos que siguen a toda conmoción nerviosa y también curiosidad de escuchar comentarios. Para alcanzar una y otra cosa, me encaminé a guisa de entrometido. Encontré una serie de salones con abundancia de público y bebidas. De pronto me detuve ante un extraño grupo de muchachas que discurrían entre sí. Descubrí un galán gesticulando en medio. No podía ser sino Rogelio, a quien sorprendía a pesar mío. Mi sombrío rencor renacía con su presencia. Además ya había escuchado versiones de la muerte de Ernestina, ensalzándola y deshaciendo todo género de agravios contra ella, otras repudiando la conducta de Rogelio. Sofoqué a duras penas la tensión que me fatigaba. Finalmente me encaminé hacia la ventana para renovar el aire de mis pulmones. Desde allí, separado de la mirada de ellos, escuchaba sus comentarios. Prefería ese lugar. Percibía al través de los poros la blanda brisa que tras de entrar por la ventana hacía ondular el cortinado. Este movimiento de la tela había atraído el retozo de un gato que sirvió para mi distracción.

El corazón se me subió a la boca de pronto. El clérigo de la parroquia, don Domingo Besares, emergió con la sotana remangada; se arrimó a Rogelio y con su aparición puso en fuga a los restantes.

—Hijo mío, por la salvación de tu alma, cumple la penitencia que he de imponerte en donde corresponda —dijo mansamente.

Iba a responder Rogelio y el clérigo lo atajó:

—Nada de confesiones. Además, éste no es el sitio. El padre de San Jorge se ha franqueado conmigo y todo lo sé.

Con acento irónico, aunque templado por el respeto y con mal reprimida cólera, exclamó Rogelio:

—¡Padre... ese pecado...vamos, son cosas de hombre!

—Dios nos asista; no, hijo mío. Si fueras un niño, bastarían tus padres... Pero eres un hombre y la salvación de tu alma le pertenece a Dios. La ley terrena te condena. Comprendo, pero la divina habrá de entrar en tu conciencia. Por tu culpa se envenenó esa criatura...

Salió el cura pidiendo al penitente deponer su orgullo y someterse a la expiación de su pecado.

Añadió en latín: ianua calli, ora pro nobis, que después supe que quiso decir: "puerta del cielo, ruega por nosotros".

Me sentí infeliz por haber escuchado lo que no debí escuchar. Sentí asco de la acusación. Habría deseado tener fuerzas para abofetear a Rogelio. Avanzó. Un estremecimiento agitó al penitente. Ignoraba mi presencia por lo visto. Le lancé una severa mirada inquisidora. Me pareció adivinar que el pecho se le oprimía como si le hubiese asestado un puñetazo. Luego enrojeció hasta la raíz del pelo, contrayéndose como una bestia acosada. El cura había dicho: "no es la voluntad del hombre sino las circunstancias quienes gobiernan". Y así era. Los compañeros aparecieron y lo rodearon fúnebremente. Rogelio rompió el silencio con cualquier nimiedad. Pero observé que permanecía impasible, inmóvil. Ni conmiseración trasuntaba aquel gesto de piedra. Iba a desprenderse del grupo y le corté trémulo el paso:

—¡Cobarde!... —grité.

Un sujeto calvo como un felino, saltó y me sujetó fuertemente, con azoramiento:

—¡Suéltelo!... —ordenó Rogelio. Quizás mis pesares lo habían predispuesto en mi favor, pues me condujo del brazo y me amonestó no sin antes brindarme consejos de prudencia y cordura.

Al verme compadecido por Rogelio, me abandoné a sollozar como lo que era, un niño. Me temblaba como azogue todo el cuerpo. Las lágrimas caían por mis mejillas y experimentaba una vergüenza inexpresable por mi llanto involuntario.

Regresé a casa con las estrellas al amanecer, jueves 8 de julio, y en ese mismo momento ya todo el pueblo conocía la noticia caída como bomba. Se dijo entonces que la resolución de Rogelio fue tomada al descubrir que él no era un mero espectador del drama, como se imaginaba, sino el verdadero protagonista. Se había confesado con el padre Besares en la desmayada luz matinal. A las 8 elevó su renuncia del empleo de Gobierno que desempeñaba en la Comandancia General. Cumplido esto, manifestó que por "razones puramente sentimentales" se exiliaba y que, así como no confesaba hacia dónde se alejaba, declaraba no volver nunca más.

—¿Ni siquiera de paseo? — le preguntó uno.

—Existe un motivo... el más persuasivo para no volver —contestó.

Había pasado del sentimiento de pesar por Ernestina al de rencor contra Rogelio y me encontraba ahora desconcertante sorpresa. Por qué, provisto de indiferencia ante su reprochable conducta, ¿se exiliaba para siempre y por "razones sentimentales"?

¿Qué misterio hubo detrás de todo esto? Mi cabeza daba vueltas sin comprender. Mi padre, consumido moralmente desde su vuelta de San Jorge, casi no hablaba. Yo lo atribuí al singular cariño profesado no sólo a Ernestina sino al propio Rogelio, quien cariñosamente lo llamaba "don Leandro". No soportó mis comentarios, me llamó a su lado y sentencióme:

—Debes modificar el severo juicio que te merece Rogelio —me ordenó.

—Todo el mundo lo juzga así —contesté.

—Es que ignoran los motivos de su partida —me replicó.

—¿Su partida del pueblo? —pregunté ansioso... ¿arrepentimiento?

—No.

—¿El repudio de la gente?

—Tampoco.

—Se dice que el padre Besares le impuso como penitencia abandonar el pueblo —contesté.

—Eso puede ser —replicó. Y luego:

—Eres muy niño, José María. Pero debo ser yo, tu padre, quien te explique. Somos hombres —añadió.

Abrí los ojos desmesuradamente. Tosió, revoloteó la mirada. Luego lanzó su confesión:

—Eran hermanos...de padre.

—¿Hermanos? —exclamé.(Mi corazón latía con fuerza).

Siguió él hablando:

—Nadie lo sabía, era un secreto de familia. El padre de él y mi hermana, concibieron a Ernestina. Dijimos... que ésta era hija del marido de mi hermana, muerto después de casados. El secreto, a no mediar esto, habría continuado...

—¿Pero no continuó?... —pregunté—.

Me cogió la mano estrechándomela con fuerza.

Se veía que estaba bajo el peso de una emoción profunda.

—Por ellos... Ernestina, sin saberlo nosotros, se iba a casar con Rogelio en San Jorge. El padre Ayala sabía nuestro secreto y lo impidió:

Calló, luego estalló sollozando:

—Era tarde, sin embargo. No se les previno a tiempo...

LA ESTAMPILLA

Un jovencito de 14 años, de rostro atezado y espigado como una vela, entró espiando en la casa y oprimiendo en el bolsillo del pantalón una estampilla.

La sirvienta salió en busca de Elsa. El visitante, para calmar sus nervios mientras esperaba, dio un pellizco a una cenefa del almohadón. ¿Entro? ¿No entro?, se había estado preguntando vacilante, afuera. Ahora se preguntaba: ¿Me siento? ¿No me siento? Se oía el rítmico latir del péndulo. Hizo una flexión de brazos, que movía a risa, y se desplomó sobre el sofá. Pero se incorporó al momento, arrepentido, como si se hubiese sentado sobre una aguja. Estaba ahora cortado. ¿Para qué había venido? ¿Qué haría si en vez de aparecer ella asomase el padre o la madre? Nunca en su corta vida hizo una visita y temía el ridículo o que se mofaran. Entretuvo su olfato con el olor de azucenas del jarrón; su oído con notas de piano, flotantes; su mirada con el decorado, cuando asomó Pichi, de cinco años de edad, ojos aterciopelados, cabello rubio y crespo y hoyuelos en las mejillas:

—¡Pichi! —se denominó a sí mismo el niño.

Pichi se quedó observando al jovencito, quien lo miraba a su vez.

—¡Qué querés? —le preguntó el pequeño.

—Está tu hermanita?

Demoró la respuesta. El pequeño cavilaba sobre aquella aparición.

—¿Querés hablar a papá? —preguntó.

—No, no. ¿Elsa está?

—No.

—¿Dónde?... ¿Está?... ¿Salió a la calle?...Elsa?

Pichi, que era precoz, adivinó que el otro estaba azorado.

—Está con el piano —dijo.

—¿Y cómo dijiste que no está?

Por toda respuesta sonrió divertido. ¿Acaso el recién llegado aceptaba jugar con él? El otro iba a preguntar, fastidiado; pero el pequeño lanzó su propia pregunta:

—Cómo te llamas?... Ignacio?

—¿Elsa está?... ¡No mientas! —E hizo un gesto de enojo.

—¿Querés jugar conmigo? Yo tengo un barrilete que me trajo tío Liborio.

—¿Está Elsa?

Mariposas de alas afelpadas pasaban girando y desapareciendo al través del vidrio de la ventana. Algunas detenidas un momento en el marco alzaron el vuelo y remolinearon como papelitos multicolores. El niño, al verlas, sintió el impulso de ir a perseguirlas, pero también le fascinaba la atracción del compañero.

La tensión de los nervios de este último había cedido poco a poco, volviendo al fin a su aire normal. A través de la puerta entornada de la sala, flotaban algunos arpegios de piano. En ese momento, con voz opaca, preguntó desde adentro la madre:

—¿Qué hacés, Pichi? Cuidado la pelota... Si quieres jugar, ven al jardín.

Al oír la voz, el jovencito cambió un visaje de alarma con Pichi. Este, maliciosamente, adivinaba divertido la situación incómoda del otro

—¿Qué hacés, Pichi? —se oyó la voz de nuevo. Pero en vez de contestar, éste se reía, con su reticencia creía engañar a la madre. A veces en vez de sonreír, pujaba haciendo pucheros para no contestar.

No sabiendo qué hacer, el niño grande alisó sus cabellos, se atusó el bozo o incipiente germen de bigote, rebelde en asomar. Finalmente, ante la presunción de que la madre irrumpiera, enrojeció hasta la raíz de los cabellos. Por aflojar la tensión de nervios, sonrió al pequeño. Este devolvió la sonrisa divertido.

—Mamá me llama —observó el niño, como previniendo el peligro. En el otro cundió la alarma.

Estaba azorado, pero era imprescindible hablar con Elsa antes de escapar. Frunció sus cejas, brillaba un vislumbre en el blanco amarillento de sus inquietos ojos. Los labios dieron salida a una sonrisa que se volvió mueca.

No sabía qué hacer.

—¿Qué me regalas si la llamo? ¡Decí! ¿Qué me das? ¿Me contás un cuento?

El otro sintió que una inspiración le asaltaba. Metió con desesperación la mano en el bolsillo y encontró la arrugada estampilla, entregándosela.

—Esto? Sirve para mandar cartas, yo soy chico, no mando cartas —díjole devolviéndola.

El niño mayor se sintió defraudado.

—Yo no quiero estampillas —afirmó deslizando sobre el bolsillo del pantalón del grande la esperanzada mirada. Calló estupefacto, pero mirándole la boca con avidez.

—¡Es de una colección... que cuesta millones...tonto!

—¡No es cierto! ¡Mentiroso! —respondió el pequeño sacudiendo negativamente la cabeza.

El mayor de los dos escarbó desesperado adentro del bolsillo. Encontró una monedita de cinco centavos.

—¡Después te daré más! —y se la entregó despidiéndolo con la mirada.

Pero el pequeño pensó que era insuficiente para realizar determinada compra.

—¿No tenés más? —le preguntó. Con tristeza vio que el otro le replicaba que no.

—Andá, andá.

Pero el niño permanecía inmóvil. No perdía la ilusión de conseguir más dinero, y el otro, fastidiado, esperaba que...exigiéndole la devolución de la moneda, preferiría ir antes que devolverla.

Luego una tribulación se sumó. Si la sirvienta no había regresado era porque Elsa se negaba a verlo. Entonces, pensó, ¿para qué la visito? Pero, aquí en su casa al menos por evitar escándalo se resignaría a hablar con él, mientras en la calle caminaría de lejos. En la escuela tampoco la veía últimamente...

—Andá, Pichi.

—¿Voy?

—Sí, después jugaremos. ¿Querés?

Creyó éste que con la promesa el pequeño habría mordido el anzuelo, pero no era cierto. De pronto:

—Vas a jugar? Primero voy a traer el barrilete, es más grande que yo. Mamá lo tiene guardado.

—No, no, no. Primero llama a Elsa.

El pequeño volvió a reír. Le causaba risa las musarañas del grande; éste se sentía fastidiado con las carcajadas del pequeño.

—Pichi, ¿te has escapado a la calle?

—No, mamá —replicó prudentemente la criatura. Pero para adentro reía ante la imagen de su travesura.

El niño mayor dejó caer una mirada desmayada sobre el desolado vacío de la pared tapizada. Había una repisa y una vitrina. En la primera estaba colocado un barco tallado en marfil amarillo. Adentro de la vitrina, entre otros objetos finos, había muchos caracoles marinos; el Pichi refirió cómo al colocarlos contra la oreja, producían un ruido prolongado. Un silencio grande los envolvió. Uno y otro esperaban que la opaca voz se repitiera. Pero no se oyó más. De nuevo los ojos del grande resbalaron por aquel mar de muebles, mientras daba barzones de uno a otro extremo de la pieza. La mirada del pequeño perseguía al grande incansablemente. Las colgaduras de blanca tela se hinchaban como vela de barco con el aire allí embolsado que entraba por la ventana abierta.

El pequeño de pronto quedó aterrado ante el grito del otro:

—¿Quieres ir, mocoso? ¡Andá! —y torció la boca hasta la oreja.

El gritón se sintió irritado, presentía que iba a estallar. Su fisonomía denotaba una lucha interior. Alguien que no era Elsa se iba a recortar inesperadamente en la puerta. Pensó de qué modo debería ponerse en guardia contra esa posibilidad. El niño finalmente partió.

Pasó un momento de zozobra. Profundo silencio envolvió a la casa. Callaron las voces del piano. Se oyeron pasos de gente mayor acercándose.

—¡Aquí está, tía Elsa! —gritó al regresar acompañado.

Una cincuentona con gafas, sin carnes y alta como asta de bandera, apareció sonriente en la puerta. Sin duda que ésta no era la Elsa que buscaba. El jovencito no se movió. Por primera vez tuvo conciencia de lo que le pasaba. Estaba en una habitación a donde no esperó acudir nunca. Había cuadros, tapices, sillas, sofá. El no sabía de quién era todo aquello, ni podía explicarse cómo había llegado allí. Una gran extrañeza se apoderó de todo su ser. ¿Soñaba o estaba despierto? A pocos pasos de donde él se encontraba una mujer alta y de ósea estructura, se levantaba inacabable como una pirámide.

No sabía qué contestar una vez que desplegara los labios. De pronto le vinieron ganas de llorar, estaba abochornado. Al contrario de los niños modernos, era tímido y desconfiado de sí mismo; se irritaba al sentirse torpe, se ponía encarnado, tratando en su enojo de aparentar un aire desenvuelto y atrevido, que no siempre conseguía.

Era ya hora del crepúsculo y la gente descansaba en todas partes, respirando una sana frescura de ese aire que infunde bienestar y anuncia una plácida y hermosa noche. Se prendían las luces de la ciudad.

Según todas las leyes sociales alguien debía aclarar por qué uno y otro estaban allí. La persona indicada para hacer las presentaciones era el Pichi, pero su corta edad no lo permitía. Hasta ese momento todo había sido tormento; la familiaridad confianzuda del pequeño, su risotada retozona y sobre todo, su infantilidad... ¡Estaba harto! Detrás de su espalda la puerta cerrada, no era fácil escapar. ¿Qué iba a decir para justificar su presencia? El niño de cinco años en vez de explicar, podría confundirlo todo. Quizá ya lo había hecho, pues a juzgar por la mirada trémula de la mujer, nada bueno le pronosticaba. Pero no. En ese instante la criatura informó a la tía Elsa que el visitante era poseedor de una estampilla...

—¿Entonces eres filatélico?

—¿Cómo?

—¿No coleccionas, hijo?

—Sí, sí —replicó—, sí,sí.

La mujer miró al niño y el niño miró a la mujer.

—¿De veras? ¡Imposible! ¿Filatélico?

—Demostrámelo.

—Aquí está... —replicó vacilante. Y mostró lo que extrajo dificultosamente del bolsillo.

—¿Ve usted? —y se despertó en ella una curiosidad ávida.

De alguna parte extrajo la mujerona una lupa, luego colocándose contra la luz, observó el diminuto objeto, la palpó, recorrió la dentadura de la estampilla, observó los signos, los colores, se detuvo examinando la fecha, mientras los dos niños la acompañaban. El mayor ávido, el pequeño sin retirar los ojos del niño grande. De allí en adelante las cosas habían cambiado para el niño y la mujer. Se produjo un tácito contrato social; no hablado sino intuido.

—Yo te ofreceré de las mías —dijo la mujer, exhalando un suspiro que desbordaba placer—. Ah, la que yo buscaba —añadió. Y sus ojos relampaguearon—. Gracias, gracias, pero dime: ¿cuánto debo pagarte, hijito?

—Se la regalo. Se la regalo... —musitó el jovencito.

—Ya te ofreceré de las mías, hijo. ¡Qué agradecida estoy! Pero ahora no. Estoy dando mi clase de piano.

Iba el niño a desahogarse y ella con una mano huesuda e irguiendo el busto, lo desdeñó boquiabierto y confuso.

—Esto no es fácil de encontrar... —y se deslizó canturreando—: ¡Qué encanto!¡Qué amor!...

Al momento el piano se escuchó de nuevo.

—¿Viste?... Esa es tía Elsa, hermana de mi papá. ¿La viste? —preguntaba el pequeño—. Tiene anteojos y toca el piano —añadía.

Él otro, por toda respuesta, le mostró la lengua con desdén. Avanzó como sonámbulo hacia la puerta. La franqueó y se desvaneció, escurriéndose entre automóviles allí estacionados. Al alcanzar la esquina, paró en seco. Reflexionó: "Elsa me dijo 232 y esta casa es 132. Tengo que caminar a la próxima cuadra para encontrarla". Emprendió la marcha; de pronto recapacitó: "Mi estampilla... mi estam..." —y sollozó en silencio. No pudo más, dando grupas, se dirigió a la casa de la mujerona llamada Elsa.

Decidido asomó a la puerta. Apareció el Pichi.

—Pichi —le propuso— andá a robarle la estampilla a tu tía Elsa, te contaré un cuento.

—El cuento del chico que mató al...

—¡Ese! y que luego lo colgó con el cuero duro en la rama más alta de un árbol... en el bosque... ¿Y que allí pasaron tres días largos... y cuando Tarzán lo supo, le felicitó porque era valiente y fuerte... ¿Sabes?

—¿Ese?

—¡Ese!

El pequeño se alejó ansioso, dando curso a su fantasía. Entretanto el grande había perdido el sosiego. Elsa se había desvanecido de la mente del filatélico. Lo que deseaba era recuperar la pieza perdida. Estaba desolado. La colección quedaba incompleta y la necesitaba como a la niña de sus ojos. Su orgullo había sido mostrarla y hablar de la serie X. Luego fijar la fecha en que fue emitida. Siempre certificaba que fue antes de la guerra y que ello se debió al Gobierno de Polonia.

En esto pensaba cuando retornó el Pichi reclamando el cuento, el otro le preguntó por la estampilla: que la tía guardó bajo llave. Antes de cumplir su promesa del cuento se había marchado.

El cuerpo se le contrajo en el trayecto al hogar como si le hubieran golpeado y su corazón se le oprimió dolorosamente.

Avanzaba serio, una rabia concentrada contraía sus facciones, un deseo de venganza centelleaba en sus ojos.

—Qué desgracia —pensó; caían lágrimas de sus ojos. Las enjugó y como si le hubiesen lavado niebla, obstaculizándole el pensamiento, descubrióse su conciencia con claridad.

—Lo que intentaba era mostrar la estampilla—se dijo—. ¿Qué interés tengo en encontrar a Elsa?

LOS PRINCIPIOS DE BENÍTEZ

Benítez, hombre de principios, ignoraba que la mollera propone y que el punto desde el que se atalaya, conduce y ordena está en el corazón; por consiguiente, es donde se dispone. Esta ignorancia le acarreaba contratiempos y mucho fastidio. De más está repetir que Benítez era hombre de principios y de consiguiente lo que le faltaba de flexibilidad lo compensaba con exceso de rigidez. Una devoción religiosa tenía y esa era la ley. El cumplimiento de la misma y los imprudentes caprichos del corazón, que no hacían consonante, le sorprendían al mismo tiempo y una vez sorprendido por tan inconciliables visitantes, se tumbaba en una silla a deliberar cómo salir de tan empantanado entuerto, enganchando consigo mismo el diálogo. Horas y maltrato mental le ocasionaba la solución del asunto y de tal catadura los había a menudo para su mala suerte.

Esta estructura de su espíritu y no la afinidad política, pues integraban distinta tendencia, le había acercado a la intimidad del Presidente, de nombre José Fausto Domínguez. ¿Hemos dicho entre tanto que Benítez era de oficio General? Conviene entonces que se sepa que lo era. Había hecho la carrera de las armas y así como imponía autoridad moral se le respetaba dentro de su profesión. Ocurrió que aquellas fuerzas de que hablamos, su conducta y su corazón, se disputaban su ánima. Ello sobrevino como consecuencia de haber alojado en su propio hogar a dos queridos correligionarios que después de conspirar, huían perseguidos por la ley. Benítez, como de costumbre, se halló en figurilla.

Ensayó soluciones y de todas ellas, la más ajustada a su código fue la de poner las cartas sobre la mesa. Después de confiar al Presidente la verdad de los hechos, invocaría razones de amistad y acaso atraería hacia sí la anuencia del Presidente y la salvación de sus compinches. Con esto está dicho que se encaminó a visitar a su amigo, el del solio presidencial.

El Excelentísimo Señor Presidente torció la cabeza al escuchar las siguientes palabras del visitante:

—Vengo a pedirte un favor —y con este modo de hablar, que es familiar, está dicho que no visitó al Presidente.

S. E. respondió:

—Lo que tú digas. Como Presidente también respeto la amistad y reconozco sus obligaciones. Habla:

—Tus adversarios —le contestó el otro— fulano y zutano, se esconden en mi hogar. Si hay que entregarlos a la justicia, lo haré porque por sobre su condición de correligionarios y amigos personales, soy yo hombre de principios, respeto la ley. Pero previamente deseo invocar en su favor, clemencia de parte del amigo Presidente y siempre que el otorgarla no menoscabe sus atribuciones de Gobernante...

—Qué vas a menoscabar, hombre —replicó el Presidente entusiasmado—. Tú mismo has allegado la solución legal para que se resuelva favorablemente. Nadie pondrá en duda la honorabilidad de tu proceder y sabiendo yo que ellos están en tu casa, esa misma autoridad moral de que tú gozas nos privará de allanarla. Otro refugio hogareño que inspire favor legal como el tuyo no existe en nuestro país. Por consiguiente, la búsqueda continuará. Un día se dará por terminada y la opinión pública reconociendo que se han agotado la buena voluntad del Gobierno y de la justica, se olvidará del asunto. De paso la faz legal se habrá cumplido y eso nos tranquilizará a los dos. Vete a tu casa y quédate en paz.

Retiróse el General Benítez y todo ocurrió con suerte para los dos refugiados. Pero también ocurrió que el Presidente, reconociendo la honorable conducta de Benítez, dedujo que podía esperar más lealtad de éste que de ninguno de sus propios compañeros de tendencia política. De consiguiente, lo llamó a Palacio y le ofreció en forma presionante la cartera de Guerra. El General Fulgencio Benítez aceptó. Los unificaba el culto de la ley y esta condición les inspiraba confianza.

Pero he aquí que aquella dualidad del Ministro de Guerra entre sus rígidos principios y sus flexibles sentimientos le perseguía de continuo, por más que sea dicho que esta vez supo conciliarlos mejor sin ayuda de nadie. En efecto, un correligionario suyo y enemigo acérrimo del Presidente, se amotinó tan pronto como él ocupó la cartera de Guerra. El General Benítez ordenó que lo redujeran. Con ese propósito se puso en marcha un piquete de soldados en busca del sedicioso. Parece ser que pronto lo capturaron y lo condujeron preso.

En el camino, hombre versado en leyes, reclamó el derecho que le asistía de ser escuchado antes de que le sumergieran en la cárcel.

—Le será otorgado —le contesta el Jefe del Pelotón.

—Entonces —respondió el preso— como única providencia, la cual espero no me será negada, pido que me permitan visitar al Señor Ministro de Guerra, que es mi correligionario político y por consiguiente, atenderá las razones que quiero exponerle.

Los hombres, contagiados de aquel legalismo que difundía en la atmósfera, como un fluido, el Señor Ministro, concedieron lo que el prisionero pedía. Fuéronse en busca de la misma casa particular del Señor Ministro.

Benítez, al saber que quien tocaba su puerta era el prisionero, clamó:

—¡Caramba! He impartido órdenes de que lo capturen y lo apresen. ¿Por qué lo conducen a mi propia casa? ¡Que entre!

Y el otro se deslizó.

—Amigo correligionario —exclamó con mucha fachenda el visitante— traigo la ley en la mano y exijo cuentas de la razón que asiste al Gobierno en su proceder. He sido vejado y el único favor que se me concede es exponer este derecho ante el Señor Ministro de Guerra. De este lugar pasaré a una mazmorra desde donde ya no podré nuevamente ser escuchado.

—Cálmate, hombre —le contestó el Ministro—. ¿Cuántas horas habéis caminado?

—Durante toda la noche y parte del día —respondió el otro.

—Eso me hace sospechar que tenéis hambre —le respondió el Ministro. Trataremos muy concienzudamente tu caso, pero lo trataremos sólo después de que hayáis almorzado conmigo; soy hombre de orden y no acostumbro posponer mi hora de comida. Aquí tienes una silla: siéntate a mi lado, come tranquilo y cuando lleguen los postres, hablaremos.

No sabía el prisionero si era mayor su cólera o su hambre. La mesa parecíale apetitosa y optó por abandonar por ahora su enojo y entre tanto, engullir algunos manjares. Cuando hubieron comido sabrosamente, el señor Ministro le dijo:

—¡Habla!

Recuperando su aire fachendoso, desembuchó el otro un sinfín de protestas; pretendió inclusive erigirse en Juez del señor Ministro, motejándolo de desertor de un cuerpo de partido, nada edificante, por haber integrado el Gobierno que presidía un hombre enemigo de la causa que era lo que él y el Ministro propiciaban.

—Antes que hombre de partido soy hombre de la ley —le contestó el Ministro— y sirvo en este momento, como ciudadano, la ley de mi país. Aquí tienes estos documentos en que aparece tu firma conspirando contra el Gobierno, por eso te he reducido. ¿Qué más tienes que decir?

—¿Y qué piensas hacer ahora conmigo?

—Pedirte que, si aceptas mis razones, te des preso —respondió el Ministro muy tranquilamente.

—Pero, ¿cómo voy a darme preso si tú mismo has despedido la fuerza que me condujo?

—Los hombres honrados, cuando delinquen, son conducidos por la ley y no por la fuerza de las armas —le contestó el otro—. Aquí tienes el "santo y seña", vete a entregarte tú mismo; en el cuartel te recibirán.

Se despidieron. Fue informado momentos después el señor Ministro que el sedicioso fulano de tal, utilizando el santo y seña convenido, habíase presentado a las puertas de la prisión; manifestando luego el motivo que lo traía, su propósito de someterse como presidiario y que en consecuencia se le había alojado en la bartolina número tal.

Quedó satisfecho el Ministro. Meses más tarde reunió razones legales, de mucha persuasión, su buen comportamiento, su palabra juramentada, etc., y devolvió la libertad al preso. La ley y la conciencia, entre tanto, continuaron incólumes.

EL NÁUFRAGO

Así que hube desembarcado del tren de las 1:45 y me encaminé a ordenar a esa posada un frugal almuerzo, la patrona y madre de la cortejada generalizó el tema de esta pasión de la sangre. Ese amor no fue extirpado en el joven por el desengaño inferido a quien en un mes de permanencia forcejeó el corazón cerrado y demoró su viaje, que finalmente había reanudado ese día sin poder abatir la negativa de la joven.

Este período, según aseguraba la madre, estuvo matizado de coloquios delirantes y violentos, que amenazaron convertirse en tragedia. El sujeto en cuestión, fornido como perro de caza, alegre, pero impulsivo y pendenciero; ella de voluptuoso físico, altiva y desconfiada. En donde cabe conceder amor, ella exprimió buena parte del zumo corrosivo de su hostilidad latente. Eran los dos como trozos de joven naturaleza encarnando la fatalidad de una fusión febril o la saña mutua al entrar como dos corrientes eléctricas en contacto. Provista ella de irresistible "sex appeal", pero trivial y saturada de esa atmósfera de vulgaridad que es propia de su medio y clase. La madre, en cambio, simple, muy robusta y despreocupada.

Le rogué a ésta que para disipar el hastío que sublevaba la sangre en el recinto de mesitas enmanteladas de blanco y de dudosa limpieza se me sirviera la comida en e1 amplio comedor, ya que el trasbordo de trenes me retenía en el lugar hasta las 4:45. En todo caso reposaría y estaba dispuesto a hacerlo en sitio desprovisto de muros, ya que el pueblo era desierto y harto sofocante la temperatura para recorrer los vecindarios.

Con el asunto amoroso se confabuló, para distracción, el juego oportuno de un sirvientito de la posada. El pequeño, con un cuerpo menudo y nervioso, operaba al aire libre y hacía con su inocente diversión una especie de malabarismo de mucha destreza manual y de gran sentido psicológico. Todo residía en enseñar a un perro, que con cariño fiel le olfateaba los pies descalzos, el arte de arrebatar una fruta que se ocultaba en el bolsillo. Gracias a este juego ingenuo el así llamado "gurí" en la región logró entretener a los escasos comensales. En parte ello se debió a la intervención de aquella perrita saltarina que él llamaba "La Pita", y la cual iba en pos de su ritmo breve y agitado con acelerada respiración, la lengua afuera, gozosamente. La mutua agilidad con el ánimo juvenil del niño y de la bestia compensaba la mengua lógica de su distinto discernimiento. Era la maniobra difícil, sin duda, pero se efectuaba en forma despreocupada y sin descanso. De pronto lo vi hacer renuncia de la distracción, abruptamente, y emitir voces desesperadas, avisando a quien le oyera que se acercaba la tormenta. Volví los ojos al cielo y me pareció tan despejado que su conducta resultaba incongruente. El bisoño e instintivo hijo de la tierra, empero, sin tiempo que perder, iba de un lado a otro y cerraba puertas y ventanas. Lo abordé mientras mi extrañeza vacilaba.

—¿Cómo lo adivinas? —le interrogué ansioso.

—¡Por el silbido!... Espere no más...

Esperé sin resultado. Ningún ruido llegaba a mis oídos. Acabé por sonreír para adentro. Estuve parado un momento, inmóvil y vigilando su faena, pues iba y venía jadeante en afiebrados preparativos ante la amenaza de la supuesta tempestad. Segundos más tarde, tras un rápido huracán, cabalgaron las primeras nubes, que ocultaron el azul del cielo; el viento sopló de nuevo y bajó la temperatura. A poco arreció ya con desconfianza y al final se abatió sobre la tierra una tormenta acompañada de vientos huracanados que agitaban los enormes sauces como briznas diminutas. Todo se iba produciendo en forma certera y tal como el niño había pronosticado y ahora él, cumplidos los preparativos, no se daba ninguna prisa. Bajaba el ciclón de la próxima sierra; el agua empezó a golpear contra el piso e inundar el interior del recinto. Parecía temblar con los truenos, como si se estremecieran los fundamentos de la tierra. A todo eso yo había acabado por olvidarme del subyugado festejante de la joven de la posada, y cuya historia se me había relatado.

Se apercibió junto al silbante y sordo ruido de los elementos desencadenados otro más continuado y como palmoteo. Era el de las casuarinas, cuyas ramas simulaban desgajarse por el viento.

A esta altura la furia de la tormenta ya había llegado a su apogeo con el latido de un diluvio que amenazaba sepultarnos. Los pasajeros presenciábamos el espectáculo desde las habitaciones. La casa era de aspecto colonial, aunque amplia, de anchos corredores y con el agregado de un piso nuevo para darle mayor ubicación al negocio. De pronto estremeciéndonos, se abatió un trueno, y sus flamígeras chispas nos encandilaron la vista y sofocaron en nuestras venas la sangre. Vi que abajo se contoneaba el cocinero, hombre de origen gallego, quien se acercaba con una fuente de comida y con el delantal cubriéndose los ojos. Demandaba la presencia de la patrona y me dejé llevar por el azar al arrimarme. Se explicó el sujeto con vacilación. Temeroso de ser mal interpretado.

—¡Se juela el techo, señora! —masculló por fin.

Les pareció inverosímil a los propios dueños. Particularmente la madre y la hija afanosa se agitaron reprimiendo la sorpresa. Una sonrisa que iba a insinuarse en mis labios me arrebató la duda. En efecto, la vida, con toda su intensidad, superaba a la ficción. Había caído, dado vuelta, el techo del vecino edificio, todavía en construcción. Con la levedad de una diminuta lámina, todo aquel material se encontraba exhibiendo el reverso hacia arriba y apoyado sobre el techo de la cocina nuestra. El episodio resultaba impresionante y curioso. Justificable sólo en gracia de la fuerza demoledora de los vientos que son característicos de la región y debido, asimismo, al precario estado en que todavía se hallaba la edificación de la casa vecina.

No poseyendo éstas puertas ni ventanas había resultado fácil para la ventolera embolsarse y levantar alfajías, zinc y tejuelas con alarmante facilidad. Desde las ventanas se atisbaba el arroyo como una cinta de plata corriendo al frente. Pero ahora también daba señales de haber entrado en furia. Con intensa voluptuosidad columbramos que se aproximaba el volumen enorme de agua por el cauce del otrora delgado hilo de agua que en la parte más próxima a nosotros se arrastraba menudo y con desgano, pero que allá aparecía arrollando todo, abatiendo los arbustos que bordeaban la orilla y hasta sus propias olas estrujándose, mientras el mezquino y vecino caudal líquido frente a nosotros, como adivinando el próximo arribo de la corriente desbocada que venía como tumultuosa fuerza de la naturaleza, entraba en nerviosa palpitación, particularmente semejaba un cuerpo vivo en los recodos de agua estancada. Nos aproximamos vacilantes a presenciar el paso de la corriente, protegiendo la cabeza inútilmente con los paraguas.

La escena se anunciaba impresionante y ninguno quería privarse de la emoción. Cuando estuve cerca del punto en que nos acabábamos de detener reconocimos con algún temor que salía el agua de madre y que las blancas espumas, matizadas con desperdicios de algas que simulaban arabescos sobre el suelo, venían a morir junto a nuestros pies, arrancando gritos nerviosos a mujeres y niños. Se diría que aquellas olas querían castigar nuestra curiosidad. Faltaba lo mejor, y ello era el cargamento denso de curiosidades pintorescas: árboles arrancados de raíz, piedras compactas de todo tamaño, muebles aparentemente en uso, pues daban la impresión de haber convivido minutos antes la existencia hogareña y humilde de sus dueños. Pero nada oprimió tanto nuestro ánimo como la aparición súbita de un caballo, cuya sensibilidad de animal se venía a sumar a la tortura de los vegetales arrancados de cuajo.

No había forma alguna de poder proteger su oscuro sino, confabulado con aquella fatalidad de deslizamiento hacia un final irreparable. Las olas ingentes lo arrastraban frente a nuestros ojos, lo zambullían hasta sumergirlo totalmente; más, él forcejeaba por alzar de la superficie la desmayada y enorme cabeza, ávido, sin duda, de comprender su martirio injusto y ávido del aire dulce para retener un minuto siquiera la vida que se le escapaba. Su lucha inútil contra la fatalidad, nos dejó el alma desolada. Venía el pobre bruto aferrado a un cabestro, que arrastraba, a su vez, un grueso palenque, arrancado asimismo, de raíz, y al que evidentemente venía uncido. Desapareció de nuestros ojos en un horizonte batido por grandes olas, y todos los allí presentes, con los sentidos despiertos, recobramos el aliento en un silencioso respiro.

Nos sustrajo de aquella doliente imagen el ladrido peculiar de "La Pita", del cual desbordaba la vida gozosa, y por eso nos renovaba la emoción. El agua había inundado la entraña de un puente derruido y la lengua espumosa del oleaje lamía las madrigueras de las ratas, que escapaban hacia la superficie. La perrita, puesta en guardia, acosaba los roedores a medida que aparecían a flor de tierra. Todos, tras la fuerte dentellada, agonizaban, y graciosamente el verdugo los arrojaba en rápido arrebato a un gato avisado y goloso, que por la abundancia engullía trabajosamente. Pero si éste no daba abasto con la comida, tampoco nuestra mirada con la curiosidad despierta.

Sobrevino la tarde y quedaron diluidas las nubes. Había, amainado el viento y el paisaje recuperaba la calma. Nos sentimos oprimidos por la excitación de aquellos episodios, que nos habían poseído en innegable tensión nerviosa; nos recordaban el desarrollo de una película con imágenes confusas y movedizas. Al hacer un cómputo de emociones, no sólo compensaba el tiempo transcurrido y la abstracción de asuntos personalmente utilitarios, sino que quedaba un saldo de agradable experiencia. Iba, pues, a prepararme para abordar la locomotora, que se anunciaba como animal herido sobre el camino centelleante, cuando de súbito irrumpió un grito y se apoderó de mí la ansiedad. Durante aquel minuto el ambiente se hizo tenso. Se repitió ahora más largo y jadeante; luego continuó con cortos intervalos de silencio cargado de tragedia. Tratamos de retener el aliento, como si ello nos dejara oír mejor la voz que arrebataban los últimos vientos de la tarde. Trascendió luego que se trataba de un náufrago. Se dijo que alguien había intentado salvar el arroyo de una a otra ribera.

Ante el llamado irresistible como fluido magnético, unos quedamos paralizados, pero otros acudieron trotando y mascullando palabras en voz baja. Luego, unos en pos de los otros, sin confesarnos nuestros pensamientos, nos precipitamos hacia aquella dirección. El pueblo entero—puesto ya sobre aviso—se dirigía al lugar. ¿Qué había pasado? Se alzó esta vez el grito con claridad.

—¡Capitán!... ¡capitán!...

Se me heló la cañada de los huesos.

Intenté, extrañamente aturdido, dar un paso y me detuve con deseo de apaciguar las extremidades. Pero reconocí que estaba viviendo un minuto arriba de la existencia vulgar y cotidiana. Me vi como actor de un mundo hechicero, y esta idea prolongó mi frenesí mientras corría hacia el suceso; luego dejé de sentir mis miembros y me pareció que quedaba libre de mi envoltura carnal; sumido en un sueño. Pero un pobre hombre estaba en situación de apremio, acaso un humilde trabajador, y esta realidad me volvió en mí. Se deslizaron junto a mí nuevos voluntarios, que, como yo, iban trotando. "¡Qué día!", pensé. Parecía que todo vacilaba en torno nuestro. Y sólo por un complejo asociativo me acordé de la joven de desnudas y blanquísimas pantorrillas, hija de la mujer de la posada, y cuyo asunto amoroso, por falta de interés más violento, se había desplomado como una pared ante la curiosidad que en mí despertaba todo lo que ahora se relacionaba con las atrocidades de los elementos de la naturaleza. Seguimos corriendo, y uno refirió que conocía al ahogado.

Cuando llegamos ya había trascendido que el lacerado náufrago era un desdichado que, apurado por retornar al hogar, se había lanzado al agua que lo arrastraba. Los gritos prolongados y los intensos intervalos de silencio se debían a que únicamente al aparecer sobre una superficie de agua, demandaba ayuda, pues venía aferrado a un tronco de sauce que rodaba, sumergiéndose. En ese momento, como sofocado por un hipo, se oyó la voz:

—¡Capitán!... ¡Capitán!...

Con toda la ansiedad afiebrada y como un pájaro extraviado en la noche, el alma de aquel desventurado demandaba la ayuda de un viejo capitán en situación de retiro que habitaba en la posada. Hombre de fuerte fisonomía en lo físico y moral, que daba relieve al pueblo con su sola presencia. Por desgracia se hallaba ausente de la tragedia.

Regresamos. De pronto se nos informó que la víctima, espantosamente lesionada, ya había sido recogida de la corriente y que era conducida a la posada. Vino el médico y nos prohibió entrar. A solas en mi habitación, desperté de aquel letargo. Me preparaba a descansar en el momento justo en que la dueña demandó la presencia de su hija. Una puerta se abrió y percibí que ésta musitaba:

—¡Shhh!

El demonio de la curiosidad me permitió oír que en la otra pieza unos labios casi sin aliento formulaban unas palabras dilatorias:

—¡Es él! ... ¡Ha vuelto!...

Y supe que el náufrago, que se había lanzado al río para regresar al sitio objeto de su pasión, que alimentaba febrilmente, era el mismísimo festejante, ahora con el uso de su razón irremediablemente perdida, y luego que—frente a la sorda respiración del agonizante— el alma de la joven, aparentemente trivial, se había desnudado. La vi deslizándose de la pieza con la mirada extraviada y las facciones confusas. Se detuvo convertida en un guiñapo humano. El paso desganado, una extrema fatiga y una mirada que escudriñaba ante una luz que le iluminaba los abismos de su alma, un algo... todo lo que la denunciaba como reconociendo, sin atenuantes, en su ser, un total fracaso... Era el amor por fin revelado.

OTROS CUENTOS

UNA MADRE

Fuera de sí mismo quedó el viudo ante la muerte de su mujer, que no sólo era tal, sino razón de ser de su existir, luz de su cabeza, apoyo de su alma y otros insustitutos, que obligábanle a lo que se suele en casos similares: alojarla en su pensamiento igual que una piedra preciosa depositada en un alhajero, reteniéndola allí noche y día, y consintiendo que la lumbre de la sortija le disipara las tinieblas de su oscura viudez.

La veía como era: barriendo el piso o prorrumpiendo en grititos, atemorizada ante los insectos que se le prendían en el vestido, caídos del cielo y arrastrados desde el bosque vecino por las errantes nubes plomizas que tamizaban la tierra y que ella contemplaba con la escoba en la mano. En este episodio vulgar se la representaba a diario. Observábala en la imagen, tal como había sido en la vida: alta, delgada, espigada, de atezado cabello, articulando siempre su aprobación o desaprobación con una mueca leve.

Disipada la evocación de esta labor retrospectiva, el viudo retornaba a sus quehaceres terrenos; su pequeña casa, el empleo, y al caer la tarde, otra vez se ocupaba de Celina: el cancerbero vigilaba a su muerta, alojada en la custodia de su pensamiento.

Continuaba viviendo en la casa la madre de Celina, la suegra, ello no obstante. Colocaron juntos un retrato de la difunta en el comedor. Pendía aquél, con notoriedad, de la pared. Si levantaban del plato la cabeza, al comer, las miradas (de suegra y yerno) tropezaban con la sonrisa retratada. Celina les acompañaba en la merienda.

De regreso del trabajo, Mauricio (que así se llamaba) solía empujar la puerta con el pie, pues traía sus manos ocupadas con golosinas u otras compras de uso doméstico. Luego se cambiaba de indumento, silbaba un tango melancólico, y al penetrar, arrojaba un vistazo al retrato y permanecía en éxtasis. Hombre industrioso, interrogaba con una sonrisa a la suegra sobre alguna faena de la casa. ¿En qué menester podría ocupar sus brazos? Aquélla, de antemano, preparaba la ocupación, que sólo era confiable a un hombre. Entre tanto, las manecillas del tiempo giraban día y noche.

Fácil es comprender cuál sería la sorpresa que causó a la suegra cuando, cierta tarde, al retornar él de una larga misión que le encomendara su empleo, apareció de buenas a primeras con otra mujer... Bella, sin duda, pero de facciones divergentes, aunque no inferiores a la muerta. Suegra y recién llegada se inmutaron desconcertadas. Ninguna tenía conocimientos de la existencia de la otra. Mauricio las había engañado simultáneamente; pero aquí estaba él para esclarecer. Mientras tanto, sin perder ánimo, sonreía. Nada les había comunicado de la mutua existencia. Tal picardía le cosquillaba de risas la garganta. Era tan bueno, como guasón. Con la premeditación las había colocado frente a frente, sin prevenirlas.

Esperaba la sorpresa, observando sus caras. No pudo más y se decidió a hablar:

—Vieja, estábamos los dos muy solos... Por eso me he vuelto a casar. Y porque la quiero: ella será tu hija ahora...Y siempre serás la suegra, la "vieja" ... Celina sabrá que es por el bien de los tres.

Escuchó la anciana, desconcertada, aturdida. No supo qué hacer. Tampoco supo qué decir. Todo le pareció grosero, desconsiderado. Todo inesperado. ¿Por qué no le preparó el ánimo Mauricio? ¿Qué hacer o qué decir? Miraba al uno, miraba a la otra. Se resignó a suavizar la escena, mascullando un:

—¡Está bien, Mauricio!...

Y pensó: ¿irse?... ¿adónde?... Luego pensó: ¿Quedarse?...Estaba bien quedarse? ¿matarse, suicidarse?... ¡Ah, la Virgen y Dios!... Lloró a escondidas...

En la noche, ya restablecida en apariencia, se hundió las uñas en la palma de la mano, envió una mirada al retrato y se decidió. Fuese a hablar con el yerno:

—No me lo habías dicho, Mauricio. Pero no soy rencorosa..., aunque no te creía capaz... ¡Te lo juro!... Si es que estorbo, decímelo con franqueza... Además, el retrato...

Claro está que Mauricio se emocionó. Había sido un irresponsable. Un niño grandote. Le castañearon los dientes y se dio cuenta de su crimen brutal. Le brotó una lagrimota y la dejó que se deslizara a sus anchas; corrió el líquido salado hasta refugiarse en la seca comisura de la boca. Fue a desembocar allí, como un río. El humorista había degenerado en un sentimental. La recién llegada, que había visto la escena, apareció trémula, indecisa, perturbada y musitando:

—¡No faltaba más!... ¡Yo traje la desgracia a esta casa! ...Mauricio, ¿por qué no me dijiste?... Señora: ¡créamelo, yo sufro más!... Le diré todo: nos conocimos y nos enamoramos. Mauricio lo único que me dijo fue que era viudo y algo de su... "vieja", que él adoraba; pero yo creí que era su madre... y que iba a ser mi suegra...

—Mauricio, con un grito:

—¡Es tu madre y la mía; es también tu suegra y la mía! —replicó. Profundo silencio.

Anita (que así se llamaba) levantó el rostro como una dolorosa.

—¡Señora, discúlpeme... ¡Le juro que seré buena!...

Comprendió la anciana la sinceridad de la muchacha. Se hizo su composición de lugar: quedarse, servir a los dos en memoria de Celina.

—Está bien, hija, está bien —le contestó, acariciándole el cabello.

Empero, a las dos la tiranía del amor propio ofendido las azotaba con el sacudimiento que sufren las hojas arrojadas por un viento helado...

Siempre ha habido una grandeza anónima, llena de sublime solidaridad de sexo, entre las mujeres. Y que la mayor parte de los hombres ni observan ni valorizan por eso mismo: intuyen ellas el dolor de las otras y ayúdanlas hasta el sacrificio cuando ha sido producido por el enemigo común: el hombre. Esa solidaridad nunca existió en el sexo fuerte, pues es más común entre los débiles. Y lo curioso es que las mujeres rompen lanzas, aunque el "enemigo común", en un caso dado, sea el propio padre, el hermano, el marido, un hijo.

Los tres, perturbados, aunque felices por haber conjurado el pecado, se resignaron a seguir viviendo juntos. Deseoso cada uno de hacerse solícito y útil a los demás. Cada uno buscaba nuevas faenas cuando alguna se terminaba. A la hora de la comida acudían complacientes y callaban. El mismo amor de los recién casados se había apaciguado y rebajado de pasión, temerosos de su pecado. Finalmente, aquella atmósfera larvada de zozobras se fue desvaneciendo. Fue barrida por el suave vientecillo de la mutua comprensión. Este mismo avivó la llama del cariño.

Eran la muerta y la viva dos mujeres altamente diferenciadas: Celina profesaba la armonía humana; Anita, los arrestos. Aquélla, para la paz; ésta, para la alegría. Ambas, empero, denotaron carácter y virtud moral. Celina, menos interesante como espíritu, de genio más apagado, pero más bonita. Anita, de mucha curiosidad y conversación. Ambas notablemente femeninas. Celina, alta, delgada; Anita, simpática y seductora por su garbo. Ninguna en la época del matrimonio habría cumplido los treinta, aunque a esa edad ambas se acercaban en igual fecha.

Mauricio se enamoró perdidamente de ambas por sus distintos atractivos. Con ninguna de las dos se equivocó, por lo que eran. Entre ambas nunca hizo preferencias. Ambas eran "mujeres de su casa", ambas enamoradas de él, el alegre, el tolerante, el trabajador.

Le preguntó años más tarde Anita a la anciana:

—¿Se acuerda del día en que llegué, mamuca?

Sonrió la señora.

¡Cómo no, hija! ¡Qué susto! ¡Yo no sabía si ibas a ser buena o mala!...

—¿Qué piensa ahora?

—Que no tengo celos. ¿Por qué, si eres buena?

—Y....¿Celina?

—Si ella supiera qué feliz haces a Mauricio, estaría contenta. ¡Es lo que ella quería!...

Anita sintió que aquella valiente y noble mujer le empujaba una lágrima hacia las pestañas. Pensó:

—¡Qué buena es! ¡Qué noble! ¡Ah, por no hacerla llorar no la deshago a besos!

Entre ambas mujeres había una comprensión heroica. La anciana, que había quedado con un nudo en la garganta, habló:

—¡Si volviera mi hijito!

Los ojos de Anita se dilataron.

—¿Qué?...

—El chico—replicó—. Hermano de Celina que se me fue, ¡el pícaro!

Luego, ¿existía otro hijo, hermano de Celina? Tampoco Mauricio le había dicho nada. Después Anita supo que junto al recuerdo de la hija muerta, la noble anciana recordaba al hijo ausente, trotamundos, bohemio locuaz que la había abandonado.

Pareció que aquel sollozo había sido inspirado por Dios; tres meses después, un hombrón amigo de recorrer mundo, símbolo de la alegría y la despreocupación, apareció.

Hacía años que faltaba. Su retrato se delataba en sus seis pies de altura; no conocía sino una necesidad: vivir el presente, desinteresándose de pasado y porvenir. La anciana, turbada y confusa, se sintió loca de felicidad. Ahora sí tenía el único poste de que agarrarse en la alta marca. ¡Y el hijo era fuerte para recibir los embates!

CODICIA

Extrañó a los moradores aquellos feroces ladridos degenerando en zalamerías; alarmado indagó el dueño de casa a la abuela y ésta miró hacia la puerta sin responder. Abrió entonces él y descubrió la dispar pareja; uno de los caballos caracoleó junto a los perros, venían aquéllos resollando. Apretaba el sol.

—¡Barcino!... ¡Fuera, fuera! —prorrumpió el dueño de casa depositando la innecesaria escopeta contra la pared; auscultó a la forastera con encogimiento, pasando la mirada de uno al otro, pestañeando y aprehensivamente al muchacho, acometido éste por las zalamerías de los perros.

—¡Es... es... mi espo...sa, tata —musitó el hijo, con parecido encogimiento, apuntando a la vistosa forastera; ésta vio el caminito que serpenteaba, la tierra removida, la mula atada con mataduras, caballos sueltos cesteando, vio esparcidas aves de corral, picoteando, cerdos que hozaban la tierra en el chiquero, pero ni la magnitud del cerro "Quiala", ni los encajes de espuma retenidos por las hojas en el río e iluminados por el sol filtrándose, despertaron su curiosidad, seguía desdeñosa y contrariada.

La abuela rompió el mutismo:

—¡Ulogio! ...Uloooooooogio!

—¡Ya va! —replicó cariacontecido.

—¡Ay de ser el indisuelo, mandó razón estar para hoy, día de la Virgen...!

—El propio es... Anda con compañía —denunció apocado Eulogio.

Se interpuso el mutismo entre los tres. La siesta ardiendo como horno; un vientecillo retozón tiró arenas como brasas; enjambres de moscas moteaban el anca de un caballo, sacudía el pescuezo, resollaban y dilataban su panza como si hubiesen corrido mucho;se filtraba la transpiración debajo de la albarda y la saliva del freno no deshilachándose goteaba contra el suelo. Aflojaron las cinchas y como si besaran a las bestias que sacudían en alto sus pescuezos con tintineo de frenos, los perros husmeaban sus hocicos.

Un flujo de emoción embargaba a los hombres, contrastando con la despreocupación de la joven; el muchacho, sin ocultar su conciencia de culpa, recreábase ante el sitio que causó su morriña de un año de ausencia. Abstraído abandonó su mano como objeto olvidado permitiendo que vinieran a roerla los perros, humedeciéndola de baba viscosa; relampagueaban los ojos de ella como si tejiera algún propósito.

—Qué demoran ajuera, hijos—con reprimenda indagó la vieja; Luciana individualizó el canto que subió como plegaria:

—Mi gallo giro, tata. Andará ya para viejito

A este alborozo Flora reaccionó con mueca de sarcasmo, mostrando apremio con una luz enloquecida en los ojos.

Iba y venía atando los caballos. Eulogio era un mestizo pulido por el duro trabajo, como laja limada por la corriente del agua, magro de estatura y ligero de piernas como siervo, seco igual que una astilla, ágil como mono, era además parco de palabra y frugal de comida. Parecido a Luciano físicamente y en el amor por el campo.

Ajustándose los pliegues del abrigo contra sí para ocultar ropa que no era de montar: ella despectivamente mostraba su vestido de satén celeste, calzado de cabritilla marrón y tacones altos; contrastando con la piel aindiada de los moradores, era rubia y muy blanca, uñas y labios pintados, al lado de las callosas de ellos. Fumaba y entornaba los ojos, ante la magnitud del "Quiala", testigo inmóvil, salvaje, que siendo embrujado, pues dos familias fueron devoradas, como intrusa podría traerle maleficio, máxime que ella maldecía el sol que allí cabrillea en matorrales o peñascos bordeando el río.

Se sentó en las piernas del compañero, fumó y restregó contra el brazo de él las mejillas, lagrimeando su desventura. Ya él intuía que estaba negando su propia naturaleza y que al traerla había cometido un ultraje al hogar; mas se preguntaba qué poder humano lo haría renunciar a aquel fardo de piel blanca y cabellos rubios desplomados allí y encima besándolo e implorándole el mutuo regreso a la capital.

—Papá es mecánico de automóviles, te enseñará el oficio y con tu dinero ensancharemos el taller —le propuso. Siendo inexperto, aceptó y arribaron esta misma tarde.

La abuela, tocándose nariz y mentón en su cara marchita por falta de dientes, era taimada, escudriñadora, y el suceso la invitó a conjeturas; sorprendió a la joven sin anillo.

—¿Están casados? —preguntóle.

—Cómo?

—No son como nosotros (acaró su garganta).

—Sí, sí —replicó la joven turbada—, sí, sí.

Seguía con recelo.

—¿Cómo te nombran?

Dijo ella que se llamaba Flora.

—¿Sos de acá con el color y ojos azules y tan blanca?

—Sí.

—¿Nativa?

—De la capital—contestó aquélla ocultando sus ojos bajo una crencha rubia.

—¿Casados y de la capital? Probalo hijita. (La vieja acrecentaba sus escrúpulos).

—Aquí está —repuso ésta y extrajo un papel que rehusó entregar.

Chispearon los rencorosos ojillos de la vieja.

—Es la carta que su nieto firmó—dijo la muchacha—. Venimos para llevarnos el dinero de las tierras y casarnos allá.

Flotaba el aroma de los pinos esparcido sobre el suelo; el cerco de piedra culebreando en la falda del cerro; sahúma la fragancia del jazmín y veíase agrupados, por efecto de la distancia, los pinos del llano; arriba las nubes configurando diseños de montañas y cabezas de leones; no cesaba el murmullo del río; una ternera negra bebía agua, descubierta por las ancas veteadas de blanco. La vieja desvió de pronto el curso de su pensamiento.

—Ahorita te entregaré dinero, Eusebio te lleva a Santa Clara, hijita, para tomar el aeroplano y te vas. Mi nieto se casará con la Evarista, son novios desde antes, mucho antes... Está al caer, es maciza como un pino y alegre, mi nieto la pretende dende la ida de la madre, mi hija la Felipa muerta del empacho.

—¿Cuánto? —preguntó Flora.

—Una bolsa así... —dijo la vieja.

—Bueno— aceptó ella y se incorporó decidida.

La vieja se escurrió; deliberó escarbando las cenizas del fuego con su nieto. Este confesó su aventura amorosa en la capital. El relato, aunque tartamudo en momentos cruciales, logró aclarar todo: "Entonces me di cuenta que me faltaba algo —dijo—. Como que la vida que yo llevaba estaba muy desperdiciada y no aguantaba más estirones. De esto me di cuenta. De cualquier modo, abuela, allí vi yo la seña de que no estaba hecho para andar con gente de la capital..."

"Esto que le voy a contar sucedió como en marzo; andaba hambriento como perro apaleado y en busca de trabajo. Un hombre se me puso en frente y se bamboleaba de un lado a otro. Ha de andar borracho, pensé, porque me tapaba y destapaba la luz de farol que era mi única compañía, como estaba sentado en la calle.

—Te estoy hablando—me gritó por mi silencio.

Yo saqué mi cuchillo, que era toda mi defensa.

El viejo al verlo se quedó mirándome con el susto saliéndole por el ojo. Le puso la mano en el pecho, dio dos respingos y se quedó quietecito como pollo descabezado.

—Déjeme, amigo, le dije, que bastante tengo con mi soledá. Me sentía como si el hombre me tocara el pellejo con sus manos heladas debajo de la camisa... manoseándome. Sacó la botella que tenía escondida y divisando por si algotro venía al doblar la esquina, la arrimó a mi boca. Abrí los ojos. Se hizo a un lado y me entregó:

—Beba, "amico".

Decía; "amico" porque era un gringo, rubio y no era de por estos lados. Un desgraciado como yo, pensé. Sonaban los cohetes por la celebración de la Noche Buena. Yo apenas podía darme cuenta porque me nublaban los ojos vidriosos la vista.

—Un primo mío polaco como yo, anda a la busca de un muchacho nativo para enseñarlo de mecánico de automóviles, que aprenda...—dijo. Yo me quedé pensando. Era mi oportunidad".

"Pa no seguirla cansando, abuela, le diré que al día siguiente yo ya estaba con el trabajo, hacía lo que había que hacer y tenía comida, casa y sueldo. Pero ¿qué cree que pasó? A los pocos días que limpiaba un auto, me vino a conversar la hija del patrón, preguntándome por mi nombre y de dónde era. Yo, naturalmente, le di toda la información sin darme cuenta de lo que quería..."

—Fue ella —interrumpió la vieja.

—La mesma. Les llenaba los ojos a todos los hombres con su vestido color de rosa y según decía la gente, cuando yo la vi, ya se había echado a perder andando en la calle porque entonces la madre no vivía y el padre ocupado y no le daba dinero.

—Y entonces, ¿por qué cargaste con la mujer?

—Ella se me antepuso porque yo quería viajar solo. El padre dijo que mejor viniera para asegurarme mi vuelta y que me adelantaba pisto para pagar el viaje de los dos. Pero la culpa fue de usted, abuela...

—Mocoso atrevido; ¿por el amor de Dios, ¿qué estás diciendo?

—Haiga memoria, abuela... La carta que me mandó decía que don Benjamín, el de los chanchos, ofrecía una cantidad por el terreno de La Loma y que yo mandara mi consentimiento.

Ellos dijeron que con la venta me podía casar con la Flora y me hicieron firmar el compromiso... porque yo había abusado de ella y el tata de verdad me encontró durmiendo juntos en la cama ancha...

—¡Sinvergüenza!

—Pues usted me enseñó a no decir mentiras y por eso le cuento el pecado.

—El dinero era para casarte con la Evarista. ¡Sabelo! Ya está palabreado, está al caer porque se fue al estreno de un vestido de saraza azul y ahorita la vi trepando por la cuesta con el cántaro y el rebozo colgando para el ojo de agua. Eusebio ansía verte de marido de la Evarista...

Luciano calló; una luz iluminó su sonrisa. Se oía el río contra las lajas al pie del cerro "Quiala".

El campo sumido en el crepúsculo, afuera. Vendría la noche y los ronrones entrarían y rebotarían contra las llamas o las candelas, cayendo al suelo chamuscados...

La anciana se levantó. Se alzó de hombros pensando que había que echar de la casa a la joven antes que empezara la maledicencia... Eulogio puso espuelas al caballo y se fue a llevar razón a la Evarista... "Andá Lucianito a mercar las bebidas y echar más pino en el suelo, tomá el pisto. Te invitás a los González, a tu padrino don Gumersindo, a don Feliciano y al compadre Anastasio y más que a algotro al cura don Nachito, que lo invito a casarlos, yo doña Ruperta Prado viuda de Zepeda y madre de Eusebio, el de la casa junto del "Quiala"...

Igual que Eulogio, se precipitó Luciano al galope del caballo, hacia la Estanzuela. Aquí, por el pequeño cielo con la poca luz que entraba por la puerta, zopilote desplazábase como un punto negro; la vieja se encomendó a Dios, maquinando su plan de batalla. Se volvió a santiguar y se puso a rezar el rosario de corrido secándose la transpiración y luego agarró un jarro de agua para remojarse la lengua.

"Y después —dijo en voz alta como los viejos— quiero que sepan cuanto hay que comunicar, que los gringos vienen para amolar; que la rubia está alborotada por el pisto... que sabe de la venta, hay que matarle el hambre y que vaya. Que el muchacho recobre la cabeza y se ponga en juicio; que ésta es gente honrada". Aclaró la voz y calló.

Eran la noche y el aire inerte, los árboles eran de plomo fundido; sahumaba el aroma del pino esparcido, las velas alumbrando a la Virgen de Suyapa en la mesa grande. Rezaban, arrodillados, el cura bendecía y la abuela a cada Padre Nuestro besaba el escapulario bordado, la efigie allí de Nuestro Señor.

Terminó y había paz y alegría; nadie supo a dónde partió el novio. Luciano, aleccionado por la astuta abuela, montó el patas blancas, que era un potro de alzada y había partido hacia el aeropuerto; subió a La Loma y cruzó a trancos largos la quebrada para bajar al campo de aviación de Santa Clara. Flora abordaba el avión hacia Tegucigalpa; nubarrones de tinta escalaban el cielo; Eulogio entretenido con el pago del boleto, no reparó en Luciano y menos en que éste, tomándola por el cabello que retorció más en el puño, ella con ojos desorbitados, fue cayendo, cayendo hasta quedar de espaldas al suelo.

Se revolvía en una convulsiva crisis; la actitud de él sólo era comparable a la codicia de ella.

—Dame el dinero... —tartajeó.

—Es mío —repuso, ocultando la bolsa.

—Son ahorros de la venta —dijo él.

—Ella me regaló para dejarte...

—Mañosa, ella pagó tu viaje... —Le arrebató la bolsa de un tirón y ella lo desafió burlona, poniéndose de pie y precipitándose hacia él.

Tenía lágrimas; le temblaba la voz, iracunda.

—¡Indio! ¡Indio! Raza maldita, tribu de indios. ¿Yo, mujer blanca, iba a quedarme entre indios y un corral con animales?...Indio con plumas... —exclamó.

Medió un silencio tenso.

—¿Indio? ... —rio él lastimeramente— lo abortarás de cuatro meses... es de mi sangre como hiciste al otro... mejor antes que conozca su madre... una mala mujer...

La abuela musitó:

—Ora que maliceo el indisuelo se ha juido a ahorcar a la gringa... Bendición del Señor, Evarista, que son ustedes dos de la propia sangre, una tierra y mesma honradez.

—Que así sea —adujo el cura.

—Poco después la vieja preguntó al nieto:

—Diste cumplimiento?

—Sí, abuela— y le devolvió la bolsa de dinero.

EL AJUSTICIADO

Aunque era de tamaño normal, le llamaban hombrecito por su natural apocado; sus manos, como el cutis, blancas y pequeñas, estructura frágil, voz aquietada y modos refinados. Se tomaba trabajo con el peinado y el corte del bigote y saturaba discretamente de perfume sus pañuelos. La media luna de sus uñas era perfecta; cuando sonreía con su sonrisa infantil, usted podía en una ojeada descubrir su hilera de dientes. Su cabellera castaña; apoyando en las piernas conducía un grueso portafolio, se iba a bordo como hombre presumido y desentonaba al lado de los pasajeros.

Atravesaban una aldea y se detuvieron enfrente de una puerta y el conductor desde el pescante arrojó al ruinoso dintel fardos sellados de correspondencia postal. Cayeron pesadamente, aplastándose unos contra otros. El viaje se reanudó y cuando alcanzaron las orillas del pueblo de tugurios, chozas con armazón de adobe o de barro, el camino comenzó a escalar empinadas sierras; faldeando campos sembrados, laderas cubiertas de pino y robles; descendían los sembrados suavemente a los lados del camino y el color amarillento de espigas sazonadas emergía entre faldas de las sierras. El coche escalaba cada vez más arriba los picos, se sentía en la piel el mismo viento que ondulaba o abatía las espigas de trigo: cubierto el camino con tierra blanca y arenisca menuda; moteaba las ruedas del automóvil derramándose y filtrándose hasta en las ventanillas abiertas. El sol del trópico recrudecía, más la transpiración refrescaba y uno no se sentía del todo mal mientras el camino colgaba por entre cañadas y dejaba atrás, cada vez más lejos los campos de trigo.

Se detuvieron al alcanzar la frontera porque subió como pasajero un individuo acompañado de otro sospechoso; asomó con éste en el estribo echando adentro un vistazo, sujetándose del pasamanos; el hombrecito ante su aparición, enmudeció; dejó caer las manos sobre las rodillas, dilató los ojos y miró. ¿Quiénes eran? Abonaron ellos su pasaje, se deslizaron adentro y vinieron a ocupar el asiento inmediatamente detrás del hombrecito; el coche corría en ese instante velozmente, él tamborileó con sus dedos sobre el asiento y su pecho permanecía oprimido.

Algo le ocurría, clavó su mirada al verlos acercarse, luego se inmutó y palideció. Antes enrojeció hasta la raíz del pelo y tras de chispear los ojos, parecía inflamarse con alguna idea perturbadora. Observó que el segundo, que parecía ayudante del primero, tenía un aire estólido, tímido. De inmediato reparó que igual que él, por razón distinta, éste a su vez desentonó. Ocultaba la vista cuando tropezaba con otras miradas; contestaba al otro con monosílabos y mansedumbre; de piel curtida, enjuto y de mirar oblicuo como asiático. Mechones lacios y renegridos de cabello ingobernable rodaban por su frente estrecha. El primero rompió a hablarle, pero éste mantenía su mutismo racial, propio de su mansedumbre, taciturno como debería ser, a su vez obsecado, imprevisor, dócil al dolor y la muerte como herencia de vejámenes llevados por los suyos. Descalzo, su planta era como coraza endurecida debajo del pie.

El viaje originado en San Salvador, capital de El Salvador, llevaba por destino la vecina Guatemala y nada ocurrió, salvo la aparición de estos dos sujetos. El hombrecito, acongojado por sus escrúpulos, que a ojos vistas menguaba sus fuerzas, observaba al jefe de entre los dos que atraía las miradas y era distinto por su franca y animada cara.

Andaría en los cuarenta años, recio, de talla más bien baja y con cabellos ensortijados y negros, nariz aguileña, labios finos, tez morena y ojos grandes y vivaces. La voz llena y grave del que ostenta confianza en sí mismo. Gozaba fama de franco tirador y ello, trascendiendo a las repúblicas vecinas, le había granjeado renombre, rubricando con terror sus fechorías. Era, pues, de difundida leyenda. Asegurábase que su puntería, a causa de la agudeza de su vista, era tan certera que no fallaba de noche como de día. Las versiones decían que era amigo tan consecuente como implacable enemigo. El camino serpenteaba y fuera del paisaje no ofrecía comodidad; subiendo por encima de una escarpada cadena de montañas bajo los rigores de una jornada fatigosa y un sol de tormenta, lo único compensador era aire seco y vigoroso de las sierras.

A trechos aparecía intransitable, desierto y salvaje; un verdadero anfiteatro poblado de bosque, cerrado en tres de sus costados por rocas cortadas a pico e inclinándose suavemente sobre sucesivos precipicios que abajo descubrían valle o meseta.

El que denominamos hombrecito, asaltado por escrúpulos, continuaba agazapado; encogido, con fulgor en la vista, semivelado el rostro por la polvareda filtrándose; impresionaba como acorralado, esperando escapar. Mayor suplicio cuanto el sujeto descarado exponía el siguiente y pintoresco tema:

—Hombres! —habló tomándose familiaridades— mi mala suerte...—se mofaba de sí mismo—no me sale el nombre... la mala memoria.

—¿Nombre?— preguntáronle burlonamente, entornando los ojos—. ¿Qué nombre?

Miró a uno y otro. El viento alcanzaba de frente, zumbaba en los oídos, se filtraba por la puerta delantera, pero con sensación de juventud, de vida libre y de impulso arrollador acentuándose en el sujeto.

—El nombre de esos animales que comen peces —aclaró—. Se me escapó de la cabeza —señaló su frente con el índice en punta. Se echó a reír a carcajadas, encarnado.

—¿Peces? —interrogó una pasajera.

No replicó. Miraba al techo y sonreía. Lo observaban y en vez de ayudarlo, festejaban su cavilación; el coche no disminuía su velocidad y la tensión no se proyectaba afuera sino en torno.

—¿Patos? —propuso una señora, sin ver motivo de sorna.

Contestó él:

—Parecido, pero no.... No, patos no, no...

—¿Cisnes? —propuso una voz vacilante, sin esclarecerse de donde vino.

—No, la verdad no, no conozco. No son de por aquí. No que yo sepa...

—¿Gaviotas? —exclamó decidida una joven, mirándolo desde su asiento.

—Tampoco me suena —replicó él, sonriente— no existen por aquí gaviotas— dijo, y parecía agradecido.

Medió una pausa: reprimían una sonrisa. Miraban fingiendo no tomar conciencia de él. En el horizonte se perfilaron picos de montañas más elevados y un lento vapor azulino ensombrecía los campos; el sol declinaba tras haber abrasado el cutis y dorado las sierras. Un olor embalsamado de pino flotó con el movimiento del aire, luego filtrándose. Súbitamente el sujeto recordó:

—¡Garzas!¡Garzas! —espetó a boca de jarro, sobresaltándolos.

—¿Cómo?

—¡Garzas! —repitió—, lo tenía en la punta de la lengua —abrió la boca señalando con el índice; disimularon ellos una sonrisa y ninguno lo miró más, preferían escucharlo impersonalmente; desconfiaban, temían su familiaridad. Él buscó y encontró otro tema:

—No falta mucho —dijo— para el portillo...Pocos se salvan...abajo hay un abismo...

Apresuradamente volvieron la cabeza. Los miró impávido.

—Es un lugar de maleficio... hay muchas cruces de gente fallecida al pasar el portillo; las ruedas resbalan... y no hay modo de salvarse.

—¿Abismo? —indagó la misma viajera, fulminada de ansiedad; dilataba sus ojos esperando respuesta...

—Puede que tengamos suerte... —dijo—. Poco falta...hay siempre una esperanza en Dios. Es mejor no pensar...¡Veremos!

No levantaban la cabeza y se intercambiaban la espalda del chauffeur.

—¡No será para tanto!... —propuso uno, zalamero.

El hombrecito fulminó al infidente. Aparentemente no deberían contradecirlo.

Él, en vez de atender, examinaba su zapato o se arreaba una mano golpeándose el cuello o la cara para espantar una mosca. Mirábalos con disimulo y descaro, apacible.

Se oyó comentar que cruzaban los predios de un rico terrateniente: D. Isaías Soria. Él manifestó:

—Así son los ricos... Buscan su provecho engañando al prójimo.

Sonrieron. Según él, buscando temas, tomábase la cabeza con las manos y al levantar esta vez el brazo dejó descubierto su revólver enfundado, con un fino puñal envainado que ajaba su vientre, cruzando el cinto y cubierto por la camisa desprendida. Bajó los brazos de postura.

A la débil luz de aquel memorable 2 de julio, con gran estrépito de hierros y eje, el coche avanzaba cabeceando o dando tumbos sobre el escabroso camino. A cada desnivel se echaban unos contra otros y el sujeto estiraba sus brazos, mostrando los extremos de la camisa a cuadros que le sobrepasaba las mangas del saco, cubriéndole por entero las muñecas. Desentonaba también su anillo adornando el negruzco dedo. Como dijimos, en el asiento inmediatamente anterior, junto a un comerciante turco, que dormitaba a pesar de los sacudones, reposaba el hombrecito portando su grueso portafolio, atento unas y perplejo otras veces. Nada parecía atraerlo que no fuera la respiración de los dos de atrás. Por su cuenta ellos habían tomado nota de él: el supuestamente jefe, al pasar lo había examinado de arriba a abajo con desparpajo e insolencia, y el hombrecito sintiendo la mirada, proyectó la vista por encima del chauffeur hacia la bruma en la línea del horizonte; luego tiró contra la muñeca la bocamanga del saco de fino casimir inglés.

Aminoróse la marcha estorbada por altibajos del camino y por oleadas de viento sopladas a contramano que se filtraban por la puerta delantera abierta, por negligencia, azotando a los pasajeros. Granos de arena llovieron sobre el regazo. De pronto se había detenido el vehículo y bajado el conductor; se miraron ansiosos unos a otros. La tranquilidad nació al verlo entrar de nuevo y después de ocupar su asiento tomar el volante. Como en el mar se confía en el capitán, aquí sin talleres mecánicos, uno encomienda al chauffeur su suerte. El vehículo avanzó, el motor escupió, parecía negarse a funcionar normalmente hasta que solicitado por el arranque, bombeando con el acelerador, tomó prisa como antes. No fue por mucho tiempo, una masa de indios andrajosos apareció y de todos uno subió después de parar el vehículo.

Los restantes miraron sus caras impávidas debajo de aludos sombreros, oscuras e inexpresivas, descalzos, su piel curtida, camisas y pantalones descoloridos y rematados en hilachas. Miraban. El vehículo reanudó la marcha y ellos quedaron inmóviles. A poco el conductor se abría paso entre una recua de vacas y asomó adelante un caserío de una docena de chozas; de nuevo se hizo alto ante una humilde oficina telegráfica. De los pasajeros, salvo el chauffeur que bajó para examinar las ruedas de su coche y echar agua al radiador, el hombrecito saltó sobre sus pies, descendió y entró a la oficina telegráfica para despachar un mensaje. Cumplida su diligencia, de nuevo subieron y otra vez la marcha prosiguió. El camino escarpado, los pasajeros volvían a sacudirse, el chauffeur atento a las sinuosidades y el hombre locuaz reanudaba comentarios, mirando a través de los vidrios y observando la nuca del hombrecito. Unos con notorio cansancio y los demás soñolientos, escuchaban. Alcanzaron una inesperada meseta y de golpe el coche, con estrépito de frenos, se detuvo en seco. Había que bajar una valija del techo y uno que había descendido la tomó en el aire cuando el chauffeur desde arriba la lanzó al espacio. Hubo una despedida y de nuevo la marcha se reanudó al lado de un paisano robusto, pues el compañero de asiento era quien había descendido, el hombrecito se removía, deseoso de ocupar menos espacio.

Acababan de dejar atrás los más escarpados picos de montaña y el vehículo se sacudía menos: podían ahora recoger sus pies y escuchar al sujeto buscando tema para atraer la atención. Sin duda el propio camino con sus desniveles y torceduras, parecíale digno tema:

—Mi caballo —observó de pronto— trepa como gato por estas serranías. Poca suerte ha tenido el cristiano...

—¿Qué? —preguntó la señora que antes había hablado.

—Pues lo que digo —volvió a espetar, mirándola—, que sin estos artefactos se vivía mejor, por más que anduviera despacio...

—Tiene razón, toda la razón —atestiguó ella—; más por temor de la mirada que por convencimiento. Justamente endulzó los suyos ante los fieros ojos de él.

—No ve usted que hasta los hombres —volvió él a hablar— son hoy día menos hombres... Culpa de mucha comodidad—gruñó, y el hombrecito se movió impensadamente.

—Tiene razón —comentó ella, y para desviar preguntó:

—¿Se puede saber a dónde viaja?

Todos aguzaron el oído, ansiosos.

Medió una pausa; replicó:

—¿Yo?... —y mirólos a los que giraban la cara—. A Chiquimula y después a Chichicastenango —concluyó.

—Creí que iba a Guatemala —comentó ella con aire conciliador.

—Jamás —imprecó él, con énfasis—. ¿No ve usted que allí anidan los políticos corrompidos y los usureros? Prefiero gente honrada...

—¿Le parece? —preguntó ella.

—Me parece— y lanzó una carcajada para rubricar su afirmación. La señora le dio la espalda y se llamó a silencio. Todo eso se disipó de pronto ante la aparición de un ciervo enfrente, mirándolos, atónito. Parecía dibujo, pero verlo y desaparecer fue uno. Mirólos y como un relámpago escapó. Latíales a todos el corazón emocionado; escrutaban la espesura esperando reencontrarlo, pero fue en vano. Perplejos, se contentaron con recrear su imagen y sonreír. Prendió en la niña del ojo y en la boca una luz y una sonrisa; pleno de nerviosa agilidad, el animal quedaba en el recuerdo, sus ojos pequeños, vivaces y sus remos ágiles. Tras un minuto de vacilación desapareció meneando ramas de los árboles. Sin poder retenerlo, ahora preservaban su imagen recreándola y se preguntaban su origen y el rumbo que traería. ¿Escapaba del puma?

—Estos animales —naturalmente habló el oráculo— se dispersaban en la época del celo...

Escuchaban girando la cabeza.

—Un venado más grande los aparta del rebaño y enloquecidos escapan...

Fascinó el comentario; inclusive lo desearon minucioso; había intrigado con curiosidad insatisfecha. Se miraban.

Poco o nada, sin embargo, duró la rumia, pues tras de deslizarse sobre terreno plano, la oscuridad fue borrando el relieve de las plantas y la claridad desvaneciéndose; parecían entristecerse, inclusive las caras. Con tal atmósfera impresionó el semblante del sujeto inesperadamente blasfemando; lo vieron contra el espaldar del hombrecito y divisar adelante, entre las sombras. Lo imitaron, nada descubrieron, pero presintieron que enfrentaban algo desagradable.

De la sospecha se saltó a algo que heló la sangre en las venas. Levantóse como un Júpiter, calmando y despertando a los que dormitaban. ¿Qué sucedía? Igual que el ciervo, lo que aparecía también se desvaneció.

Borradas las figuras por la tiniebla, el bulto evidentemente había surgido y como el ciervo igualmente desaparecido. Viento también se había levantado, batiendo ramas de pino, demoraba la luna, y se alumbraban por la luz de los reflectores. El sujeto incorporado palpaba apresuradamente las espaldas del chauffeur y éste, hostigado, preguntó:

—¿Qué? —lo observaba en el espejo del conductor.

—¿Qué pasa, Felipe? —preguntó el sujeto.

—Gente escondida —repuso el otro, aminorando la marcha, mordiéndose el labio, cavilando. Cundía la alarma general; se mantenían, sin embargo, en su lugar y el mismo sujeto de la voz cantante pareció azorado, presintiendo algo.

—¿Viste? —preguntó.

—Sí —repuso el chauffeur, caviloso; su vehículo se acercaba. Fue entonces cuando sin pérdida de tiempo desenfundó su enorme revólver el sujeto, lo encañonó inclinándose al vidrio delantero. El arma siniestra los alarmó. Hizo un ademán al ayudante con el índice, estirando y retrotrayendo hacia sí el brazo. Medió un silencio de ansiedad, se oía las respiraciones y el motor. El ayudante aindiado, con su aire estólido, caminó con otro revólver que antes tenía oculto. Miraban a una y otro, temerosos; el conductor espiando contra el volante, fijos delante sus ojos y de vez en cuando, por el espejo, reparando en los pasajeros. Nadie ponía en duda una amenaza; ignorando, sin embargo, lo que sucedía.

—¿Quién era? —preguntó el chauffeur, hablando consigo. Vigilaba.

—Escolta militar —repuso el otro, desfalleciendo su acento; repitió lo mismo el compañero con un hilo de voz: Es—col—ta—mi—li—tar—dijo.

Se miraron y de pronto vociferó a los pasajeros:

—Calma, señoras y señores... Nadie se mueva...

A cien metros aparecieron los soldados; sus rifles apuntaban hacia el vehículo; algunos pasajeros se taparon la cara... El grupo uniformado asomó contra el cielo, iluminado ahora con la luna débilmente. Gruñó, colérico, el sujeto:

—¡Tírense al suelo...rápido...!

Mujeres con ojos arrasados en lágrimas, histéricas; hombres gesticulantes, se echaron de bruces, apilados unos sobre otros. El chauffeur y el ayudante de pie; se detuvo el automóvil. El sujeto locuaz apuntando esta vez a los soldados.

Fue un siglo y en ese minuto de espera el compañero de asiento del hombrecito, tendidos ambos, preguntóle qué pasaba, y el hombrecito extrajo del portafolio la fotografía:

—Telegrafié —dijo— al resguardo militar para prenderlo. El otro tragando saliva:

—¿Es...un...?

—Prófugo de la justicia —respondió.

Resonó en aquel momento la primera descarga; respondió una batería cerrada, posiblemente al aire. Era el piquete de soldados contestándole. Cundió el horror, máxime que vieron caer al chauffeur y al ayudante... expulsando esputos sanguinolentos y ojos dilatados afuera de las órbitas...

De bruces los demás, inmóviles:

—¡Entregate, Pepe Moya! ¡Salvá a los pasajeros, cobarde!

El eco devolvía en el desierto las palabras sombríamente.

Un soldado apuntó con sigilo la puerta de atrás para salir; se precipitaron entonces como ovejas y entre el grupo desapareció el perseguido; pero extrañó más la escapada insensata del hombrecito; heridos aparecieron en cambio dos pasajeros... Cundió loca confusión, mujeres imploraban misericordia; el nuevo día fue esperado; pernoctaron allí ya que la búsqueda entre las tinieblas resultó infructuosa.

El testimonio final por vía de los periódicos se recogió de una entrevista con el Dr. Saturnino Funes, el hombrecito y secretario de un juzgado del crimen salvadoreño. Venía para solicitar ante las autoridades del vecino país la extradición del prófugo, providencial compañero de viaje.

—Sabía, Dr. Funes, ¿que el sujeto era el mismo? —preguntóle el periodista mientras atendía aquél sus heridas en un sanatorio guatemalteco.

—Lo reconocí cuando subió seguido de otro mal encarado. Venía a solicitar su captura y negociar su extradición; confirmé por fotografías que era el incriminado. Me bastó ojear con disimulo mi portafolio.

—¿Tomó alguna providencia?

—Pedí su captura; esperé una oficina telegráfica. Se presentó la oportunidad y se me aconsejó en la misma despachar el mensaje al próximo resguardo militar.

—¿Cumplieron su pedido?

—Sí, señor, pues estas heridas son obra de mi imprudencia al descender juntos para no perderlo de vista. Sin embargo, por ese incidente quedó clausurada la misión que me encomendaron, ya que bajo el imperio de las circunstancias mi carácter de funcionario de justicia criminal de mi país, se ha trastrocado en el de ajusticiado.

El periodista quedó perplejo, el herido estaba vendado en su lecho bajo la atención del médico y la enfermera. Con ayuda de ellos mostró fotografías y actuaciones judiciales que antes, en la refriega, enseñó al compañero de asiento. Dijo:

—Pepe Moya, nombre del criminal, convicto y condenado por nuestras leyes, despertó en mí otro sentimiento que no era el que me traía. Para que se me entienda debo declarar que él, arrastrando mi cuerpo, desangrándome, salvó mi vida. Mi condición de funcionario y hombre de leyes quedan subordinadas a segundo plano, debo con el sacrificio de mi honor abonar el precio de mi gratitud: le debo la vida...

—¿Sabía él quién era?

—Lo ignoraba; para él fui un moribundo. Cuando recobré el uso de razón, de mi boca supo él que yo venía a pedir a las autoridades locales que lo prendieran; le exhibí los expedientes y fotografías.

—¿Cómo reaccionó?

—Pudo destruirlas o quitarme la vida para conservar la suya. Por el contrario, me confesó que me juzgaba bueno; cumplía, según él, con mi deber pero que la justicia no daría con él. Al despedirse me encomendó ante las autoridades del sanatorio, develando su incógnito; deseó que mejorara y por esa puerta desapareció.

—Mi decisión—tomó huelgo extenuado y añadió—es insólita, pero incontrovertible. Me denuncio ante la justicia como culpable; fundo la naturaleza de mi crimen y tranquilizo mi conciencia y malogro su captura, destruyendo todo esto. —Lo cual hizo con los documentos oficiales ante el asombro de los testigos, observando éstos su conducta sin animarse a hacer comentarios.

ES LO QUE UNO NO COMPRENDE

Del sanatorio regresó desahuciado, pero tenía mucho temple a sus 77 años. Lo fortalecía su bullente energía moral y lo apuntalaba con ambiciones. Ayer mismo decidió ampliar su casa con tres nuevas habitaciones y pocos días antes había celebrado un contrato para la próxima venta del tomate, y dos días después tuvo que internarse en la clínica a regañadientes, arrugando el ceño y enfadado. De regreso, ya desahuciado, no tuvo más remedio que interrumpir sus proyectos y ponerse a redactar, con el escribano al lado, su testamento. Decidió, después de escrito, comentarlo con Inés, su anciana esposa:

—Fue un trago amargo... el testamento —dijo—. Bah, el testamento. Menos mal, quedó en orden. Por mí, que se muriera otro y no yo. Uno que sea un infeliz. Es lo que uno no comprende: la vida es demasiado corta. Hay todavía tanto que uno puede hacer... Una cosa porque no me gustaría morirme, vieja, es por no poder ver el final de la guerra. A ver cómo termina. Ver cómo terminó todo. Menos me gustaría morirme sin ver en qué queda el pleito de la Luisa Ocampo con las hijas. Ni tampoco cómo viene este año la cosecha de los tomates y tampoco el edificio de enfrente terminado, que dará brillo a todo el barrio. Tampoco esa ley que dicen que va a mejorar a la clase trabajadora. Hay tanto que uno quisiera ver ya concluido. Es lo que uno no comprende: la vida es demasiado corta...

—Pero vos sos el que la quiere hacer corta. Yo no veo...

—Yo menos..., pero el médico... Que no tengo para mucho...

—¡Médico! Qué médico ni qué ocho... Si uno se va a guiar por médico...

—Y… luego me retás porque no me quedo en cama... —gruñó.

—Y bueno... (la vieja calló. El médico asegura que... total. Ya no tenía mucha vida y de un modo u otro. El corazón no daba más...).

Se miraron picarescamente.

—¿Para qué tanta curiosidad antes de morirte?

—Y….tengo interés. Me parece crueldad de Dios que tenga uno que morirse. Es lo que uno no comprende...

—Lo que tenés es la curiosidad de siempre, de todo querés saber y hasta el día del juicio vas a estar preguntando del vecino y la vecina...

—¡Exagerada que sos!...

—De novios me tenías harta con tu curiosidad. Si te conoceré...

—Es para enterarse.

—¿Enterarse?... Para saber lo que no te importa.

Se echaron a reír, sentados uno al lado del otro en la galería tomando el sol y cubiertas sus rodillas con una misma frazada a cuadros. Tal como la hija política los había dejado.

La vieja suspiró, melancólica. Luego se puso a rascarse la pierna ruidosamente. Él tenía razón, era crueldad de Dios tener que morirse cuando había otros que no hacían falta. ¿Qué iba a ser de ella sin él? Si por lo menos Dios dispusiera que los dos se fueran. Era crueldad de Dios morirse un hombre animado y de buen carácter como su esposo. Tantos otros, cascarrabias y no se morían... pero había que creer al médico y ese dolor al costado y noches sin sueño y la falta de apetito...

—Uno ya va para viejo —decía ella. Luego:

—Qué le vamos hacer... Se hace lo que manda Dios.

—La cuestión del testamento —masculló—. Todo lo puse a tu nombre, la cosa es que te puedas arreglar sin mi ayuda. Veremos...El resto, buena parte todo a nombre de Roxana, mi nieta querida. Puse a mi hijo y a su mujer como tutores, son sus padres, es lo que corresponde. También me gustaría vivir para poder verla crecer... ¡Para eso más que todo!

—Es lo único que faltaba —lo atajó la vieja—. ¿No ves que pasamos de los 70 años y la nena apenas anda en los cuatro? Está bien que se te ocurra el fin de la guerra o la cosecha del tomate, ¡pero esperar hasta que la criatura crezca... ¡vamos!, es que no andás bien de la cabeza. Eso dejáselo a los padres, para eso ellos son jóvenes. ¿Entendés? Al final vos querés convertirte en Matusalén...

—Conformate con lo que ya hemos vivido, con salud y sin aprietos de dinero. Para qué querés vivir más?...

—Para ver lo que pasa. Es lo que uno no comprende: la vida es demasiado corta.

—Y vuelve la curiosidad. ¿Qué te puede importar lo que pasa? ¿Acaso vas a mejorar el mundo? Yo pienso de otro modo, a Dios gracias. Que se haga su santa voluntad. No me interesa lo que otros hagan. Me importa haber cumplido con Dios y el prójimo. Eso es lo que me importa. ¿Entendés? Lo demás allá ellos, que se arreglen cada uno con su conciencia. A mí eso me deja fría.

La nieta irrumpió y le subió a las rodillas agobiándolo con su peso. ¡Era pasión la que tenía con el abuelo!

—¡Abuelito!, ¡abuelito!

—¡Hablá!, ¡hablá!

—¡Abuelito, te voy a pedir una cosa!

—¡Vamos!, ¡vamos! —decí.

—Quiero...quiero...

—Te oigo, ¿qué cosa?

—Quiero que cuando sea grande y cuando tenga 24 años como mamá, ¿sabés?...

El viejo miró a la vieja.

—¿Ves? — le dijo.

—¿Ves? Cuando ella tenga 24 años como la mamá.

—Mirá que tenés que esperar antes de morirte —le espetó la vieja burlándose de él.

—¿Y por qué a los 24 años? —preguntó el viejo.

—Porque antes me ocuparé de jugar y a los 24 años me verás seria como mamá y entonces vos... me comprarás la casa que quiero tener.

—¿Casa?

—Sí, pero antes te diré cómo la quiero. Una puerta grande...grande y muchas ventanas... Dará para aquel lado. Pero lo que yo más quiero es césped verde con palomas. Por la mañana, abuelito, vos les darás de comer alpiste y yo desde la ventana me reiré viéndote darle de comer alpiste a las palomas. ¿Te gusta la idea?

—Y si Dios me da permiso para hacerlo.

—Y Dios te dará. Yo le pediré que vos y nadie más. ¿Querés, abuelito? ¿Querés?

Iba el viejo a responder y la nena saltó de sus brazos al oír el grito de la gavilla de vecinitos que venían a llevársela. Al momento se los oyó alejarse, como palomas en vuelo, entre el redoble de bocinas, el tránsito interrumpido. Era un sitio congestionado de automóviles. Una nube de humo de un radiador recalentado delante de los cristales oscurecía la estancia. Se oyó una vez más el murmullo de las criaturas entre las voces broncas de hombres protestando sin poder atravesar la calle. Luego un apresurado rumor de pasos. Rechinaron los frenos y se oyó el resoplido de un automóvil detenido abruptamente en forma tan estruendosa que pareció conmover en sus cimientos los tabiques de la habitación.

Cuando el humo se hubo disipado los viejos volvieron la cabeza, pero la vieja estaba ansiosa. Tomó la mano del viejo y la estrechó como para darse valor. Él, con el apretón se conmovió. Su torpeza en hablar lo enmudeció mirándose uno al otro. Pero pudo añadir: —Es lo que uno no comprende; la vida es demasiado corta. Ella calló porque con frecuencia decía lo que no debía. En aquel momento un cambio en la mirada del viejo. Parecía más enjuto. Fue un estallido, luego silencio, ellos sin respiración. Un silencio largo y una voz balbució y con sollozos:

—Todavía respira... La providencia divina es muy grande...

De adentro llegó el grito de la madre:

—¿Qué te has hecho, hijita? ¡Roxana! ¡Roxana!

Se abrió la puerta de calle y el cuerpecito se desplomó.

Los compañeritos enredáronse en las piernas de los curiosos que invadieron la sala...

—Un médico —se oyó exclamar—. Den paso, den paso al médico...

Atolondrado, el viejo estiró el cuello. Desolado.

El médico entró como pudo, inclinándose sobre el corazón, tomó el pulso:

—Nada qué hacer...

Como demente, entre dientes, el viejo exclamó:

—Es lo que uno no comprende... la vida es demasiado corta... —dijo.

CUESTIÓN DE HONOR

Después de aquella ausencia de dos horas largas, Lucho regresó con ojos relampagueantes porque traía una idea. Pero no sólo en la cabeza sino que también bullía ella, llena de decisiones, en sus venas. Era por la tarde de un 5 de julio. Había almorzado en casa de su tía y había girado la mirada por el cuarto revisando los demás objetos después de romper una taza de Limoges. Pensó que debía reponerla. Había llovido durante la mañana y las hojas del jardín, bajo aquel cielo plomizo, goteaban. Íntimamente, aunque sólo contaba 14 años, despreciaba a los que se desilusionaban:

—Mami, quiero que hablemos a solas... —dijo. Quiero hablar de algo muy importante.

—Sí, Lucho.

Pero ella continuó despreocupada examinando el modelo de la blusa que confeccionaba.

Ni siquiera se dignó levantar la cabeza y observarlo.

—Mami, decile a Suzy que nos deje solos. Yo no puedo tratar cosas delante de una chica que escucha.

Suzy, naturalmente insistía en quedarse puesto que su hermano iba a denunciar seguramente cosas importantes a su madre.

—Mami, ¿debo irme? —preguntó Suzy, mostrándose curiosa y poco segura de sí misma.

—Sólo un segundo, tesoro —replicó la madre, pues Suzy no podía abandonarla sin antes enhebrar la aguja que la madre utilizaba.

No obstante se deslizó sumisa hacia afuera e intencionalmente una vez que salió no entornó la puerta. Avanzó cautelosamente tres pasos de más en el pasillo, preservando un silencio sofocado; reparó que desde allí, sin perder una palabra, se escuchaba la voz del hermano y de la madre, apreciando el significado de lo que decían y sin que a ella se le escapara una sílaba.

—Mami —balbuceó Lucho—, necesito que me prestes tres pesos con treinta y cinco centavos; hoy mismo. ¿Quieres?

Se interpuso una larga pausa que Suzy, ansiosa, esperó que terminara.

Mientras tanto, tragaba saliva, ansiosa de no comprender algo de la restante información. Revoloteó los ojos y en ese preciso instante descubrió que necesitaba rascarse la oreja derecha, irritada por una mosca allí prendida y que ella soportó pacientemente todo lo que pudo para al final palpar y frotar el cartílago, sin aplacar su curiosidad de lo que en la pieza próxima se hablaba.

—¿Para qué, Lucho?

—Mami, lo único que puedo decirte es que necesito tres pesos con treinta y cinco centavos. Quiero que me digas si puedes prestármelos.

La madre, disimulando lo más que pudo, sonrió sin levantar la vista para no ser descubierta.

—¿Quieres, mami? —su mente se mantenía activa.

—No estoy cierta que pueda, Lucho. Pero... sinceramente creo que debo saber —se decidió a examinarlo de arriba a abajo— ¿para qué? ... ¿con qué objeto?

—Me parece que cumplí catorce años, voy para los quince y una madre debe tener confianza en el hijo mayor cuando pide una suma tan insignificante. Otras madres no hacen esas preguntas... Yo sé...

—¿Y el dinero que recibiste? ¿Lo gastaste ya?...

—Lo que me entregó papá al principio del mes?

—No, no me refiero a eso. A tu escritorcito viejo que vendiste porque no había espacio en la casa.

—Oh, eso ya va para quince días... Hoy no hay dinero que alcance. Me extraña...

—Pero si sumaban casi diez pesos, faltaban unas moneditas. Por cierto, que lo mal vendiste, hijo. ¿Derrochaste el dinero?

—Me extraña, mami, sabes cuánto cuesta una simple coca—cola y lo caro que están las cosas. Preciso hoy mismo tres pesos y treinta y cinco centavos. Me parece que hablo claro y si te pido es porque no tengo...

—Creo que no debo hacerlo, tesoro. Tu padre no lo va a aprobar y sobre todo que no decides confiar para qué lo necesitas... Antes de saber si yo puedo y debo, tienes que contestar mi pregunta.

—¿Entonces es que no puedes?

Ella movió la cabeza, vacilando, tras una distracción que él aprovechó para frotarse la nariz y hurgar en sus bolsillos; ella agregó:

—Lucho, ¿sabes lo que se me ocurre?

—¿Qué? Y en ese momento se oyó la pitada de un pito de vapor.

—Se me ocurre creer que el verdadero motivo porque rehusas contestar a mi pregunta es porque me conoces y adivinas que no te lo daré si antes me dices para que necesitas ese dinero. ¿No es así, Lucho?

—Pero, mami... me extraña. Antes no eras así, estás cambiando. Una vez dijiste a una vecina que me tenías confianza porque yo era un chico serio. Entonces, ¿por qué has cambiado? Repito, hablo para que todo el mundo me entienda y si exijo esa suma es porque... Bueno, como veo que no se me tiene confianza, muy bien, era lo que quería saber, mami; pero gracias de todos modos. No pido más.

Juzgó que entre dinero y dignidad, preservaba esta última, pero se exponía a perder ambas con el regateo. Se despidió deslizándose arrepentido hacia el pasillo con un beso. Su retirada resultó rápida y no reparó en Suzy, confundida porque su madre al final había bajado la voz y buscaba, sin poder hilvanar con los hilos rotos, la hilación de lo escuchado. Lo vio pasar a su lado y estuvo a punto de seguirlo, pero cambió de intención y regresó junto a su madre para saber lo que le faltaba. Esa misma noche, terminada la cena, él escoltó al padre hacia la biblioteca; lo escudriñó pacientemente cuando aquél sacó un cenicero de un cajón de su mesa y extrajo la cigarrera, llevándose un cigarrillo a la boca; cambiar sus zapatos por sus zapatillas, arrellanarse cómodamente en el asiento junto al fuego y abrir el diario de la tarde y recorrer página tras página hasta detenerse en la de los deportes. Iba a iniciar la lectura cuando reparó en Lucho. El humo del tabaco borraba los objetos y los rostros.

— Lucho? ¿Estabas allí sin hacer ruido? —preguntó y tamborileó en la silla con los dedos.

—Te quería decir que hace frío, papá.

—¿Frío? Tardaste para darte cuenta, hijo.

—Y otra cosa, papá.

El padre volvió a encender su cigarrillo que se había apagado.

—¿Otra cosa? Veamos. El rostro sanguíneo y regordete del padre era un rostro plácido y usaba gafas de armazón metálica.

—Puedes adelantarme la mensualidad. Ando necesitado...

El padre no contestó en seguida; observó al hijo penetrantemente durante bastante tiempo antes de decir:

—No, sencillamente no. Un empleado o un servicio prestado nunca se cobra por anticipado, a menos que se caiga en el favoritismo. ¿Cuánto necesitas?

—Tres pesos con treinta y cinco centavos, papá. Poca plata.

—Te concederé esa suma, antes vas y consultas a tu madre y le confiesas a ella para qué quieres el dinero y, además, consigues que ella me faculte. Te diré lo que sucede. Ella se opone a que te dé dinero. Los niños, dice, no deben disponer de medios, compran chucherías y se enferman. Además, el dinero cuesta ganarlo y ustedes sólo saben gastarlo. Fíjate, Lucho, que no te pregunto para qué lo quieres, pero si se lo confiesas a tu madre, eso bastará, aprobará ella que te lo entregue y desde ese momento ya no se hablará más. ¿Quieres?

El infortunado Lucho, tras de contestar señalando con la barbilla, decidió como medida de prudencia, antes de cumplir aquella sugestión, puesto que no la tomaba como una orden, o ir a ver a la madre o renunciar al dinero. Optó por fijarse un plazo antes de decidir. Después del jueves cinco, esperó hasta el lunes nueve del mismo mes de julio. Sin duda existía razón perentoria para que dentro de ese período la suma estuviera asegurada en su bolsillo. La esperanza de alcanzar el dinero danzó dentro de su cabeza igual que la bola del billar sobre el tapete. El padre, durante ese tiempo, retorciéndose el bigote, lo observó continuamente y la madre tampoco lo perdió de vista sin darse él cuenta. Suzy, satisfecha de haber alimentado su curiosidad, ya no le otorgó importancia al asunto.

Pero él actuó pretendiendo que entre ellos nada había pasado.

Justamente transcurría el lunes nueve y el padre se hallaba en la oficina a punto de firmar un documento comercial cuando el teléfono sonó.

Contestó inconscientemente:

—Llama en otro momento, querida. No puedo atender...

Colgó el auricular en la horquilla, pero sólo para apoderarse apenas del documento y sonar de nuevo el teléfono. Iba a repetir la frase y su voz abruptamente enmudeció:

—¿Qué dices?

—Que desapareció Lucho; que ni a almorzar vino ni fue al colegio.

—¿Cómo? —subrayaba él sus palabras dando estocadas con el dedo a la reluciente superficie del escritorio.

—Ninguno lo ha visto, Negro. Debes informar a la policía...

El quedó perplejo. Desde ese momento ya no se dio cuenta que por el pasillo diversas personas iban y venían; abajo en la avenida sonaban las bocinas; que, en la pared, unas horas interminables sonaban en el reloj; que los dos viejos en torno de su escritorio con ojos relampagueantes le observaban la cara crispada y que un ascensor subía y expulsaba, al llegar al piso, una multitud de pasos que se alejaban. El buscaba luz y decidió contestar:

—Querida, ¡ah!, ¿estabas allí? Cálmate, hablaré a la policía. —y cortó la comunicación telefónica.

—¿Hablo con Nélida? —preguntó la otra voz telefónica de la hermana mayor, después de cortar ella la de su marido.

—Sí, habla Nélida; creí que volvía a llamar mi marido —respondió nerviosa la madre de Lucho.

De la conversación entre las dos hermanas se vino en conocimiento que el dueño del bazar vecino le pedía a la tía de Lucho que, aunque faltan $ 3.35, le rebajaba el precio de la tacita. ¿Quién fue a comprarla?, le había preguntado. Un niño como de 14 años, respondió él. En suma, que de todo lo averiguado se llegó a la conclusión que, en casa de la tía, Lucho había roto una tacita de porcelana y seguramente había intentado reponerla. Necesitaba los $3.35 para completar el precio.

A la hora de la cena, tampoco Lucho se presentó. En la casa no quedaba más que Suzy, pues el padre tomó un rumbo y la madre distinta dirección. El hogar quedó abandonado y de vez en cuando el teléfono sonaba. Suzy estaba presta a contestar las llamadas, unas veces era el padre que indagaba desde la calle y otras la voz de la madre. La información requerida siempre tenía una respuesta:

—¡Lucho no ha llegado!... —decía Suzy y movía aprobando con la barbilla.

Fue una idea feliz cuando Suzy en un principio empezó a padecer por la falta de algo en qué emplear su tiempo y ella se acordó del baile. El silencio acarreaba cierto tedio y empezó a combatirlo ensayando pasos de baile. Mientras llevaba a cabo la operación, el espejo colocado en la pared devolvía la imagen de su fina figura y ella sonreía satisfecha. Se servía de la música de la radiotelefonía y las sirvientas aparecían en la puerta a observarla.

—¿No vino el niño Lucho? —preguntaban ellas.

—No vino —replicaba Suzy y de nuevo proseguía sus pasos de baile.

De nuevo el teléfono tintilló, pero esta vez se trataba de un vecino.

—Soy del piso de arriba... para saber si encontraron a Lucho —dijo.

Suzy le respondió que no y cortó. Volvió a sus pasos de baile cada vez más entusiasmada. Reanudó con renovado ímpetu aquella parte acelerada que la fascinaba.

—Cómo molestan y me interrumpen —protestó ella para adentro y al final decidió no atender más.

Se deslizaba con marcada agilidad, daba primero unos pasos cortos, lentos, luego, inesperadamente giraba sobre su cuerpo ágilmente con extraordinaria rapidez y se levantaba la pollera acompañando al movimiento simultáneos saludos de cabeza y una estudiada sonrisa, que ella juzgó seductora y que se reflejaba en el espejo. El esfuerzo la cansaba algo y a menudo caía desplomada en una silla. Sin embargo, se interrumpió el baile, pues todo aquel que supo lo que en el hogar acontecía, acudió de inmediato. Miembros de la familia, antiguas relaciones, vecinos, todo género de gentes se presentaban y Suzy de mala gana los atendía.

Esperaban de ella alguna información minuciosa, algún dato revelador de cómo había sucedido, pero desabridamente ella no emitía ningún hecho que aplacara la curiosidad general. En general, interiormente, se le despertaban los celos porque veía convertido en héroe a su hermano. Pero también porque no había motivo de alarma; Lucho no está en casa y eso era todo. Compañeros del grado acudieron con libros bajo el brazo. Escuchaba a unos y a otros sin interrumpir. Uno de ellos, despreocupadamente se recostó contra la puerta, observando los muebles y con la palma de la mano abierta y en ella una moneda de plata resplandeciendo, que él mostraba por distracción. Todos la dejaron sola y ella reanudó el baile.

La madre al final volvió, apareció agobiada y aparentemente asaltada por raras y contradictorias sensaciones y tanto el peinado como la blusa, desaliñados. Desatendió a Suzy, acompañada de

Josefina, la chica vecina con un pullover verde recién estrenado, y se dirigió a su alcoba. Hasta ese lugar la siguió Suzy, en puntillas y calculando el efecto que tendrían sus palabras:

—Buenas noticias —dijo deteniéndose en la puerta.

La madre indagó estirando el cuello:

—Buenas noticias? Habla de una vez.

—Mami, no hagas escándalo, las sirvientas pueden oírnos...

—¿Qué ocurre? —Cortó el silencio como con cuchillo.

—Que lo vieron a tu hijo... en una facha, que no es para contar.

—¿Lucho? Habla por Dios, muchacha.

—¡Shhhhttt! Josefina vino a contármelo. Iba él en pleno día con una pala, en la calle, y no te imaginas el traje...

—¿Traje?

—El mismo del mucamo que tuvimos, el chico que papá despidió por puerco...

—¿Elías?

—Ese, mami, y para qué contarte el resto.

—¿Y para dónde iba?

—Nadie sabe nada, se escondía, pero Josefina lo vio.

—Hijito de mi alma. Ojalá tu padre lo encuentre. Pensé que lo habían raptado...

—Por no hacerle el gusto... ¡pobrecito!

—¿Pobrecito? ¡Lo que merece es una paliza, mami!

La madre se irguió aliviada; rumiaba su consuelo y dábale las gracias al cielo. No lo habían raptado. Estaba abatida, pero reanimada. Hizo venir a Josefina y al oír la historia completa, ningún reproche tuvo para Lucho. Por el contrario, fingiría un enojo que no sentía y después pensaba perdonarlo. Se dirigió a la cocina a prepararle comida y ropa limpia para que se cambiara...

—Eso no es nada, mami. —iba a contar, pero se tragó sus palabras.

—¿Qué dices? —y se oyó el gemebundo chillido de un tranvía.

—Lo peor es... que... mejor no contarlo.

—¿A tu madre? —preguntó la madre sondeándola sagazmente y recelosa.

—Fumaba, eso es todo.

—¿Fumaba? ¿Es cierto, Josefina?

Esta giró la mirada, extrañada y Suzy la suya, dándole vueltas al asunto en la cabeza.

—¿Es cierto? —insistió la madre.

—Yo no vi —respondió Josefina. Por sobre ésta, la madre descubrió a su hija que se deslizaba, diciendo:

—Las cosas se saben; eso es todo...

—Dios castiga los falsos testimonios, Suzy. Es muy feo mentir...

Callaron; sólo el tic—tac del reloj de pared se oía. Era la hora del descanso en todo el distrito residencial; la gente se refugiaba o en el teatro o en el hogar junto a la estufa. Era durante el invierno.

Y en ese momento apareció exteriormente junto a la puerta, sin oprimir el timbre, un individuo uniformado de policía, pero ni Suzy, Josefina o la madre repararon en el ruido que hizo. Ellas siguieron por su cuenta hablando.

Fuera de su conversación, el tic—tac del reloj era lo único reparable para ellas. El sujeto, entre tanto, bisbisaba:

—No me mienta; no le voy a consentir mentiras más de lo que haría su padre —dijo el hombre uniformado detrás de la puerta, antes de tocar el timbre.

Lucho se pasó la mano contra la frente para enjugarse, tiznada ésta de hollín renegrido. En medio de la negrura de la piel, sus ojos relampagueaban desorbitados y cómicamente; el resto de la piel embadurnada.

—No miento —replicó Lucho.

El individuo con uniforme reía para adentro porque la facha de Lucho era desastrosa, pues después de acarrear carbón en la carbonería y untarse piel y ropa, siendo él rubio, se había disfrazado de africano.

—¿Y te pagaron? —volvió a preguntar el policía.

Por toda respuesta. él mostró la palma de la mano abierta y en ella billetes de banco, igualmente sucios y arrugados.

—¿Y para qué querías el dinero? —preguntó finalmente el policía.

—Cuestión de honor —respondió Lucho.

La madre oyó esta vez afuera de la puerta la voz del hijo y abrió.

Lanzó un grito, pero él no perdió su presencia de ánimo, a pesar de que a Suzy se le crisparon los brazos. Lo contemplaba con curiosidad y lástima que iba en aumento, moviendo con pena la cabeza.

Cuestión de honor había dicho Lucho. Madre y policía cambiaron miradas de inteligencia, pero Lucho sintió que su interior se iluminaba y la madre, abriendo sus labios fascinada, con ternura, le ordenó:

—Entra, has hecho bien, hijo.

EL DESTERRADO

Por aquellos años 10 y 20 tenía su corazón atado a los caprichos terrenales y se juzgaba loco de remate por haber amasado con buena suerte una desproporcionada fortuna en Estados Unidos; años más tarde recuperó la cordura porque satisfizo sus inclinaciones de iluminado practicando el ensimismamiento y la sabiduría en la India. David, el tercero y menor de sus hijos varones, profesó y predicó la fe de los brahmanes en lengua vernácula y él, Evelyn J. Clark, recobró la cordura y la paz; su corazón, agotado por una civilización entregada al culto del bienestar del cuerpo, surgía remozado en oriente y convino que por apartarse de la primera concepción y suplirla con la segunda, había colmado su vida.

Esto pareciera mitológico o reproducción de una mente ociosa y sin embargo, fue patentizado por boca de Mr. Raymond Leos, socio del protagonista, ambos establecidos en el Estado de Indiana, hacia el año 1910, y quien al bajar aquella madrugada a la escarpada aldea, próxima a una ensenada en la India, preguntó por las señas de un tal Mr. Clark, avecinado en la zona. El desterrado a poca distancia, recluso, era divinizado por los nativos, pues lo conocían como extranjero y celebraban que hubiese expulsado, para suplirla con la del alma, la vida de los sentidos. El visitante, menos obsequioso y sin la humanidad del protagonista, trajinó hasta el sitio y luego asomó con su rostro crispado y su espalda gibosa porque en ella tamborillaban los goterones del aguacero.

Su avión internacional había aterrizado en Bombay y él conduciendo la valija de mano, depositada de paso en el hotel, reanudaba el trayecto en procura de Mr. Clark. En la aldea de casuchas bajas, callejuelas erizadas de plantas de bambúes y bajo su techo, sentado en el suelo sobre la limpia estera, aparecía encuclillado el excéntrico Mr. Clark, como un monje. Descansaba tras haber cumplido sus abluciones, sus piernas cruzadas y los codos colocados sobre las desnudas rodillas. El visitante, dándose palmadas en la ropa para enjugarse el agua salpicando, trémulo de ansiedad, llenó la puerta con su figura, mientras consultaba su reloj. Mr. Clark, abstraído, dijo con suave cadencia:

—El tiempo no existe. La consulta que de él hacemos nos impide poder vivir. No existe relación natural entre reloj y tiempo —añadió, y era su modulación persuasiva y dulce; atrajo resonancias en la sensibilidad del otro que no la esperaba. Lo miró estupefacto. Era un ser profundo y no el Mr. Clark que él buscaba. Salvo la traza y el habla, todo en ellos dos era diferente. Decididamente, Mr. Clark estaba transfigurado por el oriente. Medió un silencio. Sin embargo, subsistía a nombre de los dos una inagotable fortuna en Indiana, cuyo solo acrecentamiento lo impulsaban sus dividendos como bola de nieve rodando por su propio peso en declive.

—¿Pero nuestra vida en Indiana no constituye materia de tiempo, Mr. Clark? —preguntóle.

—Todo acontece en presente integrando pasado y futuro simultáneamente —dijo y se volvió hacia el vacío para significar que lo real era la eternidad. Sobrevino una secuencia de silencio. Uno ensimismado; el otro cortado. Aquel primero indagó:

—Es difícil concebirlo sin profunda meditación, es engañosa la imagen del tiempo por culpa nuestra. Puede utilizarse convencionalmente para medir el dinero; así se acostumbra en occidente, pero sabemos que allá todo es convencional y falso. Siempre el valor de lo bello, útil y ético escapan en cada caso a lo convenido en el precio. Comprendo que pierda el respeto de mis congéneres, pero se hace necesario vivir en la cordura. Además, en paz con la conciencia. Por eso no espero volver allá...

Parecidos ambos en su robustez física, en cambio muy pronunciado era en Mr. Clark su ascetismo de las facciones. Irradiaba lumbre interior y una mansedumbre que contrastaba con la crispada expresión, con la cara angulosa y gesticulante del compañero.

—Por allá hay bienestar, progreso y confort —adujo éste, tanteando su ósea rodilla.

Sobrevino más silencio y el que había preguntado retenía el aliento y recogía del ambiente el vacío por sólo devolverlo en sus

ojos que relampagueaban. Sacudió la cabeza jadeando; apretó la boca y sus ojos se habían achicado, escudriñándolo. Descruzó sus piernas y volvió a preguntar:

—¿No le parece, Mr. Clark?

—El bienestar corporal conseguido por el artificio no eleva al hombre sobre su nivel animal. Quien así disfruta del confort es la bestia humana. Tampoco el confort es una necesidad; es un hábito del cual puede uno desprenderse, igual que sucede con el cigarrillo... Son sucedáneos o sustitutos de otras cosas de que necesitamos y carecemos. Cosas que deberíamos tener y no tenemos en Occidente. Duermo sobre el suelo porque mi mente y mis nervios reposan tranquilos. Tengo confort natural. El artificial no consigue lo que he logrado.

—¿Usted cree que yo tengo problemas, Mr. Clark? —volvió a preguntar el visitante y de nuevo cruzó sus largas piernas, pues se hallaban en precario equilibrio sobre la estera.

—El problema en Occidente es poder sentirse (dormido o despierto) que uno está vivo... —repuso Mr. Clark, extrayendo un documento:

—Este poder —musitó— va a autorizar a mi abogado para que distribuya mis bienes entre sociedades de beneficencia. Tengo otra riqueza aquí —dijo.

—¿Cree usted que con mi alma tengo problemas, Mr. Clark? —demandó el otro simulando que contemplaba el humo exhalado de su boca.

—En Occidente hay desentimientos con uno mismo —repuso—. No se es interiormente libre. Esclaviza el pensamiento —añadió Mr. Clark.

Reposaban desde el principio sobre la estera y se incorporaron. Abrieron la puerta para ver las nubes y el socio dio un paso afuera. Ya había calmado el agua y el camino se enderezaba tras la última curva y el visitante retenía su aliento y Mr. Clark lo veía acompañándolo con una sonrisa indulgente. Vacilaba en subir la colina. No iban a volver a verse...

—Lamento —dijo el hombre—, hay algo que quisiera...

MUCHACHO TONTO

Era media noche en Villa del Parque y en la calle Cuenca halló donde dormir. Una sensación de regocijo experimentó. El galponcito con techo de lata separado por un jardín estaba en el fondo. Se introdujo arrostrando peligros pues pensaba que hallábanse sus moradores. Antes de retirarse a dormir, el matrimonio acomodó el arbolito de Navidad mientras interpretaban un "llamado" del periódico que casualmente la esposa traía al descubrir al intruso.

—¿Qué haces aquí? —exclamó ella.

El día era húmedo y había moscas en las plantas, el sol demoraba. Se miraron. Él estuvo observando la luz con salpicaduras áureas, desvaneciéndose debajo de la puerta hasta quedar en tinieblas al darse vuelta. Arrojados contra el suelo habían dos bicicletas sin ruedas, un martillo sin mango, una silla sin patas, desperdicios de objetos de cocina, trocitos de madera, un farol sin tubo y la única habitante, una rata que lo despertó. Montó en guardia y esperó sentado la llegada del día. Temprano acudió la joven esposa. Abrió la puerta y lo descubrió:

—¿Qué hace aquí? —exclamó espantada.

El vaciló. Lo observaba con ojos desmesuradamente abiertos; él bajó la cabeza, mudo. Desordenados sus cabellos y aplastándoselos con la palma de la mano, anudábase la corbata y alisábase las arrugas del traje. Tenía buena ropa, 18 años y estaba cohibido.

—¿Qué le pasa? —preguntó la joven mujer, menos temerosa que intrigada.

—Me escapé... de casa —replicó.

Lo observó y él miró a la pared. Mientras rebajaba ella su enojo, él manteníase laxo. Preguntóle ella por qué y contestó él que por un disgusto con el padre. Quiso saber ella su nombre y él enmudeció.

—¿No se llama usted Jorge?

Él maldijo su mala suerte de acudir a esta casa.

—¿Por qué me pregunta? —indagó él, extrañado.

—Hay otros—contestó ella —con ese nombre y cometen locuras.

No rio al decirlo. Esta vez él la perseguía con la vista mientras ella, con la cabeza gacha, deducía si era del barrio. A su vez, él creía reconocerla. Uno y otro abandonaron su anormal situación para interesarse en ellos mismos. Ella joven y espigada, rubia, con anillo de casada y su acento tenía color con cierta graciosa ronquera. El, extrañándose de llamarla así, le preguntó:

—¿Su nombre es Loreta? por el parecido de labios sensuales con Loreta Young.

—Me parece que debe retirarse, soy casada y mi nombre no lé interesa. Además, conozco a su padre —le amenazó.

—¿Papá? —se sobrecogió él pintándose cuadros de su disminución y ridiculez ante su padre. Ella le contaría, pensó.

—¿Lo conoce? ¿Trabajó en la fábrica?

Ella asintió.

—Pensará que vine por eso?...

—No precisamente... Lo que le pido es que se vaya —dijo ella.

—Me promete no contar?...

—Promesa por promesa; yo no diré, pero...pronto seré madre y pienso en la suya. ¿Desde cuándo no la ve?

—Desde antes de ayer que me escapé —dijo él.

Lo miró de nuevo:

—¡Y hoy Nochebuena!... ¡Qué locura!...

Permaneció avergonzado. Miró hacia afuera. Las rosas se movían con el viento sobre sus tallos y el polvo arrastrado por la brisa caía en las hojas. En la calle cruzó un cochecito gris y un camión detrás aturdiendo al barrio con su bocina.

—El dolor —musitó ella— enriquece el espíritu, pero yo no llamo dolor a un simple disgusto con el padre. A la vida hay que pelearla, vencerla, si es posible; pero irse de casa... me parece cobardía, perdone.

El asintió. Le intrigaba cómo ella pudo venir a trabajar a la fábrica.

—Mi novia me estará esperando —comentó—. Hoy es sábado y salí el jueves. Cuando fui a su casa para despedirme, todavía no sabía a dónde iba... Me preguntó que qué tenía en la cara.

Yo era como Don Quijote... ¿Se da cuenta?, ¿Me dejas que me despida?... le pregunté. Pero no hubo modo de hacerlo... Unos minutos había pasado la discusión con papá. Le amenacé irme de casa y usted está viendo que cumplí con mi palabra. Claro, no sé si estuvo bien. Todos los padres son iguales, dicen que hacen todo para bien de los hijos, pero a veces con eso que hacen lo amargan a uno...Me negó las llaves del coche. Pensar que tengo que volver a casa, hoy 24 de diciembre. Pero una cosa: pedir perdón, no. Voy por mamá y por mi novia. Si me preguntan dónde estuve... ¿qué cree, señora, que debo responder?

—Diga la verdad... Haga frente... ¡La verdad!

—Hacer el ridículo, no. Que crean que anduve con mala gente. No me importa.

Callaron los dos. Ella divertida y él serio.

—Sabe que me dio un susto?

—¿Señora, de veras me promete no decirle a papá?

—Es que...olvidé el apellido.

—Roig. Jorge, como yo...

—Cierto.

—¿Y su nombre? —preguntó él.

—No interesa —dijo ella—. ¿Me promete?

El prometió que sí.

—Usted conocerá nuestra casa en Belgrano —añadió—, cerca de la fábrica. Pues el jueves no tenía viaje dispuesto. En ese momento vino el ómnibus y zas, subí y no pensé más.

No llevaba casi dinero. Por eso dormí en cafés, sentado, y apenas comía. Anoche busqué este lugar y me quedé.

—Disculpe que no lo invite, mi esposo puede venir y quedaríamos mal. Usted ¿qué explicación iba a dar?...

—No se preocupe. Me quedan monedas para llegar y desayunarme en casa.

Le tendió la mano con aire maternal. Luego ella dijo:

—Hágame caso, que le sirva de lección. No lo vuelva a hacer. Él le devolvió el saludo; caminó hacia la puerta, se deslizó, traspuso la verja y se halló en la calle. Corrió ella al balcón y le habló abajo:

—Shttt... De lo contrario: la policía, ¿eh?...

Sonrió él y trajinó apresurado...

—Me siento deseando ver qué pasa —pensó—. Pero no pierdas la calma. —Jorge se amonestó a sí mismo—. Ante todo no censures a papá.

—Pero el viejo debería tenerme confianza, darse cuenta que soy un hombre...

Lanzó una mirada penetrante a los que iban con él en el ómnibus. Pensó:

—Bah, sólo piensan en cosas materiales. En el vil dinero y la comida. Ninguna emoción. Caras frías y estúpidas; lo que a uno le pasa no lo comprenderían...

Cada vez que el vehículo paraba ante luces rojas o bajaba y subía gente, él estaba ansioso, le parecían siglos de espera y sujetaba el espaldar de adelante para descargar los nervios.

—Yo creo que todo ha de salir bien —se dijo. Miraba hacia la calle y consultaba su reloj de pulsera. Al rozar el periódico que le había obsequiado la dueña de casa y abultaba su bolsillo, se preguntó:

—¿Para qué querré esto? Sin ganas de leer, y un diario anterior sólo es bueno para la basura. Dios mío, qué dolor de cabeza por el mal sueño de la noche. Voy y compro una cafiaspirina, aún me quedan monedas sueltas...

El ómnibus corría y corría con velocidad y él se alegró.

—Voy a llegar en un momento—pensó. Luego se dijo:

—Irme de casa no arregla nada. La próxima vez busco otra cosa con qué hacer renegar a papá.

Llegó a su barrio. Bajó y fue directamente con la cafiaspirina que acababa de comprar hacia el bar Ritz. Pidió al mozo una copa con agua.

—Tu viejo estuvo a preguntar ayer —dijo aquél.

Se dirigió al teléfono y por suerte contestó su madre, cuya sola voz se le anuló en la garganta.

—Estoy en el Ritz, mamá...

Se dirigió al baño y en el espejo se examinó de abajo a arriba; quería saber si estaba presentable.

—¿Me podés fiar un coñac, Rosendo? —le preguntó al oído, y el mozo repuso:

—Ese y muchos más. Tu viejo tiene con qué pagar. Pero ché, ¡cómo te buscaba!...

No replicó, bebió, tragó y salió. El coñac le daba ánimo, Salió apresurado a casa. Ya tenía a su madre de su parte.

Gente iba y venía, bajaba y subía de los ómnibus y se arrastraba con el regocijo de la Navidad. Pasó por una puerta iluminada y sonidos de música se oyeron. Unos pasos más allá había otro sitio de diversión. Desde adentro lo llamaron, pero avanzaba ansioso y miró a otro lado con tal de no encontrarse con el que lo reclamaba; se frotaba los ojos avanzando. Deseaba ver la fachada de su casa. El primer encuentro fue con Pantera, el perro que salpicó de su sucio sus pantalones. La mucama apareció a abrirle la puerta de hierro de la verja; ella ya sabía...

—Niño Jorge, su mamá está llorando, vaya despacito...

Adoptó como respuesta una postura señorial, de hombre maduro, disminuyó el paso. No era más un joven, ahora era un viejo prudente.

Puestos de acuerdo, no le harían preguntas. Sintió el imperio de la mirada de su madre. Enjugaba sus lágrimas con disimulo y apuradamente le preparaba el desayuno:

—Estábamos ansiosos para que nos acompañaras, hijo, con Patricia; los tres tenemos que ir a hacer las últimas compras. Patricia ahora viene.

El corazón a ella le saltaba en el pecho, pero se dominaba. Él en ella buscaba la ternura del hijo pródigo tras años de ausencia que regresa al hogar. Le retiraba la mirada, espiándola, mientras ella inventaba temas, pretendiendo que nadie había reparado en su ausencia. Todo entre ellos era normal.

—Toma —le dijo entre dientes— las llaves del coche de papá. Ahora sacarás a Patricia cada vez que salgas. Él te va a comprar un juego para vos solo y te confío: estuvo en la agencia a ver un cochecito sport, último modelo.

Apareció finalmente él; venía silbando. Le dijo hola y le estrechó la mano sin hacerle preguntas. Eso a Jorge lo enorgulleció como comprensión. De hoy en adelante se tratarían mutuamente con debido respeto, pensó. Dijo el padre:

—¿Por qué no vas, hijo, a ver qué porqué demora Patricia? Quiero que vayan con su madre. El resto de las cosas urge para esta noche.

Luego simuló tener asuntos.

—Me van a dejar solo. ¿Quieren? Espero un llamado de la fábrica y voy a recibir gente, aquí.

Cuando Patricia asomó le dio un beso en la boca y lo arañó en la oreja, pero sin reproches. Empezó a referir una inacabable historia que nadie escuchaba. Jorge ya había devorado su desayuno, la mucama retiraba la mesa y los tres se deslizaban a las tiendas en el coche. Se hablaba de todo animadamente, menos de la ausencia de Jorge. Regresaron a la hora del almuerzo; Jorge se dio un baño, se afeitó y acudió jovial como de costumbre. Después del almuerzo, disimuladamente se tumbó en un sofá. Ellas entornaron la puerta de la salita dejándolo en tinieblas. Hecho esto se alejaron en secreto. Cuando él despertó se halló frente a las paredes familiares, ante sus muebles, las mismas colgaduras y cuadros, los mismos objetos familiares. Esto lo puso en paz con su conciencia. Se levantó, fue a su guardarropa y escogió un traje elegante. Pensó que para romper el embarazo debería mantenerse natural y recobrar su carácter. Tenía necesidad de paz, compañía y comprensión. Agradecido consigo mismo por no haber provocado una escena de culpas y cargos. Menos disculpas con lágrimas. Entró. Quedó deslumbrado. Lleno de luces, globos y regalos apareció el árbol de Navidad en el salón.

Reinaba un espíritu de familia, padre, madre y novia esperaban a los invitados. Juntos estuvieron hasta cerca de la media noche. En un momento se dio cuenta que tenía las manos detrás y jugaba con sus dedos nerviosamente en vez de venir y sentarse al lado de Patricia. Eso intentó, pero antes dio un salto. Pantera, que celebraba su regreso, le acababa de lamer la mano. Desde ese momento liberó sus emociones antes retenidas y logró ordenar en paz sus ideas.

La madre, durante ese largo tiempo, no le había quitado la mirada de encima. Por eso hizo explosión su pensamiento. A pesar de su promesa de guardar el secreto, claudicó. Jorge, al oírla, sujetó con fuerza los brazos de la silla en que estaba. Comiendo y bebiendo se experimentaba la plenitud de la vida, todo anda bien si se es joven y se tiene el alma tranquila. Pero la madre vino a desbaratarlo.

—¿Te trataron bien en la casa de la señora donde estuviste, hijo?

El miró. Fantasmas reaparecieron en su alma. Su novia de ojos verdes y cabello castaño que bullía ondulado en su rostro ovalado, colocó un beso en la palma de su mano y se lo sopló desde su asiento, para apaciguarlo.

—¿Cómo lo saben? —miraba a todos, atónito.

—Llamó por teléfono. Seguramente querría saber si habías llegado.

—Pero ¿cómo supo el teléfono?

—Contó que diste el apellido. Lo buscaría en la guía...

—Es, es posible, pero mi nombre... Cuando me vio me preguntó: ¿Usted es Jorge?

—Es raro... —comentó el padre.

—¿No te parece, papá?

La duda lo agobiaba. Se acordó del diario y corrió a traerlo.

Estábamos conversando y ella leía ésto... Hasta me pidió que no trajera el diario a casa...

—Veamos— indicó el padre. Daban vueltas y vueltas a la hoja. Era media noche y llegaron al través del aire las campanas dulcemente a sus oídos. La madre se limpiaba; los otros dos se cruzaban miradas...

—Lee, hijito. Lee —dijo la madre:

—Aquí, aquí. Saltó él:

Jorge, vuelve al hogar, muchacho tonto. No quiero que pases la Noche Buena solo. Mamá. El nudo en la garganta lo ahogaba, fundidos madre e hijo y padre y novia esperaban para abrazarlo.

EL HIJO

Había descendido del tren esa noche; el jueves anterior había fallecido su madre en San Juan; medicinas y médicos se habían repartido el dinero del hogar; cuando apareció fuera de la estación y se encontró en plena capital federal, gastó lo que le quedaba y al final compró un sándwich de queso. Descubrió retenidos cincuenta centavos restantes que depositó en manos de un mendigo para que le trajera suerte. Como tenía sueño, caminó a una placita de barrio y allí consideró la forma de cómo extender su cuerpo sobre un banco y poder dormir. Descubrió que una mujer rubia, cuyo grueso abrigo disimulaba su desarreglo, compartía el lugar elegido. No estuvo seguro si él llegó primero o fue ella quien primero lo ocupó. Había corrido el tren toda esa tarde y la noche anterior contra el viento desencadenado; llegaba con demora y sentíase él abatido.

En la calle vecina al lugar en que descansaba en compañía de la extraña mujer, un conductor de automóvil apareció; lo vio, mientras estacionaba su coche detrás de un camión, en frente de una tienda de artículos de hombre; apagó él los faros, los encendió de nuevo, los hizo parpadear; al final cerró el contacto y el ruido acompasado del motor desapareció; luego apoyándose en el estribo, descendió y caminó y su silueta alta perfilándose al llegar al farol de la esquina se desvaneció a grandes trancos en la callejuela. Sólo entonces José Luis y la mujer que se llamaba Elisa, quedaron solos y notó que ella musitaba hablando consigo misma:

—Me va a liquidar los muebles, ya me vendió los retazos del género de mi Blas, que era sastre —le oyó decir, aterrorizada—. Se ha vuelto borracho—añadió hipando.

—¿Quién? —preguntó el muchacho sanjuanino, impensadamente, soñoliento; súbitamente despertando con todo su cansancio.

Pero advirtió la mirada y las cejas enmarcadas de su interlocutora.

—El hombre con quien vivo... —replicó ella, desconcertada ante la inesperada confidencia.

Había estado hablando sola, anublado el juicio, mesándose los cabellos y recrudeciéndole el desasosiego. Pero al reparar ahora en José Luis, lo apuñaló con mirada de estilete y luego, temblando, se oprimió las sienes, se arregló coqueta el cabello, persiguiendo en los ojos del muchacho una mirada de comprensión. Éste, sin embargo, parecía rehuir, turbado. Mirábalo ella, sonriéndole desde su amargura, en el empeño de compadecerse a sí misma.

—Salí a buscar la ayuda de Dios —confesó al fin—. Salí...

Se contemplaron con desconfianza. En cada uno reinaba la ansiedad. Ajustó ella contra sí los pliegues del abrigo, pero sin quitarle los ojos de encima. Era por temperamento propensa al entusiasmo y de inmediato al tedio. Ahora se enardecía, luego se descorazonaba: tomaba decisiones irreflexivas y le entraban arrepentimientos súbitos. Contemplaba finalmente al muchacho, con interés. La tierra despedía vapor a una como lóbrega y amarillenta luz de la luna.

— ¿Quién será? —preguntábase él y preguntábase ella.

Pero, mientras ella se sintió de pronto atraída por él, éste vacilaba, eludiéndola. No se mostraba ni cordial ni desabrido; estaba en guardia. En frente, entre luces, cabeceaban sombras de los árboles; el estrépito de la ciudad redoblaba en bocinas, voces humanas, ladridos de un can retenido dentro de una persiana, alto parlantes y melodías en el aire. Un olor a azahares de naranjo saturado con rosas, el rigor de la temperatura y un sabor acre en los labios.

Permanecieron así hasta que al momento cayó la niebla de la noche cerrada. Cada uno se apercató de lo que pudiera ocurrir entre ellos. Dábale vuelta al asunto en la cabeza.

Ella midiéndolo de arriba a abajo, esbozándolo como lo que él era, de 22 años apenas, de cara franca y simpática, sin almibarados encantos, modales sencillos y algo tímido. Ella, en cambio, una Magdalena cuarentona, llevada de ilusiones como de desdichas, ancha de busto, mas no robusta como se juzgaba, sino opulenta de carnes y todavía deseable... Para José Luis resultaba inexplicable lo que a ella le pasaba. Ella acabó por confesarle que Macedonio, el sustituto del difunto esposo, le había empeñado cuatro frazadas, un reloj nuevo, platería y parte del juego de muebles. Finalmente, esta noche apareció uno a hipotecar la casa y Macedonio la presionaba para arrancarle la firma. Salió ella desesperada hacia la placita y mientras se alejaba, ella escoltaba con su mirada impenetrable desde la puerta. Finalmente, Macedonio la perdió de vista.

Había vuelto a entrar, corriendo los cerrojos de la puerta y ella se había alejado hasta venir a sentarse en este banco.

José Luis la escuchó caviloso, sin nada que comentar. Juntos, sentados en este sitio público de la placita, no tenían uno y otro ni futuro ni presente.

—¿Dónde piensa dormir? —le preguntó ella. Ella sondeaba sagazmente en el rostro de él.

—Y….aquí —respondió él melancólicamente. El viento que antes soplaba, parecía haberse estabilizado. La brisa susurrante traía su mescolanza de olores; los aromas del jazmín y de las rosas y el acre tufo del carbón de leña y excremento empleados como abono.

Ella recorrió con los ojos la sobada y despintada madera del banco, descascarada, un travesaño saliente, igual que brazo de nave hundida en un naufragio.

—Menos mal —comentó ella para sí— que lo frené con la vuelta de mi hijo. El entonces me respeta.

—¡Ah! ...¡Pero tiene un hijo!

—Un hijo inventado... ¡Como si lo tuviera! Lo he inventado para hacerme respetar: los hombres son como fieras. Sonreía resucitando con burla los agravios recibidos. José Luis se compadeció. Los ojos le relampaguearon con una idea...

—¿Quiere que diga que soy yo su hijo?... —propuso él. Quedó pasmado de su ocurrencia. Tendría de este modo, pensó él, dónde dormir.

Volvió ella atónita la mirada: adujo para sí que la idea no iba descaminada; por los ojos asomó la emoción reprimida. Y sintió que se le aceleraba el pulso y se formaba un nudo en su garganta.

—Estaba desde el principio por pedírselo... ¿quiere? —respondió ella, mintiendo—. Tengo que ajustar cuentas. (Ella también se sorprendió de su propuesta). Se miraron con des— concierto; clavó él la vista en el suelo; ella pensó que era su salvación.

—Es raro que, siendo fuerte de aspecto, no encuentre usted trabajo —dijo ella—. Él anda últimamente desanimado —añadió ella, mirándolo dulcemente a los ojos.

—Es que no soy de por acá; mi madre murió el jueves en San Juan, medicinas y médicos se comieron todo. Apenas quedó para pagarme el pasaje y comerme un sandwich de queso—tartajeó él con apocamiento.

—¿De dónde?... ¿De San Juan?

—Sí.

Se produjo un prolongado silencio.

—¿De San Juan? —volvió a preguntar ella.

—Sí— contestó de nuevo José Luis—. ¿Por qué? —preguntó.

—Por nada—dijo ella.

Le contó entonces que Macedonio siempre recordaba a San Juan como los mejores diez meses de toda su vida. Y eso que conoce todo el país —añadió—. Después dice que durante el resto de su vida no ha vuelto a ser feliz —terminó y comentó.

—¿Quién no tiene penas, hijo? ¿Pero entonces, tendrás hambre?

—Hambre hoy no, pero mañana Dios sabe si encuentro trabajo para comer —contestó.

—¡Vas a tener suerte! —lo miró ella con ternura y desesperanza.

Hubo una pausa tensa, con indecisión. No había que perder tiempo; se incorporó ella, luego se abalanzó avasalladora, girando sobre sí misma y sujetándolo del brazo y lo zarandeó sorpresiva, pero familiarmente.

—Haceme caso, vení... Voy a hacerle creer a Macedonio que me andabas buscando... Te daremos techo y comida por unos días y de paso me sacarás de apuros... ¡A los dos nos conviene!

José Luis vaciló. Luego recobró la lucidez.

—¿Sabe él, el nombre de su hijo? —preguntó con terror.

—¿Saberlo? Le mostré una vez una fotografía de criatura. Le dije que ya serías grande, que tendría tu edad y que algún día regresarías...

José Luis se volvió hacia ella, tenso... y recogió un trozo de madera del suelo, disimulando la petulancia.

Se distinguía el halo amarillo de la luz que los rodeaba; el círculo se dilataba para después encogerse. Estaban bajo el techo de un árbol rodeado de cañas de bambú y los dos se agitaban como las hojas, interiormente.

—No, no, por ventura, no—dijo ella, quitándole el trozo de madera y arrojándolo lejos...

José Luis recordaba a su madre, enemiga de violencia.

—Vamos —repitió ella, amable pero inexorablemente.

Tenían que darse prisa; él volvía a ponerse vacilante, irresoluto y a la vez resuelto; las mandíbulas crispadas y ella animándolo con la mirada; vigilando en torno, recrudeciéndole el desasosiego. Avanzaron, ella adelante con pasos menudos y él siguiéndola desganado. Al final uniformaron la marcha. Por la calle soplaba aire frío y él lo absorbía con delicia. De los bares vecinos venían tumultos de voces y disputas y tonadas de una radio.

—Déjame irlo preparando primero. Yo entro primero —propuso ella.

Ya hacía tiempo que habían dejado atrás la plaza y José Luis simuló no escucharla. Él se había colocado a su izquierda y ambos se encaminaban decididos. Siguieron marchando, doblaron varias esquinas, subieron la ancha calzada y cruzaron enfrente. Dos faroles los enfocaron. El consideraba que su madre, recientemente fallecida, aprobaría su acción. La puerta de la casa estaba abierta y ella entró. La perra que dormía en vereda, apareció delante de Elisa y al descubrirla, corrió hacia ella, moviendo alegremente el rabo. Ella dijo a José Luis:

—Esta es mi única compañía.

La perra gemía de contenta y Elisa se cubrió la mano de lengüetazos. Se apartó...

—¡Encontré a mi hijo! Allí afuera está; aparta esa silla... —irrumpió ella, a gritos al ver a Macedonio.

Este, con mirada de espanto, la auscultó, pasmado. Ella simuló no darse cuenta, se puso desesperada a ordenar las cosas y cuando finalmente se aprestó a llamar al muchacho, se quedó allí clavada. Ignoraba el nombre. Mientras tanto, José Luis detrás de la puerta había avanzado y se había detenido ante el cuadrado luminoso sin atreverse a cruzarlo.

Volvió ella los ojos hacia Macedonio y Macedonio la interrogaba fijamente. No sabía ella qué hacer.

Vaciló. Colgaba en la desnudez del techo y la pared una bombilla eléctrica encendida.

—Tiene vergüenza de entrar —comentó ella. Se frotaba las manos con fatiga. Asomó a la puerta de nuevo y le reclamó al muchacho, con un hilo de voz, su nombre.

—José Luis —replicó el muchacho—. ¡Me llamo José Luis!

Entró ella de nuevo en puntillas y Macedonio no exhibía papel alguno de la hipoteca en las manos. Todo lo había ocultado de inmediato y, en cambio, se anudaba la corbata, guardando la compostura. Constituían el mobiliario una mesa—comedor, el aparador con la loza de uso diario, sillas pintadas de blanco, algunos cuadros envejecidos y descascarados y una serie de colgadores sin cortinas, etc. Un rectángulo de luz seccionaba en dos la entrada y la mesita que servía de soporte al espejo biselado.

—José Luis se llama —exclamó ella, mirando a Macedonio.

Asomó el muchacho encogido detrás de ella, palpando la hoja de la puerta, dio un paso adelante y se paró tenso, con las manos en el bolsillo y las piernas separadas. Macedonio lo examinaba con mirada impenetrable. Un tren resoplaba y siseaba, más allá de la avenida. José Luis permanecía siempre tieso, mirando a la pareja. Todos esperaban que alguno hablara primero, pero no sabían qué.

—Por qué no hablan? —exclamó ella, inquieta.

Se levantó Macedonio y le arrimó un asiento y Elisa vio que le tendía las manos y hasta vio que sonreía al muchacho. Algo le decía interiormente, que el corazón de él lo llevaría donde estaba la verdad. José Luis se puso a hablar de pronto. Inventó un mundo de peripecias vividas en el mar, que había desembarcado esa tarde, pero que un naufragio lo había dejado con lo que tenía puesto. Dijo que era marino. Reconocía que se equivocaba cada vez que Macedonio, sin malicia, le corregía. No era ducho en geografía. Hablaba con esa voz baja que empleaba para confiar sus intimidades. Así pasó el tiempo; sentados los tres. Ellos hablando y ella mirándolos, ansiosa. Los contemplaba a contraluz e imploraba con la cabeza, perpleja.

Hablaron, hablaron, hablaron, tarde de la noche se retiraron a dormir.

—Huy, qué tarde —exclamó ella. La sangre había huido de su rostro.

Antes declaró José Luis:

—Quiero no ser mal comprendido. Mi padre me dejó esta casa, señor...ello no impide que al llegar yo, no podamos seguir viviendo juntos.

Ante esta musitada proposición, quedaron los dos pendientes de la respuesta de Macedonio. Este manifestó:

—Siendo dueño, yo respeto el derecho de los demás. Pienso lo mismo, que podemos seguir viviendo. Hay espacio suficiente.

Ante esta réplica contemporarizadora, ella y José Luis se miraron con hilaridad y súbito júbilo. Brindaron después emocionados por el huésped con risas y palabras atropelladas. El licor había goteado la corbata de José Luis y ella estaba maternalmente preocupada. El hombre había simpatizado con el muchacho; hay cosas que están más allá de las palabras, que son más valientes que las palabras; estaban los tres sumidos en igual sentimiento de familia; bebían en silencio, iluminados a contraluz por la bombilla eléctrica.

El diálogo entre los dos continuó. Finalmente, como decimos, se fueron a dormir. Al día siguiente un júbilo de convivencia los envolvió; se despertó José Luis soñando, pero con plena conciencia de sí mismo, de su alma, de su ser; sin el miedo y perturbación del tiempo; también tenía, sin embargo, conciencia de la comedia que representaba.

Macedonio caminó a ver una amiga y con sorpresa consiguió trabajo para José Luis en una fábrica. El propio Macedonio al ver empleado al muchacho, volvió él mismo al taller mecánico antes abandonado. Por primera vez después de mucho tiempo, era dueño de una moral.

—Tengo mucho trabajo —confesó orgulloso días más tarde.

—Que todo sea para tu bien, Macedonio —le replicó Elisa.

Le advirtió él a José Luis:

—Nada sabe uno hasta que decide interrogarse. Si tenés un problema, preguntate, muchacho. Nadie más te puede ayudar.

Escarbate adentro, que para cada cosa hay la respuesta. Así curé mis desvaríos y aquí me tenés. Que todo sea para tu bien terminó copiándole la frase a Elisa. Esta escuchó y sonrió. El hombre había moralmente sanado. Hasta el gracejo le volvió. Decíale a José Luis:

—El amor es igual que el humo; no basta taparlo. Saldrá por algún agujero si dentro prendes fuego. Es imposible evitarlo a tus años...

Relataba su vida de viajante, de trashumante, que acabó encallado como un barco. Había sido corredor de artículos eléctricos en pueblos y ciudades de provincia. Prometía la mercadería y sólo fuera de fecha cumplía su palabra. Perdió el empleo, se tornó pesimista y se dedicó al juego. Pero con la venida de José Luis todo cambió.

Quedaron solos una interminable tarde. Macedonio y José Luis. José Luis cebaba mate y Macedonio mientras sujetaba la bombilla, recapituló parte por parte toda su vida. Nunca había tomado a José Luis como auditorio; sin miramientos le contó aquello que ennoblecía como lo que rebajaba. José Luis mostraba un rostro curioso bajo el hechizo magnético de la palabra de Macedonio. La imagen del hombre erraba, en la imaginación de José Luis, de un extremo a otro del país. Al oír algo, sin embargo, se conmovió, se sintió asaltado por raras y contradictorias sensaciones; una punzada hizo que se le sobresaltara el alma al muchacho. Pareció galvanizarlo en el asiento lo que del hombre acababa de oír.

Se produjo luego una expectación dolorosa, frunció el ceño José Luis para no reír de su propia extrañeza. Entretanto su mirada podía desplazarse lentamente sin encontrar obstáculo a lo largo de la pieza. Permanecía, mientras el otro seguía hablando, incapaz de arrancarse al misterio que se abría ante él. Tomó entre sus manos la pava tibia, escanció el agua adentro del mate, se llevó la bombilla a la boca, succionó y miró con extrañeza a Macedonio. Sólo después de un rato su semblante se fue despojando de aquello poco a poco.

—Qué cosas pasan —comentó.

Macedonio, sin darse cuenta, siguió relatando con ademanes lentos, mientras José Luis, con expresión atónita, le contemplaba ensimismado. Aprovechó la cabeza de Macedonio, gacha, agarrando el mate, para tomar aliento. Divagó luego aprovechando la pausa. Fue entonces cuando empezó a mover la extremidad de la pierna derecha, pues tenía la izquierda debajo y giraba aquélla sobre el eje de la rodilla de la otra, descansando así y balanceándose.

Macedonio reposaba con su impavidez característica. Contemplaba el zapato de José Luis. Este, al mismo tiempo, lo asediaba con el rabo del ojo.

Indagaba si había una intención oculta en lo que el otro acababa de decir, furtivamente.

—¿Cuánto hace de eso? —preguntó aturdido, sin hilación de lo que oía.

—Y… qué sé yo. Nunca preguntés fechas, muchacho. ¿No ves que vamos para viejos?

Observaba, sin embargo, que José Luis había quedado perplejo. La escena aflojó su tensión hasta que apareció Elisa.

—¿Qué hacen, muchachos? —preguntó ella.

—Charlar, vieja. Nada más que charlar, pero me voy, me voy...

—¿Dónde, viejo? —preguntó ella.

—Y…. lo sabés. ¡A cumplir!...

Se alejó silbando. Pero Elisa y José Luis quedaron extrañados. Como mujer, con el sexto sentido, se percató que la conversación de Macedonio había afectado a José Luis.

—¿Te afectó lo que Macedonio te ha contado? —preguntó ella al muchacho.

—Que yo sepa... ¡nada! —la pregunta parecía divertirlo, sin embargo.

—Nada de ocultamiento, ni mentiras... No me gusta —dijo ella.

Fue lo suficiente para que a José Luis le brotara el coraje. Se decidió a contar:

—Se va a caer desmayada —dijo.

Elisa se extrañó de lo que José Luis acababa de manifestar.

—¿Desmayada yo? ¡Estás loco! —exclamó Elisa.

Sonrió José Luis. Sus lágrimas aparecieron humedeciéndole los ojos. Reía...

—Adivine usted ¿quién es Macedonio? ¡Es mi padre!

La miró. Sin poder contenerse, se miraron los dos; ocultándose, ella corrió a separarle los brazos para que no escondiera la cara. Luchaban convulsionadamente.

—José Luis...José Luis... ¿Tu padre? ¡Habla!

Intentó él contestar, asintiendo de arriba a abajo con el rostro. Estaba conmovido.

—¡Como lo oye! No miento.

—¿Será posible eso? —Elisa se estremeció. Daba por tierra con su serenidad.

Trémulos los dos. Muda ella. El chascando la lengua...congestionado. La perra dormía ovillada a sus plantas.

—Decí muchacho. (Lo sacudía con una avidez inconsciente).

—¡Él, él, él!... fue él... el que abandonó a mi madre. Sólo vivieron diez meses, después nací yo. No sabe él... Y pensar que me pidió ella que lo buscara...mamá. ¡Cosa del cielo!

Indagaba Elisa la complicidad, dudaba de lo que oía.

—Me estaba Macedonio contando cuando usted apareció.

—¿No quiso que yo lo oyera? ¿Es eso?

—No, no, no. No es eso. Contó y quedóse tan tranquilo...no sabe quién soy yo ni que vine de San Juan. Le conté que había desembarcado en el puerto. Me cree hijo suyo...Empezó contando su vida, desde que era joven. Y luego la parte en que conoció a mi madre...en San Juan.

—Se llamaba tu madre Consuelo, ¿no?

El la miró perplejo.

—Sí, ella. ¿Pero usted sabía? —preguntóle.

—Cómo no voy a saber... si cuando bebe o anda en las malas, cuenta sus días en San Juan. Lo que no sabía es que ella fuese tu madre. Pero qué vueltas, Santo Dios, tiene la vida, Señor. No salgo del susto. Venir a encontrarte así...

Mirábanse pasmados. Ella prorrumpió...

—¿Y....?

—Sí, que no lo sepa. Me perdería la confianza.

—A mí no me perdonaría. Lo conozco—dijo ella.

De nuevo se examinaban:

—¿Sabes una cosa? —volvió ella a preguntar.

Pero la voz de él se quebraba; de su pecho emergía una respiración fatigosa.

—Una vez sentí celos de tu madre. No son las que ha conocido de la misma traza. Lo que dijo de tu madre. Rezongaba de todas, de Consuelo se maldecía haberla abandonado. Pelearse conmigo, comerse el asado parcamente y salir con ella, recordándola... ¡mi hijo! era todo uno. Te lo diré... ¡Dios la tenga en el cielo! Según él, era una prenda. Ya no tengo celos y voy a expiar mi pecado, cuidándole el hijo... No me molesta que juntos lo engendraron, queriéndote lo quiero al padre y sirvo a la madre. Me le contó de enojado y de borracho. Es el modo para vomitar lo que calla. Igual que yo, era española, pues, aunque nacida en el país, es como si fuera, pues andaluces fueron sus padres, contaba Macedonio, padre y madre. Dijo que era de figura y el porte proporcionado. Había que oírlo, el muy cochino asegura como si fuera de tipo árabe, un óvalo la cara, la piel de cera y los ojos de aceituna. Digo yo, como para no tenerle celos. ¿Es cierto eso?

—Sí.

—¿Era así, muchacho?

—Así es. Pero no sabía él que yo era el hijo.

—Te juro que por haber puesto los ojos en mí después de tu madre, le perdono los pecados... Pero es cosa de Dios venir a nuestro lado. En fin, bien dicen que el destino está escrito. Tocan la puerta. ¿Quién será?

—¿Quién será? —preguntó José Luis.

—Te dejo. Es Macedonio...

—Vaya tranquila.

Jubilosamente exteriorizó José Luis su propia fuerza; saludaba a la vida que volvía a empezar. Rechinó el picaporte, la puerta cedió suavemente y arrastrando por el suelo un cable desprendido, apareció aquel hombrazo que se llamaba Macedonio, sonriente, con un aparato eléctrico que se proponía desarmar. José Luis se apartó un poco y volviéndose hacia Elisa, sin mirarla, le señaló el asiento vacío:

—Siéntese con nosotros —dijo con extraña vehemencia filial en la voz.

Los envolvió desbordando el silencio como la melodía que no debe perturbarse, escuchándola. Nada parecía interesarles, salvo sus anhelos secretos de sentirse juntos.

LA DUEÑA DEL CIELO

La madre, halagándola, le ordenaba: "te ganarás el cielo" y así conseguía que la nena sirviese la leche a Mosca en un recipiente de loza blanco. Cumplía, pero colocándose en cuclillas atraída por aquel movimiento divertido del pequeño rabo de Mosca mientras devoraba su merienda. Transcurrido algún tiempo vino lo irreparable. El padre había salido con las dos criaturas y la madre se puso a ojear la revista; quitaba manchas al ruedo del vestido crema; cambió el botón a la blusa que no había estrenado; tomó las pinzas y estuvo arrancando los pelitos de su lunar. Pintó sus uñas de la mano izquierda para después abanicarlas y con la otra hizo sitio al cenicero colmándolo de colillas. Mientras tanto, extrañando Mosca la ausencia de su diminuta dueña, salió ella también a conocer mundo. Grada por grada, levantándose y cayendo fue descendiendo aquella inclinada escalera del edificio y al final alcanzó la puerta de calle, abajo. Intentó cruzar y la aplastaron.

La trajo una sirvienta del otro piso. Agonizante se percibía su respiración, el cuerpo sacudido todavía por estremecimientos cada vez menos frecuentes y que fueron cesando poco a poco. Parecía el corazón darse cuenta de su muerte. Se tejió la historia y la madeja empezó entonces a desenvolverse. Temió la madre que viese la nena y por teléfono consultó a la hermana que vivía en la quinta. Las dos lamentaron el descuido cometido y convinieron traerla y sepultarla en el fondo del jardín. Esta resolvió llevarla, pero antes envolvió a Mosca con papel adentro de una caja de cartón que casualmente exhibía encima nombre y señas de la familia. Todo esto hizo, pero la deprimió la vista del cachorro muerto, antes de salir. Había que trasladarse a la estación antes, tomar luego el tren y con el pesado envoltorio bajo del brazo, proseguir.

—¿Qué más se puede hacer? — había preguntado a su hermana.

—Lo aconsejable —repuso aquélla— sería enterrarla aquí. No debe verla muerta la nena. Mejor es que crea que se ha extraviado y que algún día la encontrarán. ¿No te parece?

—Es un poco tarde —contestó ésta decidida—, pero lo mismo iré.

Se arregló en un tun tun. Se deslizó luego y en una zancada formó parte del público haciendo cola para tomar el taxi. Un sujeto detrás se comidió a tenerle el envoltorio, mientras llegaba el taxi. Ella, agradecida, se lo confió. Empezó a soplar una ventolera y arreglándose el peinado, se distrajo. Apareció finalmente el taxi, abrió ella la portezuela y al reclamar su envoltorio volviendo la mirada, vio que el sujeto había desaparecido. Resultaba tan inconcebible que a punto de levantar el vidrio todavía el desconocido martirizaba sus nervios. ¿Qué había sucedido? La risa, como resorte que le dan cuerda, la sacudía. Llanto y risa embargábanla sin poder contenerse. El chauffeur permanecía esperando la indicación del viaje, extrañado.

Por fin dio principio y el hombre preguntó:

—¿Era cosa de mucho valor? Ella no replicó. El recorrido se hizo entre llanto y risa y por dos veces el conductor frenó el auto de golpe. En la estación descendió, alejóse y tras de abonar al chauffeur, desapareció. Ansiaba encontrarse a solas y atemporar su desorden nervioso. En el bar pidió un té con limón y una cafiaspirina. La fatiga la deprimía; dedujo que por haber intentado corregir un error cometido, la poca suerte se burlaba de ella. Pensaba en lo que podía decir a Norma si preguntaba por la perrita.

Se acordó que su hermana seguía esperándola. ¿Qué podía decirle ahora? Descruzó sus piernas, se puso de pie, abonó lo ingerido y caminó a depositar una moneda en el teléfono público. Su hermana tenía una voz chillona y separó el auricular del oído.

—Ya está cavada la tierra y te espero —gruñó la otra.

Entonces ésta le hizo saber que había protagonizado un incidente insólito y comentaron el chasco que se iba a llevar el desconocido; celebraron igualmente que la pequeña se librara del espectáculo desagradable con la perrita muerta. Era preferible hacerla creer que el animalito había desaparecido. Por consiguiente, todo quedaba interrumpido y ésta regresó a su casa. En la estación tomó otro taxi; ya comenzaba a anochecer y un relámpago iluminó un árbol de la calle. Después se oyó el trueno. Abrió al llegar sigilosamente la puerta y su esposo le impuso silencio indicándole con un dedo puesto en los labios al verla aparecer.

—¿Querido? —preguntó ella con desconcierto.

Una extraña secuencia de mudez se produjo entre los dos. Retenían ella y él el aliento y ella con ojos fuera de las órbitas miraba apretando la boca sin dar salida a su pregunta.

—Sí —repuso él, distraído.

—¿Qué sucede?

—Nada.

Ella, contrariada, arrugó el ceño.

—Y los chicos dónde están?

El la miró en silencio; se movió y oyó a sus espaldas la respiración de su esposa. Dio un paso, se inclinó contra la puerta y tras del movimiento, miró esta vez por el ojo de la cerradura inclinándose siempre. Se dio vuelta y contestó:

—¡Acércate, es conmovedor!

—Pero... ¿los chicos? —preguntaba con ansiedad.

Avanzó y se inclinó a su vez contra la puerta. Reparó que ésta con la otra habitación estaba clausurada y una media luz alumbraba allá. Lo interrogó con la mirada. Quería descubrir el misterio. Inclinada reparó por fin en la escena.

—Los nenes —prorrumpió iluminándose de gozo su expresión; pero él de nuevo le impuso silencio. Ella continuaba a través de la cerradura mirando. Por fin, haciendo un esfuerzo, recobró su posición natural y sus ojos dilatados continuaban interrogándolo. Sentíase conmovida. No te alarmes, querida. No te alarmes, querida. Ya pasó lo peor, ¿sabrás que apareció en la puerta la perrita?

Envuelta en una caja de cartón y tenía tu nombre y dirección visibles...

Tuve que calmar a los nenes diciéndoles que los ladrones del diablo la robaron y que un ángel del cielo la recobró depositándola en nuestra puerta.

La nena entonces dijo que ella estaba segura que Mosca se fue de propia voluntad para ir a esperarla cuando ella muriera. Me pidió un cajoncito para velarla.

—Dios Todopoderoso —exclamó la madre conmovida, pero aliviada.

—Oye lo que hice: improvisé con lo que encontré una caja adecuada y coloqué adentro la perrita; la nena me pidió que los dejara solos para velarla y ahora la están velando...

Se miraron los dos impresionados, recordando la madre lo que acababa de presenciar al través de la cerradura. La perrita aparecía allí depositada en una caja de madera. Flores diseminadas encima. La nariz desproporcionada y peluda, inconcebible en un difunto bípedo...

Alumbrado todo con velitas de la torta de cumpleaños de Norma, a sus cuatro años. Sentada ella a un costado del catafalco diminuto, su hermanito menor al lado. Los dos miraban a la perrita con devoción, extasiados. El corazón de los padres se sacudió.

Un grito estalló en la fúnebre habitación, sin embargo.

—Mosca se fue al cielo —clamó la nena.

El hermanito despaciosamente se alisó el pelo con la palma de la manito.

—Cuando yo me muera —balbuceó él sin poder articular —me iré al cielo. La nena lo miró con furia y le dio un trompón en el rostro. Estalló en lágrimas él. Reclamó ella que el cielo era suyo porque daba siempre la leche a Mosca.

—El cielo es mío, mío, mío —clamó amenazante.

LA PIERNA ORTOPÉDICA

El camionero carraspeaba al hablar y descargaba su corazón. Su acompañante sentado a su lado, duro de oído, apretaba un pucho apagado con los dientes. Lo espiaba de reojo. El motor tosió y el conductor bombeó con el acelerador.

Asomaba el alba; brillaban en el cielo estrellas, los pastos empapados de escarcha. Adelante el camino ondulado; perfilábase la cima a media luz de un monte a cada avance del camión, acrecentando como si se viniera encima. A la derecha y a lo lejos, muy a lo lejos, sembrados y en el espacio abierto apenas el camión, como una mancha movible y borrosa. Calló la voz del camionero y redobló el motor acompasado. El acompañante, labriego, despedía olor a ganado, a rebaño. Restregábase los dedos entumecidos por el frío. Gravemente escuchaba, era de unos 66 años, flaco, con barbilla entrecana. Cara al camino, el otro más joven, prosiguió: "que yo andaba bebido, no. Descuido, descuido que había que suceder.

Se me atraviesa el muchacho, giro el volante y sin querer voy y le rompo la pierna izquierda. Justo con esta punta delantera del camión y aquella otra rueda. Tendido el cuerpo ensangrentado como muerto. Arañó el suelo con manos y rodillas como queriendo huir, como liebre herida. No supe qué hacer, aterrado; luces entre árboles, pero nadie cerca. Fácil de contarlo, ¿eh? No era para reírse; era para haberlo visto. En fin... (Carraspeó su voz monótona. Consultó la otra cara y el otro lo miró. Sacó su pañuelo el camionero, limpiándose la nariz, estornudando; retomó el volante). Dos vidas que ya de nada sirven. A pulso, tropezando y cayendo con el moribundo al hospital de campaña.

No alcanzo a darme cuenta por qué dejé abandonado el camión como si él fuera el culpable. A tropezones entre los árboles cargando el moribundo al hospital. El camino negro como la noche; el cuerpo goteando la sangre, chorreando encima de mi cara. De asustado que iba me fui arrimando a la iglesia del pueblo. Si quiere que le confiese, me dio la idea de tirarlo y escapar lejos. Pero tenía salpicada toda mi ropa con su sangre. Y luego la rueda del camión me podía delatar. ¿No le parece? Preferí acercarme a la iglesia, mas no fuera por pasar de lejos. Recuerdo como si lo viera. Volvía, dijo él, de buscar una changuita, sin tener pariente ninguno y yo venía de la fiesta para el lado del norte. Pero mire la mala suerte; que así tenía que tropezar uno con el otro para su desgracia y la mía. Era anocheciendo para el lado de Monte Grande, fiesta celebrada del finado Salvatierra, que habrá oído mentar, jueves 28 de agosto que no se me ha de borrar nunca más. Día del santo de la patrona, mujer de don Tomás, ¿me entiende?, que para mayores datos asegún creo haberlo contado, en paz descanse la finada. Calor de tormenta y moscas y lo que nunca se descubre, lo que está por sucederle cuando llega una desgracia. Lo que siempre pasa.

Bien, el cuerpo helado lo descargué justamente ante los médicos y cuarenta tiros por lo menos, sin que se viera al alboroto. Sonaron justo en mis oídos. Se imaginará que el ruido se apoderó de mí y para qué contarle, pánico como si con armas vinieran a vengarlo. Tirar el cuerpo y echarme para atrás fue uno, mirándome la gente con grandes ojos, preguntándose lo que me pasaba. ¿Sabrá lo que era? En la puerta soplando por el caño de escape sin poder arrancar y con motor en marcha, era un automóvil. ¡Parecían balazos! La enfermera me lo dijo para tranquilizarme.

Eso dará idea cómo andaba yo. Bien, afuera ni una estrella; el cielo plomizo, sin ni una luz arriba. Rato después uno que en su vida se acercó a una iglesia rezando de afligido que se pone el cristiano. Días más, días menos la romería a la Virgencita de Luján que como patrona tenía que ayudarme, aunque mas no fuera por el arrepentimiento y la pena. En fin... pero hay que ver lo ligero que se pasa del contento a la desgracia. Recuerdo los pasteles, el alborozo de gente alegre en la fiesta. Había sandías, todos bajo la enramada. Música de las guitarras. Gritos, voces altas, no más que de puro alegres. Zambas, chacareras y baile. Una de perros, animales mansos, entreverados con los cristianos; con la nariz entre las patas, echado uno mirándome como cristiano. Recuerdo al dueño de casa, no se me apartaba de mi lado, don Tomás, pasando la voz para que me sirvieran pasteles.

Me venía bien descansar del mucho kilometraje encaramado arriba del camión noche y día. Pero qué quiere, escrito estaba que me tenía que pasar. Lo peor que no hubo consuelo de Dios. Sin ir a la cárcel, encarcelado en la conciencia estaba y sin poder escapar. En fin, pecado que no tiene perdón. Pensar que como si fuera pariente, una vez convaleciente lo arrastré a casa. Recuerdo el taconeo de las muletas, luego fue la pierna ortopédica. Me daba escalofríos él apareciendo ante mí. Arruinada su vida entera por mi culpa. Pero me creí obligado y buen cristiano y le ofrecí techo y comida al lado de la familia. Usted no lo va a creer tal como si fuera por no verlo, me pasaba retirado de casa. Claro, por mi mucho trabajo. Meses, si usted quiere, durmiendo hoy y mañana en hoteles de campaña, cobrando dinero de la firma y dejando mercadería. A veces cada vez más tiempo retirado de mi casa. Diciendo meses o semanas me he expresado mal, regresaba tarde de la noche para salir al amanecer.

En fin, que dio por tierra con mi vida normal y me pasaba viajando. Poníame de madrugada en el camino y frotándome los ojos para que no fuera que me repitiera la desgracia. Estaba esta vez que ahora le cuento devuelta en casa. Dormíamos en un mismo cuarto los dos. A las cansadas uno tenía que venir a casa y por más que me daba pena verlo. Apretados uno al otro no había modo de escapar. Pude reparar esa vez en la noche que él aparentaba quedarse dormido en la cama de al lado, vigilando mi sueño. No recuerdo si fue esa vez o cuándo fue. Lo que sé decirle es que de la familia poco o nada me ocupaba y regresaba para volver a salir en la madrugada al solo amanecer. Lo cierto es que, instalado él como estaba al lado de mi cama, me habló de pronto en la oscuridad:

—¡Don Macedonio! —dijo. Callé. Pensé hacerle creer que yo estaba dormido.

—Don Macedonio —repitió, pero con sobresalto sentí algo raro en su voz.

—¿Qué te pasa, hijo?

—Nadie conoce mi crimen, pero Dios lo sabe todo —pensé—, juzgando al muchacho en una sobreexcitación que le producía crispaciones. Era, sin embargo, lo contrario; yo era el atormentado y Tito hablaba plácidamente, hasta con dulzura.

—Don Macedonio —insistió.

Había entrado al cuarto en sigilo; con mi llave abría la puerta y me había acostado en silencio. Rechinó la cama. Sus brazos estiraron las cobijas y debajo el muñón de la pierna estropeada levantó la ropa. Se dio vuelta sobre sí mismo. Cuando lo tenía todo dado vuelta, cara para mi lado, me dijo:

—Don Macedonio, ¿quiere encender la luz para vernos mejor la cara?

—Torcí el cuerpo y prendí la luz.

El acompañante de Macedonio miró a Macedonio. Balbuceó algo que el camionero no contestó. Más bien el camionero preguntó al acompañante:

¿Ha sentido usted, amigo, el quejido de un muerto?

—No —dijo el otro.

—Que Dios le asista.

Me confesó que yo me quejaba de ese modo. Sus palabras me afligieron.

—Esto tiene que acabar —dijo.

Mis mandíbulas apretadas por no querer contestarle.

—¿Estás desvariando? —le contesté al fin (estaba él boca arriba).

—Es de puro porfiado —dijo—. De puro porfiado, don Macedonio —repitió.

—¿Qué?

—Noche entera sin pegar un ojo y dispuesto a quejarse si se duerme.

—¿Qué puede ser, hijo?

—La conciencia. ¿No ve que fue la voluntad de Dios?

—¡Blasfemias, Tito!

—Bueno, ponga que fue su poca suerte.

—La tuya.

—Es lo que se supone. Está equivocado, don Macedonio.

—¡Arruiné tu vida entera, hombre!

—Tengo mi idea que, de los dos, usted es el más desgraciado.

Nada dije, pero al rato él se decidió a hablar:

—Ahora hablaremos claro para que recobre la calma —parecía un viejo.

—¿No se da cuenta que para conmigo, cumplió de sobra su obligación? Tengo gratis: familia, techo, comida, ropa gratis, ¿qué más puedo desear?

—Eso no compensa tu pierna, hijo.

—Puede ser que no compense porque no le dio por la escuela. Para mí más importa la escuela, el estudio...

—¿De qué estás hablando, muchacho?

Parecía idiotizado. Parecía un sonámbulo.

—Prefiero decirlo ahora—dijo.

—Pues, ¿qué vas a decir? —pregunté.

—Se lo diré, señor...

Vacilaba, sin embargo, al hablar.

—Es que... dijo y calló.

—Pude contarle hace rato, pero como usted siempre anda de viaje—añadió—. Es que don Roberto Siercke, el alemán de la "Escuela Industrial", me tomó como alumno, igual que usted, gratis. Desde años atrás, con la complicidad de su señora y los de esta casa, me lleva y me trae en su automóvil. Aprendí las cuatro reglas, la gramática, geografía, historia y con la dactilografía me consiguió empleo.

—¿Empleo para qué? —grité.

—Para ayudarlo en sus gastos—respondió.

—Con temor de menos y alegría de más, todo el aire retenido en mis pulmones lo pude respirar. El acompañante interrumpió:

—Así que fue desgracia con suerte?

—Así es, amigo; así es. Pensar que tuve una idea maldita. Dejarlo. Sí, dejarlo aquella noche y en el camino tirado para que se fuera en sangre...

Amanecía. El cono de luz apagado; los reflectores guiñando apenas. Bastaba la luz del día. Las ruedas empapadas, veíase el asfalto por encima del tablero; el motor acompasado y todo iba bien.

—Sucedió en agosto y en agosto hablé con el maestro...

—La inteligencia—me dijo—lo mismo camina sola, sin pierna ortopédica.

—Será así como el maestro dijo —sugirió el acompañante.

Macedonio tenía recobrada su calma. Sumido, con un ojo entreabierto y el vaivén del motor gruñendo. Miraba Macedonio desenvolverse el ovillo monótono de la cinta inacabable del pavimento...

LA EJECUCIÓN

—¿Qué es lo que vamos hacer? —preguntó frotándose los ojos, bostezando, el hermanito menor.

—Mamá dijo que yo te despierte.

—¿Para qué?

—Porque tenemos que ir.

—A dónde vamos?

—Ella no dijo.

—¿Qué dijo?

—Sssssttt. Está rezando...

Lo miró Marcos, lo enlazó con el brazo y le dio calor. Luego besó como un papá; lo sacudió, pero pensó que no estaba bien que lo sacudiera. Sus pies colgaban sentados los dos en la orilla de la cama; juntos y desabrigados; uno colocado al lado del otro y ambos encima del cobertor; las frazadas apiladas detrás. Una luz verdosa con sus puntos mortecinos esmaltaba a la aparente llovizna de la madrugada; alumbrada poco y Marcos, el mayor de 7 años, apagó el velador tras de contemplarse ambos con su facha reflejada en el espejo del armario de enfrente.

Se recortó el gato a través del vidrio de la ventana con un color blancuzco porque el viento desparramaba su pelo negro interiormente envejecido. Aplastaba el mismo viento plantas del jardín, azotando la persiana del dormitorio. Un ciclista con espalda encorvada, acompasado movimiento al pedalear, fue visto por el caminito de polvo que se endereza más allá de la última curva. Marcos con la vista lo escoltó y la nariz aplastada contra el vidrio para mirar. El hermanito menor tenía el rulo contra los ojos que la madre siempre amenazaba cortárselo de un tijeretazo.

Asomó un automóvil y frenó de golpe con un interminable y agudo silbido que era el aire retenido que escapaba vaciándose al pincharse la rueda del neumático. El conductor bajó apresuradamente, ellos lo vieron y al darse cuenta el hombre se palmoteó la cabeza. Después tosió el abuelo de enfrente, abuelo de los chicos que antes venían a jugar y la mamá prohibió que vinieran a esta casa. Marcos ya había visto que su madre cerró la puerta de su dormitorio y oyó un mirlo cantando en el lindero del jardín.

—¿Qué es lo que vamos hacer? —insistía preguntando el menor, sentado de nuevo con el hermano en la orilla de la cama.

—La abuela va a venir con nosotros. Mamá la espera.

—¿La abuela?

El otro dijo sí con la cabeza.

—¿Va a traer caramelos?

El otro volvió a decir sí con la cabeza, evasivo.

—¿Helados?

—¿Helados? Hace frío para tomar helados.

—Abue...

—Sssssstt.

Marcos miró. El silencio de la otra pieza cundía.

—¿Por qué vamos tan temprano, sin dormir?

—Para que nadie vea irnos.

—¿Quién?

—Los de enfrente y los demás vecinos. Ssssttt. ¿Abuela vino, Loís?

Recordó Marcos anoche a su madre arrodillada ante la imagen de la Virgen María y con una vela reteniéndola. Fue cuando cerró la puerta. El despertó al amanecer, despertó al hermanito, apartó las frazadas y le hizo sitio a su lado, sentándolo en la orilla de la cama. Con incertidumbre se hacía muchos interrogantes. Mamá dijo que había que madrugar y ponerse cada uno la ropa limpia como si fuera día domingo.

Sentíase humillado como si él tuviera la culpa de algo. Uno o dos años después recordó lo que pasó ese día. Yo me acuerdo —se dijo— del viaje a toda prisa en un taxi y en ese momento unos vecinos nos vieron salir y tal como mamá dijo: "en vez de saludar, nos dieron la espalda". Ibamos mamá, yo, la abuela y el nene. Abuela y mamá después que los vecinos nos vieron se miraron la cara. El nene haciendo preguntas y yo le decía que no había que hablar y ninguno contestaba lo que él preguntaba. Un centinela como un palo vimos en la puerta. Lo vimos todos. Nunca nos miró. Parecía un poste.

—¿Hay que entrar, mamá? —preguntó el nene. Yo le dije que era prohibido estar hablando.

—¿Por qué es prohibido, mamá? —volvió a preguntar.

—Hacé que el nene se calle—me dijo mamá.

La abuela masticaba chicles y miraba al centinela. Yo miraba al hombre y miraba a la abuela. Pero el otro soldado con el papel que mamá trajo entró y no volvió a salir y nosotros esperando. Otro que estaba cerca, con uniforme, dijo:

—Está prohibido acercarse. ¡Retírense!

Mamá se retiró y yo me retiré.

—¿Tenemos que entrar? —volvió a preguntar el nene.

—Ssssssttt.

—Hacé que se calle —dijo mamá.

—Que no hablés. La abuela masticando chicles y la cara seria, mirando. Decía que con los chicles tenía la boca cerrada para no insultar a los hombres.

En vez de ver a mamá, echaba hacia otra parte la cara y no decía nada. Mamá miraba al centinela como estatua. Yo vi a la abuela y vi a mamá. No las dejaban entrar. Mamá entregó el papel, fueron a llamar al coronel. El hombre que fue no volvía y en cambio les dijeron que se apartaran de la puerta. Está prohibido acercarse, dijeron. El hombre le ordenó a mamá con cara de estar enojado y tenía la boca trompuda. Lo peor que el nene no se callaba nunca. Cada vez más fastidiado de estar esperando. La abuela con el meñique se volvía a rascar la nariz. Había una ametralladora y también había uniformes. Iban y venían y entraban y salían. Se hacían un saludo, pero a mamá y a la abuela, nada. Todos esperando. Mamá se sentía más desdichada y la abuela también, pero el nene reía. Yo voy a ponerme el uniforme de General, dijo y miró.

—¿Vamos a entrar? —preguntó.

—Esperá.

—Es para ver los rifles que vamos a entrar? —preguntó.

—Dice mamá que cerrés la boca.

Estábamos retirados y otro hombre dijo:

—Retírense más, señoras.

Mamá me agarró del brazo, la abuela al nene y nos retiramos. La abuela dijo una palabrota en secreto y nadie la oyó. Yo sólo la oí. El hombre no venía y a mamá y a la abuela no las dejaban entrar. El nene estaba agarrado de los brazos de la abuela, que era a la queél respetaba. El tiempo iba pasando, pero ahora por fin estábamos adentro, todos adentro, mamá, abuela, yo y el nene. Todos con miedo, pero el nene miró a los soldados con uniforme y habló mucho y mamá quiso que se callara. Callate la boca, hijito, por el amor de Dios, está prohibido hablar aquí. El nene miraba, yo miraba y no hablaba. Un hombre habló a la abuela.

—Mamá, poné atención al señor —dijo mamá a la mamá de ella que es la abuela.

La abuela hizo un gesto y mamá la tocó. Después la abuela decía algo a mamá y mamá lo único que respondía:

—Ya sé, ya sé, ya sé.

Siempre terminaba: ya sé, y al final: ya sé; ¡qué sé yo, mamá!

La abuela volvía a masticar chicles y decía que así calmaba sus nervios. El nene hablaba y nadie sabía qué decía. Lo peor, el techo tan oscuro y la cara seria de los hombres.

Papá apareció. El nene preguntó. Yo sabía que él era papá. Pero estaban las rejas de por medio y detrás él estaba. La abuela lo miró y él miró a mamá y mamá lloraba. La cara pálida y la barba bien crecida. Yo casi no lo conocía. Era como si no fuera papá. Al final abrieron y entró mamá pasando las rejas y papá y mamá se abrazaron. Mamá lloraba. Abuela bajó la cabeza y yo miraba a una y a la otra. El nene me preguntaba y yo lo sacudo. Cuando al fin mamáse desprendió de los brazos, él le dijo: "Tranquilizate, Adela; cuidá nuestros hijos" ... La abuela nos agarró del brazo y dijo: cada uno le da un beso a su papá... La abuela le puso el brazo en el hombro a papá. Los dos se miraron y no se abrazaron. Ni tampoco hablaron.

Yo sentí lágrimas de papá en mi cara y el nene estaba asustado: yo soy tu papá, querido... El nene no sabía que su papá era su papá. Mamá afuera de las rejas lloraba.

—Tené fe en Dios y en María Santísima, hijo mío—dijo la abuela.

Cuando estábamos para salir, papá pidió al carcelero que por favor le diera su reloj y su lapicera.

—Son mis hijos —dijo.

El hombre le dio todo y papá dijo:

—Para vos, Marcos, el reloj, y la lapicera para el nene.

Ya no me acuerdo porque un soldado nos arrastró afuera y todos llorando. Pero cuando veníamos adentro del taxi, ya de regreso a casa, el nene dijo:

—Me vas a decir la hora con el reloj, y cuando pongás tu nombre en un papel, yo te lo voy a prestar...

El tiempo desde ese día no quería pasar. Todos queríamos que pasara. La abuela se vino al otro día a vivir con nosotros. Antes vivió, pero se peleó, con papá.

Todos los días ella rezaba con mamá, las dos arrodilladas, pero sin cerrar la puerta del dormitorio. Todo era como antes, pero el tiempo no pasaba. Sólo ahora, y mamá cada vez llora menos. Sin papá y con el centinela en la puerta veníamos adentro del taxi.

—Vos llorabas —me dijo el nene.

—No es cierto —dije yo.

—Es cierto —volvió a decir. ¡Es cierto! ¿Verdad, mamá?

—Cállense, hijos —dijo mamá, y nos callamos.

ACEITE DE CASTOR

Anoche soñé que era una mariposa. Volaba como ella y me comportaba en todo y por todo como mariposa. Ahora yo no sé si soy un hombre que ha soñado que era una mariposa o si soy mariposa que está soñado que es un hombre. —Chung—tzé.

Descubro sin Luisito el asiento que ocupa y sospecho que ha debido faltar por miedo a la clase de aritmética.

—¡Luis Díaz!... ¡Luis Díaz!... lo llaman.

—¡Ausente!... socarronamente contesta un eco nasal. Sobreviene un extraño desconcierto. El maestro, enjuto y encorvado, se inclina, escudriña. Detrás del ángulo de la puerta de salida el culpable no se ve. Ninguno lo delata. Pasa un segundo y otro remeda:

—¡Charvón!... ¡Charvón!... Al principio quedamos perplejos. Carcajea uno y estallan los restantes.

Con el nombre "Charvón" viene a nuestra memoria la imagen festiva y real de aquel mago prestidigitador apodado: "Charvón". Cada uno de nosotros en la clase lo recuerda encuclillado en el circo. En las manos una bolsa de lona y en la bolsa cuatro zapatos descoloridos. Estos se convierten en nueve al meterlos y sacarlos de la bolsa. Después añade sus dos zapatos puestos y todos juntos suman once en vez de los nueve anteriores. Su nombre real es Serapio López y su risa contagiosa irradia en su boca pintarrajeada y su nariz de tomate.

El maestro aquí entre tanto menea su cabeza, extrae el pañuelo, lo despliega en alto, endereza su cuello de grulla y lagrimea:

—¡Atchiss!... ¡atchiss!... el estornudo lo sacude. Se oye entre dientes reprimidas risitas. Gira en redondo, simula no reparar y se frota las manos preguntando:

—¿A cuánto del mes estamos hoy?... —y se rasca la nariz.

—Hoy estamos a 13 de noviembre, martes, maestro—contesta un comedido.

—Mal día —dice él, y volvemos la cara para ver caer el agua en el patio, la brisa sopla las hojas en remolino. Fluye y todo indica un día de invierno.

Encorvado como garabato, recuéstase concentrado con los ojos puestos en el techo. Estira el cuello y su puño lo abandona inmóvil en la mesa. Nos va a decir algo. Posa su mirada en uno, mira a otro y calla. Nos alarmamos presintiendo lo que más tememos. Me pliego como si fuera acordeón contra mis costillas. Una mosca se posa en mi nariz, arreo la mano para espantarla y descubro su índice apuntándome. Cierro y abro los ojos, pestañeo sintiéndome desdichado. En vano imploro al cielo que desvíe aquella puntería. Dos metros me separan del pizarrón y desanimado me encamino al patíbulo. A partir de ese instante no soy dueño de mí. Llego y se me cae la tiza. Me aturdo. Estoy ofuscado y él interviene:

—Una mujer va al mercado —dice— a vender 26 naranjas. Ponga usted 27 en vez de 26. Es decir, dos docenas con 3 naranjas. ¿Entendió? El hijito le sustrae 7 naranjas. Apunte usted 7 naranjas. La mujer por su cuenta regala 2 a una vecina. Apunte usted cada una de estas cifras. Su esposo la alcanza en el viaje y le entrega 6, es decir, media docena. Cada naranja habrá de ser vendida a 4centavos. Mejor ponga usted que habrá de ser vendida a 5 centavos por unidad. ¿Entendió? Eso es, 5 centavos por unidad. Bien, una vez en el mercado ella siente apetito y devora 3. Apunte usted 3. Muy bien, ahora me averigua cuántas son las restantes. Luego cuánto dinero cobra por las vendidas. Pero no olvide usted que ella compra un carretón de hilo para coser por valor de 16 centavos. Averigüe entonces si para hacer esta compra le sobran centavos suficientes o si por hacer la compra ella se endeuda. En el primer caso, cuántos centavos le sobran después de invertir en la compra. En el segundo caso, a cuánto asciende su deuda. ¡Silencio! ¡Silencio! Cada uno se pone a trabajar por sí solo, sin ayuda de nadie. ¡He dicho silencio! Enarbola la regla y nos mira...

Desde mi destierro, miro atolondrado. Rasco mi nariz. Rasco mi manzana de Adán. Miro. Finalmente rasco mi fundillo...

—¡Charvón! ...masculla uno por lo bajo.

Levántase y curiosos observamos su pierna de cojitranco, pues lo disimula sentado. Nos amonesta con mirada vidriosa...aunque se humaniza con su traje desgastado por el uso.

En mi estómago hay pesadez como de frijoles fritos mal digeridos. Se aflojan mis piernas. Escribo con la derecha y con la izquierda borro; arden mis mejillas: mi piel como ascua. Una infinidad de cabezas por encima del hombro del compañero, estirándose, siento que me miran. No sé qué hacer. Cuando algo me sucede hasta tengo ganas de orinar. Es la cruda realidad, embarazosa. Se me concede permiso y abandono en puntas de pie; pero detrás, la risa estalla.

Regreso después de unos minutos, ocupo mi asiento y por otro alumno estoy reemplazado. Se mofan y la emprenden conmigo. La sala entera no me pierde de vista. Recobro aliento, sin embargo; mi mente se evade de la realidad encaramado como antropoide en la fantasía, situándome en la "burrera", lugar de nuestras holgazanerías. Allá Luisito me ve llegar y mi temor cede. Mi ánimo queda restituido. En la "burrera" la tormenta cruzada de relámpagos fluye y contra el cielo se doblan los árboles. No es pampa, nidos de horneros, ni lagunas, sino escarpadas serranías, trópico y guayabas. Escruto el horizonte y todo es electrizante. Un desmonte irrumpe con vaho de tierra, jinetes galopando con perros. El rancho de Gumersindo deshabitado nos protege con nuestros libros escolares. No hay tiempo que perder y nos tumbamos a oír el rumor de la rotación del planeta alrededor del sol; alborozados oímos la traslación de la tierra sobre su eje. Percibimos lo incandescente e inconmensurable hasta que mi cabeza descansa sobre el vientre de Luisito y nos quedamos dormidos...

Al final despertamos azorados por una hormiguita atrapada entre el pulgar y el índice, retorciéndose. El sol se pone a la tardecita. No llueve, pero el vapor de agua infesta en los matorrales con moscas. Restregamos la ponzoña y frotamos nuestros párpados adormecidos. Con nuestra respiración el mimetismo cambia como camaleones nuestro color de la sangre. Verídico y fascinante, parece un desatino: vemos lo inexpresable. Titila antes de apagarse la lucesita de un recuerdo en que fuimos sonámbulos caminando a la escuela. Realidad alucinante. El edificio desplomado; techo y mampostería en escombros. Debajo de las paredes, don Mariano, el maestro, sepultado cuando lo tocamos ya estaba muerto. Toda Santa Clara con ojos abismados mirándolo. No habría más escuela ni matemáticas y Luisito entre apretujones de gente amontonada desaparece y cruza atropelladamente calles retorcidas hasta frenar como automóvil en la puerta de su casa. Son las 8:30 en punto; las estrellas fulguran arriba y la mamá oyó adentro el alarido. Un aldabonazo y tras del golpe chapoteo del agua escurriéndose de su ropa; desde arriba hasta abajo, desde la nariz al suelo y el flujo de tanta agua parecía un charco; los ojos de la mamá no dan crédito. Estira la cara estupefacta; jamás hubiese creído:

—Sí, mamá; sí, mamá. Fui a la escuela, mamá —Luisito mintió.

—Fui a la escuela—volvió a decir, atrapado en su conciencia y aferrado a la puerta.

Ella mirándolo; él mintiendo. Se escurre el agua y detrás yo escondido recobro el aliento y lo miro. Oigo el tic—tac del reloj y veo aceite de castor en la mesa y recostada contra la pared una escoba y cuadros... Ella mirándolo y él mirándola. Me descubre con un vistazo:

—En mala compañía, hijito —le dice.

—Andate a tu casa, muchacho —me ordena refunfuñando.

Cerró después de chirriar la puerta y adentro Luisito preso. Al irme volví para poner la oreja. Quería por la cerradura oír que la escuela ya no estaba y ver el aceite de castor que le van a dar como castigo y quería oírlo llorar...

Se olvida decir lo más lindo... el mito de nuestra felicidad. Quiere recordar lo que había que contar y no puede... Se olvida...

—Con que atracón de guayabas verdes, ¿eh? —le dice. Y la camisa desabrochada... y zapatos... empapados...

No sabe qué más mentir. Se queda callado.

Ya trae él mismo el aceite de castor y agarrado por el cuello la botella: contento porque peor es sentarse a la clase de aritmética. Toma bien grande la cucharada y traga sin pestañear. Ella se divierte:

—¿Te gusta?... Él no pone mala cara.

—Tenés que hacer caca... —Le retoza a ella la risa—. Así aprenderás a no comer guayabas verdes. En ese momento una mariposa roza mi oreja. Mirándola me acordaba del cuento de aquel niño que se hace grande con los años y nosotros también seremos grandes acordándonos de las tardes en la "burrera", acordándonos con Luisito, con el barrilete remontado... en el aire... arriba...arriba... como pez en el agua con su cola moviéndola... El hilo se rompe y la infancia se va... los años... el tiempo... se va... se va...coletazos del barrilete que rompen el hilo... la infancia. Vuelve volando a rozarme y me acuerdo de Chung—tzé: "anoche soñé que era una mariposa", el hombre que soñó que era mariposa o la mariposa que soñó que era un hombre... Yo también quisiera ser mariposa. Pero vuelvo a Luisito; no se acordaba él de aquello que era mito de la felicidad... ¿Estaba ya acostado, tendido boca arriba en la cama, despierto y decía... ¿qué era?... ¿qué era?...

Se pone triste:

—Era un sueño...reconoció desengañado (cada vez más triste).

De repente, la voz del maestro resonó en el aula:

—¡Al recreo!...

La clase de aritmética había terminado.

TRES NIÑOS

Balbuceó el niño que un ermitaño le acababa de regalar un martillito de plata. La madre, tendida en la cama se volvió hacia él, aplastó su naricita con el dedo, preguntándole, pero él cerró sus ojos y de nuevo se durmió. Observaba después el juguete blandiéndolo en el aire como un espadín al despertar nuevamente. Un borracho trasnochado pasó cantando, él solo por el caminito que hay pegado al chalet y que lleva al mar. Iba a salir para verlo, pero entretanto con el martillito, se quedó. Continuaba regocijado. Elisa, en su estado avanzado de gravidez, se movió despaciosamente. Preguntó al pequeño:

—Dime, ¿cómo sucedió?

Comenzó diciendo que encontró en el suelo un clavo. Lo recogió y era así de grande —mostró entreabriendo su índice y pulgar diminutos—. Los padres lo escuchaban. Brillaba —siguió explicando— en el césped. Después que lo tuvo en las manos iba a clavarlo contra un mueble, en el placar del dormitorio; en el ciprés y finalmente en la puerta de calle de macizo roble. No tenía piedad ni fierro resistente para golpear introduciendo el clavo. El hermanito apareció. Lo primero que el niño reparó fue un martillito de plata en sus manos. Sonreía al verlo y debió dilatar su mirada ansiosa por agarrar el objeto, estirando sus bracitos. El hombre después de acariciarlo, se lo entregó. Todo esto dedujo la madre de lo mucho que él contaba, con pausas y dificultades. El padre lo animó para que siguiera.

—¿Y desapareció?

El niño asintió. Dijo:

—Se fue... "como una plumita que yo soplo en el viento" ...frunciendo sus labios como si fuera a silbar...

—Entonces iremos a agradecerle al hermanito, querido. Sé dónde vive... —dijo el padre. La madre perpleja, entreviendo algo en la luz trémula de la mañana. El niño en cambio palmoteó de alegría, contento. Fuese el padre decidido a poner en marcha el motor del automóvil para ir juntos. Se holgaba la criatura ante la idea de que iba a volver a encontrarse con el ermitaño...

El padre ya colocado frente al volante, exclamó:

—Sé dónde vive.

Se estremeció en el aire la trepidación del motor en marcha. Las manos del conductor apoderándose del volante y el niño a su vez encaramado en su asiento junto al padre. Elisa apresuró sus pasos, entró al garaje, luego calmosamente escudriñaba al través del vidrio para enderezar su cabeza y preguntar:

—Pero... ¿será el mismo? ¿Dónde vive?...

—El que yo conozco para el lado de El Faro —repuso su esposo; iremos bordeando la Avenida Peralta Ramos; un poco más allá de El Faro se ve una loma empinada, está a la izquierda del camino y antes de escalar la loma hay una gruta que adaptó para que le sirviera de vivienda; allí vive—dijo.

Una pausa y se miraron los dos. Ella frunció el entrecejo como si el corazón se le oprimiera. Dicho todo esto emprendieron el viaje.

Se había cumplido ya un año y lo recordará siempre porque fue el mismo Día de Reyes. Un martes 6 de enero del pasado año por la mañana. En todo ese tiempo no habían regresado al balneario. Aquella vez Elisa apuró su paso; el coche se arrastraba en primera y a punto de cambiar de velocidad el esposo frenó. Ella se acercó pesadamente y le dijo:

—Ten cuidado con el nene.

Encontraron en la gruta al ermitaño y tal como sucede en los cuentos, habitaba en una cueva de verdad. El padre recordó esta vez al volver en estas mismas fechas al balneario. Las paredes de la rústica vivienda con lajas superpuestas como si fuera una trinchera. El techo bajo y el ermitaño asomó inclinándose. El techo apoyándose sobre vigas de troncos de árboles.

Adentro reinaba confort, aire y luz. Había cierta comodidad acogedora, un limpio colchón de paja y muchas pieles para dormir. Nunca Elisa comprendió del todo qué cosa era el ermitaño y la gruta.

El coche empezó con barquinazos destripando cascotes, luego enderezó desviándose para escalar la Avenida Luro; compró él una provisión de tabaco para su pipa de enebro. Después descendió, retomó la Avenida Peralta Ramos y enfiló bordeando la costa. Mientras se alejaban asomó el mar, sus olas resbalando sobre la arena. Los niños balanceando sus baldecitos, los grandes refrescando su piel tostada por el sol. Se oían olas borrascosas golpeando los acantilados.

El coche sin parar nunca, y ellos adentro. Cuando más aceleraba, caía el nene como pedazo de plomo contra el viento. Empezaba a ser un día neblinoso, como de otoño, en que hace muy claro el mediodía, pero en realidad color de cal por no haber abierto el sol del todo. En días así, se ve todo mejor, las rocas, los acantilados, las carpas de los bañistas. Todo se pone en evidencia ante los ojos.

Elisa los estuvo contemplando. Reparó por el vidrio trasero en la figura grande y en la diminuta, alejándose de espaldas, uno al lado del otro. El automóvil empezó a disminuir de tamaño con la distancia hasta quedar reducido en un punto poco perceptible, sin saber si iba o venía, parecía inmovilizado. Se desvaneció y Elisa palideció apoyándose en la verja, turbada. Su cara no se iluminó con la sonrisa con que siempre los acogía.

Un año, como dijimos, había pasado; el padre esta noche devorado por los recuerdos, retrotrajo pormenores buscándoles significado. Era tarde de la noche; él tendido en su cama, alumbrado, la luna entraba por la ventana.

Elisa con el recién nacido y el nene en el vecino dormitorio. Pensando se le ocurrió deducir que a veces nada tiene sentido. Corremos —se dijo— hacia la nada desde miles de años, nacemos en medio de dolores, crecemos, sufrimos, nos reproducimos; mueren otros y otros están naciendo para volver a empezar la comedia inútil. Recordó con el ermitaño que la única vida posible es la de los niños. Para ellos el tiempo y el espacio resultan inexistentes; inexistente la muerte. Su horizonte no es limitado como el nuestro. Viven verdaderamente y nosotros apenas existimos... Si muriésemos antes de perder la inocencia nos llevaríamos una imagen feliz de la vida. De recuerdo en recuerdo saltó a la escena de su llegada. El ermitaño asomó a la boca de la gruta inclinándose, alto y seco como una caña. De edad indefinida. Amplia y hasta desmesurada sonrisa; su rostro iluminándose ante el niño.

Infundía simpatía; fue él quien habló:

—¿Me permiten que me presente? —dijo en castizo castellano. Oprimió la mano del niño que presidía, estampándole un beso. Dio su nombre como Giovani, italiano, de apellido sueco. Suecia era su patria por ser de padre italiano y madre aristocrática, sueca. Además, era consumado artista, según lo demostró. De tan extraño modo vivía sin ser un excéntrico.

—¿Casado o soltero? —formuló la pregunta el niño.

—Soltero— replicó éste con desplante inocente.

—¿Soltero? —repitió el hombre, añadiendo: Malo, malo. Si fuese casado y con hijos, dispondría de algunos juguetes por mí fabricados —añadió.

El nene se dio por enterado. Dijo:

—Mamá va a tener un nene.

El hombre, desde arriba, alto en demasía, reconsideró el dato:

—¿Un nene? —preguntó.

El niño aguardaba fijamente una decisión del hombre.

—¿Cuándo nacerá? —preguntó. Respondió la criatura sin consultar al padre:

—Pongo la cabeza en la panza de mamá...

—¿Para que nazca? —volvió a preguntar el hombre.

—Tengo la pelota para jugar... —explicó.

El padre mudo, celebraba escuchando.

—Todo entendido —dijo el hombre. Removió una pesada laja que hacía veces de biombo. Apareció ante la mirada una multitud de juguetes que al niño deslumbraron. Obra de un artista consumado, a la vez trabajo para atraer a los niños. Inclinado por vocación a tallar en piedra, burilar y esculpir diversos materiales, inclusive arcilla.

El padre continuaba mudo. Se entretenía en contemplar las guedejas del ermitaño que bullían desperdigadas sobre sus hombros. La barba rubia; oyuelos en sus mejillas, la piel tostada que volvía más azules sus ojos. Deteriorado y torcido sombrero contra su cabeza. El nene animoso estaba embelesado; para él no existía más el mundo; tampoco corría el tiempo. Palpaba y miraba; su agitada respiración como un fuelle, embargado por la emoción y en su garganta un ahogado susurro de conversación. De un caballito se apoderó, palpó el automóvil con ruedas de piedra labrada; se deslizó hacia una esquina y balanceó contra su flanco un baldecito también con fondo de piedra. Avisoró bueyes que tiraban de una carreta tallada en cedro. Corrió a tocar lo que veía. Entretenido el padre con las herramientas, instrumentos finos, colgaban del techo. Observaba a su vez al dueño, su distinción de clase, pese al rústico ambiente. El pequeño por entre sus piernas se apoderaba de lo que veía. Vio refosilada una casita con velas encendidas. Parecía aquélla la miniatura de la ciudad de Belén.

Un año transcurrido y lo volvía a vivir... Haciéndose y deshaciéndose el episodio en su memoria. Dándole con la fantasía realidad. Lo retrotraía como un fantasma olvidado en el tiempo. Pero sobre todo evocaba el instante de la visita. Roce de almas como antiguos amigos. Tenía una personalidad magnética; a los niños los embelesaba. Su mismo acento impregnado de suavidad. Su sonrisa contagiaba. Sin pedir nada, retribuía humor y alegría. Su alma estaba en paz con todo.

—¿Cómo —se preguntaba él— puede tal hombre desperdiciar la vida en el anonimato y la soledad? Peor resultó saber que ya no estaba. Apenas había huellas después de un año. En donde él hizo su gruta ahora había un chalet. Un vecino lo recordaba. Lejos de ser él un desarrapado o siquiera un excéntrico, dijo, era noble y rico. Lo atraían dos cosas: el mar, la soledad del mar y la compañía de los niños. Nada de esto por renunciamiento sino por apego a la vida. Esta nueva vez lo había tentado un apartado destino hacia las Islas Pascua, en el Pacífico; allí volvería a burilar juguetes destinados a los pequeños nativos. Con el corazón de un niño, sabiduría de anciano, de vuelta de todo lo que al hombre enloquece. Se acordó, al partir, del amiguito...

—En la panza de mamá —explicó éste con inocencia. Señaló su propia barriguita.

—Entonces —dijo el ermitaño— llévale los juguetes para cuando nazca...

No quería cargar el botín sin pagar:

—Papá va a pagar —dijo.

—¿Parroquianos? Quiero amigos, Darling —añadió el inglés.

Y lo vio irse para siempre. Habían sellado el convenio. Pero un golpe de viento borrascoso derribó al visitante. Fue súbito. Cayó de espaldas, se incorporó, se sacudió el mismo, mojándose, sin que nadie lo ayudara. Todo volvió a la paz, hasta la presencia del gato; personaje cauteloso; hacía su aparición en escena. Solapado felino con parsimonia de tigre, se detuvo ante el niño, lamió su bigote, se saboreó; había engullido buena presa de pescado. Miró al niño...éste miró al gato.

—¿Gato? —preguntó.

—Come pescado —informó el dueño de casa. Pescado de los pescadores. Atrapa en el aire...

—¿Dónde?

—En la playa, Darling —le señaló al mar abajo...

Un abrelatas desplomóse contra el suelo. Fue un cataclismo. El pequeño felino se plegó como un acróbata. Suspendido su cuerpo de pájaro que en el aire pliega sus alas. Dio vueltas y al descender, tomó posesión del terreno, puesto en guardia. Desapareció...

—No quiere visitas —dijo—. Duerme en ese cuero de vaca. Pero al despuntar el día sale en busca de alimentos. Nunca regresa a esta hora. Nos unen los mismos gustos: ni familia ni hogar —dijo—. Como yo, es esquivo.

El vecino recapituló su idea del ermitaño. Ninguna leyenda es la verdad. Ni loco, ni excéntrico, menos un descentrado. Hombre lúcido, normal, por más que la gente suponga que lo que hace es una locura. Capitán de un barco encallado en Mar del Plata, suponía. Se complace con ser fiel a su idiosincrasia, da la espalda a toda sociedad convencional; ni siquiera se somete al destino de familia noble; prefiere derrochar fortuna y vida junto al mar, la soledad y los niños. Para él eso es hermoso.

Suecia es mi conciencia —dijo—. Sepulté en ella mi niñez. Volvería a ver, sería el cercenamiento de un sueño; sueño que me permite vivir. Viéndola con la imaginación, ese sueño prolonga mi vida, mi remota niñez. Fue mi única existencia. Vivimos de niño únicamente—dijo—. Un adulto es un ser que agotó su vida. No vive, existe. Tuve de niño un hermanito gemelo; imagen exacta de esta criatura (enjugó sus ojos empañados).

—Un adulto —siguió diciendo— sobrevive. El alma de niño es inocente y retoza sirviéndose del cuerpo. Lo que después conducimos es un cadáver. El alma sólo es alegre en el cuerpo de un niño. Sin la inocencia se existe; no se vive más... Vivir es no saber que se vive.

De mi corazón fabriqué un altar —dijo—. Teníamos cada uno 4 años. Sin embargo, con mi incipiente razón, pregunté a papá:

—Papá, ¿a dónde va el tiempo que pasa?

Me miró; no contestó ni pío.

Pasado un tiempo, comentó:

—Vaya pregunta, hijo.

Y suspiró para dentro...

Un año entero transcurrido y sin volver al balneario. Hoy, de noche, acostado de espaldas, él recordaba. Elisa reposando con el recién nacido y el nene. Los tres en el otro cuarto. Despuntó el día. Empezó Elisa a trajinar trasteando en la casa. Sonó el timbre de la calle. Él, al borde de la cama consumía cigarrillos y espantaba el humo como si fueran moscas. Acercándose afuera venía un hombre rechoncho colgando un portafolio de su brazo.

—Un cobrador —pensó ella.

Sonó de nuevo el timbre.

Él, siempre fumando, paró el oído.

—Ah —prorrumpió Elisa ante la factura... "Aquella noche de Reyes... temeroso mi esposo que despertara el nene sin encontrar el martillito... regresó apresurado sin pagarlo" —dijo.

Hacía ya un año.

AGÁRRENLE LA COLA AL TIEMPO

El chalet empinado situado arriba, en Colegiales, barrio de Buenos Aires. Estrecho callejón, lindando con un baldío hacinado de escombros, basuras volcadas, botellas rotas, hierros herrumbrados. Un burrito ramoneaba entre las hojas altas, abandonado y suelto. Mirando hacia abajo como peatón, usted mismo podía dominar en declive techos escalonados, etc. Bien, Josefina en tal momento y adentro de su chalet pelaba papas, dispuestas en una cacerola sobre sus rodillas; la nena con su muñeca en un rincón, descuartizaba ésta de brazos y de piernas, el vientre abierto de un tijeretazo, colgando de un cartílago de franela.

Al oír el timbre la madre, sobresaltada cargó cacerola y papas con lo que puedo apuradamente hacia la cocina. Regresó en puntas de pie y paró el oído. ¿Quién podría ser? Afuera oprimía uno de los tres médicos el timbre de entrada. Josefina, desaliñada abrió. Entraron, miraron hacia arriba, inspeccionaron los muebles y ella dijo: "Estoy hecha un espanto". Los invitó a que pasaran. Se sentaron. Entró un rayo de sol refulgente como vidrio iluminando el suelo y allí quedó.

—Pueden sentarse, señores —dijo arreglándose ella como pudo su cabello en desorden, alisándose apuradamente la pollera arrugada.

La nena interrumpió e indiscretamente arrimóse para inspeccionar sus caras sin pestañear. Preguntaron por Héctor. Querían verlo. Josefina dijo que lo esperaran; iba y venía preparándoles una tacita de café; siempre que no constituyera molestia, advirtieron. Hablaban de Héctor; querían verlo.

Comentaron por asociación de ideas fenómenos que se les atribuía y de una en otra cosa vinieron a hablar de arte como fruto del inconsciente y por lo mismo un fenómeno intemporal que embelleciendo las cosas, éstas perduraran —dijeron— después que la deleznable materia en que se inspira, se descompone y se transforma. La vida es una continua transformación —dijeron—. Josefina atentamente escuchaba; pero les aseguró con persuasiva convicción que daba fe de lo que a Héctor acontecía. Ella era testigo ocular. Como Héctor, dijo, eran maestros jubilados únicamente. Salvo la nena de 6 años no tenían otro hijo ni parientes en el mundo... La nena inspeccionaba lo que no entendía y Josefina la reprendía:

—Deje a la gente sola, Mariana, le decía. Váyase al jardín. Criatura impertinente y curiosa —explicó—. Ellos le pidieron el cuerpo inerte de la muñeca descuartizada. Cuando la tildaron de mala madre y cruel, ella se echó a reír de su crimen.

Mostró la pierna fracturada con un brazo que era piltrafa colgando. La conservaba, explicó la madre, como objeto inanimado haciendo las veces de pelota de trapo.

—¿Cómo se llama? —le preguntaron.

La nena ignoraba su nombre; no supo qué contestar. Carecía de nombre. Más que madre incipiente la predisponía una tendencia al deporte y a la destrucción.

Entró Héctor, vino solícito a incorporarse; tomó un asiento justo en su silla preferida, al lado de los hombres, que era su sitio habitual. Fue presentado por su esposa. Explicaron ellos que con su presencia daban cumplimiento al pedido del Dr. X, un amigo, parapsicólogo y hombre de bien y al parecer persona del conocimiento de Héctor. Amigo a su vez. Se habló luego de la inesperada estación del año. Luego examinaron a Héctor detenidamente, tomaron su presión sanguínea, auscultaron su corazón, lo interrogaron con minuciosidad y al final comprobaron; se trataba de un sujeto normal. Josefina participó de la prolongada charla que se extendió más de lo previsto. Ella era más locuaz que el esposo.

Héctor aprobaba lo que afirmaba su mujer. Adujo ella ser testigo veraz de aquellas manifestaciones telepáticas, televidentes y de hiperestesia indirecta, inclusive precognición manifiesta. No era corriente, explicaron ellos, que tales fenómenos ocurriesen en un solo sujeto, pero advirtieron no ser su especialidad. Casi siempre la esposa fue la que habló, y los señores se volvieron crédulos. Se interesaron por su ascendencia materna y paterna, su edad, su vida de soltero, su vida de casado, su casamiento con Josefina, el nacimiento de la nena; su idiosincrasia, etc., completaron su identidad. Terminado ésto, se dispuso el alejamiento del lugar. Héctor, durante todo el tiempo, se mantuvo aplomado, calmoso y hasta flemático. Lacónico, parecía mirar hacia el infinito. La visita no le sorprendió, pues de antiguo la esperaba.

Despedidos de la familia, caminaron directamente en busca del automóvil que a dos cuadras de distancia lo tenían estacionado. Lo que más deseaban una vez que se sintieron adentro del automóvil, era compartir opiniones. Replantearon los hilos de la situación creada por Josefina. En particular, les fascinó las vivencias de Héctor. Al contrario del resto de los seres humano, en él la instantaneidad sustituía a la normal correlación de tiempo y espacio con que percibimos los fenómenos sensoriales. En él eran fenómenos extrasensoriales —dijeron—. Recordaron su singularidad de haberse encontrado como testigo ocular simultáneamente de hechos ocurridos en Londres, en Tokio y en Bombay, sin abandonar Colegiales en Buenos Aires.

Tuvo conciencia de ver y oír fenómenos ocurridos aquí sincrónicamente. En cierto modo abarcaba de un solo golpe de vista o de oído distancias separadas por el tiempo y también por el espacio. La noticia habría de fulminar y la gloria iba ser para la República Argentina —dijeron—. Mientras Josefina estuvo relatando y él aprobaba a su esposa, la nena permanecía a horcajadas en su pierna derecha escuchando lo que suponía cuento para niños. La escena entera resultó pintoresca, fascinante e incrédula.

—Son cosas posibles —reconoció, sin embargo, uno—. Hay casos así. Acontecen. Lo que ocurre es que contradicen los fenómenos naturales y por eso se someten a la ley de la casualidad. Ninguno de los dos médicos restantes se aventuró a opinar.

Regresaban. Habían dejado el barrio atrás. Replantearon la escena en Yalta, en la Crimea. Dijo, por boca de su mujer, verazmente, que se situó frente a Stalin, éste a la izquierda, Churchill a la derecha y en medio, el propio Presidente Roosevelt.

Era una tarde apacible en Yalta, afirmó. Los estoy viendo—le confesó a Josefina, a su lado. Josefina, que sabía tanta historia contemporánea, verificaba lo que decía. Al oírlo temblaba preguntándole más y más. La nena, como ahora, montada a horcajadas en su pierna y el padre hablando.

—Usted presenció eso?

—Sí —replicó Héctor. Añadió:

—Fue en este asiento. Era como agarrarle la cola al tiempo. Agarrarle la cola al tiempo —repitió.

Caviló. Rascó el mentón con el meñique. Frotó su calva.

—Estuviste en Londres. Cuéntales —terció Josefina.

—Estuve en Londres —dijo Héctor; simultáneamente en Londres, en Tokio y en Bombay. Pero en Tokio fue igualmente como agarrarle la cola al tiempo.

—¿Simultáneamente? —preguntó uno.

—Sincrónicamente oía ruidos, bocinas de coches en los tres sitios, pero en Tokio fue cuando MacArthur impuso su poderío militar y la masa de japoneses doblegada, impotentes ante el invasor.

—¿Vio eso? —preguntaron.

—Vi eso —contestó.

Medió silencio; la nena empezó a balancearse montada a caballo en la pierna estirada del padre.

—¿Y en Londres? —preguntó otro.

—En Londres vi a la Princesa María —dijo—. En una lenta prisa asediada por la curiosidad; unas le pidieron autógrafos...Escribió en unas libretas con dulzura —dijo.

—Y estuviste en Bombay —afirmó Josefina—. Cuenta, cuenta.

—Sí— contestó Héctor—. Era...

—El 12 de ese mes —dijo Josefina. El 12 pasado —aclaró.

—Había sol en Bombay, caminaban en la calle, había automóviles. Nada importante. Salvo día de sol —añadió.

—Todo lo recuerda?

—Nada —contestó—. Mi esposa es quien me cuenta todo —dijo—. Ella escucha; recuerda lo que hablo como un sonámbulo.

—Usted mismo presenció?

—Síb—replicó Héctor—, desde este mismo asiento. Hace años —añadió— pero estaba sucediendo ahora; era como agarrarle la cola al tiempo... —repitió divertido.

—Fue el jueves de la semana pasada —aclaró Josefina.

Héctor asintió.

Sobrevino perplejidad. Había dicho Héctor que así era y así debió ser.

Prosiguió otra pausa.

—¿Qué otra cosa puede contarnos? —preguntó uno.

Héctor se rascó la incipiente calva; con ayuda del meñique se rascó el mentón y calló.

—Estuviste en Londres —insinuó Josefina. Vuelve a contarles.

—Es verdad —respondió Héctor— estuve en Londres; simultáneamente en Tokio y al mismo tiempo en Bombay.

—¿Todo de una vez?

—De una vez—replicó Héctor.

—Pero eso es cosa de actualidad, ¿no?

—En una lenta prisa —prosiguió diciendo— vi los tres lugares. En Londres a la Princesa María. Pero en Tokio percibí un episodio histórico. Vi a MacArthur dominando desde su poderío militar la soberanía japonesa, el público sobrecogido, inmovilizado, presenciando lo irremediable. Me emocioné dijo.

—¿Y en Bombay?

—Día jueves; había sol; la gente caminaba.

—¿Despertó en Colegiales? —preguntó uno.

—Estaba en trance —aclaró Josefina—. Nunca es un acto voluntario; es un acto espontáneo—aclaró.

—¿Recuerda usted lo que ha visto?

—Mi esposa lo recuerda de mis labios y ella me lo cuenta. La nena se divierte mucho. Cree que es para hacerle distraer...

Ellos lucubraron.

El viaje siguió en el automóvil; los recuerdos prosiguieron de Héctor. Josefina, al despedirse, vino hasta la verja para acompañarlos. La nena era conducida de la mano. La madre dijo adiós y la nena agitó a su vez su manecita.

Retenía su muñeca descuartizada.

Entre ellos se habló de levitación, de clarividencia, de hiperestesia indirecta, de telepatía. Fenómenos extrasensoriales —explicaron—. Escapan al examen de las leyes naturales, inconciliables con la casualidad y determinismo —dijeron.

El tránsito de la avenida quedó cerrado para proseguir. El conductor no pudo avanzar. Preguntó desde su asiento y reteniendo

el volante acudió a un peatón casual y gordo. Estiró el brazo para palparlo. Como dijimos, era gordo y casual. Este nada contestó. El conductor, que era uno de los tres, tanteó la espalda del peatón, golpeándolo. Parecía sordo. Estaban con toda seguridad extraviados.

—¿Eh? Señor. Diga...

El peatón gordo con el sombrero calado hasta las orejas, nada contestó. Lo golpeaba esta vez sin misericordia. Los miles de bocinas aturdían y el tránsito detenido.

La estridencia redoblaba detrás. Entre los 900.000 vehículos diariamente, el de ellos más que ningún otro expuesto a una de las 2000 boletas diarias por contravención a las leyes del tránsito en Buenos Aires. No sabía qué hacer.

—¿Eh? —preguntó el conductor.

Tan fuerte que esta vez su grito y su esfuerzo físico, que la contusión resultó dolorosa en la muñeca derecha del brazo. Estaba golpeando con toda su fuerza el volante. Su esposa que lo acompañaba desde varias horas atrás de visitas rutinarias a sus enfermos, lo llamó al orden. Desde hacía rato lo observaba furiosa.

—¿Eh? —estalló ella por fin. ¿Te has enloquecido o estás sonámbulo?

Recapacitó él, ofuscado.

Ninguna alegría, sin sobresalto, calóse el sombrero hasta las orejas.

—Estaba soñando despierto—confesó su esposa. Se miraron uno al otro dos desconocidos, perplejos. Más apaciguado, la avenida quedó raleada de autos; el tránsito despejado y ellos dos, marido y mujer, regresaron a casa.

www.ingramcontent.com/pod-product-compliance
Lightning Source LLC
Chambersburg PA
CBHW020414150626
46554CB00014B/1136